키워드로 본
세계의 문화

키워드로 본
세계의 문화

김건우 · 김필영 · 박인호 · 손재현
오준석 · 최윤정 · 최현미

보고사
BOGOSA

저자의 말

현대 사회의 문화는 나라와 지역별로 다양한 양상을 보인다. 전혀 상관이 없을 것 같이 동떨어진 지역에 있어도 인간이 만든 문화 속에는 크게 보면 인류 문화라는 공통성이 존재한다. 인간이란 보편성을 지닌 존재이므로 보편성의 입장에서 보면 공통성을 기초로 이루어진 것이 바로 우리 인간들이 만들어온 인류 문화인 것이다. 그러나 인류 문화라는 보편성을 기반으로 하였더라도 문화는 국가별 혹은 민족별로 상당한 차이를 보인다.

이 책을 집필한 집필자들은 일찍부터 동일한 과목을 강의하면서 세계 각나라의 문화적 동질성과 차별성에 대해 많은 관심을 가져왔다. 또한 무엇보다 외형적으로는 상이한 문화적 모습을 가졌지만, 인간의 문화라는 점에서 각 문화가 다툼이 없이 조화롭게 공존해야만 한다고 생각했다. 특히 국수성이 강한 한국의 문화적 풍토 속에서 국가나 민족 간의 상호 이해와 인식의 확대가 충분히 있어야 한다고 생각했으며, 또 이를 위해서는 다른 나라와 지역의 문화에 대한 편견 없는 학습이 필요하다고 생각했다.

여기서는 이를 위해 각 나라의 문화가 어떠한 역사적 맥락을 거쳐 현재의 모습을 가지게 되었는가를 살펴보고자 했다. 현실적으로 각 나라의 문화를 모두 다 아우르는 것은 불가능한 일이었다. 차선책으로 집필자들은 각 나라별로 중요한 키워드를 정한 다음 키워드를 중심으로 각 나라의 문화를 정리하기로 했다. 이 책을 읽는 분들은 우리의 이러한 작업이 각 문화 간 갈등을 막고 상호 이해를 증진시키려는 하나의 시도로 보아주었으면 한다.

오늘날 각기 다른 문화가 상호 간 불신으로 인해 충돌이 야기되고 이에 따라 비극적 상황이 세계 곳곳에서 발생하고 있는 점을 생각할 때 문화 상호 간의 이해 증진은 각 국가와 문화가 직면한 반드시 해결해야 하는 과제 가운데 하나라고 생각한다. 이 책에서는 각 나라의 문화가 가지는 특질을 키워드를 중심으로 살펴봄으로써 다른 문화에 대해 쉽게 그 특성을 이해할 수 있도록 했다. 그리고 다른 문화와의 차이를 인정함으로써 문화 간의 충돌에 대해 조정 능력을 가진 교양 지식인으로서의 기초를 갖추도록 했다.

　　세계의 다양한 모든 문화를 이 책으로 모두 소화할 수는 없을 것이다. 부족하지만 이 책에서 전달하고자 하는 정보라도 독자들이 여러 번 반복하여 읽어 서로 다른 세계 문화의 다양성을 깊이 있게 깨닫고 상호 이해함으로써 향후 세계인으로서 갖추어야 할 기본적인 문화 지식을 얻을 수 있기를 기대한다.

2022년 10월 집필자들을 대표하여
박인호 씀

차례

범례

1. 각장의 담당자는 다음과 같다.

    김건우 : 독일

    김필영 : 프랑스, 네덜란드

    박인호 : 문화란 무엇인가, 동서양 문화의 차이, 북유럽, 남미, 세계문화의 제문제

    손재현 : 베트남, 인도, 중동

    오준석 : 일본, 태국, 동남아시아

    최윤정 : 중국, 몽골

    최현미 : 영국, 이탈리아, 미국

2. 원고는 한글로 쓰고 원어는 ( ) 안에 병기했다. 한자의 경우 음이 같을 경우에는 ( ), 음이 다를 경우에는 [ ]을 사용했다.

3. 인명의 경우 생존연대를 ( ) 안에 써 넣었으며, 본문과 다른 언어를 병기한 경우 ( ) 속에 묶었다. 한글(원이름, 출생 연도~사망 연도)의 방식으로 써 넣었다.

4. 신해혁명 이전의 중국을 제외하고는 고유명사의 경우 원 국가의 발음을 따랐다.

5. 연대 표시는 서기 연도를 앞세우고 왕조별 연대는 ( ) 속에 첨부했다.

6. 각 장의 집필은 키워드를 중심으로 서술해나갔다.

7. 책은 『 』, 논문은 「 」, 간행물은 〈 〉로 표기했다.

8. 인용문은 " "로, 강조문은 ' '로 표기했다.

9. 찾아보기는 인명, 서명, 지명 등의 고유명사 중 뽑았다.

문화란 무엇인가

제1절 문화의 다양성

문화란 특정 민족이나 국가가 오랜 시기 동안 이룩해 온 정신적 혹은 물질적 내용들이 모여 이루어진 집합체라고 할 수 있다. 여기에 과거의 역사적 계승 관계를 덧붙인다면 문명이라고 할 수 있을 것이다. 오늘날의 세계 문명은 다양한 문화가 합하여 인류 문명을 형성하고 있다. 그러나 아직 세계 문명 내에서는 공통점보다 차이점이 더 많은 것도 현실이다. 따라서 세계 문명이라고 할 때의 포괄성이나 단일성보다 각 나라나 지역 문화의 개별성에 대한 연구가 아직은 더 필요한 것도 사실이다.

현대 사회에서는 개별 문화에 대한 정체성 확립을 통해 국가나 사람들을 하나의 요소로 묶어 다른 국가나 인종으로부터 구별시키곤 한다. 그러나 그러한 구분이 결과적으로 국가나 인종별로 상대방 문화에 대해 상호 배타적으로 작용할 가능성이 크다. 게다가 같은 문명 단위라는 큰 영역 내에 속해 있으면서도 국가나 민족 간의 차이에 의해 문명 내부에서도 서로 다른 점이 나타나기도 한다. 예를 들어 전통시대 동아시아만 하더라도 중화 문명이라는 큰 영역 내에서도 독립성을 지난 많은 국가와 민족 그리고 그보다 더 많은 소수 민족이 있어서 중화 문명 내에서도 국가별로 다양한 문화의 모습을 보이고 있기 때문이다. 개별 국가의 독립성을 강조하는 현대 사회에서는 더욱 문화적 차이가 크게 나타나고 있다.

여기서는 다양하게 나타나는 국가별 혹은 민족별 문화의 모습을 그려보려고 한다. 과거 역사에 대한 부분은 이미 중·고등학교의 세계사 학습 과정에서 시간적 추이에 따라 검토되었으므로, 여기서는 주로 나라별로 존재하는 서로 다른 현대 문화의 양상을 소개하고자 한다.

현대 문화는 지역별로 상이하게 나타나고 있다. 지역적 특수성과 인종적 차이, 종교적 신념의 차이로 인해 서유럽, 동유럽, 아메리카, 오세아니아, 동아시아, 중동, 인도, 아프리카 등의 지역 문화는 각기 다른 지역의 문화와 구분된다. 특히 근대 국가에 들어서면서 이들의 문화권 내에서는 국가별로 매우 다양한 문화적 특질이 나타나고 있다. 또한 산업 사회가 도래되어 문화적 욕구가 확대되면서 각 문화권이 가지는 문화적 성향의 차이가 극도로 크게 나타났다. 이에 따라 같은 지역 내에 있다고 하더라도 문화적 전통의 차이로 개별 국가의 상이한 문화가 분리되어 나타났다.

여기서 생각해야 하는 점은 이러한 개별 국가와 민족이 가진 문화적 차이를 잘 알고 접근하였을 경우에는 문화 간 충돌의 위험성이 줄어든다는 것이다. 문화적 이해의 부족은 대부분 역사적 경험과 배경의 차이에 대한 인식의 부족에서 나타난 것이다. 따라서 현상적으로 이질적인 모습을 드러내는 문화가 있을 때 그 문화의 역사적 배경을 살펴본다면 다른 문화를 가진 사람이 다른 나라와 민족의 이질적 문화에 대해 긍정적 생각으로 접근할 수 있을 것이다. 이러한 태도로 접근한다면 다른 나라의 문화가 가지는 의미와 그 문화의 특질을 쉽게 이해할 수 있게 될 것이다.

한편 문화의 다양성에 대한 이해는 단순히 역사적 경험의 공유에 그치는 것이 아니다. 예를 들면 이를 기업 문화에 적용하였을 경우 다른 나라의 문화가 가지는 기호를 잘 알아서 그에 따라 접근할 경우 자신의 생산물을 다른 문화권의 나라에 효과적으로 판매할 수 있을 것이다. 따라서 다른 나라의 문화가 어떠한 역사적 맥락을 거쳐 현재의 모습을 가지게 되었는가를 아는 것은 이러한 일을 하는 데서도 필수적이다.

여기서는 상이한 문화의 모습을 이해하기 위해 주요 키워드를 중심으로 각 국가의 독특한 문화를 살펴보고자 한다. 독자는 이러한 키워드를 통해 여러 나라의 문화적 차이점을 쉽게 발견할 수 있을 것이다.

제2절 문화의 접촉과 충돌

인류가 생긴 이래로 문화는 서로 접촉과 충돌하면서 발전해왔다. 현재도 미국의 맥도날드와 코카콜라로 대변되는 소비문화는 세계의 다른 문화와 접촉 하면서 각 나라의 전통적인 식생활을 변화시킬 뿐만 아니라 이에 따른 사고방식과 생활 패턴까지 변화시켜 놓고 있다. 미국 할리우드 영화가 세계에 배급되면서 실제 미국인의 생활과는 다르지만, 할리우드적 사고방식이 전 세계의 생활양식에 큰 영향을 미치고 있다.

물론 문화 간의 접촉은 세계사적인 변화의 원동력이 되는 것도 사실이다. 전통시기 서구적 발전이라는 것도 중국과 이슬람과의 교류를 통해 이루어진 부분이 적지 않다. 다만 오늘날에는 서구문화가 상대적으로 선호도가 높아 비서구사회는 단순히 사회문화 뿐만 아니라 기업문화나 정치문화에 이르기까지 서구적 문화를 어떻게 수용할 것인가가 그 사회와 국가의 명운을 좌우하기까지 되었다.

한편으로 문화는 내부에서 공동의 성질을 유지하려는 성향이 강하다. 문화적 순수성을 지나치게 강조하는 극단주의자들은 다른 사회의 신념이나 문화, 생활양식 사이에 보이는 차이를 더욱 크게 드러내어 오히려 자신의 문화를 유지하는 수단으로 삼기도 한다. 또한 자신이 주장하는 문화의 우월성을 강조함으로써 결과적으로는 사회적 변화를 퇴행시켜 놓기도 한다.

문제는 어느 한 문화가 절대적으로 우월하지는 않다는 것이다. 앞으로도 비록 어느 한 문화 – 예를 들면 미국적 문화 – 가 전 세계적인 우월적 지위를 차지한다고 하더라도 그것은 한 문화가 군사적으로나 경제적으로 다른 문화를 가진 나라에 비해 성공했다는 것에 불과한 것이며, 그 문화 자체가 우월한 것은 아니다. 문화는 서로 충돌하면서 상호 영향을 받을 수밖에 없다. 따라서 여기서는 문화의 상호 접촉 속에 나타날 수밖에 없는 충돌을 완화하기 위한 모색이 필요하다. 무엇보다 시급한 것은 현존하는 세계 각 나라와 지역의 문화 상호 간의 이해 증진일 것이다. 이것이 문화 사이의 불필요한 충돌을 완화하고 세계 평화의 길로 나아가게 할 것이다.

이를 위해서는 우리들은 무엇보다 상대방 문화의 내용을 잘 이해하고 수용하는 태도를 갖추어야 한다. 이 책에서는 지면의 한계로 간단하게 국가별 문화적 특질과 모습을 보여주려고 한다. 그러나 핵심적으로 정리된 이 책에서의 문화적 차이점을 잘 살펴본다면 결국 이를 통해 우리 자신이 속해있는 문화의 발전 가능성을 생각해 볼 기회를 가질 수 있을 것이다.

참고자료

• 단행본   이노미, 『말하는 문화』, 청아출판사, 2004.
새뮤얼 헌팅턴 외(이종인 번역), 『문화가 중요하다』, 김영사, 2001.
피터스턴스(문명식 옮김), 『문화는 흐른다』, 궁리, 2003.
마틴 개논(최윤희 외 옮김), 『세계 문화의 이해』, 커뮤니게이션북스, 2005.
헤이르트 호프스테더(차재호 외 역), 『세계의 문화와 조직』, 학지사, 1995.
피터 콜릿(이윤식 옮김), 『습관을 알면 문화가 보인다』, 청림출판, 1997.

동서양 문화의 차이

제1절 동서양 문화의 환경적 차이

우리는 동서양의 인간이 비록 교육이나 환경적 차이에 의해 가치나 신념체계가 다를 수 있지만 인간으로서의 보편적인 사고방식을 가지고 있다고 생각한다. 그래서 인간은 여러 사안에서 동일한 보편적인 정서를 보이게 된다. 그러나 아주 짧은 시간에서의 교육을 통해서도 인간은 실제 행동에서 커다란 차이를 보일 수 있다. 그런데 문화는 한 사람이 태어날 때부터 반복된 교육을 통해 특정한 사고와 행동을 습관적으로 행하도록 끊임없이 영향력을 미치고 있다. 즉 문화가 일정하게 인간의 행동과 생각에 작용하고 있다.

인간을 둘러싸고 있는 환경적 차이에 의해 인간의 행위에 큰 차이를 일으키는 것이 현실이라면 다른 환경적 차이와 그 결과로서의 문화적 상이함을 먼저 인정해야 할 것이다. 즉 다른 사고방식을 가지고 있음을 인정하고 그 차이를 이해하는 것이 이문화(異文化)를 이해하는 가장 빠른 길이라고 할 수 있다.

다만 이러한 이해를 통해 어떤 방향으로 가는 것이 좋은가는 새롭게 논의되어야 할 사항이다. 과연 서양적인 것이 좋은가, 동양적인 것이 좋은가 아니면 이 둘을 적당하게 섞어서 그때 그때 상황에 따라 적용하는 것을 좋은가. 여기서 우리는 동서양의 사람들이 보여주는 생각의 차이를 여러 주제별로 검토해

봄으로써 동서양 문화의 장단점과 앞으로 동양 문화에 속한 우리가 어떠한 방향으로 우리 문화의 방향성을 잡아나가야 하는 지를 살펴보고자 한다.

제2절 분리의 문화와 조화의 문화

동양인의 경우 세상을 원과 같은 세계라고 이해한 반면 서양인은 직선과 같은 세계라고 이해했다. 동양인은 세상은 돌고 돌아 결국 순환하는 것으로 이해했다. 동양인은 사물은 변화하지만 언젠가는 원점으로 회귀한다고 보며, 사물 간의 관계성을 파악하는 데 주력한다. 서양인은 직선적으로 나아가 세계는 진보한다고 이해한다. 서양인은 사물을 지배하는 규칙을 알 수 있으며, 이에 따라 자신들이 이러한 상황을 모두 다 통제할 수 있다고 믿고 있다.

서양은 개인의 자율성에 대한 신념이 커서 자신이 원하는 대로 행동할 수 있다는 사고가 고대 그리스시기부터 자리 잡고 있다. 개인의 자율성을 중시하면서 이에 따라 논쟁의 문화도 자리 잡았다. 서양인들이 학교 수업에서 논쟁적인 경향이 많은 것도 이러한 사고의 결과일 것이다. 이와 같이 개인의 자율성을 중시하면서 행복은 자신의 개성과 자질을 발휘하고 여가를 즐기는 데 두었다. 서양의 고대 유물을 보면 가족 간의 갈등과 전쟁 혹은 검투사 싸움, 운동경기 등의 내용이 수록된 것이 많다. 이는 모두 개인의 자율성을 중시한 결과이기도 하다.

이에 반해 동양은 개인의 권리보다 군주와 백성, 부모와 자식, 남편과 아내, 노인과 젊은이, 친구와 친구 사이의 조화로운 인간관계를 중시했다. 또한 동양인은 개인이 자유롭게 무엇을 행할 권리보다 특정 집단에 소속된 구성원이라는 사회적 역할을 더 중시했다. 서양에서는 개인의 자율성을 극대화하기 위해 논쟁과 연구가 이루어졌다면, 동양에서는 친구와 스승을 만나서 학문을 전수받는 것을 중시했다. 학문은 술이부작(述而不作)이라는 말에서 보이듯이 조술

할 뿐이며 새로이 자신의 생각을 집어넣는 것은 주저했다. 동양에서의 행복은 조화로운 인간관계 속에서 사는 것이다. 동양의 고대의 유물을 보면 가족의 일상사, 농촌에서의 풍경, 아름다운 산천 등 인간과 환경이 어우러져 등장하는 경우가 많다. 이는 조화로운 관계망을 중시한 결과이다.

다만 동양에서 조화라고 할 때 이것이 맹목적인 동조를 의미하는 것은 아니다. 중국 요리는 서로 다른 많은 양념과 재료를 이용하여 새로운 맛을 창출해 낸다. 그런데 여러 중국 요리에서 보이듯이 각 재료의 고유한 맛은 그대로 유지하면서 조화롭게 섞었을 경우 더 좋은 맛을 내도록 하고 있다. 집을 지을 때도 동양에서는 풍수 즉 입지의 여러 요건을 감안하여 입지 선정과 건설이 이루어지는 반면 서양에서는 입지 조건과 상황에 따라 다양하게 건설된다. 오늘날에도 동양에서는 고층 건물을 지을 때 풍수적 요건을 강조하는 것은 집을 사람이나 산천과 분리해서 보지 않고 조화의 관점에서 보려고 하기 때문이다.

그리하여 개인의 자율을 중시하는 서양에서는 사상적으로 직선적 사고와 내가 아니면 다른 사람은 하지 못한다는 이분론적 사고가 자리잡고 있다. 그리고 사물의 자체적 속성을 밝히기 위한 분석에 주의를 기울였다. 사물이 있으면 사물의 속성을 구명하고 이를 범주화해 규칙성을 발견하려고 했다. 이에 반해 동양에서는 완전히 상대적인 개념인 음과 양 조차 동시에 존재할 수 있다고 믿었다. 그리하여 양은 양이면서 음속에 존재하고 음은 음이면서 양에서도 존재한다고 설명하듯이 양과 음을 일률적인 상대 개념으로 보지 않고 있다.

또한 분리의 문화가 정치적인 측면에 반영되면서 서양에서는 정치가 잘못되면 군주가 잘 통치하지 못해 일어난 것으로 간주하여 군주를 폐위한다. 현대 정치에서 투표를 통해 대통령이나 총리를 교체하는 것에 대해 아무런 의심이 없는 것도 이러한 데서 연유한 것으로 보인다. 그러나 동양에서는 정치가 잘못되면 전체적인 과정이 어그러졌기 때문이라는 관점에서 바라본다. 정치에는 모든 요소들이 서로 관련되어 있다고 믿고 있다. 즉 조화를 중시하고 어떤 사건에 대해서도 여러 가지 원인과 가능성을 인정한 위에 이해하려고 했다.

동양의 성어 가운데 새옹지마(塞翁之馬)가 있다. 일이라는 것은 긍정적 측면도 있고 부정적 측면도 있으며 항상 그 반대의 경우도 고려해야 한다는 것이다.

제3절 개인의 문화와 관계의 문화

서양인들은 사람을 독립적이고 개별적인 존재로 보고 있는 반면 동양인들은 사회적이고 상호 의존적인 존재로 보고 있다. 따라서 자신을 소개하는 말과 방식에서 동서양인은 차이가 있다. 한 회사에서 새로운 사람을 고용하기 위해 소개서를 받았을 때 동양인이 자신을 설명한 것과 서양인이 자신을 설명한 것의 수록 내용이 다르다. 동양인은 자신이 속해 있는 사회적 맥락이나 사회적 역할에 맞추어 기술한다. 그러나 서양인은 자신의 성격과 행동을 바로 표현한다. 초등학교 교과서에서조차 서양은 개인의 행위를 중심으로 설명하고 있다면 동양은 주변인과의 관계적 상황을 부각하고 있다.

그리하여 동양인에게 너 자신을 소개하라고 하면 자신이 어떤 특징이 있고 어떤 성격을 가지고 있음을 제대로 설명하지 못한다. 대신에 혹 너의 집안과 형제를 중심으로 너를 소개하라고 하면 쉽게 접근하는 것도 그러한 관계의 문화가 가져온 결과일 것이다. 자신을 소개하는 소개서에서 동양인은 자신에 대한 내용보다 관계인들의 내용을 더 많이 언급하는 것도 소개서를 통해 볼 수 있는 상호 상이한 문화적 특징이라고 할 수 있다.

교육면에서 보면 서양에서는 사물 그 자체에 대한 정의를 중요시한 반면 동양에서는 관계를 가르치려고 한다. 예를 들면 서양에서는 아이에게 장난감을 사주면서 장난감의 명칭과 용도를 직접 가르치려고 한다면 동양에서는 장난감을 관계적 질서 속에서 주고받으려 해서 그 소통하는 방식에 차이가 있다.

개인문화가 중시되는 서양에서는 어떤 한 사람이 특정 계급을 뛰어 넘어서 새로운 상층 계급으로 넘어가기가 어렵다. 또한 넘어가도 개인적 차원에서의 도약에 불과하다. 그러나 동양에서는 어떤 한 사람이 과거를 통해 특정 계급에 진입하면 그 가족까지도 이에 따른 혜택을 입었다. 동양권 사회에서 가장 중요한 목표는 입신양명(立身揚名)이다. 즉 사람으로 태어나 과거를 통해 출세할 뿐만 아니라 이를 통해 가문의 영예까지 드높이는 것이 사회적 목표인 것이다. 같은 사회적 유동성을 취한다고 하더라도 서양에서는 개인적 유동성이 중시되었다면 동양은 집단적 유동성이 중시된 셈이다.

또한 개인문화를 중시하는 서양에서는 개인의 개성 발현을 중시하지만 동양에서는 집단의 목표 달성과 화목한 인간관계를 중시한다. 우리의 숙어 가운데 '모난 돌이 정 맞는다'는 표현이 있다. 즉 우리 동양인들은 개인의 개성 발휘를 금기시하는 문화 속에 있다. 그렇다고 동양인이 특별하게 능력에서 뒤지는 것도 아니다. 그러나 서양은 개인의 선택을 중시한다. 같은 물품을 생산한다고 하더라도 여러 다른 종류를 생산해 소비자에서 많은 선택권을 주려고 한다.

이와 같이 동양인은 복잡한 인간관계에서 화목을 유지하는 것에 자신의 역할이 있다고 보고 있다. 문제는 동양의 이러한 화목한 관계라는 것이 자신의 속한 내집단에서는 강한 결집력을 보이지만 외집단에는 일정한 거리감을 둔다는 것이다. 이러한 동양의 결집력은 가족 이기주의로 작용할 가능성이 있다. 그러나 서양인들은 내집단과 외집단을 그다지 구분하지 않는 행동 양식을 보이고 있다. 다만 같은 서양인이라고 하더라도 가톨릭이나 유대교 쪽은 앵글로색슨계보다 관계의 문화에 더 높은 친밀도를 보이고 있다.

개인의 문화를 중시하는 서양에서는 동기를 부여하는 말로 '너는 잘 났다'고 하면 더욱 열심히 하지만 동양에서는 그 보다 '너는 무엇이 부족하다'고 하는 것이 더욱 열심히 하게 하는 동기 부여가 될 수 있다는 것도 동서양 문화의 차이일 것이다. 어떤 일에 대한 중요한 선택의 기로에 섰을 대 서양은 부모나 친척이 어떤 권유를 하면 오히려 낮은 성취도를 기록하는 반면 동양에서는 부모나 친척이 어떤 권유를 해주었을 경우 오히려 높은 성취도를 기록한다.

이러한 문화 차이가 나타나게 된 데에는 어릴 때부터의 교육에서도 기인하는 바가 크다. 서양에서는 아이들이 태어나면 바로 침대에서 독립적으로 키우지만 동양에서는 항상 어머니가 옆에서 보살펴주는 형태로 성장하게 된다. 성장 과정에서도 서양에서는 아이들의 독립성을 키워주기 위한 훈련을 선호하는 반면에 동양에서는 부모가 아이 일을 대신해 결정해버린다.

제4절 부분의 문화와 전체의 문화

동양에서는 인간과 유리된 실체로서의 자연을 인정하지 않았다. 우주는 서로 연결되어 있으며, 이러한 전체의 복잡성 속에서 봄으로써 사물의 인과 관계를 일찍부터 발견했다. 서양에서는 개별 사물과 그 속성에 주의를 기울였다. 그리하여 개별 사물의 속성은 일찍부터 발견하였으나 그 사물을 둘러싼 외부의 힘을 전혀 고려하지 않았으며, 그 결과 사물의 인과적 관계를 발견하는 데는 한계를 드러냈다.

우주관의 측면에서 보면 서양에서는 갈릴레오에 이르러서 상호 작용하는 관계적 힘을 발견하였으나 동양에서는 그 보다 훨씬 이전에 이미 우주의 모습이나 바다의 움직임에서 사물의 관계적 작용을 이야기하고 있다. 이는 사물을 부분적으로 이해하는 서양문화와 전체적으로 이해하는 동양문화 사이의 차이를 보여주는 것이다. 서양 의학에서는 눈병, 콧병, 입병 등의 병을 모두 개별적으로 이해하고 있다. 따라서 병원에서도 내과, 외과, 이비인후과, 안과 등 전문 과목을 개설해 진료한다. 그러나 동양에서는 신체의 특정 부위가 전체와 연계되어 있다고 이해한다. 침을 귀에 놓아도 배가 낫는다는 것은 귀와 배를 연결시키지 않고는 나오지 못하는 사고방식이다.

이러한 인식 방식으로 인해 인간 행동뿐만 아니라 사물을 보는 방식에서도 차이를 보이게 된다. 동양인들은 세상사를 종합적으로 이해하며 전체적인 맥락 속에서 보려고 한다. 또한 사건들 사이의 관계성을 파악하는 데도 주의를 기울이고 있다. 그러나 서양인들은 세상을 분석적으로 파악하며, 사물을 주변 환경과 분리해 독립적으로 이해하려고 한다. 그러므로 사물과 사물, 사건과 사건과의 연결 관계에 대한 경향성을 파악하는 데는 늦다. 어항에 물고기가 있을 때는 이를 설명하는 방식에서도 서양 사람들은 중심이 되는 물고기의 특징을 자세하게 묘사하는 반면 동양 사람들은 물고기가 어떤 구도 속에 있는가를 파악한 후 어항 내의 전 상황 속에서 물고기를 설명하려고 한다. 이는 사물을 보는 방식에서도 동양과 서양이 다름을 의미한다.

제5절 본성의 문화와 상황의 문화

서양에서는 정의의 실현을 위해 선과 악을 분명히 설정하고서 갈등을 승과 패로 결정한다. 이에 따라 패배는 악이 되므로 타협이 존재할 여지가 없게 된다. 그러나 동양에서는 쌍방 간 조화 관계의 복원이 중요해 공평무사한 결정보다 타협을 통한 갈등 해결을 중시한다. 동양에서는 법이라고 하면 실체적 진실의 규정이라고 생각하기보다 각 개인의 상황에 따라 각각 따로 적용되어야 하는 것으로 보고 있다.

교통사고로 인명 사상이 났을 때 서양에서는 먼저 잘못했다는 표현을 사용하지 않고 변호사나 경찰을 불러 자신의 과실 정도를 정확하게 파악한 다음 자신의 과실 량만큼 보상한다는 입장을 가지고 있는 반면 동양에서는 사고 경위가 어떠하든지 간에 일단 크게 사상이 일어난 일 자체에 대해 잘못했다는 표현으로 유감을 표시한 다음 과실 정도를 따진다. 그 결과 서양인과 동양인 사이에 교통사고가 있을 때 서양인은 잘못했다는 표현을 하지 않음으로써 동양인이 서운해 하는 경우가 많으며, 서양에서 교통사고가 났을 때 동양인이 미안하다고 표현함으로써 실제로는 피해자인데도 가해자로 몰리는 것도 이러한 사고방식의 차이에서 나타난 것이다. 이는 교통사고도 동양인들은 상황론적인 차원에서 이해하기 때문이다.

또한 서양에서는 약속이나 법은 한번 정하면 깰 수 없는 것이라는 보고 있다. 그러나 동양에서는 약속이나 법도 상황에 따라 바꿀 수 있다고 보고 있다. 동양 회사와 서양 회사가 납품을 두고 계약을 했을 경우 서양 회사는 상황에 변동이 있어도 약속은 지켜야 한다는 입장을 가진 반면 동양 회사는 만약 어떠한 변동 요인이 있으면 이를 반영해야 한다는 입장을 가지고 있다. 이러한 동양의 상황론은 처음에는 비합리적인 것으로 보이나 장기적으로 보면 원청과 하청 두 회사의 공존을 가져온다는 점에서 비합리적인 것만은 아니다. 영화에서도 서양의 배우는 출연료를 사전에 정한 다음 그 영화의 성공 여부와는 상관이 없이 일정 출연료를 챙기려고 하나 동양의 배우는 최소한의 출연료를 받고도 출연하면서 영화가 잘되면 추가로 지급하라는 태도를 취하는데 이는 동양인이 주로 상황론의 입장에 서기 때문이다.

서양에서 범죄자가 있으면 대체로 '성격이 좋지 않다, 본성이 악하다, 어두운 성격이다'라는 등 개인의 특성에 초점을 맞추어 그의 범죄 행위를 설명하려고 한다. 그러나 동양 사회에서는 다른 사람과의 불화, 어려운 태생적 환경, 사회의 무관심 등 환경적 측면에 초점을 맞추어 설명하려고 한다. 즉 서양에서는 범죄자의 개인적 속성에 중요성을 부과한 반면 동양에서는 상황적 변수에 중요성을 부과하고 있다. 게다가 동양에서는 그러한 상황적 변수에 제대로 대처했다면 범죄가 발생하지 않았을 것이라고 말한다. 그러나 서양에서는 상황이 달랐다고 하더라도 그 범죄자의 본래의 속성으로 인해 결국은 같은 범죄가 일어났을 것으로 보고 있다. 우리나라에서 독재자에 대해 처음 독재 권력을 행할 때는 욕해도 독재자가 물러나거나 죽은 다음에는 동정과 측은함 등으로 향수를 느끼는 것도 상황론적 인식의 소산이라고 할 것이다.

이러한 본성론과 상황론의 차이는 세상을 설명하는 방식에서도 차이를 드러낸다. 운동경기의 결과에 대한 설명에서도 서양에서는 '누가 잘해서 이겼다, 누가 어떠한 능력이 있어서 승리했다'라고 하는 반면 동양에서는 '상대방이 거친 상대를 만나 지쳐있었기 때문에 우리가 쉽게 이겼다'고 말한다. 동양 사회에서 이러한 경우 상황론적으로 설명을 하지 않을 경우 오만하다고 여기게 된다.

어떤 사건이 있을 때 동양인들은 '내 그럴 줄 알았다'라는 반응을 보이는 반면 서양에서는 '놀랍다'는 반응을 보이고 있다. 서양인들은 세상사를 단순하게 파악하고 있는 반면 동양인은 수많은 인과적 요인 속에서 세상사를 파악하고 있다. 그 결과 동양인들은 특정 사안에 대해 복잡한 인과 관계를 통해 이미 이러한 사건이 일어날 수 있는 것이라는 예비적 경험을 가진 반면 서양인들은 사건 단위별로 이해하기 때문에 놀랍다는 반응을 보인다.

서양인은 어떤 규칙도 단순한 형태로 검증이 가능하다고 보기 때문에 오류를 검증하기 쉽다. 그렇게 생각하기 때문에 오류가 나타날 경우 새로운 이론들이 다시 나타날 수 있었을 것이다. 그러나 서양은 예측 가능성을 지나치게 과대평가해 사회적 맥락을 무시하는 단점이 있다. 이에 반해 동양은 원리 자체를 종합적으로 보려고 하였기 때문에 논리나 직관에서는 앞서 간다고 할지라도 검증이 쉽지 않다.

제6절 논리의 문화와 경험의 문화

동양에서는 논리적 사고의 영향이 상대적으로 미약하다. 대신 동양에서는 감각적인 증거와 상식을 신뢰하고 경험에 위배되는 것은 받아들이지 않는다. 판단을 내릴 때에는 경험에 의한 판정을 중시한다. 왜냐하면 동양인들은 형식보다 내용을 중시하기 때문이다. 서양에서는 논리적 법칙을 중시하기 때문에 설령 그것이 그럴듯해도 수용하지 않는다. 이러한 관점의 차이는 어떤 갈등 상황에서 동양인은 서로 간의 타협을 통해 중용을 찾아가려는 반면 서양인은 어느 쪽에 책임이 있는 가를 밝히려는 행동으로 나타난다.

논리의 문화 속에서는 명사적 개념을 일찍부터 교육을 통해 익히는 반면 경험의 문화에서는 동사적 개념을 일찍부터 익힌다. 예를 들면 서양의 아이들은 주로 단어를 통해 말을 배우지만 동양의 아이들은 동사를 통해 말을 배운다. 서양어는 명사형 단어로 자신의 존재를 나타내지만 동양어에서는 동사형의 문장으로 자신을 표현한다.

　　'인간은 가장 행복하다고 느끼는 그 순간 슬픔을 또한 느낀다, 인간은 쇠보다 강하지만 갈대와 같은 존재이다'고 할 때 문장 내의 내용은 서로 모순이 된다. 그런데 서양에서는 이와 같이 모순된 내용을 선호하지 않지만 동양에서는 이러한 모순된 내용을 담은 숙어조차도 수용한다. 즉 동양인은 이러한 모순 속에서도 타협점을 찾아가는 것이다. 동양인은 모순된 주장을 모두 수용하는 타협과 종합을 선호하는 반면 서양인은 자신의 선택을 정당화할 수 있는 근거를 제시하려고 한다. 이에 따라 서양인들은 극단적인 논리주의의 함정에 빠질 가능성이 있다.

　　그런데 비논리적인 동양인들이 수학과 과학에서 서양인보다 잘 하는 것은 무엇 때문인가. 논리적인 사고 능력에서는 크게 차이가 나지 않는 점을 먼저 전제하고 보면 서양인은 능력이란 애초부터 주어진 것이라고 보기 때문에 어떤 수학적 능력이 결여되어 있으면 아무리 노력해도 별 수 없다고 생각하는 반면 동양인은 적절한 환경에서 최선의 노력 즉 경험적 노력을 다하면 누구라도 수학을 잘 할 수 있다고 믿는 경향이 있다. 따라서 논리성이 요구되는 고등 수학 분야에서는 그리 차이를 보이지 않을 것이나, 노력에 의해 이루어질 수 있는 초등 산수 부분에서는 동양인들이 더 효과적으로 대처할 수 있다. 그 때문에 동양인들이 수학을 더 잘한다는 착시현상을 가져온 것으로 보인다.

제7절 이해의 방향

 이상에서 보듯이 동양과 서양의 문화에는 커다란 차이가 존재하고 있다. 그렇다면 누구의 사고방식이 더 좋으며 옳은 것인가. 이에 대해 우리는 서양 문화가 더 좋으므로 일방적으로 서양 문화를 적용해야 한다고 하거나 동양 문화가 더 좋으므로 일방적으로 동양 문화를 적용해야 한다는 단일론적 입장을 취하거나 또한 동서양의 문명이 다르므로 서로 다른 기준을 적용해 동양은 동양대로, 서양은 서양대로 적용해야 한다는 절충적 입장을 취하기도 한다.

 그러나 위에서 보았듯이 동서양 사이에는 사고방식에서 서로 차이가 현격하게 드러나고 있다. 학생 사이에서도 개별적인 사물을 분석하는 데는 서양 학생이 우수할 것이나 이를 공간적으로 종합하는 데는 동양 학생이 우수할 것이다. 따라서 유전적 능력과는 상관없이 문화가 가지는 특수성에 기인하는 몇몇 부면에서의 뛰어난 내용을 가지고 각 문화의 우월성을 입증할 수는 없는 것이다.

 사실 특정 부면에서의 특수한 문화적 양상은 개별 문화의 특징적 사례에 불과할 것이다. 우리는 그러한 특수성보다 문화가 가지는 보편성을 믿어야 하며 문화의 충돌이 이어질 것으로 예상된다면 동서양의 문화에는 분명한 차이가 있음을 인정한 다음 서로 이해를 하고 또 서로의 장점을 배우려고 노력해야 할 것이다.

 물론 오늘날 세계는 더욱더 신자유주의와 자본주의의 물결이 공고해지고 있는 것이 사실이다. 자국의 문화 수호에 많은 노력을 기울이고 있는 프랑스조차도 이러한 세계화의 물결에 함몰되어 가고 있다. 우리나라에서도 1950년대까지만 하더라도 아이들에게 좋은 친구를 사귀어서 양명하라고 하였으나 요즘은 이 세상에 나아가 1등하라고 하는 것도 동양적 사고에서 서양적 사고로 나아가는 과정임을 보여주고 있다.

그러나 이러한 서양문화의 우월적 지위에도 불구하고 국가 간 민족이나 종교에 의한 문화적 갈등이 현실적으로 크게 작용하고 있는 상황에서는 각 문화 간 이해의 증진이 무엇보다 시급한 과제로 남아 있다고 할 것이다.

참고자료

• 단행본   최영진, 『동양과 서양』, 지식산업사, 2006.
　　　　　　리처드 니스벳(최인철 역), 『생각의 지도 – 동양과 서양, 세상을 바라보는 서로 다른 시선』,
　　　　　　김영사, 2004.
　　　　　　김용석, 『서양과 동양이 127일간 E-MAIL을 주고받다』, 휴머니스트, 2001.
　　　　　　박영수, 『테마로 보는 동서문화풍속』, 학민사, 2002.

• 다큐멘터리   〈동과 서, 2부작〉, EBS 다큐프라임, 2009.
　　　　　　〈의학, 동과 서, 3부작〉, EBS 다큐프라임, 2015.

신시대의 중화와 또 다른 황제들

중국

· 문화 키워드

　중화, 민족식별작업, 소수민족, 계획생육정책, 소황제, 후코우, 농민공, 차이나드림

· 국기

오성홍기(五星紅旗) 붉은 색은 혁명, 노란 색은 광명을 상징. 5개의 별 중에서 가장 큰 별은 중국 공산당을, 그것을 둘러싼 4개의 작은 별은 각각 노동자, 농민, 도시소자산계급, 민족자산계급을 상징. 중국 공산당의 영도 아래 모든 중국인이 대동단결한다는 의미.

· 개관

수도　　　　북경(Beijing)

행정구역　　22개 성(省)과 5개 자치구(광서, 내몽골, 영하, 서장, 신강)와 1개 자치주(연변), 4개 직할시(북경, 상해, 천진, 중경), 2개 특별 행정구(홍콩, 마카오)

민족구성　　한족(93%)과 55개의 소수민족(7%)

종교　　　　불교, 도교, 이슬람, 천주교, 기독교

면적　　　　960만 ㎢로 세계 육지 면적의 15분의 1, 아시아 면적의 4분의 1

인구　　　　2017년 기준으로 약 13억 7,900만 명

화폐　　　　위안(元)

제1절 중국과 중화

1840년 아편전쟁을 계기로 본격화된 제국주의 열강의 침입과 도전으로 유구한 역사를 가진 중화제국, 청나라가 새로운 시련에 직면하게 되면서 중국은 소위 개혁과 혁명의 시대로 접어들게 되었다. 신해혁명으로 1912년 공화정 체제의 중화민국이 성립되었지만 원세개의 복벽 시도 등으로 혁명은 실패했다. 1917년 러시아 혁명과 1919년 5.4운동은 일군의 중국 지식인들에게 자극을 주었고, 1921년 국제공산주의운동 조직인 코민테른의 지원 하에 중국공산당이 창당되었다. 이후 28년에 걸친 국민당과의 지하투쟁, 8년 간의 항일전쟁, 국공내전을 겪으면서 마침내 1949년 10월 1일 사회주의 국가 '중화인민공화국'이 수립되었다.

'중국'이라는 용어가 정식으로 국가 명칭으로 사용된 것은 1912년(중화민국)부터이며, 현재도 '중국'은 중화인민공화국의 약칭으로 사용되지만 사실 '중국'이라는 용어는 유구한 역사를 갖는 역사적 용어이다.

역사적 '중국(中國)'의 형성과 의미

기원전 11세기 서주시대에 제작된 청동기 명문(銘文)에서 '중국[中或]'이라는 용어가 처음으로 확인된다. 이때 '중국'의 의미는 봉건제 하에서 '국(國)'들의 중심에 있는 '국(國)', 곧 주나라 천자가 거주하는 수도의 의미로 정치적 중심지를 의미한다. 대략 현재의 섬서성 장안 일대를 가리킨다. 이후 주나라 성왕 시기 현재의 하남성 낙양 부근에 왕성(王城)을 건설함으로써 '중국'의 범위는 더욱 확대되어 '천하의 중심(天下之中)'인 중원지역을 가리키게 되었다. 오경 중 하나인 『시경(詩經)』에서는 주 천자에 의해 분봉된 제후가 다스리는 지역인 사방(四方)과 오랑캐의 지역인 사이(四夷)와 대칭하는 개념으로 '중국'을 사용했다. 곧 '중국'은 주왕, 주 천자가 거주하는 수도의 의미에서 점차 주왕이 직접 통치하는 지역 일대를 가리키는 의미로 확장되었다. '중국'은 정치적 중심지이자 지리적 중심지를 의미했다. 왜냐하면 서주 시대의 천하관에서 하늘 아래 모든 지역이 주왕의 통치영역이었고 사해의 모든 백성은 주왕의 신민이었기 때문이다. 천자는 천의 명령을 받들어 천하를 다스리는 지상의 유일무이한 지배자였다.

기원전 771년, 서쪽 오랑캐 견융의 침입으로 유왕(幽王)이 피살되고 평왕(平王)은 수도를 동쪽의 낙양으로 천도함으로써 춘추전국시대가 열리게 되었다. 주왕실의 권위는 추락하고 제후들(諸夏) 중의 우두머리(패자, 霸者)가 왕실을 보호하고 이적들의 침입으로부터 약소 제후국의 생존을 보호하는 형세가 전개되었다. 이에 '중국'은 주 천자의 거주지, 직할지에서 주왕실을 보호하는 제하 열국의 영역까지 포함하는 의미로 확대되었다. 그런데 '정치적·지리적' 의미를 가졌던 '중국'은 공자(B.C. 551~B.C. 479)의 시대에 이르러 "오랑캐 나라에 군주가 있는 것은 제하에 군주가 없는 것만 못하다" 곧 문화적으로 우월한 지역이라는 의미가 첨가되었다.

요컨대, '중국'은 주변부와 대칭되는 중심부의 개념에서 민족 간 정체성을 경계 짓는 의미로 확장되었다. '중국' 개념은 지속적으로 확대되어 전국시대에 이르면 중국의 지리적 범위는 황하에서 장강 중하류 및 내몽골, 사천 일대까지 확장되었다. 기원전 221년 최초의 통일제국 '진(秦)'이 탄생했다. 이후 '중국' 이라는 용어는 중원지역에 건립된 통일왕조를 지칭하는 개념으로 확대되었다. 이상의 같이, 역사적 '중국'은 정치적, 지리적, 문화적 중심지를 의미한다.

중화(中華)와 중화사상

중국과 더불어 가장 많이 사용되는 용어가 '중화'인데, 중화는 중국(中國)과 화하(華夏)의 합성어이다. 화하의 개념에 대해서는 여러 설이 있지만 대체로 지명으로 보고 있다. '화(華)'는 화산(華山), 현재의 하남성의 숭산(崇山)으로 추정되고, '하(夏)'는 하수(夏水)에 유래한 것으로 현재의 한수(漢水)로 추정된다. 인류 문명은 농업을 기반으로 정착생활을 하게 되면서 씨와 성이 분화되었다.

씨(氏)는 남성을 가리키는 것으로 본래 거주지를 상징하고, 성(姓)은 여성을 가리키는 것으로 혈통을 상징한다. 전설상의 황제(黃帝)는 희성(姬姓)이고, 신농(神農)은 강성(姜姓)이다. 곧 '화하'는 황하 중하류에 거주하면서 중국문명을 이룩한 사람들을 가리키는 의미로 정착되었다. 황제는 베 짜는 법, 문자와 악기를 가르쳐 주고 배, 수레 등을 발명한 화하의 시조가 되었다. 오늘날 한족들은 자신들이 황제(黃帝)의 후손이라고 생각하며 자부심을 갖는다.

이처럼 '중화'에는 정치적·지리적 중심지이자 문화적 선진 지역이라는 자부심에 중국문명을 일군 화하의 민족 정체성이 녹아 있다. 중국의 중화의식은 춘추시대 주왕의 권위가 추락하고 제하 열국을 결집시켰던 문화방식의 배타성에서 출발해 공자를 거치면서 인문주의 정신으로 새롭게 탄생해 수천 년 동안 지속되었다.

그렇다면 중화와 이적(夷狄, 오랑캐)은 어떻게 구분되었을까? 춘추전국시대 이후의 '화이관(華夷觀)'에는 실체적 개념과 기능적 개념이 있었다. 실체적 개념에서는 언어, 풍습(禮)의 차이에 근거해 한족과 비한족으로 구분하고, 기능적 개념에서는 문명과 비문명으로 구분한다. 기능적 개념에서 보면 이적도 중화의 예(법)를 따르면 중화가 될 수 있다는 것이다. 역사적으로 실체적 개념과 기능적 개념은 중첩되어 큰 문제가 되지 않았다. 중화와 이적의 구분은 일면적인 것이 아니라 양면적인 것이었고, 이적도 중원을 차지하고 통일제국을 건설하면 '중화'로 자처했다. 가령 최후의 중화제국 청(淸)을 통치한 만주인 황제들은 한족보다 자신들이 더욱 중화임을 자처했다.

한족은 실체적 개념을 강조하고 한족이 아닌 이민족은 기능적 개념을 강조하게 되면서 역설적으로 역사상 화이사상은 역동적이고 다원화 경향을 드러내었다. 뿐만 아니라 조선에서 전개된 소중화의식이 보여주듯이 주변 제국에도 영향을 끼쳐서 조선, 일본, 베트남에서는 각각 자국 중심의 화이관이 전개되었다. 그러나 자국 중심의 배타적이고 폐쇄적인 전통적 천하관은 외래 종교와 새로운 문명의 도전으로 변화가 초래되었다. 결정적으로 제국주의 열강의 침입은 중국이 세계의 많은 나라 중 하나임을 현실적으로 인식하는 계기가 되었다.

흥미로운 점은 이상과 같이 유구한 역사를 가지는 중화사상, 중화주의는 사회주의 중국이 건설된 이후에도 여전히 생명력을 가지고 있다는 사실이다. 현재 미국과의 패권 경쟁 속에서 중국은 외부세력의 중국 분열 시도를 비판하는 동시에 중국 지도부는 민족문제 관련 행보를 강화하면서 중화민족 공동체 의식을 강조하고 있다. 2021년 11월 중국 공산당 제19기 중앙위원회 6차 전체회의(6중전회)에서는 역사결의를 채택해 "시진핑 사상으로 중화민족의 위대한 부흥을 추진하자"고 강조했다. 중국 공산당 100년의 역사에서 역사결의를 채택한 것은 1945년 마오쩌둥, 1981년 덩샤오핑 이후 세 번째이다. 과거에도 현재에도 중화와 중화사상은 시대에 따라 변모하면서도 여전히 강력한 생명력을 가지고 있다.

민족식별작업과 '소수민족'의 탄생

'중국' 개념이 확장되듯이 '중화' 개념도 확장되어 현재의 중화민족에는 '화하'인 한족 뿐만 아니라 다양한 민족이 포함되어 있다. 중국은 1982년 헌법에도 '다민족 국가'로 명시하였고 공식적으로 한족과 55개의 소수민족으로 총56개의 민족으로 구성되어 있다. 아울러 헌법 제1장 제4조에 의거하여 평등, 공동발전, 언어 보존, 풍습의 자유 등을 보장하는 등 소수민족정책을 실시하고 있다. 현재 중국 경내에는 5개의 자치구, 30개의 자치주, 120개의 자치현 및 1000여 개의 자치향이 있다. 중국 영토의 약 64%를 소수민족이 차지하고 있고, 이들 지역에는 중국의 발전에 핵심이 대량의 천원 자원이 분포해 있다.

소위 '소수민족'은 단 기간에 이주한 것이 아니라 유구한 역사를 통해 함께 중국 역사를 일궈온 역사 공동체이다. 중국에서 소수민족 문제는 정치, 경제, 사회, 문화적 측면뿐만 아니라 국가의 통합과 주변국과의 관계에서도 매우 중대하고 중요한 문제이다. 가령 아프가니스탄의 미군 철수 후 이슬람 세력인 탈레반이 권력을 잡자, 탈레반이 신장 분리독립단체인 '동투르키스탄 이슬람

운동'(ETIM)의 중국 내 테러를 지원할 가능성을 우려했다. 또 미국 정부 관계자들이 달라이 라마가 이끄는 티베트 망명정부 측 인사를 잇달아 만나는 것에 대해서도 중국이 날 선 반응을 보였다.

1949년 신중국 성립 직후 마오쩌둥 자신도 도대체 중국에 얼마나 많은 종류의 민족들이 살고 있는지 알 수 없었다. 1953년 제1차 인구조사에서 중국 정부는 주민들이 먼저 자신이 어느 민족에 속하는지를 호구등록부에 등록하도록 했는데, 그 결과 400여 개 집단이 민족등기를 신청했다. 그런데 1954년 제1차 전국인민대표회의에서 참여할 민족대표를 선출해야 하는데 이 수치는 너무 많았다. 중국 정부는 등기를 신청한 집단에 대한 분류 작업을 개시했고(민족식별작업), 30여 년 만에 최종적으로 한족과 55개의 소수민족으로 확정했다.

민족식별작업에는 스탈린이 제시한 동일한 언어, 동일한 경제생활, 동일한 문화 등이 기준이 되었고, 여기에 본거지 개념, 인종이 고려되었다. 그중 어느 하나라도 충족되지 않으면 민족으로 인정받지 못했다. 한번 정해지면 민족을 바꾸기도 어려웠다. 비록 민속학, 언어학, 인류학, 역사학 등 다양한 분야의 전문가들이 파견되어 분류, 확인 작업을 진행했지만 인위적인 민족 분류와 확정 방식은 근본적으로 많은 문제점을 갖고 있었다. 가령 언어와 문화가 다른데도 한족으로 분류되기도 하고, 요나라를 세운 거란족은 민족으로 인정받지 못하고 묘족이나 강족(羌族)처럼 민족정체성을 유지한 경우만 인정받았다. 사천이나 운남의 경우 다른 지역에 비해 사회적, 문화적으로 다양성이 큰 곳이고 심지어 어떤 학자는 중국 서남 지역에는 수백, 수천 개의 상이한 소수민족이 존재한다고 주장하기도 했다. 그러나 개별 소수민족의 다양하고 고유한 정체성이나 정치, 사회적 풍습을 인정하는 것은 중화민족주의를 강조함으로써 견고한 중앙집권적 국가를 건설하고자 하는 공산당의 지향과는 배치되는 것이었다. 소수민족의 숫자가 많으면 많을수록 정부로서는 더 많은 골칫거리를 안고 가게 될 수 있기 때문이다.

문화대혁명 시기 소수민족은 계급적 정체성보다 자신들만의 민족적 정체성이 더 강하다는 이유로 홍위병의 공격 대상이 되기도 했다. 또 소수민족 거주지가 저개발된 곳으로 인식되면서 중앙 정부에서는 막대한 재정적 지원과 유능한 공산당 간부를 파견해 지역 정부의 행정을 맡기는 정책을 실시했다. 최근에는 자치구에서 소수민족에게 행하는 우호적 정책들이 당의 평등주의 정신에 위배되기 때문에 수정이 필요하다고 주장이 나오기 시작했다. 그런 정책들이 한족과 다른 민족 간의 불평등을 심화시킬 뿐 완전한 평등을 구현하지 못한다는 이유였다.

중국 정부는 소수민족 정책에 지대한 관심을 보이고 '조화'를 강조하지만 여전히 근본적인 해결책을 찾았다고 보기 어렵다. 동시에 중국은 최근 들어 중화민족주의를 내세워 국가통용 언어·문자 교육을 강화하는 한편, 인터넷 여론에 대한 통제도 강화하는 추세이다. 또 그간 민족 언어를 허용하던 소수민족 학교에서도 중국어(語文) 등 일부 과목의 교과서를 국가 통일편찬 서적으로 바꾸고, 수업도 표준어인 보통화(普通話)로 진행하도록 했다. 이에 대해 네이멍구[內蒙古] 자치구에서는 몽골족 수천 명이 반대시위를 벌이기도 했다.

중국의 지역과 음식

중국 역사의 복잡성은 중국의 자연 지리적 특성과도 밀접한 관련이 있다. 서고동저형의 지형으로, 서쪽은 중국 영토의 1/4을 차지하는 티베트고원 지대로 인구가 희박한 광대한 산악지형이고, 그 반대편 동쪽은 양쯔강과 황하강의 합류 지점으로 인구 밀도가 세계에서 가장 높은 지역 중 하나이다. 중국 영토는 동서 폭이 5,000km에 달해서 실제 전 국토에 걸쳐 5개의 시간대가 존재하지만 신강위구르 자치구를 제외하고 수도 베이징을 기준으로 단일 시간대를 사용한다. 또 동일 계절, 동일 시간대 남북의 온도차는 40도 이상 차이가 난다.

중국 지리의 다양성은 음식에도 고스란히 반영되었다. 음식을 빼고 중국 문화를 얘기할 수 없다고 할 정도이고 중국에서는 의식주가 아니라 '식의주'라 할 만큼 먹는 문제는 중요하다. 그래서인지 우리처럼 '밥'이 들어가는 일상어나 유행어가 풍부하다. 가령 '츠푸무[吃父母]'는 '부모를 먹는다' 곧 부모에게 용돈이나 생활비를 얻어 쓰는 백수 자녀를 의미한다. '츠루완판[吃軟飯]' 곧 '부드러운 밥을 먹는다'는 남편이 아내가 버는 돈으로 밥을 먹는다는 뜻으로 셔터맨 신세를 의미한다. '츠바이판[吃白飯]'은 '흰밥을 먹는다'로 공짜 밥을 먹는다는 의미이다.

중국은 지역이 넓고 기후와 풍토, 산물에 따라 각 지방마다 다양한 요리와 조리법이 발달했다. 음식에 대한 중국인들의 기본적인 생각은 보기에 먹음직스러워야 하고, 냄새가 좋아야 하고 맛이 있어야 한다. 이른바 색(色)·향(香)·미(味)를 중시한다. 고온에서 단숨에 조리하는 요리가 많은데, 연료가 귀해서 조리 시간을 짧게 하기 위해서였다는 설도 있고 물이 귀해서 물이 적게 드는 조리법을 생각하다가 발달하게 되었다는 설도 있다. 고온에서 음식을 조리하는 것이 가능해진 건 대체로 송대 이후 석탄을 주 연료로 사용하면서부터이다.

양쯔강을 기준으로 남방과 북방 요리로 나뉘는데, 북방은 주식이 밀가루(면, 빵)고 남방은 쌀이다. 일반적으로 동서남북 4분법에 의거해 상하이, 쓰촨, 광둥, 베이징 4대 요리로 구분된다. 베이징은 원나라 이후 제국의 수도로서 정치와 경제, 문화의 중심지였기에 각지의 특산물이 모였고, 베이징 요리는 경채(京菜)라고도 하는데 추운 겨울 날씨로 고칼로리의 튀김과 볶음 요리가 발달했다. 일명 '패킹덕(Peking Duck)'이라고 하는 북경오리구이가 잘 알려져 있다. 광둥 요리는 옛 지명을 따서 월채(粤菜)라도 하며 광둥 발음으로는 얌차[飮茶]라고 한다. 조림, 볶음, 구이 등의 방식이 주를 이루고 색과 장식을 중요시한다. 또 풍부한 해산물을 많이 이용하고 날아다니는 것 중에는 비행기, 육지의 네 발 달린 것 중에는 책상, 바다의 잠수함을 빼고는 다 먹는다고 할 정도로 갖가지 동물을 모두 요리에 이용하는 것으로 유명하다. 쓰촨 요리는 줄여서 천채(川菜)라고도 하는데, 분지라 습한 날씨로 인해 마늘, 생강, 고추, 산초나무 등을 넣어 몸의 습한 기를 제거하기 위한 매운 맛이 특징이다. 지역에 상관없이 널리 알려진 유명한 음식이 많지만 특히 끓는 육수에 다양한 재료를 익혀 먹는 '훠

궈[火鍋]'는 우리에게도 잘 알려져 있다. 상하이 요리는 생선과 새우 등 해산물을 이용한 요리가 발달했다. 북쪽에 구운 오리(카오야, [烤鴨])가 유명하다면 남쪽에는 소금에 절인 '옌쉐이야[鹽水鴨]'가 유명하다. 예전에 중국에서는 태어나서 죽을 때까지 다 해 볼 수 없는 4가지로 방언, 한자, 음식, 여행을 꼽았다. 그러나 경제와 교통수단의 발달로 음식과 여행은 얼마든지 먹고 다녀볼 수 있는 시대로 바뀌었다.

붉은 색과 팔(八)

중국하면 떠오르는 색상이 붉은 색이다. 중국의 국기도 바탕이 붉은색이라 '홍기(紅旗)'라고 하고 일상 속에서도 붉은 색은 중국인과 뗄 수 없다. 특히 희소식이나 경사가 있을 때 많이 사용된다. 결혼식 때 신부는 붉은 색 옷을 입고, 축의금도 붉은 봉투에 넣어 전하기 때문에 '홍빠오[紅包]'라고 한다. 붉은 색이 악귀를 쫓고 재(財)와 부(富)를 상징하고 길조를 의미하기 때문이다. 반대로 부의금은 흰 봉투에 담는다.

2008년 베이징 올림픽 개회식은 8월 8일 오후 8시 8분에 열렸고 폐회식도 오후 8시에 열렸다. 중국인들의 8에 대한 사랑은 차고도 넘칠 정도이다. 중국인들은 1988년 한국이 올림픽을 치른 것을 지금도 부러워하는데, 만약 베이징에서 개최되었다면 1988년 8월 8일 오후 8시 8분에 개회식을 열었을 것이라고 한다. 베이징에 있는 대표적인 산 중 하나인 빠바오산[八寶山]은 원래 롱산[龍山]이라 불렸는데 언제부턴가 붉은 색 흙을 비롯한 8종의 광물이 나온다는 이유로 빠바오산으로 바뀌었다.

이처럼 숫자 8을 애호하는 이유는 '돈을 많이 벌다'는 의미의 '파차이[發財]'의 '파'와 음이 비슷하다고 보기 때문이다. 8이 연속으로 붙은 자동차 번호나 전화번호는 고액의 프리미엄이 붙는다. 8다음으로 9를 좋아하는데 '지우[九]'와 '지우[久]'의 발음이 같기 때문이다. 매년 9월 9일에 결혼식이 많이 열리는데 결혼해서 '오랫동안' 행복하자는 희망이 담긴 것이다. 아시아나가 중국인 전용 제주행 비행기 편명을 8989, 8988로 명명하는 마케팅으로 좋은 성과를 거둔 일화도 있다.

그 외 6(六)을 애호하는데 '유(流)'와 발음이 같아서 물이 흐르는 것처럼 모든 것이 잘 풀린다는 의미를 갖는다. 중국에서는 홀수가 아닌 짝수를 길하게 여겨 부의금이나 축의금도 항상 짝수로 해야 한다. 그러나 3, 4는 불길한 숫자로 여긴다. 삼(三)은 흩어진다는 의미의 '산(散)'과 발음이 비슷하고, 사(四)는 죽을 '사(死)'와 발음이 같기 때문이다. 서구의 영향으로 13도 불길하게 생각해서 중국의 빌딩과 아파트에는 4, 13, 14, 24층이 없는 경우가 많다.

제2절 중국의 인구와 인구정책

현재 중국은 세계 인구의 1/5을 차지하는 인구 대국이다. 1930년대 4억이 었던 인구는 70년대 8억이 되었고, 80년대에 10억을 넘어섰다. 신중국 성립 초기 중국 정부는 자녀를 많이 낳을 것을 장려했다. 계획생육정책이 처음 거론된 것은 인구가 5억 명을 넘어서기 시작한 1950년대 부터였다.

계획생육정책(산아제한정책)

중국의 계획생육정책의 변화는 크게 4단계로 구분할 수 있다.

첫 번째 시기(1949~1953)는 출산을 격려하는 단계로 낙태와 인공유산을 제한했다. 마오쩌둥은 인구가 곧 국력이라는 신념을 갖고 있었고 다산을 적극 권장했다. 1953년 8월, 중국 위생부는 '피임과 인공유산법'을 비준하여 피임약 수입을 금지시키고 법으로 낙태를 엄격하게 단속했다.

두 번째 시기(1954~1977)는 계획생육정책이 다소 느슨해진 단계이다. 당시 인구의 폭발적 증가가 국가적 재앙이 될 수 있다는 경고가 제기되었다. 결국 1962년부터 인구의 자연증가율을 적절하게 통제해야 한다는 방침이 공표되었고, 1964년 국무원계획생육위원회가 성립되었다. 1973년 12월 중국 정부는 '전국계획생육활동대회'에서 3가지 원칙(晩, 稀, 少)을 강조하며 계획생육정책을 발표했다. '만(晩)'은 남자 25세, 여자 23세가 넘어서 결혼해야 한다는 것, '희(稀)'는 출산과 임신은 4년 정도 간격을 두라는 것, '소(少)'는 자녀의 수가 최대 2명을 넘지 말아야 한다는 것이다. 당시 "하나도 적은 건 아니고, 둘은 딱 좋고, 셋은 많다(一個不少, 兩個正好, 三個多了)"는 구호가 이런 정책을 잘 보여준다.

세 번째 시기(1978~2013)는 엄격한 계획생육 단계로, 1979년에는 "오직 1명만 낳자"로 바뀌게 되었다. 1980년 제5차 전국인민대표대회 제3차 회의에서 새로운 '혼인법'이 통과되면서 본격화 되었다. 혼인법에서는 "부부 모두가 계획생육을 실행할 의무를 지닌다"라고 규정했다. '독생자녀', '1.5(一孩半)정책', '쌍독이해(雙獨二孩)' 정책이 실행되었다. 1.5자녀 정책은 1984년 19개 성(省)을 대상으로 첫째가 딸이면 둘째를 낳을 수 있게 허용한다는 것이다. 2002년 시행된 '쌍독이해' 정책은 부부 양쪽이 외동일 경우 2명까지 낳게 허용했다.

네 번째 시기는(2014~현재) 완화된 계획생육 단계이다. '단독이해(單獨二孩)'에서 '전면이해(全面二孩)' 정책으로 바뀌었다. 2014년 시행된 단독이해는 부모 중 한 명이 외동일 경우 둘째 출산을 허용하는 것이고, 2016년에는 한 자녀 정책을 완전히 폐기하고 전면적으로 두 자녀 정책을 시행했다.

'소황제'의 출현: 빠링호우(80後)와 지우링호우(90後)세대

계획생육정책에 의해 1980년대 태어난 세대들은 대부분 외동이라 부모의 관심과 사랑을 독차지했다. 황제처럼 받들어지며 풍족하게 자랐다고 해서 1990년대에 들어와 이들은 '샤오황디(소황제)' '샤오공주(소공주)'라 불리게 되었다. 80년대에 태어났기에 '빠링호우[80後]'라고 부르기도 하는데, 요즘은 90년대('지우링호우')와 2000년대('링링호우') 출생한 세대까지 여기에 포함하고 있다.

'한 가구 한 자녀 정책'을 시행한 이후 80년대 출생한 이들 세대는 태어날 때부터 6개의 주머니를 차고 태어났다고 한다. 조부조모, 외조부외조무, 부모의 각각의 주머니에서 용돈을 줄 정도로 귀한 자식이라는 의미이다. 2000년 말에 이르러 이들 세대의 인구가 2억을 상회하게 되면서 직장, 결혼, 주택, 자동차 구매 등 중국 소비시장의 주력으로 부상하게 되었다. 이들은 높은 소득에 SNS 등을 통한 정보 공유에 능하여 자신들의 개성을 추구하는 특징이 있다. 학력 수준도 높아서 서구문화에 대한 거부감도 거의 없고, 이전 세대와 달리 여가를 즐기는 주요 소비층으로 성장했다. 중국 정부는 2013년에 처음으로 온라인 해외 구매를 허용했는데, 2010년대 중반 한국을 방문한 중국의 주요 관광객들이 바로 이들 빠링호우, 지우링호우 세대로 한국에서는 '요우커[遊客]'로 불렸다.

지우링호우 세대는 1990년 1월 1일부터 1999년 12월 31일에 태어난 세대로 인구 수가 1억 8000만에 육박한다. 역시 컴퓨터와 인터넷 사용에 능숙하며 기성세대에 비해 개방적이고 자유분방하며 창업에 관심이 높다. 특히 95년 이후 출생한 세대를 'Z세대'라고 부른다. 지우링호우는 1인가구 시장의 성장을 주도하였고, 이들은 제품을 구매할 때 개인의 선호도를 가장 중요시한다. 온라인 게임과 오락, 콘텐츠에 흥미가 높고 소셜미디어 플랫폼 시장에서 활발한 소비활동을 하는데, 개혁개방 시기에 청년기를 보낸 부모세대의 영향을 받았고 해외 유학 경험이 많아서 개인적 성취감과 만족감을 위해 소비하는 성향이 강하다.

링링호우[00後]는 2000~2009년에 태어난 세대를 가리키는데, '한 자녀 정책'이 폐지되기 전에 태어난 마지막 세대이다. 스마트폰과 함께 성장하였기에 '스마트 세대'라고도 한다. 비교적 풍요로운 환경에서 성장하였고 ACGN(애니메이션, 만화, 게임, 소설) 시장의 중요 소비자로 기대된다.

한자녀 정책이 중국인의 가족생활 형태에 미친 영향은 심대했다. 겨우 한 세대 만에 가족 구성원 중 자녀의 수를 6~7명에서 1명으로 줄인 것이다. 한자녀 정책을 어기는 경우 무거운 벌금이 부과되었고, 그에 상응하는 각종 처벌이

뒤따랐다. 그 결과 중국 가정의 삶의 형태와 구조는 여러 변화를 겪게 되었고 중국의 인구 구조를 급격하게 변화시켰다. 남성의 수가 여성의 수를 뛰어 넘는 것 외에도 노인의 수가 젊은이를 추월하기 시작했다. 20세기 중국에서 은퇴라는 것은 사치였다. 1949년 이후 중국인의 평균 기대수명이 급격히 상승하였고 2000년 중국인의 기대 수명은 남녀 모두 70대 중반으로 늘어났다. 인구가 노령화되면서 중국의 노동시장, 사회보장제도 등 중국 사회 전체에 가져올 수 있는 영향도 더욱 커질 것이다.

그 근본에는 효과적인 연금제도가 부족하기 때문이다. 중국에서는 2012년에야 도시지역 거주 노인들을 위한 최초의 요양시설이 출현했다. 1949년 이래 중국 정부는 도시민에게 '딴웨이[單位]'를 제공했다. 소위 '딴웨이'는 우리말로 '직장'이라는 의미인데, 중국인의 일상생활에서 가장 중요하고 자주 사용되는 용어이다. "집을 떠나서는 살 수 있어도 딴웨이가 없는 생활은 상상할 수 없다"라고 할 정도로 중국인의 사회와 경제활동은 모두 딴웨이가 근간이 된다. 딴웨이는 한 개인의 신분, 호구, 사회보험, 출생, 혼인 등에서 막강한 권한을 가졌다. 각각의 딴웨이는 자체의 공유제 주택을 갖고 있기에 동일한 딴웨이 주민들은 동일한 단지에 거주했다. 공유제 주택은 거의 무상과 다름없을 정도로 저렴한 사용료만 내었고 자식에게 물려줄 수도 있었다. 주택시장이 존재하지 않던 시기 공유제 주택은 안정적인 주거생활을 가능하게 했다. 그러나 현재 새로운 지도자들이 비록 조화와 과학발전관을 얘기하지만 무료로 제공되던 보건, 의료, 교육 등 공공서비스 혜택은 점점 사라지거나 축소되고 있다.

헤이하이즈[黑孩子]와 헤이후[黑戶]

중국에서 호적에 올라가지 않은 자식은 '검은아이', '어둠의 자식'이라는 뜻의 '헤이후' 또는 '헤이하이즈'라고 불린다. '헤이하이즈'는 80년대 '한 자녀 정책'이 본격적으로 시행되면서 양산되었고 '헤이후'는 계획생육정책을 위반하거나 '출생증명서' 미발급, 입양 수속 미처리 등의 이유로 생겨났다. 출생기록이 없고 호적에 올라 있지 않기 때문에 당연히 의료, 교육 등 각종 사회보장 제도 혜택을 받을 수 없다. 이들 중 60% 이상이 1979년부터 실시한 계획생육 정책의 파생물이다.

헤이하이즈는 특히 농촌에 많은데, 농촌에서는 여전히 남아선호 사상이 강해서 여자아이들이 대부분이다. 도시에서는 아들딸 구분 없이 한 자녀 밖에 가질 수 없고 노동력이 필요한 농촌에서는 첫째가 딸이면 둘째를 낳을 수 있게 허용했다. 그러나 만약 이런 규정을 어기면 엄중한 처벌이 따른다. 벌금이 인민폐로 약 1만 위안(180만원)이고 직장에서 해고된다. 셋째를 낳으면 벌금이 두 배로 올라간다. 이런 규정을 위반하면서 불이익을 감수하고 낳을 수 있는 경우는 사립학교나 해외유학을 보낼 수 있는 정도로 경제력이 있어야 한다.

2010년 제6차 인구조사 때 중국 정부에서는 무호적자들이 자진 신고할 경우 호적에 올려주겠다고 약속해서 자진 신고를 유도했다. 헤이후는 각종 사회보장 제도 혜택을 받을 수 없고 신분증을 제시해야 하는 일체의 공공서비스도 이용할 수 없었다. 2011년에 중국 정부가 공개한 '헤이후' 자료집에 따르면 전 인구의 1% 정도인 1300만명이 '헤이후'로 산정되었다. 2016년 중국 국무원은 이런 문제를 해결하기 위해 출생 후 호적에 등기하는 것이 법률에서 부여한 '공민의 기본적 권리'임을 강조하여 '헤이후'에게 후코우[戶口]를 부여해야 한다고 밝혔다. 시행 1년 만에 1400만 명이 후코우에 등기되는 성과를 거두었다.

제3절 농촌과 도시

1949년 10월 중화인민공화국의 성립으로 중국공산당은 중국 내 유의미한 권력을 가진 유일한 정치적 정당이자 법 위에 존재하는 중국사회에서 독특하고 특권적인 조직이다. 당원은 2018년을 기준으로 약 8,800명이지만 실제 중국공산당을 움직이는 이들은 소수에 지나지 않는다. 공산당은 지도부를 매우 중요시한다. 2017년 이래 중국은 제5세대 지도부가 이끌고 있다. 마오쩌둥, 덩샤오핑, 장쩌민은 각각 제1세대, 제2세대, 제3세대 지도부의 핵심이었고, 뒤를 이은 후진타오는 이런 타이틀을 '공식적으로' 획득한 적이 없는데 이는 그의 지위가 공고하지 못했기 때문이라고 해석된다. 지금까지 중국의 지도자들은 각자 자신의 사상, 이론 등을 내세웠는데, 마오쩌둥 사상, 덩샤오핑 이론, 장쩌민의 세 개의 대표론, 후진타오의 과학발전관, 시진핑의 '새로운 시진핑 사상' 등이다. 공통적으로 강력하고 통일된 중국을 지향하는 민족주의적 색채가 강하다. 그러나 지역 간, 민족 간, 계층 간 갈등을 봉합해야 하는 과제는 더욱 증가되는 추세인데, 그 중심에 농촌과 농민 문제가 있다.

농민과 농촌

원래 현대 중국의 탄생에서 농민들은 특권적 위치에 있었다. 마오쩌둥이 주창한 중국 사회주의의 정치적 기반이 농민이었기 때문이다. 농민들은 중국 공산당이 국공내전에서 승리를 거두고 권력을 잡는데 핵심적인 역할을 했지만 역설적으로 공산당 치하에서 고통과 차별을 겪어야만 했다. 가장 중대한 사건은 대약진운동 직후의 대기근이었다. 당시 중국 인구의 90%가 농촌에 거주했는데 이들 대부분이 굶주렸고 그나마 남은 식량은 도시로 보내졌다. 인민공사는 농촌의 사회생활과 행정조직의 기초 단위로 농업 집단화를 위해 1958년 불과 1개월 만에 전국의 모든 향(鄕)에 한 개씩, 약 24,000개가 성립되었다.

인민공사에서는 주민의 생산, 소비, 교육, 생활 등 모든 방면의 기능을 수행했다. 인민공사에는 공동식당, 유치원, 양로원, 병원 등 복지시설이 설치되었고, 무상급여제와 임금제를 병행하여 실시했다. 농민의 식량, 의복, 주택, 의료, 교육까지 모두 인민공사에서 보장했다. 그러나 1978년 안후이성[安徽省]에서 최초로 농가생산책임제(包産到戶)가 시작되면서 이후 인민공사는 급속도로 해체되기 시작했다. 농가생산책임제는 농가의 생산량을 할당하고 목표치를 초과

한 생산에 대해서 농가가 자유롭게 처분할 수 있도록 허용한 제도이다. 1982년 농촌사회를 지배해 왔던 인민공사제도는 사실상 해체되었다.

21세기 중국에 살고 있는 농민들의 최고의 불만은 토지 소유권에 대한 것이다. 중국의 토지는 소유권에 따라 국유지(도시지역)와 집체(集體)토지(농촌지역)로 나뉜다. 국유지는 토지사용권을 통해 경제적으로 활용하는 것이 가능한 반면, 농촌의 집체토지는 토지 '승포(承包)' 경영권을 통해 영농이 가능하다. 여기서 승포는 공동소유지 중 일부를 도급 받아서 영농에 사용하는 것을 말한다. 또 '집체소유'라는 의미는 해당 농민이 거주하는 말단 행정조직(촌)의 거주민이 공동으로 소유한다는 의미이다. 토지는 다시 용도에 따라 농용토지와 건설용지, 용도미지정 토지로 3분된다. 미지정 토지는 국유이지만 농용토지와 건설용지는 대부분 집체토지이다. 중국 토지법 제35조 5항에서는 각 성, 자치구, 직할시에서는 관할 행정구역 내의 토지의 80% 이상을 농지로 보호할 것을 의무로 하고 있다.

농민들은 총수입, 재산, 생산과 소비 등에 대해서도 모두 세금을 내야 했다. 2007년에 이르러 중국 정부가 이런 세 부담을 상당 부분 경감시켰지만 지방 공무원들이 상업 목적을 위해 농민들의 토지를 수용하면서 생기는 갈등이 끊이지 않고 있다. 농민들의 최대 불만은 필요한 경우 대출을 받기 위해서 토지를 담보로 사용할 수 없다는 점이다. 토지는 원칙적으로 국가에 속하다는 원칙이 유지되고 있기 때문인데, 이 문제는 이미 수차례 전국인민대표대회에서 논의되었지만 진척은 없는 상태이고 언제 해결될지도 요원하다.

현재 중국 정부가 직면한 현안들 중 중요한 문제가 농민들과 관련이 있다. 첫째는 환경문제로 중국 강물의 70% 이상이 오염되면서 물 부족 사태가 심각하게 대두되었다. 북부지역과 중부지역의 작황에 큰 타격을 받았으며, 어업 분야도 마찬가지다. 2000대 초반 네이멍구 지역에서는 가뭄과 그해 겨울의 혹한으로 양들이 대량 폐사했다. 한편으로 홍수는 점점 빈번해져 1998년 황하 유역의 홍수는 엄청난 인명과 재산 피해를 남겼다. 나아가 농촌인구의 도시로의 유입은 농촌지역의 가족을 해체시키는 결과를 초래했다. 돈을 벌기 위해 부모나 자식을 두고 도시로 떠나면서 가족 구성원 간 주거지가 분산되고, 이혼율이 증가하고, 노인들과 어린 자녀들이 방치되는 등 심각한 문제가 뒤따랐다. 비록 도시화가 빠르게 진행되고 있지만 농촌문제를 해결하는 것은 현재와 미래의 중국이 당면한 큰 과제 중 하나이다.

도시와 농촌의 엄격한 구분 : 후코우[戶口]

중국 정부는 1958년부터 도시와 농촌 간의 인구 이동, 특히 농촌에서 도시로의 이동을 엄격히 제한하는 '호구등기조례(戶口登記條例)'를 실시했다. 이후 약 30여 항에 이르는 호적 관리 법규가 제정되었다. 이는 스탈린 통치시기 소련의 제도를 모방한 것으로 일종의 국내용 여권과도 같았다. 당초 후코우는 농촌에 거주하는지, 도시에 거주하는지만 표시하는 역할을 했지만 사회질서를 유지하기 위한 목표가 우선이었다. 또 마오쩌둥시기 현대화 운동을 주도하는 도시 거주민들에게 충분한 음식을 제공하기 위해서였다. 1958년 대약진 운동의 실패로 대기근이 발생했을 때도 도시 지역의 식량 배급은 농촌보다 훨씬 양호했고, 반면 농촌은 도시를 먹여 살리기 위해 굶어야 했다.

1980년대 산업화가 급속히 진행되자 도시의 수는 증가하고 거주민도 늘어났다. 그러나 도시화가 빠르게 진행되고 유동 인구 수가 급증함에도 가계등록 제도(후코우)는 사라지지 않았다. 이는 결과적으로 농민들의 계층상, 신분상의 자유로운 이동을 엄격히 제한하는 결과를 초래하였고, '농민'을 마치 고정된 신분 계급처럼 인식되게 만들었다. 가령 어떤 '농민'이 시골에서 농사를 짓다가 대학에 진학하여 졸업 후 교단에 서게 되어도 그에게는 '교사'가 아닌 '농민교사'라는 호칭이 따라다닌다. 농민이 도시로 가서 노동일에 종사하면 그에게는 '농민공'이라는 호칭이 붙어 다닌다. 이것은 근본적으로 후코우와 관련된 문제이다.

중국의 호코우는 도시(城市戶口)와 농촌(農村戶口)을 구분하는 이원화체제이다. 도시에 거주하는 주민은 직장에서 급여를 받고 주택, 의료, 교육 등 다양한 사회 보장제도의 혜택을 향유했다. 그러나 농촌에서는 인민공사가 해체된 이후 사회보장 혜택 없이 토지만 배정 받아 농업에 종사했다. 엄격한 후코우 관리체제로 농민이 도시 호적을 취득하는 방법은 취업, 대학 입학, 군 입대 외에는 원칙적으로 불가능했다. 따라서 도시에 살지만 도시 후코우를 가지지 못한 사람들의 수가 적지 않고, 이들은 속임수를 동원해야 했기에 후코우는 중국 사회에 많은 모순을 양산시키는 근원이 되었다.

1984년 국무원은 농민들이 도시에 진출하도록 허용하였고, 광둥성 선전시에서 1984년 처음으로 임시거주증제도를 실시하면서 다른 지역으로 급속히 확산되었다. 그러나 임시거주증 소지자는 수년 간 도시에 살더라도 현지 후코우가 아니기 때문에 주택, 교육, 의료 등에서 여전히 차별을 받았다. 도시에 사는 농민공들은 자녀를 고향으로 보내 학교에 다니게 해야 했다. 1990년대 들어서 지방정부 차원의 후코우 개선 방안이 도출되었다. 가령 저장성[浙江省] 원조우[溫州]에서는 '녹색카드제'를 실시해 외지인이 본지인과 똑같은 권리를 누리게 했다. 1993년 상하이에서는 '남인호구제(藍印戶口制)'를 실시했는데, 상하이에 투자를 하거나 주택을 구매하려는 외지인이 신청할 수 있는 상주용이었다. 1995년 선전경제특구에서는 상하이의 조건보다 더 광범위한 조건으로 남인호구제를 실시했다.

후코우 개혁은 도시화를 촉진시켰다. 1978년 중국 내 도시 거주 주민의 비율은 15% 정도였는데, 2010년에는 처음으로 도시와 농촌 거주민의 비율이 비슷해졌다. 2014년 7월 중국 국무원은 후코우 시스템 개혁안을 발표하였는데, 소도시(인구 100~300만)로의 이주 제한을 철폐, 중도시(인구 300~500만)로의 이주 제한을 완화, 대도시(인구 500만 이상)로의 이주에 대해서는 새로운 자격요건을 정하겠다고 했다. 즉 소도시일수록 농촌인이 도시 후코우를 취득하기는 쉬웠다. 2018년 중반 대부분의 중국의 성과 자차구에서는 도시와 농촌의 구분을 없애고 외관상으로는 이전보다 자유로와 보이지만 교육, 주택, 취업과 같은 분야에서는 농촌지역 출신에 대한 차별은 여전하다.

농민공(農民工)

농민공은 민공(民工)이라고 불리기도 하는데, 농촌을 떠나서 도시에서 일하는 '농촌출신 노동자'를 가리킨다. 이들은 거주 지역을 옮겼기 때문에 이주노동자라고도 불린다. 이들의 거주 공간은 농촌과 도시 사이에 존재한다. 1970년대 말부터 중국이 추구해 온 높은 경제성장률에 가장 큰 공헌을 한 집단이다. 1980년대 소위 '눈먼 대중(blind mass)'으로 불린 집단이 처음으로 등장했다. 그들은 새로 설치된 경제특구로 가서 돈을 벌고 삶의 수준을 높이고자 했다. 주로 경제적인 동기가 주요한 이유였는데, 그것이 가능했던 것은 농가생산책임제 실시 때문이었다. '농가생산책임제'를 실시한 이후 농촌 지역의 생산성이 대폭 향상되어 일부 농민들은 농촌을 떠날 수 있는 여유가 생기게 되었다.

1990년대 약 1억 명이 자신들이 살던 농촌을 떠나 베이징과 같은 도시로 이동했다. 그곳에서 동향 출신들이 모여 사는 소규모 마을을 형성하였는데, 베이징의 '저장(浙江) 마을'이 유명하다. 2010년의 발표 통계에는 이주노동자의 수는 약 1억 5000만 이상, 또 다른 통계에서는 2억 3천이 넘을 것이라는 발표도 있었다. 그런데 문제는 대량의 이주노동자의 존재는 '후코우'제도에 혼란을 주었고 동시에 근본적으로 후코우 문제와 밀접한 관련이 있었다. 2003년 사스(SARS)위기 때, 중국 정부는 전염병 전파를 방지하기 위해 인구이동을 제한하고 농민공들에게 귀향을 명령했다. 당시 버스역, 기차역은 귀향 길에 오른 농민공들로 가득 차 발 디딜 틈이 없었다. 매년 춘지에[春節(음력 1월 1일)] 귀향길에 오른 농민공들의 모습이 농촌을 떠나 도시에서 일하는 이주노동자들의 규모를 말해 준다.

신세대 농민공은 주로 80년대, 90년대 출생자를 가리키는데, 전체 농민공 중 약 60%이상, 인구수로 1억 명 정도로 추산된다. 이들은 학교를 졸업하고 곧장 도시로 가서 농업과 농촌생활에 익숙하지 않기에 도시민으로 살기를 갈망한다. 신세대 농민공은 '3고1저'의 특징을 갖는데, 높은 수준의 교육을 받고, 직업에 대한 기대치가 높고, 물질과 정신적 향유욕이 높다는 것이다. 그런데 고된 일을 견뎌내는 지구력이 약하다. 2012년 이후 중국에서는 이들 신세대 농민공을 도시 주민으로 융합시키는 작업이 향후 도시화와 현대화의 관건이요 사회적 평등과 사회 안정을 유지하는 과업이라고 인식하고 있다. 다른 한편으로 대규모 농민공들이 대도시를 떠나는 귀농 현상은 기업들에게 인력 고용난을 가져왔다. 여하튼 농민공 문제는 중국 정부의 농촌현대화, 토지제도, 농촌의 소비력과 경쟁력 강화 정책 등과 직간접적으로 연계되었다.

제4절 신시대의 차이나드림과 현실

1978년 말부터 추진된 덩샤오핑의 개혁·개방 정책은 이전 마오쩌둥 시기의 대약진운동, 반우파투쟁이나 문화대혁명 같은 사회주의 이념과 계급투쟁에 경도되었던 물꼬를 정치투쟁에서 경제발전으로 돌리는 데 성공했다. 2012년 18차 공산당대표대회를 통해 중국의 최고지도자로 등극한 시진핑[習近平]은 2017년 제19차 전국대표대회에서 "전면적인 샤오캉[小康] 사회 달성을 결정짓고 중국 특색의 사회주의가 신시대에 진입하는 중요한 시기에 개최된다"라고 언급하면서 동년 12월 '신시대'는 중국 매체 10대 유행어로 선정되었다.

여기서 '신시대'란 "전체 인민공동체가 부유해지고 중화후손이 협력하여 중화민족의 위대한 부흥이라는 중국의 꿈을 실현하는 시대이고, 중국이 세계무대의 중앙으로 진입하고 인류에 공헌하는 시대"를 의미한다. 2021년 중국 텐안먼 광장에서 열린 중국공산당 창당 100주년 행사 기념식 행사에서 시진핑 주석은 '중화민족의 위대한 부흥'을 목표로 한 '중꿔멍[中國夢]'을 천명했다. 중꿔멍의 최종 목표는 건국 100주년이 되는 2050년까지 사회주의 현대화 강국을 건설해 미국과 맞먹는 초강대국으로 성장하겠다는 것이다.

선부론(先富論)에서 서부대개발까지

마오쩌둥의 시대 대약진운동과 문화대혁명을 거치면서 중국은 세계에서 가장 가난한 나라 중 하나로 전락하고 인구의 절대 다수가 빈곤했다. 목표는 이상적이었지만 결과는 비참했다. 중국경제가 세계경제에서 차지하는 비중은 1.5%에 불과했고, 1인당 소득은 300달러 수준으로 당시 미국의 5% 수준이었다. 그러나 마오쩌둥의 사망을 계기로 실용주의 노선을 지향했던 덩샤오핑을 중심으로 하는 일군의 세력이 1978년 12월 제11차 3중전회에서 새로운 정치 세력으로 당의 주도권을 장악하여 이전과는 다른 개혁의 시대로 전환하게 되었다. 문화대혁명 기간 10년 동안 학교와 대학교 등이 폐쇄되는 등 중국의 교육 기반이 무너졌기 때문에 교육 체제를 재건하는 작업도 필요했다. 중국은 1978년부터 약 150만 명 이상의 유학생을 해외로 보내 선진 기술을 배워오도록 했다. 물론 그들 중 얼마나 다시 귀국했는지, 얼마서 실효성을 거두었는지에 대해서는 여전히 논쟁 중이다.

오늘날 중국인의 의식주, 사고 등 모든 방면에서 수천 년의 유구한 세월보다 1978년 개혁개방 이후 초래된 변화와 영향이 훨씬 지대하고 직접적이다. 덩샤오핑은 경제발전과 4개 현대화(공업, 농업, 국방, 기술)를 당과 국가가 추구해야 할 최고 최대의 과제라고 선언했다. 그는 "빈곤은 사회주의가 아니며 공산주의도 아니다"라며 일부 지역과 개인, 기업이 먼저 부자가 되게 해야 한다는 '선부론(先富論)'을 주장했다. 이로써 중국은 사회주의를 핵심으로 하되 경제는 사회주의 계획경제와 자본주의 시장경제 두 체제를 병행하게 되었다. 중국의 대외 개방은 급속히 진행되고 그 첫 조치로 4개의 특구가 설치되었다. 먼저 경제 특구를 발전시키고 그 성과로 연해 지역으로 개방을 확대하고 다시 내륙을 발전시켜간다는 방침이었다. 점에서 선으로, 다시 면으로 확장시킨다는 개혁 정책의 첫 시험무대가 경제 특구였고, 결과적으로 큰 성과를 거두었다. 2018년을 기준으로 중국은 세계적으로 경제 규모 2위가 되었고, 세계경제의 15% 이상을 차지하는 경제대국이 되었다.

중국의 경제 성장은 전 세계적으로도 경이로운 현상으로 일컬어진다. 그러나 차면 넘치는 물과 달리 돈과 부는 모이는 곳에 계속 모였다. 자유로운 시장경제로의 이행이 가속화되자 중국 내 지역 간 격차가 커지기 시작했다. 게다가 각 성과 자치구마다 고유의 세금, 교통세, 기업 설립에 관한 서로 다른 법률과 규정이 있었다. 2001년 중국이 WTO에 가입했을 때 가장 큰 고민은 지역마다 상이한 규정이나 법률을 어떻게 통일시킬 것인가 하는 것과 지역 간 경제적 격차 문제였다. 후자의 문제에 대해서 중국 정부는 부유한 성(省)이 상대적으로 빈곤한 성을 보조해서 투자하는, 가령 저장성이 티베트에 투자하는 방식을 취해서 부분적으로 완화시켰다. 또 2001년 전국인민대표대회에서 '서부대개발' 정책이 공식화되었다. 구체적으로는 서부의 전기를 동부로 보내고, 남부의 수자원을 북부로 보내고, 서부의 천연가스를 동부로 보내고, 시닝과 라싸를 연결하는 철도를 건설하는 4개의 프로젝트로 구성되었다.

서부대개발정책의 추진 배경에 대해서는 동부와 서부의 격차를 해소하고 서부 지역에 매장된 풍부한 자원을 개발하려는 목적으로 요약된다. 서부 지역의 천연가스와 석유 매장량은 각각 중국 전체의 80%, 31% 이상을 차지한다. 그 외 망간, 크론, 철광성이 대량으로 매장되어 있고 중국 전체 수자원의 83% 이상이, 수력발전에 이용되는 수자원의 77%가 분포되어 있다. 개혁개방 이후 동부 연해지역을 우선적으로 개발하는 정책에 따라 동서 간, 민족 간, 도농 간의 격차가 지속적으로 확대됨에 따라 국토의 균형 발전과 지속적인 경제 성장을 도모하기 위한 국가적 과제로 추진되었다. 대상은 주로 영토의 3/4을 차지하지만 인구는 1/4만 거주하는 12개 지역으로 충칭, 깐수성, 쓰촨성, 산시성, 구이저우성, 윈난성, 칭하이성 등이다. 이들 지역에 도로, 항구, 공항 등 사회 기반 시설을 건설하고 정부 관료들에게는 자원해서 일정기간 이들 지역에 근무할 경우 승진 평가에 혜택을 주는 방식을 취했다. 그러나 이런 노력에도 불구하고 중국 내 서부지역과 해안지역 간의 1인당 GDP는 여전히 현격한 차이가 있고, 2003년 GDP 17%에서 201년에는 21%로 겨우 4%로 증가하는데 그쳤다.

환경문제와 '열병식 블루'

1980년대 이후 중국은 선진국에 제조 상품을 수출하며 세계의 공장 역할을 했다. 동시에 에너지와 천연자원에 대한 수요가 급증하게 되면서 자원 부족 국가가 되었다. 이를 타개하기 위해 중국은 아프리카와 라틴아메리카에 거대한 자본을 투자하고 전 세계 각국에 투자를 통해 천연자원을 공급받기 시작했다. 중국의 에너지 수요는 1990년대와 2000년대 급증했고, 소비되는 에너지의 70~77%는 석탄 등 화석연료로 엄청난 양의 이산화탄소를 배출하게 되었다. 유명한 샨시[山西]성의 도시나 마을은 일년 내내 오염 분진 물질로 뒤덮여 있고 따통[大同] 석굴도 연중 석탄 먼지를 뒤집어쓰고 있다. 란저우[蘭州]는 2005년 세계에서 가장 오염된 도시로 뽑히는 불명예를 안기도 했다.

이처럼 중국이 경제 생산 활동을 위해 다양한 에너지 자원들을 사용하면서 초래된 환경에 대한 악영향은 국제적인 문제가 되었고, 특히 1990년대 말 기후변화 문제가 세계적으로 관심사가 되면서 더욱 주목받게 되었다. 중국이 주요 에너지를 석탄에서 다른 연료로 바꾸려는 시도 역시 다른 문제를 야기시켰다. 석유의 경우 구미 국가와의 갈등을 피하려고 사우디아라비아, 이란, 수단과 같이 불안정한 지역에서만 수입해야만 했고, 2011년까지 37기의 원자력발전소를 건설하였고 근자에 20기의 원자력발전소가 건설 중이지만 전체 에너지 수요의 3프로만 충족되고 있다. 석탄에 대한 의존도는 당분간 지속될 전망이다. 사실 많은 선진국들은 환경 문제, 비싼 노동력을 이유로 자국에 존재하는 광물을 채굴하지 않고 있어 중국이 어쩔 수 없이 이와 같은 환경 오염문제를 떠안을 수밖에 없는 측면도 있다.

2000년대 중반 국가환경보호총국(SEPA)은 중국의 고도의 산업화 과정에서 야기된 엄청난 오염물질을 제거하기 위해서는 개혁개방 기간 동안 축적한 모든 부(富)를 쏟아 부어야 할지도 모른다고 경고했다. 실상 중국의 환경 문제는 심각한 상태이며 외곽의 농촌 지역조차 오염문제에서 자유로울 수 없다. 뿐만 아니라 중국이 세계의 공장이 될 수 있었던 것은 해안 지역의 제조업에 종사했던 수백 만의 농민공들의 노력이 합쳐진 결과였지만 그 이면에는 환경오염이라는 대가가 있었다.

현재 중국인이 느끼는 가장 큰 불만 중 하나가 바로 도시의 오염 문제이다. 2008년 베이징 올림픽 기간 마라톤 선수들이 어떻게 오염된 대기 속에서 경기를 치를 수 있을까 하는 전 세계적 우려가 있었다. 당시 여름이라 기온도 높고 내몽골의 삼림 파괴와 사막화로 인한 모래 바람까지 더해져 있었다. 2013년부터는 베이징, 상하이 등 대도시에서 스모그 문제가 심각해 차량 운행이 어려울 지경이었다. 2015년 9월 3일 톈안먼[天安門] 광장에서 개최하는 '항일 및 반파시스트 전쟁 승리 70주년(전승절)' 기념 열병식에서 '푸른 하늘'을 연출하기 위해 8월 20일부터 베이징 인근 7개 성의 오염물질을 배출하는 공장 1만 2255개가 가동을 멈추었다.

여기에 수질오염 문제까지 더해서 일부에서는 중국 내 물 중 70%가 오염되어 식수로 사용할 수 없을 정도라고 단언했다. 수자원의 오염은 그 물을 식수로 사용하는 주민들의 목숨과 건강을 위협하고 오염물질 방류로 어획량도 급감시켰다. 중국 정부는 2017년 트럼프 행정부의 방침에 따라 미국이 파리 조약을 탈퇴했음에도 여전히 파리조약을 성실히 준수할 것이라고 선언했다. 2014년 APEC(아시아태평양경제회의)에서는 이산화탄소 배출량을 감축하겠다는 조약을 처음으로 미국과 체결하고 이듬해 파리 회의에 참가해 이를 이행했음을 확인했다. 중국은 환경문제를 해결하기 위해 막대한 투자를 하고 있다.

이런 조치 뒤에는 중산층에 대한 고려가 있다. 중산층은 주로 도시에 거주하며 새로운 경제의 핵심이자 시진핑 주석의 정치적 메시지를 경청하는 집단이기도 하다. 도시는 중산층이 집중적으로 거주하고 새로운 경제의 최전방에서 기능하기에 중국 지도자들에게는 혁신을 이끌 수 있는 중요한 곳이기 때문이다. 2018년 기준 상하이 인구는 2400만에 달하고 인구는 매년 50만 명씩 증가하고 있다. 토박이는 1/3 정도이고 외부에서 유입되는 인구를 수용하면서 환경, 인프라, 사회적 통합에 문제가 생기기 시작했다. 그러나 이런 문제에도 불구하고 상해는 1인당 높은 수준의 GDP를 자랑하며 다른 도시들과는 달리 월등한 지리적 이점과 우수한 물류 인프라를 가지고 있다. 2000년 이래 10년 동안 중국에서는 인구 100만명 이상의 도시들이 250개 이상 등장했고, 2030년 경 중국 인구의 2/3가 도시에 거주할 것으로 예상된다.

신조어

샤오캉[小康]사회는 의식주를 걱정하지 않는 물질적으로 안락한 사회, 국민 다수가 중산층으로 복지를 누리는 중진국 상태를 의미한다. 장쩌민 주석이 2002년 16차 당 대회에서 2020년까지 전면적인 샤오캉 사회를 달성하겠다고 말한 이후 중국 발전의 상징어로 자리 잡았다.

그러나 개혁개방 이후에 태어난 중국 젊은 세대는 어떤 면에서는 이전 세대에 비해 경제적으로는 더욱 힘든 시기를 살고 있다. 적어도 개혁개방 이전에 태어난 세대들은 사회주의 시스템에 따라 주택과 직장 같은 최소한의 기본적인 생활을 보장받았다. 그러나 1990년대 들어 시장경제가 도입되면서 모든 것이 시장 논리에 따라 움직이고, 국가의 보장은 줄어들거나 사라지고, 개인이 책임을 져야하는 시대가 도래되었다. 개혁개방 이후 태어난 세대는 그런 시대를 사는 첫 세대이기도 하다.

중국에는 매년 다양한 신조어(新造語)가 생겨나는데 급속하게 변모하는 중국의 변화상과 민감한 부분을 반영한다는 점에서 현재를 이해하는데 매우 유용하다. 2012년 발간된『현대한어사전(現代漢語詞典)』6판에는 중국의 변화상을 반영하는 새로운 단어 300여 개가 추가되었다.

개미족(이쭈, [蟻族])은 중국 북경대학 법학 박사과정에 있던 롄쓰[廉思]가 2010년 출간한『蟻族』이라는 책에서 비롯된 말이다. 1980년대 태어나 성인이 된 '빠링호우' 세대 중 고학력 저소득층을 가리키는 용어로 두뇌는 좋지만 힘없이 모여 사는 모습이 개미와 비슷하다고 하여 붙여진 이름이다. 개미족은 농민·농민공·해고노동자와 함께 4대 취약층으로 분류되고 있다. 베이징, 상하이, 광저우, 시안, 충칭 등 대도시를 중심으로 약 100만 명, 베이징에만 최소 10만 명이 거주하는 것으로 추정된다. 특히 수도 베이징에는 전국 각지에서 온 수많은 '베이피아오쭈([北漂族] : 고향을 떠나서 베이징에서 일하거나 생활하는 사람들)'가 있지만 그들이 대도시 베이징의 후코우를 얻는 것은 현실적으로 불가능하다. 수준 높은 교육 환경 등 자신들의 특권을 나눠 갖기를 거부하는 도시들은 여전히 많고, 여자의 경우 베이징 후코우를 가진 남자와 결혼하는 것이 유일한 현실적 방법이다.

대출을 받아서 집을 구입해도 평생 대출금 상환에 시달려야 한다는 뜻인 '하우스 푸어'를 의미하는 '팡누[房奴]', 사는 공간이 달팽이집처럼 좁다는 '쪽방살이'를 '워쥐[蝸居]'라고 하는데, 집값 폭등으로 내 집 마련의 꿈이 멀어져가는 서민의 고충을 나타낸다. 또 살 집이나 혼수, 결혼 비용을 마련하지 못해 맨몸으로 결혼할 수밖에 없다는 '간소한 결혼'을 의미하는 '뤄훈[裸婚]'이 있다. 기성세대의 가난과 부가 자식세대까지 세습하면서 갈수록 신분이 고착되고 있다는 것을 말해주는 '2세', '대물림'이라는 의미를 가진 '二代[얼다이]'는 여러 사회계층을 나타내는 신조어로 사용된다. '푸얼다이[富二代]'는 '부자 부모를 둔 사람'이고 반대로 '핀얼다이[貧二代]'는 가난한 부모에게서 가난을 물려받는 2세들을 가리킨다. '꽌얼다이[官二代]'는 고위 공무원인 부모 밑에서 자란 자녀들을 일컫는 말이고, '즈얼다이[職李代]'는 부모에게서 좋은 직장을 물려받는다는 의미인데, 일부 국유기업 간부가 퇴직할 때 자녀에게 자리를 넘겨주고 있다는 사실이 알려지면서 2014년 논란이 되었다. 그 외 현재 중국 정부 요직에 있는 고위층 자녀 4000여 명을 가리켜 '궈얼다이[國二代]'라는 신조어가 생겨났는데, 중국 최고 지도자 가족 중 잠재력을 갖춘 인물을 지칭한다.

최근에는 인터넷, 네트워크와 관련된 신조어도 다량 출현하는데, 인터넷과 네트워크를 '왕뤄[網絡]'라고 하고, 유명한 사람을 '홍런[紅人]'이라고 하는데 이

둘을 합쳐서 온라인 인플루언서, 유명 크리에이터를 '왕훙[網紅]'이라고 한다. '왕훙'은 2008년부터 출현했는데, 이들이 광고비용을 받고 해당 제품을 홍보해 주는 역할로 수익을 올리고 스스로 상품을 판매하기도 하면서 2015년에는 '왕훙경제'라는 용어도 생겨났다.

문화 연표

- 1368년 　　　　　명나라 건국
- 1642~1644년 명나라 멸망, 청나라 건국
- 1661~1722년 강희제 시기, 티베트와 신장 지역 점령
- 1722~1735년 옹정제 시기
- 1735~1799년 건륭제 시기
- 1793년 　　　　　영국 무역사절단의 매카트니경 방문
- 1840년 　　　　　아편전쟁 발발
- 1893년 　　　　　마오쩌둥 출생
- 1911년 　　　　　신해혁명 발발
- 1912년 　　　　　중화민국 건국
- 1919년 　　　　　5.4운동
- 1921년 　　　　　중국공산당 창당대회(상하이)
- 1931년 　　　　　노구교 사건
- 1934~1935년 대장정
- 1937년 　　　　　중일전쟁 개시
- 1946~1949년 국공내전
- 1949년 　　　　　중화인민공화국 성립
- 1958~1961년 대약진운동
- 1966~1976년 문화대혁명
- 1976년 　　　　　마오쩌둥 사망
- 1978년 　　　　　덩샤오핑 개혁개방 정책 도입
- 1980년 　　　　　첫 번째 경제특구 설립
- 1989년 　　　　　천안문 사건, 장쩌민 당 총서기 됨
- 1992년 　　　　　덩샤오핑 남순강화, 중국경제 개혁개방 재촉진
- 1997년 　　　　　덩샤오핑 사망, 홍콩 반환
- 2002년 　　　　　후진타오 당 총서기 됨
- 2013년 　　　　　시진핑 중국 공산당 당서기 및 국가 주석으로 취임

참고자료

· 단행본　　공건(안수경 옮김), 『상하이人, 홍콩人, 베이징人』, 사과나무, 2003.

　　　　　　이기훈, 『중국 지역문화 리포트 : 중원에서 변방까지』, 차이나하우스, 2011.

　　　　　　김창경 외, 『키워드로 여는 현대 중국』, 경진출판, 2021.

　　　　　　강준영, 『한권으로 이해하는 중국』, 지영사, 2004.

　　　　　　임반석 편저, 『현대 중국의 문화와 정치경제 발전 : 전통, 경제발전 그리고 민주화』, 해남, 2017.

　　　　　　양지성(박종연·이웅길 옮김), 『현대 중국의 사회계층』, 연암서가, 2015.

　　　　　　Kerry Brown(김흥규 옮김), 『현대 중국의 이해』, 명인문화사, 2020.

　　　　　　공봉진 외, 『현대중국사회 − 10개의 시선, 하나의 중국』, 세종출판사, 2009.

　　　　　　유홍준·김지훈, 『현대중국사회』, 그린, 2014.

　　　　　　이종민, 『흩어진 모래 : 현대 중국인의 고뇌와 꿈』, 산지니, 2013.

· 다큐멘터리　〈태평천국의 문(원제 : 천안문)〉, 1998.

　　　　　　〈문화대혁명〉, EBS, 2006.

　　　　　　〈중국의 빛과 그림자 4부작〉, EBS 다큐 10, 2008.

　　　　　　〈신중국〉, KBS 스페셜, 2010.

　　　　　　〈붉은 자본주의, 중국공산당 100년 기획 2부작〉, KBS, 2021.

· 영화　　　〈아이들의 왕〉, 천카이거 감독, 1987.

　　　　　　〈부용진(芙蓉鎭)〉, 셰진 감독, 1989.

　　　　　　〈인생(活着)〉, 장이머우 감독, 1995.

　　　　　　〈세계(世界)〉, 지아장커 감독, 2004.

천황과 권위주의의 나라

일본

• 문화 키워드

텐노, 오야붕과 꼬붕, 무라하치부와 이지메, 오타쿠와 히키코모리, 신사와 신도, 기모노

• 국기

히노마루(日の丸) 흰 바탕에 빨간 동그라미가 그려진 간단한 형태의 국기로 태양을 기호화한 것.

• 개관

수도	도쿄(東京)
정치체제	(사실상의) 입헌군주제, 의원내각제, 양원제
행정구역	1도(東京都), 1도(北海道), 2부(大阪府, 京都府)와 43개 현(縣)으로 구성
민족구성	일본 주류민족(야마토족)이 대부분, 소수의 류큐인, 아이누족, 한인, 화교 등 존재
종교	신도(神道) 48%, 불교 46%, 기독교(로마 가톨릭, 개신교, 정교회 등) 0.9%
면적	37만 7915km²
인구	약 1억 2,605만 명
인구밀도	334명/km²
GDP	4조 9548억 달러, 일인당 41,580 달러
화폐	엔(JPY)

제1절 텐노와 군국주의

일본 텐노 제도의 역사

일본에서는 왕을 '텐노[天皇]'라고 부른다. '텐노'라는 칭호가 처음 등장한
것은 7세기 말의 일로 그 이전에는 왕을 '오-키미[大君]'라고 불렀다. 하지만
7세기 고대 율령국가의 기틀이 정립되는 과정에서 왕권을 강화하기 위해 '텐
노'라는 명칭을 사용하기 시작하였고, 왕실의 계보가 정리되었다. 또한 『고사
기』나 『일본서기』 등이 편찬되면서 '텐노'의 가문은 하늘에서 내려온 신의 자
손이며, 일본의 뿌리가 여기에 있다고 하는 신화가 만들어졌다. 하지만 그 이
후에도 텐노의 권력은 그다지 크지 않았으며 그 지위는 불안정했다. 12세기
말 가마쿠라[鎌倉] 바쿠후[幕府]가 창설되고 국가 권력의 중심이 귀족에서 무사
계층으로 이동하면서 텐노는 거의 모든 정치적 권력을 상실하게 되었다. 에도
[江戸] 막부 시기의 텐노는 정치적 행동이 철저히 통제되었고 종교적인 권위만
을 가진 존재로 남게 되었다.

그러나 근대에 들어와 텐노의 위상은 크게 변화하게 된다. '토막(討幕)운동
[에도막부 철폐 운동]'이 성공을 거두고 막부의 권력이 천황에게 반환되는 '대정봉
환'이 이루어지면서 텐노는 절대적인 권력을 가지게 되고 '아라히토카미[現人
神 - 인간의 모습으로 나타난 신]'라는 신성불가침의 존재로 신격화되기에 이른다.
텐노를 중심으로 한 근대화와 제국주의 국가로의 변모를 추진했던 메이지 정
부는 헌법을 제정해 텐노에게 절대적 권한을 부여했으며 '국가 신도(神道)'를
만들어 체계적으로 텐노를 신격화하기에 이른다. 또한 텐노와 관련된 각종 의
식을 만들어 텐노를 국민 통합의 구심점으로 삼으려 했다.

2차 세계대전에서 일본이 패전한 이후 텐노의 위상은 크게 바뀌게 된다.
미군정 하에서의 개혁으로 텐노의 절대권력은 부정되었고 국민통합의 상징적
존재로서만 그 권위를 인정받게 된다. 1946년 1월 1일 당시 텐노였던 히로히
토는 인간선언을 함으로써 '아라히토카미[現人神]'라는 텐노 가문의 신격을 스

스로 부정하였지만 이로 인해 '텐노 제도' 자체는 존속할 수 있게 만들었다. 히로히토의 아들로 1990년 즉위한 아키히토 텐노는 대중에게 친근히 다가가는 모습을 통해 민주적이고 근대적인 왕실의 이미지를 연출하였고 군국주의적 텐노의 이미지는 점차 사라지게 되었다.

여성 텐노에 대한 논의

2019년 아키히토 텐노가 퇴위하고 그의 아들인 나루히토가 새로운 텐노로 즉위함에 따라 일본 전역에서 "여성 텐노"에 대한 논의가 재점화되었다. 현재 일본의 왕실 전범에 따르면 텐노의 지위는 남자 혈족만이 계승하도록 되어 있어 여성 텐노의 등장은 불가능하다. 하지만 나루히토 텐노에게는 아이코라는 딸 하나만이 있을 뿐 텐노의 지위를 계승할 아들이 없어 현재의 왕실 전범을 고치지 않는 한 텐노의 자리는 방계의 남자 혈족으로 이어가야만 하는 상황이다. "여성 텐노"에 대한 논의가 새삼스러운 것은 아니다. 2001년 당시 나루히토 황태자가 결혼 10년이 다 되어서야 겨우 아이코를 얻었을 때 여성 텐노에 대한 논의가 이루어졌고, 왕실 전범의 개정이 긍정적으로 검토되고 있다는 소식이 전해졌었다. 하지만 각계 인사들의 반발로 인해 전범의 개정은 이루어지지 않았고, 이에 대한 논의는 흐지부지해졌다. 그러던 중 나루히토 텐노의 즉위로 인해 이 문제가 다시 수면 위로 올라오게 되었다. 일반 국민들의 경우 여성 텐노의 존재를 용인할 수 있다는 여론이 강하다. 하지만 보수적인 인사들을 중심으로 여성 텐노를 용인하게 되면 126대를 지켜온 일본의 전통이 붕괴되고 왕실의 권위가 떨어짐은 물론 이는 일본 사회의 통합에도 좋지 않다는 생각이 강하다.

텐노와 일본인의 정신세계

1945년 패전 이후 텐노의 권력 자체는 크게 줄어들었지만 일본인들의 머릿속에는 여전히 '텐노'가 중요한 존재로 각인되어 있다. 일본인들은 일본 역사의 시작부터 지금까지 '텐노'가 한 가문에서만 이어져 내려왔다고 하는 '만세일계(萬世一系)'에 대해 상당한 자부심을 가지고 있으며, 일본의 뿌리가 하늘에서 내려온 신의 후예인 '텐노'에게 있다는 사실에 대해 상당한 긍지를 지니고 있다. 특히 일본의 '텐노'는 일본 문화의 전형적 특징인 권위주의 문화의 원천이 된다. 역사적으로 '텐노'는 무사계층처럼 무력을 바탕으로 한 권력을 가진 존재가 아니었고, 신의 후손이라고 하는 종교적 권위만을 가진 존재였다. 그리고 이러한 권위를 지닌 텐노가 한 가문에서 이어져 옴으로써 텐노를 중심으로 하여 사람의 서열을 결정짓는 일본의 권위주의 문화가 만들어진 것이다. 일본 '텐노 제도'의 본질은 텐노를 중심으로 한 서열에 따라 사회의 위계질서를 만든 것이라고 할 수 있다.

텐노를 통해 본 일본 사회의 단면

현재 일본은 전쟁이나 패전 직후 시대를 경험한 세대가 점차 사회 일선에서 물러나고 그 이후에 출생한 세대가 그 자리를 대체해 가고 있다. 이들은 그 전 세대에 비해 텐노와 왕실에 대해 무관심하다고 볼 수 있다. 하지만 이들에게도 전임 텐노의 퇴위와 새로운 텐노의 즉위는 새로운 시대의 출현으로 받아들여진다. 1988년 당시 텐노였던 히로히토가 노환으로 병상에 눕게 되었을 때 하루에도 수천 명의 사람들이 히로히토의 쾌유를 빌기 위해 텐노의 거처인 '황거'로 몰려들었고, 텐노가 병상에 있으므로 일반 국민들도 "자숙"해야 한다는 명목으로 각종 행사나 마츠리[祭] 등이 취소되기도 했다. 이는 현대 교통, 통신 및 매스컴의 발달이 가져온 현상으로 이전에는 찾아볼 수 없는 일이었다. 2019년 텐노였던 아키히토는 생전에 텐노의 자리를 그의 아들인 나루히토에게 양위하였는데 당시 일본의 기업, 상점, 식당, 여행업체들은 아키히토 텐노의 연호였던 "헤이세이[平成]"와 신임 나루히토 텐노의 연호로 선정된 "레이와[令和]"를 활용한 각종 상품을 내놓고 치열한 판촉전을 벌였다. 당시 출시된 상품 중에서 새로운 연호가 새겨진 식품이나 고무인 등이 각광을 받았고, 심지어 "헤이세이 시대의 마지막 공기"를 담았다고 하는 캔 등이 판매되기도 했다. 이러한 현상은 텐노가 일본 사회에서 차지하는 비중이나 의미를 잘 보여주는 사례라고 할 수 있다.

텐노와 현대 일본의 정치

2차 대전의 패전 이후 만들어진 일본 헌법에 따라 텐노는 일본의 '상징'으로만 남게 되었지만, 오늘날 일본인에게 있어 텐노는 단순히 상징뿐인 존재만은 아니다. 특히 군사적으로 보다 강력한 일본을 만들고자 하는 보수 우익세력은 지금도 텐노에 대해 변함없는 충성을 맹세하고 있다.

1970년 노벨문학상 후보에 세 차례나 이름이 올랐던 일본의 천재 작가 미시마 유키오[三島由紀夫]가 일본 육상자위대 동북방면 총감실에 난입해 총감을 인질로 잡고 일본 평화헌법 개정을 위해 자위대가 궐기할 것을 촉구하는 연설을 한 후 '천황폐하 만세'를 세 번 외친 뒤 할복 자살한 사건은 전세계 사람들에게 큰 충격을 주었다. 그에게 있어 텐노는 여전히 일본 역사와 문화, 전통의 중심이며 살아있는 '아라히토카미[現人神]'였다.

정도의 차이는 있지만 일본의 보수 우익세력은 텐노를 국가와 국민통합의 중심으로 삼아 군국주의 일본을 만들어내었던 2차 세계대전 당시의 일본을 현대에 재현하고자 하는 목적을 가지고 있다. 2차 세계대전 당시 수많은 국가들을 침략하여 많은 사람들을 죽음과 고통으로 몰고 간 일본이 지금까지 주변 국가들에게 제대로 된 사과를 하지 않는 것은, 일본이 2차 세계대전의 가해국이면서 동시에 세계 역사상 유일한 핵 피폭 국가라는 피해의식이 일본인들에게 남아 있기 때문이기도 하겠지만, 보다 근본적인 원인은 가장 큰 전쟁책임을 가졌던 당사의 히로히토 텐노가 패전 이후 자신이 '신'이 아니라 '인간'임을 선언했다는 이유로 아무런 처벌도 받지 않았다는 점, 그리고 이런 텐노를 중심으로 해 강력한 일본을 재건하고자 하는 보수 우익세력이 발흥할 수 있었다는 점에서 찾아야 할 것이다.

제2절 오야붕과 꼬붕

'오야붕', '꼬붕'과 일본사회

'오야붕'과 '꼬붕'이라는 말은 우리나라에서도 종종 쓰이는 말이지만, 우리나라에서는 폭력조직에서의 두목과 부하를 가리키는 속어로만 사용된다. 하지만 일본에서 '오야붕'과 '꼬붕'이라는 말은 단순히 야쿠자 같은 일본의 폭력조직에만 한정된 말은 아니다. '오야붕'과 '꼬붕'은 가정, 기업 등 사회 곳곳의 각종 조직에 모두 존재한다. '오야붕'은 각종 조직에서 부모는 아니지만 부모와 같은 권위를 가진 지위의 사람을 일컫는다. '꼬붕'은 마치 자식과 같이 '오야붕'의 권위에 복종하는 자를 가리킨다. 일본 특유의 이 '오야붕'과 '꼬붕' 문화는 일본 사회가 가진 집단주의와 권위주의의 산물이다. 일본이라는 나라는 크게 보아 '텐노'를 '오야붕'으로 하는 나라로서, 사회 각 기관과 조직에서 각종 집단주의적이고 권위주의적인 문화 현상이 나타나는 나라이다.

'무라하치부'와 '이지메'

일본은 집단중심의 사회이다. 전통시대 일본의 권력자였던 영주와 무사계층은 통치의 편의를 위해 마을을 단위로 상호 연대책임을 지게 했다. 마을에서의 최종적인 책임은 촌장에게 집중되었고, 책임에 상응하는 마을 내에서의 권력도 가지게 되었다. 전통시대 일본 마을의 촌장은 그 마을 내에서 절대적인 권력을 행사하며 집단의 질서를 어지럽히는 자에게 집단의 이름으로 처벌을 가할 수 있었다. '무라하치부'라고 하는 이 처벌은 마을 구성원이 처벌받는 자를 공동으로 따돌리거나 심할 경우 마을에서 추방하는 것으로, 전통시대에 있어 이는 처벌 받는 당사자의 생존을 위협할 수 있는 중대한 처벌이었다. 그리고 이러한 '집단적인 따돌림'이라는 처벌방식은 자기가 속한 집단이나 조직에 순응하지 못하는 사람들에게 가해지는 '이지메'라고 하는 이름으로 일본 사회 곳곳에 남아있다. 일본은 이러한 집단중심의 사회였기 때문에 일반적인 집단 구성원과 다른 생각을 갖거나 튀는 행동을 하는 것은 중대한 잘못으로 인식되었다.

집단과 권위에 순응하는 일본인

마을이나 지역사회를 중심으로 한 전통시대 일본의 집단주의는 근대에 들어와 국가 집단주의로 바뀌게 되었다. 텐노를 중심으로 모든 국민을 일사불란한 하나의 집단으로 만들어 통제하는 일본 특유의 국가 집단주의는 많은 일본인으로 하여금 국가와 텐노의 명령에 맹목적으로 복종하게 만들고, 주변 아시아 국가들을 고통으로 몰아갔다. 현대에 들어와 다수의 일본인들이 익명성이 보장되는 도시에서 생활하게 되면서 전통시대 마을을 중심으로 한 집단주의는 약화되었지만 기업이나 학교, 그 밖의 지역사회에서 일본 특유의 집단주의는 여전히 나타나고 있다.

일본의 집단주의는 집단의 구성원들이 그 집단을 이끄는 리더의 명령에 수동적으로 따르게 하는 것이므로 자연스럽게 리더의 권위가 강조되게 된다. 리더는 그 집단 내에서 막강한 권위를 갖게 되고 집단 구성원 개개인의 개성 발현은 억제된다. 집단의 구성원은 리더의 명령에 복종하며 따라야 하는 존재가 된다. 그리고 집단과 리더의 명령에 맹목적으로 순응하는 댓가는 집단 내에서의 생존 보장이라고 할 수 있다. 지금도 많은 일본인들이 집단 안에 속해있을 때 심리적 안정감을 느낀다고 하는 것은 집단 내에서 집단과 리더의 명령에 순응해야만 안정적인 생존이 가능함을 많은 일본 사람들이 여전히 인식하고 있기 때문에 나오는 말일 것이다.

예의 바른 일본인

일본의 교육에서 가장 강조가 되는 말은 '히토니 메이와쿠 카케나이데(人に迷惑掛けないで!)'라는 말일 것이다. 즉 "다른 사람들에게 폐를 끼치지 말아라!"라고 하는 것이 아이들에게 강조되는 일본 교육의 첫 번째 목표가 된다는 것이

다. 어릴 때부터의 이런 교육으로 인해 일본인은 동아시아 3국 중에서 가장 예의가 바른 사람들로 인식되고 있다. 이러한 교육이 강조된 것 역시 다른 사람에게 폐를 끼치는 사람은 그 사람이 속한 집단 내부에서 안정적으로 생존하는 것이 어렵고 집단적인 따돌림을 받을 가능성이 많다고 여겨졌기 때문일 것이다. 어떤 일본인은 일본인의 특징을 "남이 하는 일을 따라하지 못하면 안절부절 못한다"라고 표현했고, 또 다른 일본인은 일본 집단주의에 대해 "빨간 신호등도 함께 건너면 두려울 게 없다"라는 말로 표현했다. 일본의 집단주의 문화가 갖는 특징을 정확히 표현한 말로 볼 수 있다.

제3절 오타쿠와 히키코모리

오타쿠와 덕후

'오타쿠(お宅)'는 1970년대 일본에서 등장한 신조어로 애니메이션, 만화, 게임 등 한 가지 일에 몰두하는 사람을 가리킨다. '오타쿠'라는 말이 만들어진 어원과 관련해서는 여러 가지 이야기가 있지만 집에 틀어박혀 자신이 좋아하는 한 가지 일에 몰두하는 사람을 가리키는 말로 사용되었다는 설이 설득력이 있다. 원래의 오타쿠는 일본에서 광범위하게 발달한 만화, 애니메이션, 게임 등에 몰두하는 사람들만을 가리키는 말로 사용되기도 했지만, 지금은 특정 분야의 마니아층을 가리키는 말로 다양한 분야에서 사용되고 있다. 특히 우리나라에서도 1990년대 이후에 특정 분야에 광적으로 집착하여 그 분야에 상당한 지식이나 기능을 보유한 사람이란 의미로 '오타쿠'라는 말이 유입되어 '덕후'라는 신조어가 만들어지기도 했다.

오타쿠의 출현 원인

어원에서 알 수 있다시피 원래의 오타쿠는 집안에 틀어박혀 자기가 좋아하는 한 가지 분야에만 비정상적으로 몰두하는 사람을 가리키는 말이었다. 일본에서 이런 오타쿠가 출현하게 된 것은 역시 일본의 집단주의나 권위주의 문화와 관계가 있을 것이다. 일본은 집단 중심의 사회이지만 개개인 중에서는 집단에 적응하지 못하는 사람이 있을 수 있고, 이들 중 집단적인 따돌림이나 괴롭힘, 즉 이지메를 당한 이후 집 밖으로 외출하기를 꺼리는 사람들이 출현했고, 이들이 집안에서 할 수 있는 한 가지 분야, 즉 만화, 애니메이션, 게임 등에 몰두하기 시작하며 이들을 가리키는 말로 '오타쿠'라는 말을 사용하기 시작한 것으로 보인다.

한편 일본의 만화, 애니메이션, 게임 산업이 크게 발전한 것은 '오타쿠' 문화가 확산되는 한 원인이 되었다. 즉 이런 산업이 집안에 틀어박혀 몰두할 수 있는 무언가를 제공한 것이다. 일본은 세계에서 가장 큰 만화산업의 시장이 형성된 곳이며 세계적으로도 큰 영향력을 가진다. 전통적으로 만화나 애니메이션, 게임 등은 어린이나 청소년 등의 전유물로 인식되어 왔지만 최근에 와서 이러한 경계가 허물어지고 있다. 일본에서는 성인들이 자신이 좋아하는 캐릭터의 코스프레를 하는 것은 물론 자신이 좋아하는 캐릭터와 가상 결혼을 하는 사례까지 등장해 사회적으로 상당한 영향을 끼치고 있다.

은둔형 외톨이 - '히키코모리'

2000년대 이후에 들어와 우리나라나 일본에서는 오타쿠를 특정 분야의 준전문가, 장인 등으로 평가하는 등 오타쿠를 긍정적으로 보는 분위기가 형성된다. 이에 따라 원래의 오타쿠가 가지는 부정적 이미지를 강조한 단어가 또 하나 만들어지게 되는데 그것이 바로 '히키코모리(引き籠もり)'이다. '히키코모리'는 오타쿠와는 달리 특정분야에 몰두하는 것 없이 대인관계와 사회생활 자체를 거부하는 사람들을 가리킨다. 우리나라 말로는 '은둔형 외톨이'라고 번역된다. 이들 중 상당수는 사회적으로 이지메 등 집단 괴롭힘과 같은 큰 충격이나 절망을 경험한 이후 집안에 틀어박힌 사람들이 많다. 우리나라를 비롯해

전 세계적으로 이런 사람들이 많아지는 추세이지만 특히 일본에서 히키코모리 문제는 상당히 심각한 사회문제로 인식되고 있다.

제4절 신사와 일본의 종교

신사의 나라, 일본

일본은 '신사(神社)'의 나라이다. 전국 어디를 가나 신사를 찾아볼 수 있으며 일본 인구 1억 2천만 명 중 1억 명 이상의 인구가 정기적으로 신사를 출입한다는 통계가 있을 정도로 신사와 일본인을 따로 떼어 생각하기 어려울 정도이다. 신도(神道)는 자연의 만물과 조상신을 '가미[神]'로서 숭배하는 일본의 원시신앙에서 비롯되었는데, 다른 나라의 원시 종교와 달리 텐노를 살아있는 신으로 추앙하는 종교가 되며 소멸을 피했고, 제국주의 시기에는 범국가적인 종교로 큰 발전을 했다. 일본의 신사는 신을 모시는 장소로 신사의 입구에는 신사의 영역과 인간 세계의 경계를 나타내는 '도리이[鳥居]'가 세워져 있다. 신사 경내에는 신에게 소원을 비는 건물인 배전(拜殿)과 신을 모신 건물인 본전(本殿)이 있으며 참배길인 '산도[參道]'로 이어져 있다. 일본의 각종 마쓰리나 절기 행사 중 신사와 관련된 것이 많은 만큼 일본인에게 있어 신도와 신사는 중요한 의미를 지닌다고 할 수 있다.

신사와 텐노

일본의 각종 신사에서 모시는 신은 흔히 800만개의 신으로 이야기되지만 실제로 일본인이 모시는 신은 800만보다 훨씬 많다고 할 수 있다. 이 많은 신들 중에서 가장 우월한 대표신으로 이야기할 수 있는 것이 태양신인 '아마테라스 오미카미[天照大神]'이다. 고대 일본의 역사서인 『고사기』에는 천지 창조부터 시작하여 신들이 탄생하고 일본 열도가 만들어진 이야기로 이어진다. 그리고 일본의 초대 텐노인 진무[神武]가 아마테라스 오미카미에게 3종의 신기를 받고 일본을 통치하게 된 이야기가 이어진다. 뿐만 아니라 일본의 여러 신화에서는 일본의 수많은 신이 아마테라스 오미카미 아래로 서열화된다. 즉 텐노 가문의 일본 지배 자체가 신도(神道)의 종교적 체계 안에서 정당화되고 합리화된 것이다. 메이지 유신 시기 일본의 지도자들은 언제나 '텐노'를 내세워 자신의 행동을 정당화하고 권력을 행사할 수 있었다. 그리고 그들에 의해 '텐노'는 일본 국민과 민족 정체성의 핵심이자 신성불가침의 절대 군주로 신격화되었다. 근대에 들어와 텐노의 신격화가 이루어질 수 있었던 것은 오래 시간 동안 일본 신도의 역사 안에서 '텐노 제도'가 자리잡고 있었고, 그 체계 안에서 텐노는 정치 권위의 원천이었기 때문이다.

신도와 불교

신도는 일본의 전통종교라고 할 수 있지만, 중국과 한반도를 거쳐 외래종교인 불교가 도입된 이후 커다란 위기를 맞았다. 하지만 일본의 신도는 불교 도입 이후에도 강한 생명력을 가지고 살아남았다. 오히려 불교의 부처를 신도의 여러 신 중 하나로 받아들여 불교 자체를 신도의 체계 안에 흡수시켰다. 이를 '신불습합(神佛褶合)'이라고 하는데 오늘날 일본의 불교 사원을 가보면 사원 건축물은 우리나라나 중국 등에서 볼 수 있는 사원과 크게 다르지 않지만 사원 경내에는 신도 계통의 일본 전통 신과 불교의 신이 함께 존치된 경우를 어렵지 않게 찾아볼 수 있다.

일본의 종교는 신도, 불교를 포함해 기독교, 신흥종교 등 약 400여 개의 종교가 공존하고 있지만 그중에서도 불교 신자와 신도 신자가 대다수를 차지하고 있다. 일본인들은 정월에는 신사에 가고 음력 보름인 오봉(お盆)에는 절에 간다. 또한 일본인은 아기가 태어나면 신사에 가고 결혼식은 신사나 교회에서 하는 것을 선호하며 장례는 절에서 불교식으로 치른다. 신도와 불교는 일본인의 생활에 깊은 영향을 미치며, 대다수의 사람들이 신도와 불교를 동시에 믿는

다. 한 사람이 하나의 종교만을 가진다고 하는 어떻게 보면 당연해 보이는 이 상식이 일본에서는 통하지 않는다. 사람들은 필요에 따라 2개 이상의 종교를 적절히 이용한다. 일본의 이러한 독특한 종교 관념이 만들어지게 된 것은 어쩌면 한국이나 중국과 달리 국가에 의해 도입된 불교가 일본 전통의 신앙이었던 신도의 체계 안에 편입되었기 때문일 것이다.

야스쿠니 신사

일본의 많은 신사 중 우리나라에 가장 잘 알려져 있는 신사는 역시 야스쿠니 신사일 것이다. '야스쿠니[靖國]'신사는 메이지 유신이 시작된 1869년에 막부 토벌 전쟁 중 죽은 자들의 영혼을 신으로 추앙하기 위해 건립되었다. 이후 이 신사는 전쟁에서 사망한 자들의 혼을 모시는 신사로서 기능하며 일본 국가 신도의 제국주의적 성격을 대표하는 신사로 자리매김하였고, 텐노를 위해 전쟁에서 싸우다 죽는 것을 장려하는 기능을 수행했다. 야스쿠니 신사에는 현재 총 246만여 전몰자가 안치되어 있고 2차 세계대전 당시의 대표적 전범들이 영웅으로 미화되어 존치되어 있다. 전쟁기간 중 국민통합을 위한 정치적 이데올로기 홍보의 수단으로 사용된 야스쿠니 신사는 현재 일본 보수 우익세력의 중요한 거점 중 하나로 기능하고 있다.

제5절 일본의 생활문화

일본의 전통의상 - 기모노

일본의 전통의상을 보통 기모노[着物]라고 한다. 기모노의 본래 의미는 옷 자체를 가리키는 말로서 에도 시대에 들어와 일반 서민에게까지 일상화되었다. 하지만 메이지 유신으로 일본이 서구문화를 받아들이면서부터 일본인들은 점차 서구화된 옷을 입기 시작했다. 기모노는 남성용과 여성용으로 구분되며 남성용에 비해 여성용 기모노의 종류가 많다. 여성용 기모노는 미혼 여성과 기혼 여성이 입는 옷이 구분되며 외출복, 예복, 상복, 작업복 등 종류에 따라 무늬가 구분된다. 기모노는 대부분 비단으로 만들어지기 때문에 가격이 매우 비싸며 일반인들은 구입하지 않고 빌려서 입는 경우가 많다. 기모노를 입는 방법과 절차는 매우 복잡해 상당한 시간이 소요되며 정식으로 기모노 입는 법을 가르쳐주는 학원이 있을 정도이다.

일본의 음식문화

일본은 오랜 기간 동안 쌀을 주식으로 해왔으며 단백질 보충을 위해 생선과 해산물, 미소나 콩 등을 사용한 요리가 발달했다. 특히 675년 일본의 덴무 텐노가 불교의 살생을 금하는 가르침에 따라 다리가 4개 달린 말이나 소 등을 죽이지 못하도록 하며 육류 섭취를 금했기 때문에 육류 요리는 오랫동안 발전하지 못했다. 그러다 메이지 유신 시대부터 서양인의 육식 위주 식생활 문화를 접하게 되면서 메이지 정부는 육류 섭취를 장려하게 되었고 일반 가정식에서도 육류 요리가 등장하게 되었다.

일본 요리의 특징은 음식을 입으로 먹기 전 눈으로 먹는다고 할 만큼 요리의 시각적인 모습을 중요시한다는 점, 제철에 나는 재료들을 주로 사용해 재료 자체가 가진 본연의 맛을 살리려고 노력한다는 점에서 찾을 수 있다. 또한 일본에는 서양요리를 일본식으로 변형시켜 만든 요리도 다수 있는데 돈가스, 오무라이스, 카레라이스, 고로케 등이 여기에 속한다. 또한 일본에서는 도시락 문화가 발달하여 다양한 종류의 도시락들이 판매되고 있다. 특히 각 지역의 기차 역에서 파는 도시락을 '에키벤'이라고 하는데 보통 에키벤은 각 지역에서 생산되는 특산물을 재료로 만들어 각 지역마다 특색있는 상품들이 판매되고 있다.

일본은 식사는 보통 개인별로 따로 차려지는데 한 그릇에 담긴 음식을 여럿이 함께 먹는 경우에는 반드시 개인용 접시에 덜어서 먹어야 하며 이 때 자기가 먹던 젓가락으로 음식을 덜어서는 안된다. 또한 모든 식사는 대부분 나무로 만들어진 젓가락만을 이용해 이루어지며 밥 공기는 들고 먹어야 한다. 또한 젓가락을 이용해 음식을 먹을 때 음식을 뒤적거리거나 형태를 망가뜨리지 않아야 하며, 젓가락으로 음식을 찍어서는 안되고, 젓가락을 들고 어떤 음식을 먹을지 망설여서는 안되는 등 젓가락 사용과 관련된 다양한 식사예절이 있다.

일본의 주거문화

일본의 주택은 창문이 많고 지붕을 높게 만들어 바람이 잘 통하도록 한다. 이는 고온다습한 일본의 여름 기후를 고려해 습기를 방지하기 위함이다. 또한 일본의 주택은 상시적인 지진에 대비하기 위해 건물을 높게 짓지 않으며 목조 건물이 많은 편이다. 우리나라의 아파트를 일본에서는 '맨션'이라고 하는데 우리나라에서 흔히 볼 수 있는 초고층아파트는 그리 많지 않다. 일본의 전통가옥에서 바닥에 깔개로 사용된 것이 다타미이다. 다타미는 보온과 방습 효과를 극대화시키며 방의 공기를 정화해주는 효과가 있다. 다타미 1장의 넓이는 180×90㎝로 전통적인 일본의 방은 다타미 4장반에서 6장 정도를 깔 수 있는 넓이를 가지고 있다. 보통 일본의 주택은 화장실과 욕실이 따로 분리되어 있다. 일본에서는 저녁에 샤워를 할 때 욕조 옆 작은 의자에 앉아 비누로 몸을 씻고 난 후 욕조에 들어가기 때문에 온 가족이 번갈아가며 욕조의 물을 사용할 수 있다. 손님이 있을 경우에는 손님이 먼저 목욕을 하고 그 다음에 가족들이 차례대로 목욕을 한다.

문화 연표

- B.C. 3세기   야요이[彌生]문화 시대 시작
- B.C. 4세기   야마토[大和]정권의 일본 열도 통일
- 645년   다이카[大化]개신, 오오미[大王]중심의 정치제도 마련
- 673년   덴무[天武] 천황의 즉위, '일본'이라는 국호와 '텐노[天皇]'라는 왕명 사용, 신도(神道)의 정비와 국가불교 확립
- 752년   도다이지[東大寺]에 세계 최대 청동대불 완성

- 1185년　　일본 최초의 무사정권 가마쿠라[鎌倉] 막부 건립
- 1404년　　명(明)과의 감합(勘合)무역 시작
- 1543년　　포르투갈인의 일본 도착
- 1549년　　기독교 전래
- 1603년　　에도[江戸]막부 창설
- 1612년　　기독교 금지령 발령
- 1639년　　쇄국정책 시작
- 1688년　　겐로쿠[元禄] 문화 시대 시작, 일본 문학, 예술 및 학문의 발달
- 1854년　　일본의 개항, 미일화친조약 체결
- 1867년　　메이지[明治] 텐노의 도쿄 입성, 에도막부 멸망, 대정봉환과 왕정복고
- 1873년　　근대적 학제 공포, 일본 최초의 철도 개통, 서양의 태양력 채택
- 1889년　　일본제국 헌법 발포, 텐노 중심의 정치체제 완성
- 1925년　　치안유지법, 보통선거법 공포, 일본 최초의 라디오방송 시작
- 1941년　　태평양전쟁 발발, 국민정신총동원운동의 시작, 국가를 위한 국민의 희생 강요
- 1945년　　일본제국 패망, 연합국 총사령부의 일본 통치
- 1946년　　텐노의 신격화를 부정하는 조서 발표, 신헌법 공포
- 1951년　　미일강화조약, 미일안보조약 체결
- 1953년　　일본 최초의 텔레비전 방송 시작
- 1964년　　도쿄 올림픽 개최, 최초의 신칸센[新幹線] 개통
- 1970년　　오사카 엑스포 개최
- 1989년　　아키히토 현 텐노 즉위, 장기불황시대 진입

참고자료

- 단행본　　이은주, 『새롭게 배워보는 일본, 일본인, 일본문화』, 백산출판사, 2017.
　　　　　　일본문화연구회, 『일본과 일본문화』, 불이문화, 2003.
　　　　　　김경임 외, 『일본문화의 이해』, 부산대학교출판부, 2015.
　　　　　　한일문화교류기금 편, 『일본을 말하다』, 경인문화사, 2014.

- 다큐멘터리　〈천황의 나라, 일본 5부작〉, MBC 다큐, 2005.
　　　　　　〈일본의 힘, 사무라이 2부작〉, 히스토리채널, 2006.
　　　　　　〈100년간의 유신〉, 중국 CCTV 다큐 대국굴기 7부, 2008.
　　　　　　〈일본 만화, 코스프레〉, JTBC 다큐클래식 아시아리포트 113회, 2014.
　　　　　　〈일본이 돌아왔다 2부작〉, KBS 다큐, 2017.

- 영화　　　〈나쇼몽〉, 구로사와 아키라 감독, 1950.

불굴의 정신으로 지킨 나라

베트남

- **문화 키워드**

  아오자이, 베트남전쟁, 저항의 역사, 호치민, 정감과 화동, 홍강과 메콩강

- **국기**

  금성홍기 1945년 9월 29일 베트남민주공화국으로 독립할 당시 처음으로 제작. 배경의 빨간색은 혁명의 피와 조국의 정신을 의미하며, 금색 별의 다섯 모서리는 노동자 농민 지식인 청년 군인의 단결을 상징.

- **개관**

수도	하노이(Hà Nội)
정치체제	공산당서기장과 주석이 있는 사회주의 공화국
민족구성	비엣족(89%) 기타 53개 소수민족
언어	베트남어
종교	불교(43.5%), 가톨릭(36.6%), 호아하오(9.2%)
면적	331,210.㎢
인구	98,261,021명(2022)
인구밀도	295명/㎢
GDP	3,548억 6,800만 달러
화폐	베트남 동(đ)

제1절 아오자이

외래문화의 변용

문화변용은 이질적인 문화를 가진 두 사회가 지속적인 접촉을 통해 서로가 갖고 있는 문화에 변화를 일으키는 것이다. 베트남은 중국과 인도, 나아가 프랑스 문화와의 직접 접촉을 통해 문화의 변용과정을 거쳐 왔다.

베트남 여성들이 즐겨 입는 아오자이는 베트남 문화를 상징한다. 아오자이는 베트남의 전통문화가 중국과 프랑스 등 외래문화를 받아들여 창조된 새로운 형태의 문화변용이라고 할 수 있다. 즉 전통과 현대가 용해되어 나타난 아오자이는 외래문화에 대한 베트남문화의 강한 수용성과 창조성을 보여준다. 아오자이는 베트남 여성들의 자주성과 개방성, 나아가서 미래에 대한 희망과 자신감을 표출하고 있다.

> "내가 했던 말 기억하나요? 우리가 다시 만날 때까지, 제발 잊지 말아요. 당신의 푸른 아오자이를. 내 사랑, 누가 의심하리오. 그토록 사랑스러운 푸른빛은 결코 시들지 않는다는 것을!"

아오자이에 관한 가장 유명한 노래로 꼽히는 '푸른 아오자이(The Blue Ao Dai)'의 한 구절이다. 가냘픈 듯 경쾌한 맵시, 때로는 화려해 보이지만 은은한 실루엣이 더 멋스러운, 작은 바람에도 옷깃 휘날리는, 푸른 연가(戀歌) 같은 느낌을 주는 옷이다.

베트남의 전통의상 아오자이는 많은 기억을 머금고 있다. 역사의 전환기마다 이 옷은 빠지지 않고 논란을 낳았다. 그 점에서 무척 특이한 의상이다. 옷 하나를 두고 전통과 외부의 가치가 갈등했고, 보수와 미학이 불화를 일으켰다. 하지만 그러면서 아오자이는 진화해왔고, 어느덧 베트남의 상징이 됐다.

아오자이(áo dài)는 이름에서부터 어떤 옷인지 짐작할 수 있다. 아오(áo)는

'옷'을 자이(dài)는 '긴'을 뜻한다. 한마디로 롱 드레스(Long Dress)이다. 아오자이는 상의와 바지, 두 부분으로 이루어진다. 상의는 치마처럼 길게 내려오는 튜닉(Tunic) 형태다. 상체는 꽉 끼며, 만다린 칼라(Mandarin Collar) 식의 목깃이 있고, 소매는 래글런(Raglan) 방식이다. 그리고 허리 아래 양옆이 갈라져 있다.

아오자이의 탄생

베트남 문화의 상징인 아오자이는 역사속의 갈등과 화해의 기억을 담고 창조된 실루엣의 미학이다. 15세기 이전 베트남 여성들은 주로 아오 뜨 턴(Áo Tứ Thân)이라는 옷을 입었다. 허리 아래가 네 부분으로 갈라진 긴 드레스로 앞 두 갈래는 벨트 아래의 매듭으로 묶을 수 있도록 되어 있다. 실크 등 가벼운 옷감으로 만드는 이 옷은 아오자이의 전신으로 볼 수 있다. 아오자이와는 달리 따로 바지를 입지 않고 치마처럼 입기도 하는 옷이었다. 일하거나 편하게 다닐 때 입는 옷은 목을 끈으로 묶고 어깨와 등이 드러나게 하는 홀터 탑(Halter Top) 스타일의 셔츠 '옘(Yếm)', 그리고 '바이(Váy)'라는 치마였다.

1407년부터 1428년까지 베트남이 중국 명 왕조의 지배를 받으면서 여성의 의상은 변화를 맞는다. 명 왕조는 베트남 여성들에게 중국식 바지를 입도록 했다. 이제 아오 뜨 턴 아래에 바지를 함께 입게 된 것이다. 중국으로부터 독립을 한 후에도 중국의 흔적은 지속됐다. 베트남 레(Lê) 왕조(1428~1788) 역시 유교식 가치관에 어긋난 복장을 금지했다. 그 시절의 가부장적 전통은 여성에게 단정한 옷을 입도록 요구했다. 노출이 적고 몸의 곡선이 드러나지 않는 차림을 의미했다. 그러려면 옷이 비치지 않아야 하고 품이 넓어야 했다. 특히 가슴과 엉덩이 부분의 윤곽이 드러나는 것은 금기시됐다.

레 왕조 말기 17~18세기에 이르러 베트남 북부에서는 찐(Trịnh) 가문이, 중남부에서는 응우옌(Nguyễn) 가문이 권력을 잡고 대립했다. 1744년 응우옌 가문의 응우옌 푹 코앗(Nguyễn Phúc Khoát) 왕은 후에(Huế, 응우옌 왕조의 수도)의 궁궐 내 모든 남녀 신하들에게 중국식 바지, 그리고 앞에 버튼을 단 윗옷(Tunic)

을 입도록 칙령을 내렸다. 여전히 긴 치마를 입는 하노이(Hà Nội, 찐 왕조의 수도)
의 신하들과 자신의 관료들을 차별화하기 위해서였다.

그러다 1802년 응우옌 가문이 찐 가문을 물리치고 베트남 전역을 지배하게
되면서 보수적인 정책은 지속됐다. 그 후 지금의 아오자이에 가까운 의상이
확산됐다. 특히 궁궐과 도시를 중심으로 인기를 끌었으며 명절이나 축제 때
입는 옷으로 자리 잡았다. 지역에 따라 조금씩 차이는 났지만 대체로 아래는
바지를, 위로는 만다린 칼라가 달린 품이 넓고 긴 윗옷을 입는 방식이었다.
중국 및 만주의 복식에 영향을 받은 것이었다. 하지만 농부, 노동자 계층 여성
들이 일상적으로 입는 옷은 여전히 옘과 바이였다.

베트남 여성의 의상은 프랑스의 지배(1858~1954)를 받으면서 또 다시 전기
를 맞는다. 그 시대 베트남에는 두 줄기의 흐름이 일었다. 일부 지식인과 도시
부르주아들은 서구의 근대적 요소들을 적극적으로 받아들이려 했다. 다른 흐
름은 전통을 훼손할 수 없다는 강한 의지였다. 그 바탕에는 식민지배에 대한
반감 또한 단단히 도사려 있었다.

변화의 바람은 특히 하노이에서 강하게 불었다. 전통적인 아오 뜨 턴을 개량
한 현대적인 드레스가 그곳에서 선보였다. 부드럽고 얇은 질감이었고 색깔이
화려했다. 프랑스 교육기관에서 미술을 배운 베트남 화가들은 아오 뜨 턴의
갈라진 네 부분을 두 부분으로 줄였다.

몸의 곡선이 고스란히 드러나는 화려한 디자인의 현대식 아오자이에 베트남
여성들은 환호했다. 특히 1930년대 하노이에서 활동한 디자이너 응우옌 캇
트엉(Nguyễn Cát Tường)이 선보인 아오자이는 큰 반향을 불러일으켰다. '르 뮈
르(Le mur)'라는 예명으로도 유명한 그는 프랑스 패션에서 영감을 받은 아오자
이를 발표했다.

밝은 색상, 몸에 꽉 끼는 품, 양쪽 허리 부분부터 아래까지 갈라진 긴 치맛
단, 어깨 부분이 약간 부푼 소매, 비대칭적으로 레이스 장식을 한 목깃, 물결치
듯 주름진 옷단, 허리와 가슴 부분에 솔기가 드러나지 않도록 꿰맨 이음새

등이 특징이었다. 바지는 유럽의 나팔바지 식으로 아래가 넓어지는 형식이었으며 엉덩이 부분이 밀착되도록 재단됐다. 이 옷은 이후 '르 뮈르 아오자이(Le mur ao dai)'로도 불리게 된다. 현대식 아오자이의 탄생이었다.

베트남 여성들은 그 새로운 옷에 환호했다. 여학생, 교사, 간호사 등을 중심으로 시작된 유행은 크게 퍼져갔다. 시골에까지 바람이 불었다. 하지만 보수적인 인사들은 아연했다. 우려와 비판의 목소리를 내는 사람들이 적지 않았다. 응우옌 빈(Nguyễn Bính)이란 시인도 그들 중 하나였다. 그는 '시골사람들'이라는 시에서 이렇게 한탄했다.

"벨벳 스카프에, 살랑대는 새틴 바지에 현대적인 아오자이라니!
오, 그대의 모습에 난 불행한 마음입니다!
당신의 옘은 어디에 뒀나요?
지난 봄 곱게 물들인 실크 벨트는 어디로 사라졌나요?
당신이 입던 네 갈래 드레스는 또 어디에?"

응우옌 빈은 전통의 훼손을 한탄했다. 하지만 그보다는 선정성에 대한 비판이 더욱 거셌다. 몸의 곡선을 고스란히 드러내는 과감한 디자인과 속이 비치는 얇고 투명한 천으로 만든 아오자이까지 등장하자 사람들이 놀란 것이다. "아오자이는 모든 것을 덮는다. 하지만 모든 것을 드러낸다"는 볼멘소리도 나왔다

현대식 아오자이의 지지자들도 많았다. 유럽의 진보사상과 자유주의를 접한 이들은 특히 그랬다. 1930년대 생겨난 자립적 문학그룹(self-Reliance Literary Group)인 '뜨 륵 반 도안(Tự Lực Văn Đoàn)' 출신의 예술가들은 '르 뮈르'로 대표되는 현대식 아오자이를 적극적으로 홍보했다. 그들은 여성들도 시대의 흐름과 함께해야 한다고 대응했다. 중국식 청삼(Cheongsam)이 비슷한 시기에 등장했던 것처럼 베트남의 전통적 요소에 여성의 곡선을 살린 유럽식 재단이 결합한 아오자이는 긴 사연과 진통을 겪으며 탄생했다.

아오자이의 변신

1954년 프랑스로부터 독립하면서 베트남은 곧 남북으로 분단됐다. 사회주의 세력하의 북베트남은 아오자이를 부르주아의 의상이며 식민지 잔재라고 규정했다. 또 노동자의 옷으로 적합하지 않다고 비판했다. 베트남 독립의 아버지로 불리는 호치민[胡志明]은 아오자이를 입지 말자고 호소했다. 아오자이가 다른 의상에 비해 옷감이 많이 들고, 활동하거나 일하는데 불편하다는 것이었다. 많은 사람들이 그의 주장에 동참했고, 북베트남에서는 한동안 아오자이의 모습이 사라졌다.

하지만 미국의 영향 아래 있던 남베트남 여성들은 여전히 아오자이를 즐겨 입었다. 1950년대 사이공의 재단사들은 목 부분에서 겨드랑이 부분까지 재봉선이 있어서 팔과 어깨 부분이 하나의 천으로 되어 있는 아오자이를 개발했다.

1975년 베트남 전쟁이 끝나면서 남베트남 정권이 무너지고 사회주의 정부가 수립됐다. 사회주의 정부는 아오자이에 대해 두 가지 입장을 동시에 가지고 있었다. 첫째는 민족의 정체성을 간직한 의상이기 때문에 존중한다는 것이다. 1973년 파리에서 열린 베트남평화회담(Vietnam Peace Talks)에서 북베트남 정부의 대표로 파견된 응우옌 티 빈(Nguyễn Thị Bình)이 협정서에 서명할 때 입었던 옷은 아오자이였다. 둘째, 남베트남에서 유행하는 '서구화한' 아오자이에 대해서는 비판적이었다. 경기침체, 기근, 캄보디아와의 전쟁으로 1980년대의 베트남 사회는 극도로 불안정했다. 당시 베트남 여성들은 결혼식 등 큰 행사가 있을 때 외에는 아오자이를 거의 입지 않았다. 그나마 입는 것은 주로 품이 넓은 구식 아오자이였다. 아오자이의 침체기가 다시 온 것이다.

아오자이는 1980년대 후반 경제개혁이 성과를 이루고 생활수준이 나아지면서 서서히 부활하게 되었다. 단체복이나 교복으로 아오자이를 채택한 국영 기업과 여자고등학교가 늘어났다. 1989년에는 호치민 시에서 최초로 미스 아오자이 대회가 열리고 규제가 완화되면서 전국적으로 널리 입기 시작했다. 6년이 지난 1995년에는 미스 베트남이 입은 파란 비단 아오자이가 일본 도쿄에서 열린 국제미인대회(Tokyo's Miss International Pageant)에서 최고 민속의상(Best National Costume)으로 선정된 바 있다. 당시 〈터이 짱 째(Thời Trang Trẻ)〉라는 베트남 패션 잡지는 "민족혼이 또 다시 명예를 얻었다"라며 찬사를 보냈다. 아오자이 열풍은 이후 한참 동안 이어졌다.

현재 아오자이는 '아오자이 베트남'이란 말이 회자될 만큼 베트남의 자부심을 드러내는 전통의상의 지위에 올랐다. 아오자이는 지금도 진화하고 있고 유명 디자이너들은 새로운 소재, 추상적인 모티프를 아오자이에 적용하고 있다. 소수민족의 의상에서 영감을 받고, 민소매나 길게 내려오는 앞뒤 부분에 장식을 하는 등 다양한 시도가 이루어지고 있다.

현재 아오자이는 결혼식 예복으로 즐겨 입고, 축제, 명절, 그리고 공적인 행사에서 기본적으로 입는 옷이 되었다. 또 은행과 호텔에서는 여성 직원들이 근무복으로 아오자이를 입는다. 베트남 항공에 오른 적이 있다면 승무원들의 빨간 아오자이를 기억할 수 있을 것이다. 특히 베트남 남부 지역에서 여고생들의 교복은 대체로 하얀 아오자이다. 재질이 약한 특성과 함께 색깔마저 하얀 아오자이를 입으면 행동이 조심스러울 수밖에 없다. 교복에서 볼 수 있듯이 하얀 아오자이는 여성의 겸손함, 조심성, 그리고 세련된 태도에 대한 기대를 담고 있다.

베트남 출신 이민자, 이주노동자들이 세계 각 지역으로 진출하면서 아오자이는 해외에서도 널리 알려지게 되었다. 아오자이가 세계의 시선을 끌기 시작한 것은 베트남 전쟁 때부터였다. 그 시절 서구의 많은 작가와 여행자들은 애정을 담은 글로 아오자이를 묘사했다. 베트남의 식민지 시절을 배경으로 한 영화 〈인도차이나(Indochine)〉와 〈연인(L'Amant)〉이 1992년에 상영되자 아오자이는 큰 명성을 얻었다. 랄프 로렌(Ralph Lauren), 조르지오 아르마니(Giorgio Armani) 등 유명 디자이너들은 아오자이에 영감을 받은 작품을 선보이기도 했다. 아오자이가 국제 패션계의 목록 속에 자리 잡게 된 것이다.

아오자이의 긴 발자취를 되짚어보면 두 가지 역설을 발견하게 된다. 첫째,

기나긴 중국의 지배에 이어 프랑스와 미국의 식민지 시절을 겪었다. 하지만 끝내 독립을 이루었고, 미국이라는 초강대국과의 전쟁에서 승리해 세계를 놀라게 했다. 베트남인들은 외침에 끈질기게 저항하면서도 적들의 앞선 문화를 받아들이는 데는 인색하지 않았다. 동서양의 무력이 싸우는 동안 동서양의 '미학'은 조용히 화해했다. 그 화해의 결과가 아오자이를 낳았다.

둘째, 서양 여성들은 아오자이의 고운 자태와 결에 찬사를 보냈다. 그리고 자신이 아오자이를 입은 근사한 모습을 기대하지만 대부분 실망한다. 아오자이는 어깨가 좁고 마른 몸매의 베트남 여성에게 가장 잘 어울리는 옷이다. 아오자이는 외국인 여성들이 제대로 소화하기 어려운 옷이다. 그 사실을 알게 되면서 아오자이에 대한 신비감과 동경은 오히려 증가했다. 그녀들은 아오자이를 이렇게 정의한다.

"아름다운 의상. 하지만 모든 여성이 입을 수는 없는 옷"

이와 같이 아오자이는 긴 옷이라는 단순한 이름인데, 베트남의 긴 역사와 문화를 한 몸에 담고 있다. 상채는 꽉 끼고, 목깃은 중국식의 칼라로 되어 있고, 소매는 어깨부터 일자로 떨어지며 실용성을 고려하는 서양문화를 접목했다. 15세기까지 베트남 여성들은 허리 아래가 네 부분으로 갈라진 긴 드레스 형태인 아오 뜨 탄이라는 옷을 입었다. 이후 중국 명나라의 지배를 받으면서 유교문화의 영향으로 치마대신 바지를 입었고, 프랑스 지배를 받을 때까지 중국의 흔적은 지속되었다. 19세기에 들어와 프랑스의 영향을 받은 지식층과 화가들이 서양의 문화를 적극적으로 받아들이면서 화려한 색상, 유럽식 나팔바지, 몸의 곡선이 드러나는 디자인이 특징인 지금의 이오자이가 탄생되었다. 아오자이는 현재에도 지속적인 변화를 보이면서 베트남 문화의 상징으로 자리 잡게 되었다.

제2절 베트남 전쟁의 기억

저항의 역사

베트남이 강대국을 제압하는 나름의 비결은 무엇인가? 피로 얼룩진 나라, 베트남은 고대부터 현대까지 전쟁의 연속이었다. 그래서 베트남의 역사를 전쟁의 역사라고 일컫고, 침략했던 강대국을 차례로 물리쳤다. 베트남의 국가는 외세의 저항에 당당하고 새로운 문화를 창조하는 의미를 담고 있고, 군가의 느낌이 있다.

> "베트남 군대여 전진하라. 조국을 지키기 위해 함께 단결하라.
> 우리의 바쁜 행진은 높고 험준한 길로 걸어갈지니,
> 우리의 국기는 승리의 붉은 피, 조국의 영혼이 깃들어져 있도다.
> 총성이 우리의 행진곡과 함께 울려 퍼지도다.…"

우리의 애국가와 비교하면 분위기가 완전 다르다. 국가에 '붉은 피'와 '총성'이라는 단어가 나온다는 것은 그만큼 전쟁과 밀접한 삶을 살았다는 것이다.

1990년대 후반까지도 베트남은 전시국가였다. TV는 전쟁 관련 드라마나 홍보용 영화로 채웠고, 미술 박물관에는 전쟁과 관련된 그림이 주로 전시되었다. 베트남은 외세의 침략에 저항하면서도 한편으로는 유연하게 문화를 받아들이는 민족이다. 즉 베트남이 가진 특이한 점은 적이 패배를 인정하고 퇴각할 때 베트남인은 달려가서 죽이고 약탈을 일삼는 행위를 하지 않았다. 오히려 그 반대로 화해하고 화친하기 위해 물과 양식을 주고 돌려보내곤 했다.

베트남이 1000여 년 동안의 중국 지배로부터 독립을 한 이후에도(A.D. 938) 중국의 침략은 계속되었다. 10세기 때 레 환은 퇴각하는 송나라 군에게 물과 양식뿐만 아니라 심지어 특산물까지 제공하면서 화친을 원했다. 14세기 쩐 왕조 때에는 베트남 역사에서 가장 유명한 장군으로 칭송받는 쩐 흥 다오가 몽골군과의 전쟁에서 대승을 거두고, 퇴각하는 적에게 사절을 보내어 화친을 청했다. 18세기에는 청군이 대패하여 수많은 적군이 죽자 꽝쭝 왕은 전사한 청나라 병사들을 위해 제사를 지내주기도 했다. 1945년 3월 프랑스가 일본에 쫓겨 도망갈 때도 베트남 사람들은 프랑스인들을 적극적으로 도와주었다. 호치민의 독립 선언문에는 프랑스의 만행뿐 만 아니라 동시에 화합의 메시지를 담고 있다.

이와 같이 베트남이 강한 저항을 통해 외세의 침략을 극복하고 화해를 잘하는 이유는 무엇인가?

첫째, 전면전을 피하고 자연환경을 이용한 유격전을 잘 펼치기 때문이다. 필요시에는 수도까지 내어주는 장기전을 펼치면서 지형지물과 날씨를 이용하여 적을 지치게 했다.

둘째, 모든 국민이 군인이 되기 때문이다. 노인이든 부녀자이든 심지어 소년이든 소녀이든 간에 전시에는 모두 군인으로 돌변한다. 대나무 성 안의 작은 마을은 소국가이므로 유사시에 그 안에서 자체조직이 형성되었다. 베트남 전 지역이 전선이 되는 상황을 적이 가장 두려워했다. 베트남의 대나무 촌락 안에는 이미 작은 조직의 민병대가 있었다. 월남전에서 미국은 베트남이라는 한 국가와 전쟁을 한 것이 아니라 분산된 수천의 작은 마을 국가와 전쟁을 한 것이다. 베트남은 전시에 모든 국민이 군인이 되기 때문에 전선이 따로 없고, 전쟁이 끝나면 대나무 촌락의 일상으로 자연스럽게 돌아간다. 분산되었지만 촘촘하게 서로 연계된 방식의 전쟁은 베트남으로 하여금 강한 저항과 대나무처럼 부드러운 화해가 일상인 나라가 되게 한 것이다.

셋째, 베트남인들은 기후와 자연환경에 대한 적응력이 뛰어났다. 북베트남은 사계절이 있고, 남부의 기후는 변화가 심하기 때문에 외국인이 적응하기 매우 힘들다. 날씨 외에도 식량조달의 어려움 때문에 외국군이 장기간 베트남에 주둔하기 쉽지 않았다. 반면에 베트남은 원래부터 자급자족인 소농의 생계 방식을 가지고 있었기 때문에 전쟁 중에도 식량 조달이 어렵지 않았다. 베트남은 열악한 상황과 환경에서도 독특한 전략과 자연환경을 활용하여 전쟁을 하는 국가였다.

전쟁의 기억

우리에게 베트남 전쟁은 어떤 의미가 있는가?

우리나라는 1964년 9월부터 1966년 4월까지 4차에 걸쳐 베트남전쟁에 국군을 파병했다. 미국의 요청에 의한 대한민국 국군의 첫 번째 해외파병이다. 베트남 전쟁은 복잡한 맥락과 다양한 의미가 있다. 참전 군인과 그 가족, 그리고 참전하지 않은 사람의 입장 사이에는 전쟁을 바라보는데 있어서 상당한 시각의 차이가 있다. 또한 베트남에 주둔했던 군인들도 1년 순환근무제를 시행했기 때문에 실제 전투를 체험한 군인은 전체의 10% 정도에 불과했다. 후방에 배치된 병사들은 전장의 현장감을 느끼지 못했고, 따라서 전쟁에 대한 처지와 경험은 달랐다. 그 결과 사람들은 각자의 아픔과 상처를 어렴풋이 짐작만할 뿐 기억이 다르기 때문에 서로를 완전히 이해할 수 없었다.

우리는 베트남 전쟁을 말하기 꺼린다. 타국에서 벌어진 그들만의 전투로 인식되었기에 참전 군인들도 침묵했고, 민간인 학살은 입에 담아서는 안 될 금기였다. 당시 우리는 자유와 평화를 수호하러 갔던 귀신 잡는 해병대에 경의를 표했지만, 그들이 베트남에 가서 무슨 일을 했는지 그 누구도 묻지 않았다. 참전 군인은 한 집안을 일으킨 장본인이고 경제발전의 주역으로 칭송되었다. 국가에 의해 자유를 수호한 첨병으로 승자의 기억이 강요되었지만 개인이 겪어야 했던 혼돈과 고통은 오랫동안 무시되었다. 고엽제로 인한 증상임을 나중에 알았지만 살이 썩어 들어가고 온 몸에 얼룩반점이 생긴 전쟁의 상처를 혼자 감당해야 했다.

이와 같이 베트남 전쟁의 경험은 감추어진 역사라고 할 수 있고 다양한 관점에서 바라볼 수 있다. 한반도가 아닌 곳에서 수행되었던 전쟁이었고 참전 여부뿐 아니라 베트남 전쟁이 가지는 특수한 성격으로 인해 전쟁을 둘러싼 사람들

사이의 소통은 더욱 어려웠다. 특히 미국은 국가가 주도했던 베트남 전쟁이 패배한 원인과 좌절감을 참전 군인들에게 전가했다. 미국에서는 오랫동안 참전 군인들을 위한 공식적인 행사가 없었고, 귀국한 군인들은 멍청이로 취급당하며 존중은 없고 잊혀야 할 존재로 대접받았다.

구찌터널

베트남은 전쟁에서의 승리와 저항정신을 보여주기 위해서 국가정책으로 전쟁기념관을 전국에 설치했다. 미군의 잔인한 모습과 베트남인의 지혜와 속임수를 쓰는 방법을 보여주는 구찌터널(Địa đạo Củ Chi)은 베트남 호치민시에서 북서쪽으로 40~70㎞ 정도 떨어진 곳에 있다. 지금은 전쟁의 기억을 소환하고 기념하는 저항의 상징이 되었다. 구찌터널은 프랑스와 전쟁을 할 때인 1948년부터 건설되기 시작했으며, 마을과 마을 사이를 연결하고 침략자들로부터 자신들을 보호하기 위한 목적에서 시작되었다. 이후 미국과의 전쟁을 효과적으로 수행하기 위해 25년 동안 약 250㎞에 달하는 터널이 지속적으로 확장되었다. 캄보디아 국경까지 이어지는 광대한 지역을 연결하면서 거미줄처럼 짜임새 있게 건설되었다.

구찌터널은 베트콩들의 물자 자원과 전략적 요충지를 연결하는 역할을 하였고, 미군을 기습하는 장소로 쓰였다. 터널 안에는 병원과 부엌, 식당, 침실, 회의실 등이 설치되면서 단순한 피난처가 아니라 삶의 터전이 되었다. 땅굴 속에서 전쟁과 삶에 필요한 노동을 하고 의식주를 해결하면서 외세에 저항한 것이다. 소위 베트콩으로 불리는 남베트남 해방민족전선은 이 터널을 타고 미군과 남베트남의 군사 시설을 공격했으며 어디서나 나타나는 베트남군은 미군을 혼란에 빠지게 했다. 280만 명의 미군을 상대로 최종적으로 베트남이 승리하는데 구찌터널은 중요한 역할을 했다.

당시 베트남의 남쪽은 자유 월남, 북쪽은 월맹으로 불렸다. 미국과 치열한 전쟁이 계속되는 동안 월맹군은 가로 30㎝, 세로 40㎝에 불과한 입구를 통해

체격이 작은 베트남인만 겨우 들어갈 수 있는 터널을 만들었다. 지하의 비밀요새가 만들어지면서 당시 미군의 압도적 화력에 적절히 대응할 수 있었다. 상황이 곧 종료될 것이라고 미국인들은 기대했으나 실제로는 반대로 돌아갔다. 미국은 전차와 비행기로 밀어붙이고 폭탄을 퍼붓는 전쟁에는 익숙했으나 정글에서 터널을 이용한 게릴라전은 경험해보지 못했던 것이다. 월맹군은 구찌터널을 교묘히 이용하여 보급로를 숨기면서 계속 반격을 했다. 비오는 날에는 진흙이 굳어버리는데 전차가 지나간 자리에도 지하의 기지는 무너지지 않았다. 미군은 개를 동원하여 입구를 찾고자 하였지만 베트콩은 고춧가루를 여기저기 뿌려서 후각을 잃게 하는 것으로 대응했다. 지하기지의 입구는 너무 작아서 덩치 큰 미군은 들어가지 못했다. 미군은 땅굴쥐라고 불리는 땅굴 전담 특수부대를 동원하는 것으로 대응했으나, 베트콩은 교묘한 위장입구를 만들어 전갈이나 독사를 풀어놓거나 부비트랩을 설치하여 맞대응했다. 또한 베트콩 지하기지의 통로는 너무 좁아서 고작 권총 정도나 쓸 수 있었기 때문에 미군의 장점이었던 중화기는 무용지물이 되었다.

전투가 정글에서 펼쳐지는 탓에 전차 등 중장비는 제대로 활용할 수가 없었고, 보병 부대만 정글 속으로 들어가야 했다. 베트콩은 땅굴을 통해서 자신들이 싸우고 싶을 때 나타나고 불리할 때는 숨어버리는 새로운 형태의 군대였다. 따라서 미군은 정글의 나뭇잎과 풀들을 모두 없애기 위해서 바로 그 유명한 고엽제를 무차별적으로 살포했다. 이 새로운 전장과 생소한 형태의 전투에서 미군도 역시 새로운 전술을 사용하게 되었지만 첨단 무기를 가지고도 날씨와 지형적인 특징을 극복하지 못했다. 방탄복을 입고 M16 소총을 든 미군이 UH-1 헬리콥터를 타고 정글로 들어가서 잘 보이지도 않는 적과 싸우는 전형적인 베트남 전쟁은 우리에게 익숙한 장면이다. 구찌터널은 베트남 국민의 자부심이자 열강의 침략에 맞선 체험의 현장으로서 관광 명소가 되었다. 남아있는 120km 정도의 벤덴(Ben Dinh)과 벤득(Ben Duoc) 지역의 지하 공간은 역사교육의 현장이 되었고, 땅굴 속에서 베트남인들이 어떻게 생활했는지 체험할 수 있다.

영웅 호치민

베트남에서 제일 큰 도시는 호치민시이고, 메콩강 하구 삼각주에 자리하고 있다. 원래 사이공이라는 이름을 가졌던 이 도시는 1975년 베트남이 통일되자 국민영웅이자 혁명가인 호치민의 이름으로 바뀌었다. 호치민은 베트남의 영웅이자 아버지라고 불리며 모든 화폐에는 그의 얼굴이 있다. 호치민의 본명은 '성공할 사람'이라는 의미의 응우엔 탓 단(Nguyen Tat Thanh)이었는데, 1942년 중국에서 투옥과 체포의 과정을 거치면서 '깨우치는 자'라는 의미의 호치민(Ho Chi Minh)으로 개명했다. 그는 혁명과 독립운동 과정에서 평생 160여개의 가명을 사용했다. 이데올로기 대립으로 과거 타도 대상이었던 베트남 공산당의 창건자였고, 우리에게는 수많은 대한민국의 군인들이 적으로 상대하고 싸웠던 아픈 역사의 인물이 바로 호치민이다. 베트남은 마을과 국가를 위해 기여한 인물을 모시기 위해 사당을 만들고 위패를 모시는 문화적 전통을 가지고 있다. 베트남전쟁 후에는 희생자들과 국가적 인물에 대한 메모리얼을 만들어 영웅화하는 기념 작업을 해왔으며, 호치민은 베트남의 독립과 통일을 이끈 지도자의 대명사가 되었다.

1890년 프랑스 식민시기 태어난 그는 성인이 되자마자 발전된 서구의 신학문을 공부하기 위해 증기선 아미랄 라투슈호(Amiral Latouche-Tréville)의 견습 요리사로 취직해서 프랑스에 갔다. 런던과 뉴욕에서 하인, 견습공 등 밑바닥 인생을 전전했지만 세계를 바라보는 시야를 넓히고 식민지배에서 벗어나기 위한 방법을 찾고자 노력했다. 이른바 적의 심장에 들어가 상대의 문화를 배우고 긴 시간 이방인으로 살면서 식민주의를 비판하고 독립을 위한 방안을 강구했다. 독립을 요구하는 청원서를 들고 연합국 지도자를 직접 찾아갔고, 민족자결주의를 선언한 미국 대통령 윌슨에게는 독립을 요구하는 서신을 보냈다. 그의 무모한 행동은 식민지 조국에서 할 수 있는 최선의 용기였다. 호치민은 목숨보다 소중했던 자유와 독립을 실현하기 위해 공산당의 수장이 되어 프랑스에 맞섰다. 30년 만에 조국에 돌아온 그는 베트남 독립투쟁을 이끌었고 세계 최강이었던 프랑스와 미국을 상대로 승리했다.

호치민은 스스로 험한 일을 마다하지 않았다. 베트남의 미래인 아이들에게 아낌없는 투자를 하였고, 가진 것 없는 베트남인들을 위해 싸우며 권력의 부귀영화와 안락을 취하지 않았다. 혁명가 호치민은 자유와 독립을 위해 단호하고 과감하게 행동했지만 소박하고 인간적인 면모를 잃지 않았다. 국민의 굶주림을 염려하여 두 칸짜리 작은 공간에서 생활하며 항상 반찬은 세 가지 이상 먹지 않는 검소한 생활을 했다. 그는 "나의 인생은 한마음으로 조국과 혁명 사업에 헌신했고 국민을 위해 일하는 것이었다. 이 세상과 이별한다고 해서 후회할 것은 없지만 더 이상 국민들에게 복무할 수 없다는 것이 안타깝다"는 유언을 남겼다.

호치민은 평생 독립운동에 전념하고 청빈한 생활을 실천했다. 국민위주의 사상과 행동은 유럽에서도 진보적인 젊은이들에게 존경의 대상이었다. 유럽의 정치지형을 완전히 뒤바꾼 역사적 사건이었던 1968년 6.8혁명 당시 프랑스의 학생과 근로자들은 호치민의 사진을 들고 세상을 바꾸자고 외쳤다. 프랑스인들조차 식민지의 인물에 불과했던 그를 변화의 상징으로 인정하고 애정과 존경심을 가지고 있었던 것이다.

제3절 띵깜의 문화

띵깜

베트남 문화의 정수는 띵깜[情感]에 있다. 한국의 정(情)과 유사하지만 속이 깊지 않은 측면이 있다. 우리의 정은 은근한 것이 특징이다. 입으로 굳이 정이 있다고 말을 안 해도 느껴지고, 한번 준 정은 쉽게 변하지 않는다. 설사 내가 손해를 보더라도 이 정을 지키기 위해 손해를 감수하는 것이다. 그런데 베트남의 띵감은 매우 상황적이다. 띵감을 주었다가도 자기의 상황이 변하면 띵감도 변한다.

베트남 사회는 오랫동안 전쟁을 경험했기 때문에 불안정하고 굴곡이 심한 사회였다. 오늘과 같은 평온한 환경은 현대에 와서 불과 40년 밖에 되지 않는다. 중세부터 1887년 프랑스 식민통치 전까지 10개의 왕조가 탄생했다가 사라졌다. 우리나라가 고려와 조선 두 왕조가 존재하는 동안 베트남은 10개의 왕조가 생겨났으니 그 사회적 혼란을 짐작할 수 있다.

게다가 근대에 와서도 베트남은 우리보다 훨씬 더 많은 수난을 겪었다. 프랑스 식민통치시대에 일본이 들어왔고, 일본이 물러가자 다시 프랑스가 들어와서 8년 전쟁을 일으켰다. 프랑스가 돌아가자 다시 미국이 들어와서 20년 동안 국토는 전쟁터가 되었다. 폭탄이 떨어지는 옆에서 장사를 하고, 생활을 했던 환경 속에서 무슨 미래를 기약하며, 무슨 약속을 지킬 수 있었겠는가. 상황에 따라 그때그때 다르게 변모해야만 살아남을 수 있었던 것이다. 베트남의 정감도 상황에 적응하며 변질 되어버린 것이다.

베트남인의 행동 양식은 정이 먼저이고 그 다음이 이익을 챙긴다. 다시 말하자면 정을 취해서 기준으로 삼고, 이익을 가지고 조절하는 식이다. 이것은 외국인들에게는 대단히 이해하기 힘든 개념이다. 특히 정확한 관계와 관념을 필요로 하는 디지털 시대에 있어서는 큰 장애 요소가 아닐 수 없다. 그러나 베트남인은 오랫동안 이런 방식으로 살아왔다. 그 이유는 자급자족의 소농과 소상으로 인하여 농부와 상인의 임의성, 자의성에 따라 시간을 편리한 대로 사용하는 습관이 문화로 정착된 것이다.

최근 베트남인 스스로도 정감의 문화를 앞으로 고쳐야할 습관으로 종종 지적한다. 베트남 사람은 오늘 논을 갈고 씨를 뿌려야 하지만 누가 잔치에 초대하면 모든 일을 버리고 거기에 간다. 이렇게 농사를 짓다가도 내팽개치고 잔칫집에 가고, 장사를 하다가도 볼일이 있으면 문을 닫고 가 버리는 자의성으로 인하여 약속의 개념이 부족하고 글로벌 기준에 부합하지 않는다는 지적을 받는다.

베트남의 정감의 문화는 이성보다는 정이 앞서는 것인데, 그래서 무슨 부탁을 했는데 들어주지 않을 때 '컴 꼬 띵깜'(에이, 정이 없네요) 이라고 하면 빙긋이 웃으면서 들어준다. 베트남 사회를 돌아가게 하는 핵이 바로 정감이다. 베트남은 띵깜이 넘쳐나는 나라이다. 법은 없어도 살지만 띵깜이 없으면 못 산다고 생각하기 때문에 항상 정을 표현해야 하고 정을 주고받아야 한다.

그러면 정감은 구체적으로 어떻게 표현되는가? 먼저, 선물이다. 해외 출장을 갔다 오거나 지방 출장을 갔다 오면 작은 선물이라도 꼭 해야 한다. 베트남의 띵깜은 비싼 것 한 번 하는 것보다 작은 선물을 수시로 하는 것이 더 효과가 있다. 왜냐하면 띵깜은 관심의 표명이기 때문이다.

둘째, 상대방에 대해 꼬치꼬치 캐묻는 것이다. 서양인들에게는 문화충격으로 다가오지만 베트남에서는 사생활 침해가 아니라 관심의 표명이다. 나이는 당연히 제일 처음 묻는 질문이다. 왜냐하면 호칭을 정해야하기 때문이다. 나보다 언니인지, 동생인지, 삼촌뻘 되는지 큰아버지뻘 되는지 알아야하기에 나이를 먼저 묻는다. 그 다음에는 결혼을 했는지, 자녀가 몇 명인지, 집은 어딘지, 집은 얼마에 렌트를 했는지, 그리고 월급이 얼마인지 등을 시시콜콜하게 묻는다. 이것이 베트남의 정감의 표현이다. 상대에게 관심을 가지고 있다는 뜻이다. 처음에 만났을 때는 사생활에 대해 묻고, 그 다음에는 수시로 안부를 묻는 것이다. 부모님 잘 계시는지, 건강은 어떤지, 어려운 일은 없는지 등을 지속적으로 물어보면 그것은 자기에 대해 관심을 가진다는 것임으로 띵깜이 생기는 것이다.

셋째, 함께 있어 주는 것이다. 밤도 늦었는데 먼저 가라고 해도 안 간다. 문밖으로 나가면 바로 오토바이를 타고 뿔뿔이 흩어져서 가는데도 꼭 기다렸다가 같이 간다. 밥을 먹을 때도 마찬가지이다. 먼저 온 사람은 먼저 먹으라고 해도 기다렸다가 모두 왔을 때 같이 먹는다.

넷째, 경조사를 꼭 챙겨야 한다. 장례식에는 꼭 가야 한다. 베트남에서는 결혼식보다 더 중요한 것이 장례식이다.

다섯째, 띵깜이 최고 수준으로 표현되는 것은 집을 방문하는 것이다. 선물을 사 가지고 집을 방문하여 그 집 식구들과 인사를 나누는 것은 띵깜의 절정이다. 그런데 베트남의 띵깜은 우리의 정감과 약간 다른 면이 있다. 베트남의 띵깜은 잔정이라는 것을 알아야 한다. 깊은 의리를 동반한 우정이 아닌, 그냥 같이 있는 동안에 서로 사랑하면서 정을 주고받는 것이다. 그러니 우리 식으로 내가 큰 정을 주었으니 기억해 달라고 해서는 곤란하다. 그걸 모르는 외국인들은 정신없이 정을 주었는데 돌아서면 깊은 상실감에 빠진다.

화(和)와 동(同)의 공동체

화동 문화는 갈등을 오래 지니지 않고 바로 화해하는 독특한 베트남 문화이다. 작은 촌락에서 얼굴 붉히며 살 수 없으므로 묵은 감정을 빨리 털어버리고 새로운 관계를 재빨리 형성하며 살아가는 베트남인의 행동 양식이다. 베트남 사람들이 외세의 침략을 이겨내고 외래문화를 쉽게 수용한 가장 중요한 이유는 갈등을 해소하고 서로 단합하는 공동체를 가졌기 때문이다. 베트남에는 "쌀 한 톨 때문에 서로 싸우지만 곧 서로 밥 먹자고 초대한다"는 속담이 있다. 이 말은 수확 후 쌀을 나눌 때 서로 많이 가져가려고 싸우나, 후에 쌀을 많이 가져간 사람이 적게 가져간 사람을 초대하여 식사를 같이 한다는 것이다. 속담에서 보는 바와 같이 한 톨의 쌀이면 얼마나 작은 것인가? 그런데 정말로 베트남 사람들은 이렇게 작은 이익에도 매우 적극적으로 매달리면서 분쟁을 일으킨다. 그리고 또 아무렇지도 않게 관계를 한다. 이렇게 개인의 이권 앞에서는 적극적으로 대처하지만 다시 화해함으로써 공동성을 유지하는 것이 베트남인의 화동성이다.

화동성은 베트남 문화의 본질이다. 화동은 화합할 화(和)에 같을 동(同) 자로 화합해서 일치가 된다는 뜻이다. 베트남의 화동성은 베트남인의 거주 공동체의 특성에서 나왔다. 폐쇄된 작은 공동체에서 옹기종기 모여 살다 보니 많이 부딪히게 되었고 이런 갈등을 해결하기 위하여 화동이 나온 것이다.

베트남은 고대부터 홍하 유역의 물이 범람했기 때문에 치수가 생존의 필수 조건이었다. 치수를 통해 전답을 만들었고, 홍수와 맹수 같은 자연의 적과 외부 침입자들로부터 자신들을 보호하기 위하여 제방을 쌓고 대나무 성을 세워 인조 부락을 만들었다. 이 일은 한 종족이 감당할 수 있는 일이 아니어서 여러 성씨의 종족이 함께 모여 힘을 모아야 했다. 다양한 성이 모인 집단 촌락이 형성되었고, 이 목적을 수행하기 위해 베트남인들이 세운 방침이 '화'이다.

대나무성 촌락의 특징은 다른 부락으로 쉽게 주민 등록을 옮길 수가 없다는 것이다. 왜냐하면 모든 촌락은 정치, 경제, 사회, 문화, 종교, 국방 등을 갖춘 하나의 독립된 소국가로서 외부 사람이 함부로 들어갈 수 없기 때문이다. 또한 외부의 세력에 대해서 매우 폐쇄적이므로 만약 외부 사람이 들어오면 그 촌락에서 제일 하급인 종치기부터 시작해야 한다. 한정된 공간에서 마치 바둑판 위에 양 사방으로 그어진 선처럼 구획된 규격에 따라 구분지어 살아야 했다. 따라서 베트남인들은 소유의 경계를 분명히 해야 했다. 경계가 흐릿하면 자신의 재산이 없어질 수 있기 때문이다. 이런 환경으로 인하여 개인 소유 의식이 높아졌고 또한 이것 때문에 갈등을 유발하게 되었다. 이런 갈등을 가지고 한 집단에서 살기가 어려웠으므로 화동성이 발달하게 된 것이다.

베트남의 이런 폐쇄적인 거주 공동체는 내부에서 다툼과 갈등이 일어날 때 외부로 나갈 출구가 없다. 그 안에서 해결해야 하므로 화동이 없으면 살 수가 없는 것이다. 개인소유 의식에서 비롯되는 사회적 문제의 갈등을 화동으로 풀어 나가는 것이다.

우리는 싸우고 나면 당분간은 서로 피한다. 그리고 시간이 지나면 화해를 할 수도 있고 죽을 때까지 원수로 지내기도 한다. 그러나 베트남은 싸우고 바로 일상으로 돌아갈 수 있다. 이것이 베트남의 화동성이다. 이렇게 상반되는 두 성질을 함께 가지고 있는 것이 베트남의 두 얼굴, 즉 양면적인 하나의 실상이면서, 하나의 실상이 두 면인 것이다. 마치 태극의 음과 양 사이의 관계처럼 양이 음이 되고 음이 양이 되는 이 두 성질은 실은 하나이다.

길거리의 남성들

베트남에서 접하는 낯선 문화는 길거리에 남자들이 와글와글하게 많다는 것이다. 여자들은 안 보이는데 남자만 보인다. 동네마다 촘촘하게 자리 잡은 노점 찻집에 남자들이 앉은뱅이 의자에 옹기종기 앉아서 호박씨나 해바라기씨를 까먹으면서 하루 종일 담소를 나누는 모습은 베트남의 일상 풍경이다. 카페도 마찬가지로 남자들이 모여서 시간을 보내고 있다. 여자들은 왜 안 보이나? 이것이 말로만 듣던 모계 사회인가? 베트남은 모계 사회의 여타 동남아 국가들의 남자들과는 많이 다르다. 왜 베트남에 있는 남자들은 사회와 가정에 대한 책임이 약할까?

베트남은 흥망성쇠를 반복하며 수많은 전쟁과 변고를 겪은 나라이다. 오늘의 베트남이라는 나라가 만들어지기까지 남자들은 전쟁이 일상인 삶을 살았다. 이렇게 전쟁이 많다 보니 남녀노소 가릴 것 없이 나라를 지키기 위해서 온 국민이 힘을 합쳐야만 했고, 이에 베트남 여성들도 전쟁에 참여할 수밖에 없었던 것이다.

그렇더라도 전쟁은 남자들의 몫이다. 나라를 지키기 위한 베트남 남자들의 항전이 있었기에 오늘의 베트남이 있는 것이다. 남자들이 전쟁에서 돌아오니 일자리가 사라졌다. 프랑스의 식민 지배 100년, 일본 지배 5년, 미국과의 전쟁 20년, 1978년 캄보디아 폴포트 정권과의 전쟁, 1979년 중국과의 전쟁이 있었다. 이 외에도 크고 작은 전쟁과 내란이 끊임없이 일어났다.

따라서 베트남의 남자들은 오랜 세월 전쟁터에서 살아야 했고, 여성들은 남자를 대신하여 가정과 사회를 이끌어야 했다. 따라서 남성들의 사회적 책임이 약화될 수밖에 없었다. 전쟁이 끝나고 평화의 시대가 되어 남자들이 사회로 복귀하려고 하니 일자리가 부족했던 것이다. 남자들이 전쟁을 하는 동안 여자들이 남자들의 몫까지 맡아서 하고 있었기 때문이다. 건설 현장에서도 여성들이 무거운 건축 자재를 나르며 시멘트 마감을 척척하고, 뱃사공, 염전, 채석장, 탄광촌까지 전부 여자들이 맡아서 하고 있었으니 남자들이 비집고 들어갈 틈이 없었다. 그리하여 특수층의 남자들을 제외한 보통의 남자들은 본의 아니게 백수가 되었다. 또한 전쟁을 하는 동안 여성들이 가정을 이끌어 왔으므로 남성들은 부담이 적었다. 그리하여 남는 시간이 많다 보니 마약, 유흥, 도박, 내기 축구에 쉽게 빠져들게 된 것이다.

그렇다고 베트남 남성의 지위가 낮은 것은 아니다. 또한 여성의 지위가 높다고 하나 서구처럼 남녀가 평등한 개념의 지위가 아니다. 돈벌이도 하지 못하면서 아내를 압박하고, 여성들은 남편으로부터 폭행을 당하면서도 참고 산다. 베트남에서 여성의 지위가 높은 것은 사실이지만 아무래도 남녀평등의 개념은 아니다.

일반적으로 여성의 위치는 남성들의 권위 아래에 있다는 것을 알 수 있다. 한 예로 베트남에는 마을의 중요한 일들을 결정하는 오늘날의 마을회관과 같은 딩(dinh, 亭)이 있는데 평소에는 여성들도 출입을 할 수 있으나 중요한 사항을 결정하는 회의를 할 때는 남성들만 들어간다. 여성들은 딩의 마당에서 남성들이 결정을 내릴 때까지 기다린다. 즉, 남성이 대표성을 가지고 더 무게가 있다는 의미다. 비록 여자들의 활동이 두드러지지만 실권은 거의 남자가 쥐고 있고 여자들은 주로 손과 발의 역할만 하고 있는 것이다.

이러한 현상은 베트남에서 두드러지게 나타난다. 여성의 경제적 역할이 큼에도 불구하고 정치 등의 공적 영역에서 구미나 동북아시아 여성들에 비해 그다지 큰 역할을 하지 못하는 이유가 바로 여기에 있다. 즉, 남성은 전쟁에 참여한 것에 대한 보상 차원에서 공적 업무를 주로 담당하고, 여성은 가정의 경제활동을 비롯한 사적 업무에 종사한다는 것이다.

하노이 인근 현의 한 설문 조사에서 '가정의 주요 역할과 경제를 책임지는 사람이 누구인가?'라고 물었을 때 70% 이상이 여성이라는 대답이 나왔다고 한다. 그렇다면 앞으로도 베트남 사회는 여성의 경제 활동에 의존해서 살아갈 것인가? 큰 난제가 아닐 수 없다. 잠자는 베트남 남성들의 노동력을 일깨우는 것이 베트남 정부의 과제가 되었다.

한국에 온 베트남 남성 이주 노동자들의 실력이 한국인에 뒤지지 않는 것을 보더라도 베트남 남성은 여타 동남아인들과는 다르다. 단지 베트남의 사회 구조와 문화가 남성 일자리를 여성들이 많이 차지하고 있기 때문에 남자들의 노동력이 잉여인력이 된 것이다. 만약 베트남에서 잉여인력인 베트남 남자들의 에너지를 이용한다면 성장속도는 더 빨라질 것이다.

제4절 베트남의 체제와 사회

발전하는 베트남

베트남은 사회주의 공화국이다. 헌법에는 공산당이 유일한 정당으로 국가와 사회를 영도한다고 명시되어 있다. 정치는 공산당 집단지도체제를 유지하고 있으며, 당 서열 1위인 서기장은 최고의 권력을 행사하고 있다. 국가주석은 군사와 외교권을 행사하고, 총리는 정부수반으로 내각을 관할한다. 베트남의 정치는 사회주의 체제의 근간을 유지하는 가운데 개혁개방에 따른 경제와 사회의 변화 요구에 적극적으로 대응하고 있다.

베트남은 현재 사회주의를 지향하는 자본주의 국가라고 할 수 있다. 국가의 정치체제는 사회주의이지만 사회경제체제는 자본주의라는 의미이다. 그 이유는 전통적으로 농경사회의 기반인 가족이나 마을 중심의 공동분배 사상이 있었고, 동시에 끊임없는 외세의 지배로 인한 저항과 수용의 이중적 생존 방식이 적절하게 조화를 이루면서 발전했기 때문이다.

베트남에서 시장경제는 누구도 거스를 수 없는 대세가 되었고 국민생활에 뿌리를 내리고 있다. 연평균 6% 이상의 빠른 성장을 하고 있으며 인도네시아와 함께 포스트 차이나로 주목받고 있다. 외국 자본의 유치와 도로확장 등 한국, EU와 FTA를 체결하고 환태평양경제동반자협정(TPP), 아세안경제공동체(AEC) 등에 가입하여 글로벌 시장과의 경제협력에 동참하고 있다. 베트남은 아세안, 중국, 인도를 연결하는 경제 요충지라는 이점을 가지고 있으며, 낮은 인건비와 높은 생산성, 인구의 절반 이상이 30세 이하의 인구구성, 소득과 소비의 가파른 증가, 높은 교육열 등은 베트남의 미래를 밝게 한다.

국민은 모두 친척

베트남에서 국민이라는 것은 가족의 확장된 개념이다. 정치지도자나 일반 국민들은 나라를 지켜야한다는 절실한 목표 아래 뭉친 대가족이라 볼 수 있다. 베트남의 오랜 전통인 자급자족의 소농은 그날 벌어들인 소득으로 하루 먹으면 되었다. 눈에 보이지 않는 미래를 위해 뭔가를 기약하는 것은 쉽지 않았다. 베트남 인들은 직책이 높은 사람이나 낮은 사람을 좀처럼 구분하지 않고, 계급이나 직위도 그다지 중요하지 않다. 이것은 베트남인의 소농식 생계 방식으로 인하여 관리 체계나 조직 문화가 생성되지 않았기 때문이다. 조직이 있어야 상하계급이 생기는데 자기 식구끼리 농사지어서 먹고 사는데 무슨 계급이 필요하겠는가? 우리처럼 농지를 가진 지주가 있고 땅을 빌려서 농사를 짓는 소작인이 있으면, 지주와 소작인의 관계는 엄격한 상하 관계가 된다. 그러나 자급자족의 소농사회에서는 이런 상하층의 사회계급이 생길 수가 없다.

전 국민이 친척이라는 것은 베트남의 호칭 문화를 보면 알 수 있다. 베트남 인의 호칭 체계는 나이에 따른다. 이를테면 자신의 부친보다 나이가 많으면 큰아버지로, 만약 자신의 아버지보다 나이가 적으면 삼촌으로, 여자의 경우는 고모로 호칭한다. 자기보다 나이가 많으면 오빠, 형, 언니, 자기보다 나이가 어리면 동생으로 부른다. 어른이 되어서 만나도 나이에 따라 호칭을 하는 것이다. 나이가 60대 중반이면 만약 70세 사람을 만나도 초면에는 형이라고 해야 하고, 70세 사람은 60대를 동생이라고 하대를 하는 것이다. 80대 사람을 만나면 본인을 짜우(cháu)라고 호칭하고 상대를 쭈(chú)라고 호칭해야 한다. 짜우는 조카 또는 손자라는 뜻이고, 쭈는 삼촌이라는 뜻이다.

베트남어는 영어와 같은 언어 체계여서 말할 때 1인칭 주어를 거의 생략하지 않는다. 그래서 말할 때마다 '조카는 이렇습니다. 삼촌은 어떠십니까?'라는 방식으로 한다. 회사에서도 사장님이라고 부르지 않고 자기 나이와 비교하여 형, 삼촌, 큰아버지로 부른다. 이렇게 가족의 호칭과 사회의 호칭이 동일하기 때문에 외부인들에게는 매우 낯선 문화이다.

또한 이런 호칭 문화는 사회의 모든 구성원들을 하나의 종족으로 묶어주는 연결의 끈이 되었다. 베트남 전 국민이 호치민 주석을 주석님이라 부르지 않고 '박호'라고 부른다. '박(bac)'은 아저씨를 의미하고 호는 호치민의 성이니 우리 말로 한다면 호 아저씨 정도이다. 큰아버지가 '단결, 단결, 대단결, 승리, 승리, 대승리'라는 구호를 외치자 전 국민이 호 큰아버지의 뜻을 받들어 하나로 뭉쳤고 그 대단결의 정신이 결국 승리를 가져오게 된 것이다. 외세의 침략을 물리친 승리의 원인은 무기에 있는 것이 아니라 정신에 있다는 것을 베트남 역사는 입증했다.

베트남에서 가족의 호칭이 사회로 확대되는 이유는 베트남인의 촌락 구조와 깊은 관련이 있다. 소수의 사람이 살고 있는 작은 촌락은 하나의 가족 공동체의 성격을 가지고 있었고, 계급의 분화가 이루어질 수 없는 소규모 사회에서 무슨 다른 호칭이 나올 수 있었겠는가? 갈등이 쉽게 치유되는 베트남의 정감과 화동의 문화는 이런 배경에서 탄생되었다.

삶과 죽음

베트남에는 죽음과 장례의식에서도 독특한 문화가 있다. 마을의 논밭에는 무덤이 즐비하게 세워져 있고, 제사를 지내는 베트남 사람에게 무덤은 자손을 잘되게 지켜주는 조상이 계시는 성스러운 장소이다. 그러므로 무슨 일이 생기면 바로 찾아 가서 도와 달라고 부탁해야 함으로 무덤을 자신의 행동반경 가까이에 두는 것이다. 서양도 공동묘지가 시내 한가운데 있기도 하지만, 공원같이 잘 단장되어 있어 섬뜩한 느낌이 별로 없다. 그러나 베트남에는 음산한 분위기가 역력한 공동묘지가 마을 한가운데 있다.

베트남의 장례풍습에는 죽은 자와 다시 이별하는 예식이 있다. 중국 문화의 영향을 받은 동아시아 국가들은 죽은 사람의 무덤을 다시 파헤치는 풍속을 가지고 있지 않다. 특히 한국인에게 있어서 한번 조성된 무덤을 다시 파헤치는 것은 이장을 하는 경우를 제외하고는 매우 불경스러운 일로 여겨진다. 가장 치욕스러운 것은 죽은 후에 다시 시신에 형을 가하는 것이고, 살아있는 자손에게는 견디기 어려운 수모이다. 따라서 유교문화권에서 관 뚜껑을 다시 연다는 것은 특별한 경우를 제외하고는 결코 있을 수 없는 일이다. 이장 때도 관 그대로 옮기지 관 뚜껑을 다시 열지는 않는다.

그러나 베트남은 매장 후 보통 3~5년이 지나면 무덤을 다시 파고 관을 꺼내고 관 뚜껑을 연다. 그 안에 부패된 살덩어리를 걷어내고 뼈만 추려서 도기로 만든 곽에 넣고 다시 묻는다. 서양의 장례식에서는 망자의 얼굴을 조문객들에게 보여주는데 죽은 지 얼마 되지 않아 자는 것 같은 모습이어서 허용이 되지만, 죽은 지 3년이 지난 시체를 다시 봐야하는 것은 특이한 환경에서 생성된 문화이다.

죽은 자와 이별 예식은 무덤을 다시 개장하는 것이다. 우리에게는 생소하고, 다소 끔찍스러운 일이지만 베트남 사람에게는 매우 성스러운 예식이다. 이 개장은 후손들이 이 땅에서 마지막으로 조상의 육체와 이별을 하는 이별예식으로 49제, 100일제, 1년 상보다 더 중요하다. 그래서 직계 가족뿐만이 아니라 일가친척이 다 모여서 거행한다. 이 개장이 장례의 마지막으로 비로소 탈상을 하게 되는 것이다. 베트남 사람들이 전답 위에 무덤을 만드는 것은 베트남의 주류 종족인 낑족의 풍속이다.

낑족은 홍강 델타 지역을 중심으로 분포된 종족으로, 이 지역은 산이 없는 평야이기 때문에 조상이 죽었을 때 산에 묻는 것은 불가능했다. 또한 베트남 사람들은 조상이 죽고 난 후에도 항상 가족과 함께 있다고 믿기 때문에 무덤을 자신의 생활 반경 가까이에 두기 위해 전답 위에 무덤을 두었다.

그러면 왜 개장을 하는가? 왜 무덤을 다시 파헤치고 뼈만 추려서 다시 묻는 특이한 풍속이 생겼는가? 이것도 자연환경과 밀접한 관련이 있다. 홍강 델타 지역은 강이 범람하여 자주 침수가 되는 환경조건을 가지고 있다. 종종 무덤이 물에 휩쓸려가서 시신을 분실하는 사고가 일어났기 때문에 무덤을 견고하게 해야 했다. 무덤을 다시 파서 뼈만 간추려 작은 곽에 넣고 봉분을 없애고 직사각형의 시멘트 무덤을 만들어서 수마가 지나가도 끄떡없게 만든 것이다.

그리고 홍강 델타 지역의 인구 증가로 경작할 땅은 점점 좁아지는데 무덤이 차지하는 면적은 자꾸 늘어나는데 또 다른 이유가 있다. 그래서 무덤의 면적을 줄이기 위해서 개장을 하여 뼈만 추려서 60×80cm의 사각형 무덤으로 축소를 했다. 예전에는 개장을 3년 후에 했는데 요즈음은 화학 비료로 인하여 토질이 변했고, 또 사람들도 약을 많이 먹어서 살이 썩는 기간이 3년이 넘는다고 한다. 만약 개장을 했는데, 살이 다 썩지 않아서 뼈에 붙어 있으면 이걸 어떻하겠는가? 그래서 요즈음은 4년 개장, 5년 개장을 한다. 시신에서 골라낸 뼈는 알코올로 깨끗이 씻어서 나무 관이 아닌 도자기류의 곽에 뼈를 순서대로 차근차근 정렬을 해서 다른 장소로 옮겨서 묻고 시멘트와 타일로 마감한다.

문화 연표

- 1847년   프랑스 함대 다낭 공격
- 1883년   아르망 조약
- 1890년   호치민 출생
- 1930년   베트남공산당 성립
- 1935년   디자이너 깟 뜨엉(Cát Tường)이 현재 형태의 아오자이 발표
- 1940년   일본군의 베트남 진출
- 1945년   베트남민주공화국 성립
- 1953년   디엔비엔푸 전투 종료
- 1954년   제네바 협정

- 1964년   통킹만 사건
- 1976년   베트남사회주의공화국 수립
- 1989년   첫 번째 아오자이 미인대회 개최
- 1995년   미국과 수교
- 1998년   APEC 가입

참고자료

- 단행본   심상준·김영신, 『두 얼굴의 베트남 : 갈대와 강철 같은』, 인문과교양, 2017.
            박낙종, 『베트남 문화의 길을 걷다』, 참, 2017.
            송정남, 『베트남 사회와 문화 들여다보기』, HUFS, 2016.
            제프리 머레이(정용숙 역), 『세계 문화 여행 - 베트남』, 시그마북스, 2017.
            채수홍 외, 『통일 연구자의 눈에 비친 사회주의 베트남의 역사와 정치』, 서울대학교출판문화원,
            2019.

- 다큐멘터리   〈메콩델타의 선물〉, EBS 다큐멘터리, 2016.
            〈The Vietnam War〉, 미국 PBS 10부작 다큐멘터리, 2017.

- 영화   〈굿모닝 베트남(Good Morning Vietnam)〉, 베리 레빈슨 감독, 1987.
            〈인도차이나(Indochine)〉, 레지스 와그니어 감독, 1992.
            〈하얀 아오자이(The White Silk Dress)〉, 르우 후인 감독, 2006.

풍요로운 물과 불교의 나라

태국

• 문화 키워드

짜끄리 왕조, 왓, 부엇낙, 복권, 옐로우셔츠와 레드셔츠, 쏭끄란과 로이끄라통

• 국기

통뜨라이롱(삼색기) 태국의 국기는 바깥쪽 빨간색, 중간 흰색, 안쪽 파란색
으로 이루어졌는데 빨간색은 국민, 흰색은 불교, 파란색은 국왕을 상징.

• 개관

수도	방콕
정치체제	입헌군주제, 의원내각제
행정구역	수도 방콕을 포함해 77개의 주(짱왓)
민족구성	타이족과 화교(90%) 크메르족, 몬크메르족(6%), 말레이족(3%), 흐몽족, 카렌족(1%) 등 70여개의 소수 민족이 존재
종교	불교(상좌부불교) 95%, 이슬람교 4%, 기타 소수종교
면적	51만 4000㎢
인구	약 6,510만 명
인구밀도	127명/㎢
GDP	4328억 달러, 1인당 GDP 6,265 달러
화폐	바트(THB)

제1절 태국의 민족, 종교와 정치

국토와 민족

태국은 동남아시아 인도차이나 반도의 중앙부에 위치하고 있는 나라이다. 태국은 동쪽으로 캄보디아, 동북쪽으로는 라오스, 서쪽으로는 미얀마[버마], 남쪽으로는 말레이시아 등의 나라와 국경을 맞대고 있다. 태국의 국토면적은 514,000㎢로 인도차이나 반도에서는 미얀마에 이어 두 번째로 큰 국토를 가진 나라이며, 한반도 면적의 2.3배에 달하는 국토를 가진 나라이다. 태국의 인구는 6,500만 명 수준으로 국토 넓이에 비해 인구가 그렇게 많은 편은 아니다. 태국에는 전체 인구의 80% 이상을 차지하는 타이족을 비롯하여 화교, 말레이계 민족이 인구의 대부분을 차지하고 있다. 기타 소수 민족으로는 태국 북부 미얀마와 라오스 국경지대에 주로 거주하는 여러 고산족이 있다.

태국의 종교

태국은 동남아시아를 대표하는 불교국가로, 전체 인구 중 95% 이상의 사람들이 상좌부 불교[소승불교]를 믿는다. 동남아시아 국가 중 태국과 마찬가지로 불교 문화권에 속하는 미얀마나 캄보디아 등의 경우 공산화의 영향으로 불교의 교세나 불교문화 등이 크게 위축되었던 것과는 달리 태국은 인도차이나 반도의 동남아시아 국가 중 유일하게 공산화되지 않은 역사를 가지고 있기 때문에 불교문화가 현대에 들어와서도 거의 그대로 보존되었다. 태국에 있어 불교는 왕실로부터 일반 대중에 이르기까지 모든 사람이 믿는 보편적 종교로서 태국 사회를 지배하는 정신이라고 할 수 있다. 전근대 시기 태국의 통치자들은 불교를 이용해 권력을 정당화하고 유지할 수 있었다. 불교는 태국 사회를 하나로 결합시키는 기능을 수행하였으며, 이러한 불교의 기능은 지금까지도 이어지고 있다.

태국의 왕실

태국은 왕실이 있는 입헌군주제 국가이다. 타이족에 의해 태국의 역사가 시작된 13세기 이래 태국 정치의 중심에는 항상 왕이 존재했다. 1932년 일어 난 입헌 쿠데타로 지금의 태국은 입헌군주제 국가가 되었지만 태국 국왕은 태국의 정치에 있어 실제적인 권위를 지니고 있다. 입헌 이후 태국에서는 군부 쿠데타가 10회 이상 일어나는 등, 정치에 있어 군부의 영향력이 상당히 강하고 정치적으로 불안정한 요소를 지니고 있지만, 태국의 국왕은 결정적 순간에 상 황을 조정하고 중재하는 역할을 수행한다. 태국의 국민들은 왕실을 존경하며 사랑한다. 집집마다 국왕의 사진이 걸려있는 점이 이를 증명한다. 태국 왕실이 국민들의 이러한 존경을 받게 된 것은 19세기 말 제국주의 시대 당시 왕실이 먼저 근대문물을 수용하고 태국의 근대화를 이루어 태국의 독립을 지켜냈기 때문이다. 그리고 태국 국왕이 이러한 역할을 할 수 있었던 것은 태국의 왕권 이 사회의 보편적 이념인 불교에 기반하고 있기 때문일 것이다. 국왕은 태국이 라는 국가의 상징이며, 태국 불교의 수호자이기도 하다. 즉 태국의 보편적 종 교인 불교와 왕실은 서로 긴밀히 연결되어 있다고 할 수 있다.

풍요의 나라, 태국

또한 태국은 풍요로운 물의 나라이다. 태국의 주식인 쌀 생산량은 이웃나라 인 중국, 인도 등과 비교해 적지만 매년 650만 톤의 도정미를 수출하는 세계 최대의 쌀 수출국이다. 1년 내내 따뜻한 태국은 물만 충분히 있으면 1년에 3번까지도 벼농사를 지을 수 있는 나라이다. 13세기에 건립된 수코타이 왕국 의 람감행 왕 비문을 보면 "강에는 물고기가 있고 논에는 벼가 자란다"라는 글귀가 있는데 이는 태국의 풍요로움을 잘 보여주는 말이다. 따라서 물은 태국 인에게 있어 풍요함의 상징이 된다. 세계 최대의 물축제로 알려진 쏭크란 축제 는 물을 통해 소통하고 서로 하나가 되는 태국인의 모습을 잘 보여주는 축제이 다. 물로 인해 풍요로운 불교의 나라가 곧 태국이다.

제2절 태국의 왕실, 짜끄리 왕조

태국인들의 왕실 사랑

태국은 지금도 왕실과 국왕이 존재하는 입헌군주국이다. 13세기 건립된 타이족 왕조인 수코타이 왕국 시대부터 시작해 현대에 이르기까지 태국의 역사에서 왕이 없었던 시대는 없었다. 뿐만 아니라 태국 사람들은 왕실과 국왕을 존경하고 사랑한다. 집집마다 국왕의 사진이 담긴 액자가 걸려있고 지폐에도 국왕의 얼굴이 새겨져 있다. 사람들은 국왕의 사진이 접히는 것을 꺼려해 지폐를 접는 것조차 꺼려한다. 국왕의 사진이나, 국왕의 얼굴이 그려진 지폐를 밟는 경우 왕실모독죄로 처벌을 받을 수 있다. 태국의 헌법에는 "국왕은 숭배를 받아야 하고 권위가 훼손되어서는 안된다"라고 규정되어 있고, 왕실모독죄의 경우 최고 15년의 징역형에 처해진다. 2006년 태국 북부의 치앙마이에서 한 스위스 남성이 국왕 초상화에 검은색 페인트칠을 하다가 왕실모독죄로 징역 10년형을 선고받은 뒤 국왕의 특별사면을 받고 추방을 당한 일은 상당히 유명한 사건이며, 그 이전인 1996년 애틀랜타 올림픽에서 태국 최초의 금메달을 따낸 복싱 선수가 국왕의 사진을 들고 뛰는 세리머니를 한 것 역시 태국인들의 왕실 사랑을 보여주는 유명한 일화이다.

왕실의 정치적 역할

이처럼 태국의 왕실이 국민적 사랑을 얻게 된 데는 왕실의 정치적 역할에도 기인한다. 태국의 국왕은 군부 쿠데타가 종종 일어나는 등 불안정한 태국 정치에 있어 중심을 잡아주며 결정적인 가르침을 내리는 역할을 한다. 1991년 쑤찐다 육군 총사령관이 쿠데타를 일으켜 정권을 잡은 이후 다음 해인 1992년, 쿠데타 이후 여러 차례 강조했던 약속을 어기고 수상직에 취임하게 되자 태국 전역에서 대규모 민주화시위가 일어나게 된다. 시위대는 50만 명까지 늘어났고 당시 방콕시장이었던 잠롱은 무기한 단식에 돌입했다. 이렇게 시위와 반발이 계속되자 쑤찐다는 대규모 군 병력을 투입해 시위를 진압하려 했고 결국 비무장상태의 시민들에게 발포를 하는 등 사태는 걷잡을 수 없는 혼란국면으로 치닫게 되었다. 결국 당시 국왕이었던 푸미폰 국왕은 쑤찐다와 잠롱을 왕궁으로 불러 사태를 해결하고 서로 협력하라는 명을 내리게 된다. 쑤찐다와 잠롱은 부복제의 전통에 따라 무릎을 땅에 대고 국왕의 명을 받아들였으며 이 소식이 전해지자 시민들은 시위를 멈추고 집으로 돌아가게 되었다.

왕권과 불교

입헌군주제 국가인 태국에서 국왕이 전 국민적인 지지를 바탕으로 이 정도의 권위를 가지게 된 것은 태국의 왕권이 가진 이념적 기반에 태국의 근대사에서 왕실이 해왔던 역할과 푸미폰 전 국왕의 개인적 노력이 더해졌기 때문일 것이다. 태국 왕권의 이념적 기반은 불교에 있다. 스리랑카로부터 불교를 도입한 수코타이 왕국 람캄행왕 비문에는 "(람캄행왕은) 모든 타이인에게 공덕과 참된 불교의 가르침을 알게 하는 스승이다"라는 문구가 있는데 이는 태국 국왕이 불교의 수호자이자 후원자가 되어 모든 태국인들을 하나로 묶는 구심점 역할을 하기 위해 왕권을 행사함을 의미하는 것이다. 수코타이 왕국의 뒤를 이어 건립된 아유타야 왕국의 국왕들도 왕권을 강화하기 위해 불교를 적절히 이용했다. 현재까지 이어지는 짜끄리 왕조를 창건한 라마 1세 역시 이상적인 불교 군주로서 태국을 통치한다는 점을 강조하며 왕권을 확립했다. 태국의 근대화를 이룩한 라마 5세 쭐라롱콘 대왕 역시 입헌군주제를 도입하자는 일부의 주장에 대해 국왕만이 불교적 정의에 기반한 통치를 할 수 있다는 점을 들며 절대군주제의 존속을 주장했다. 이는 태국 왕권의 이념적 기반이 불교에 있음을 분명히 보여주고 있다.

왕실과 근대화

또한 태국의 왕실은 성공적인 근대화를 이룩해 제국주의의 물결 속에서 국가의 독립을 지켜낸 존재로 태국 국민들에게 각인되어 있다. 라마 5세 출라롱콘은 부복제, 노예제 등을 폐지하고 근대적 교육제도와 행정기구를 도입하고 철도, 통신사업을 추진하는 등 근대화 개혁을 통해 태국을 발전시키는 한편 영국, 프랑스 세력에 영토를 일부 할양해 아시아의 몇 안 되는 독립국이 될 수 있었다. 또한 1914년 1차 세계대전이 발발하자 라마 6세 와치룬힛은 친독일적인 여론을 누르고 중립을 선포하였으며, 1917년 연합국 측의 승리가 확실해지자 독일과 오스트리아에 선전포고하여 승전국의 지위를 획득하도록 했다. 이는 파리강화회의에서 태국과 관련된 불평등조약을 개정하는데 큰 도움이 되었다. 국익을 최우선으로 하여 주위 정세에 유연히 대처하는 태국의 유명한 대나무외교는 이로부터 비롯된 것이다.

하지만 1932년 군부 쿠데타가 일어나 절대왕정이 무너지고 태국의 정치체제가 입헌군주제로 전환되면서 태국의 왕권은 급격히 약화되었다. 당시 국왕이었던 라마 7세는 영국으로 건너간 후 왕위에서 물러났고 1935년 즉위한 라마 8세는 학업 때문에 스위스에 장기간 머물렀을 뿐만 아니라 태국에 돌아온 후 얼마 되지 않아 의문사를 당하는 사건이 일어나면서 왕실의 권위는 급격히 실추되었다.

이런 상황에서 형의 뒤를 이어 즉위한 라마 9세 푸미폰은 지방을 순시하며 국민들과 접촉하는 한편 낙후된 농촌을 개발하는 사회사업을 시작했다. 가뭄에 시달리는 농민들을 위해 인공강우 기술을 개발하는데도 매진했다. 2016년 사망할 때까지 70년 가까이 왕위에 있었던 푸미폰은 평생을 사회적 약자를 위해 헌신했을 뿐만 아니라 한 번도 그 흔한 스캔들에 휘말리지 않을 정도로 개인 관리에 철저하였고 단 3차례만 정치에 개입해 결정적 가르침만을 내렸을 뿐 정치권과도 일정한 거리를 유지하는 방식으로 전 국민적 존경과 사랑을 얻을 수 있었다. 이러한 푸미폰 국왕을 국민들은 '살아있는 부처'로 부르며 존경했다. 즉 푸미폰 국왕 시기 태국의 왕실이 이러한 권위를 회복하게 된 것은 불교에 기반한 왕권을 구현했기 때문이다.

불투명한 왕실의 미래

2016년 푸미폰 국왕이 사망한 후 왕실이 계속해서 태국 국민들로부터 변함없는 사랑과 존경을 받을 수 있을지에 대한 의문이 제기되고 있다. 푸미폰 전 국왕의 아들인 와치랄롱꼰 국왕은 왕자 시절부터 여러 차례의 스캔들에 휘말렸을 뿐만 아니라 본국이 아닌 유럽에서 주로 생활해 왔기 때문에 일찍이 민심을 잃은 상태이다. 왕자 시절 이미 3번의 결혼과 3번의 이혼을 했으며, 2019년 5월 네 번째 결혼을 했다. 그는 국왕으로 추대된 이후에도 계속해서 독일 바이에른 지방에서 거주 중이며, 잠깐씩 태국으로 돌아가기는 하지만 곧 독일로 돌아오곤 했다. 코로나 사태가 창궐한 2020년, 태국 전역에서 반왕정 시위가 벌어졌을 때에도 그는 태국으로 돌아가지 않았다.

태국 국민들은 와치랄롱꼰 국왕의 왕자 시절부터 그가 그의 아버지 푸미폰 국왕과 같은 길을 걷지 않으리란 것을 알고 있었고, 그의 여동생인 시린톤 공주가 국왕으로 즉위해야 한다는 여론이 있을 정도였다. 현재까지도 그의 문란한 사생활은 태국에서 논란이 되고 있고, 왕실 구성원의 사치스러운 생활에 대한 반감도 점차 확산되고 있는 상황이다. 살아있는 부처로 추앙받았던 푸미폰 국왕이 사망한지 6년 만에 왕실의 권위나 영향력은 눈에 띄게 줄어들었다. 지금 태국인들은 막대한 재산을 소유한 채 화려한 외유를 즐기는 국왕의 필요성에 대해 심각한 의문을 제기하고 있다. 이런 상황에서 앞으로 태국 왕실이 어떻게 국민의 신망을 회복할 수 있을지는 계속해서 지켜볼 필요가 있다.

제3절 불교의 나라, 태국

태국인과 불교

앞에서 본 것처럼 태국 국왕의 권위는 불교에 기반하고 있다. 이것은 태국의 경우 대부분의 인구가 불교를 믿는 불교국가이기 때문에 가능한 것이다. 태국의 불교는 우리가 흔히 '소승불교'라고 부르는 상좌부 불교이다. 상좌부 불교의 승려는 개인적 수행을 통해 '아라한'의 경지에 오르기 위해 노력한다. 아미타불에 의지해 극락에 이를 수 있다고 하는 동아시아의 불교와는 달리 자신의 노력에 의해서만 부처가 될 수 있기 때문에 '자력 불교'라고 할 수 있다.

이처럼 부처가 될 수 있는 수행을 하기 위해서는 우선 출가해 승려가 되어야 한다. 태국에서는 20세 이상의 남자만이 승려가 될 수 있으며, 여자의 경우 현세에서 공덕을 쌓아 다음 생에서 남자로 태어나게 되면, 그 때 출가할 수 있다고 한다. 이처럼 태국 불교의 승려는 수행을 통해 부처의 경지에 다가가는 자이기 때문에 태국인들로부터 큰 존경을 받으며, 상당한 사회적 권위를 지니고 있다.

우리나라의 불교 사찰이 대부분 깊은 산속에 있는 것과 달리 태국어로 '왓'이라는 사찰은 예로부터 지금까지 태국 사람들의 생활공간 가까이에 위치하고 있다. 전통적으로 태국의 사찰은 단순한 종교 기관이나 기도처만이 아니라 마을회관이자, 교육기관, 병원의 역할을 수행해 왔다. 지금도 태국에서는 마을 한복판이나 시내 중심가, 심지어 시장 근처 등 사람들이 쉽게 오갈 수 있는 곳에 사찰이 위치해 있다. 많은 태국인들은 수시로 절에 들러 불상에 절을 하고 스님들의 설법을 듣거나 자신의 가정이나 사업을 위한 기도를 한다. 이처럼 절과 가까이 생활하게 되면 많은 공덕이 쌓이게 되고, 이는 다음 생에서 보다 윤택한 삶을 살게 되는 밑거름이 되므로 많은 태국인들이 절에 자주 드나드는 생활을 한다.

태국의 승려

불교국가 태국에서 승려는 부처의 가르침과 계율을 지키며 스스로 부처가 되기 위해 수행하는 자이기에 많은 사람들로부터 존경을 받는 존재이다. 우리나라에서도 승려 등의 수행자는 사람들로부터 존경을 받지만 태국의 승려는 태국 사회에서 아주 특별한 존재이며, 이들을 향한 태국 사람들의 존경심은 우리의 상상을 초월한다. 태국의 사람들이 승려를 존경하는 가장 표면적인 이유는 이들이 물질적 탐욕에서 벗어나 청빈하고 도덕적인 삶을 살기 때문이다. 태국의 승려는 227개의 계율을 지켜야 한다. 이 계율 중 가장 특징적인 것은 승려는 오직 탁발을 통해 시주받은 음식만을 먹어야 하며, 그 음식도 아침과 점심, 두 끼만을 먹을 수 있으며, 정오 이후에는 어떤 음식도 먹을 수 없다는 것이다. 이처럼 인간의 가장 기본적인 욕구까지도 스스로 절제하며 살아가는 존재이기에 태국인들은 승려를 대단히 존경한다.

뿐만 아니라 태국의 승려들은 마을 공동체의 정신적 지도자 역할도 수행해 왔다. 전통 태국 사회에서 승려는 마을의 거의 유일한 지식인들이었기 때문에 사찰은 전통사회 마을의 교육기관 역할도 수행했다. 또한 승려들은 마을 주민들 중에 아픈 사람이 생기면 대체의학적인 방법으로 치료를 하는 의사이기도 했으며, 마을의 여러 가지 일들이 있을 때 주민들을 중재하고 화합하게 하는 지도자이기도 했다. 현대 도시사회에서 승려의 이러한 역할은 일부 퇴색하기도 했지만 태국인들에게 승려는 여전히 정신적 지도자이다.

태국의 승려들 중에서도 이러한 권위를 이용해 자기의 잇속을 차리는 승려들이 일부 존재한다. 엄격한 계율을 적용하는 승려들은 자신의 손으로 직접 돈을 만지는 것 자체를 금하기도 하지만 일부 승려들 중에서는 신도들에게 돈을 받고 예언을 들려주며, 성수(聖水)와 부적을 판매하여 돈을 버는 사람도 있다. 더 나아가 마약을 복용하는 승려나 간통사건에 연루된 승려들도 있다. 하지만 이들은 태국의 많은 승려들 중 극소수에 불과하며, 대부분의 승려들은 엄격한 수행자이자 태국 사회의 정신적 지도자 역할을 여전히 하고 있다.

태국인의 내세관과 공덕의 의미

불교를 열심히 믿는 태국 사람들이 관심을 가지는 것은 내세에서의 보다 윤택한 삶이다. 내세에 보다 나은 삶을 살기 위해서는 보다 좋은 환경에서 좋은 존재로 태어나야 하는데, 그러기 위해서는 현세에서 공덕을 많이 쌓아야 한다. 태국에서 많은 사람들이 사찰을 찾아 절을 하며 기도하거나, 사찰에 헌금을 하고, 승려에게 공양을 하는 행동들 모두 이러한 공덕을 쌓기 위한 것이다. 특히 승려에게 탁발 공양을 하는 것은 시주받은 음식 외에 어떤 음식도 먹을 수 없는 승려의 계율과 맞아 떨어져 많은 사람들이 실천한다. 태국인들 중에는 아침에 일어나 집 앞을 지나가는 탁발승에게 탁발 공양을 드린 후에야 자신의 아침 식사를 하는 사람도 있다. 이는 자신의 공덕을 쌓는 방법 중 하나이기 때문에 태국의 승려들은 공양을 받아도 감사를 표하지 않는다. 오히려 감사해야 하는 쪽은 공덕을 쌓을 기회를 받은 상대방이라는 것이다.

공덕을 쌓는 여러 방법 중 가장 좋은 것은 스스로 출가해 승려가 되는 것이다. 따라서 부처가 되기 위해 수행을 하는 승려 외에, 일시적으로 출가해 공덕을 쌓는 것이 태국의 전통적 관행으로서 굳어지게 되었다. 오늘날에도 많은 태국의 젊은이들이 만 20세가 되면 머리를 깎고 일시적으로 출가해 승려가 된다. 이들은 보통 3개월, 길면 1년까지 승려 체험을 하게 되는데 이를 '부엇낙'이라고 한다. 법으로 정해진 것은 아니지만 남자라면 누구나 일생에 한 번 승려생활을 하는 것이 바람직하다고 하는 사회적 인식이 널리 퍼져 있다. 이러한 일시적 출가 관습은 왕실에도 적용되는 것으로 태국의 많은 젊은이들이 이 관습을 따르고 있다. 기행을 일삼은 현 국왕인 와치랄롱꼰도 15일 동안 출가해 절에서 생활했다. 하지만 여자는 출가가 허용되지 않으므로 일시적으로 출가해 공덕을 쌓는 이 방법은 남자에게만 적용되는 것이다. 하지만 아들이 출가를 하게 되면 그 공덕이 부모에게도 돌아간다고 생각하기 때문에, 일시적인 출가인 이 '부엇낙'은 출가를 할 수 없는 어머니에 대한 자식으로서의 가장 좋은 효도 방법이기도 하다.

일상생활에서 불교의 계율을 지키는 것도 공덕을 쌓는 중요한 방법 중 하나이다. 승려들은 227개의 계율을 지켜야 하지만 일반인들은 5개의 계율을 지켜야 한다. 마음속에 일어나는 여러 가지 번뇌를 끊고 이번 생에서 자기에게 주어진 삶의 환경에 불만을 가지지 않고, 화나는 일이 있더라도 감정을 그대로 표현하는 것을 절제하고 늘 미소를 지으며, 인사할 때 손을 모으는 합장식 인사 '와이'를 하는 것도 불교의 가르침을 지키며 공덕을 쌓는 방법이다. 태국을 찾는 외국인들의 눈에 비친 태국인들의 첫 인상은 바로 이러한 그들의 미소이다. 이로 인해 태국은 '미소의 나라[Land of Smile]'로 알려지게 되었고, 이는 천혜의 태국 자연환경과 더불어 태국을 관광대국이 되게 한 원동력이다.

제4절 태국에 부는 변화의 바람

태국 산업구조의 변화

태국은 상당히 오랜 기간동안 '아시아의 다섯 번째 용'으로 불릴 만큼 동남아시아 국가 중에서는 가장 발전된 국가였다. 지금은 베트남 경제가 급성장하며 동남아시아 내에서 태국의 지위를 위협하고 있지만, 태국 역시 경제적으로 꾸준히 성장하고 있다. 태국의 전체적인 산업구조를 보면 서비스업, 제조업, 농업 등이 주요 산업을 이루고 있다. 2020년 기준 태국 전체 GDP에서 서비스업이 차지하는 비중은 61%로 전체의 2/3에 가깝고, 이어서 제조업 25.2%, 농업 8.6%를 점하고 있다. 서비스업이 차지하는 비중은 2010년 49.6%, 2018년 59.9%, 2020년 61%로 계속해서 상승하고 있고, 제조업, 농업 등의 비중은 계속해서 감소하고 있다. 농업의 경우 1998년부터 계속해서 그 비중이 감소하고 있지만, 여전히 전체 노동인구의 30%에 해당하는 1,181만 명이 종사하고 있어 태국 사회에서 엄청나게 중요한 산업에 해당한다. 제조업의 경우 자동차나 전기전자 산업 등을 중심으로 발전해왔지만, 태국 정부는 앞으로 바이오기술이나 디지털, 항공산업 등에 투자할 예정이라고 한다. 또한 전기차 사업에 대한 지속적인 투자를 통해 2030년까지 태국 내 자동차 생산량의 30%를 전기차로 전환하는 것을 목표로 하고 있다.

미국과 중국 간의 외교, 무역 분쟁으로 인해 글로벌 기업들의 탈 중국이 이루어지는 가운데 태국 또한 베트남과 함께 중국의 대체 생산기지로 주목을 받고 있다. 베트남의 경우 대미 무역흑자액이 지나치게 높아 미국의 견제가 예상되고 있어 태국에 대한 외국 기업들의 투자는 지속적으로 증가될 예정이다. 하지만 태국 내 시위 등 정치적 불안이 계속된다면 태국 경제에도 상당한 타격이 될 것으로 보인다.

태국인들의 복권 사랑

태국 정부는 도박 등 사행성 산업에 대한 규제가 상당히 엄격하다. 태국에서 합법적으로 인정되는 도박은 국가에서 발행하는 복권과 경마뿐이며, 카지노 같은 본격 도박은 내국인은 물론 외국인을 대상으로 한 것도 모두 금지되어 있다. 심지어 인형뽑기 기계조차 사행성을 조장한다는 이유로 불법으로 취급할 정도이다. 하지만 태국은 전체 국민의 절반 이상이 복권을 비롯한 각종 도박을 즐긴다는 통계가 있을 정도로 이른바 '한 방'을 노리는 사람들이 많다. 따라서 합법적으로 허용된 복권에는 상당수 태국 국민들이 즐겨 참여한다. 거리 곳곳에서 복권을 판매하는 곳을 찾아볼 수 있으며, 유명 사찰 앞에는 반드시 복권 가게가 있다. 예불을 드리고 공덕을 쌓은 사람들이 복권을 통해 그 보상을 바라는 심리가 있기 때문일 것이다. 점포 없이 007 가방을 들고 다니며 복권을 판매하는 사람들도 굉장히 많다. 태국의 복권은 일반적인 로또처럼 참여자가 직접 번호를 고르는 것이 아니라 미리 발행된 복권의 번호를 보고 구매하는 방식이기 때문에 가판을 들고 돌아다니며 복권 판매를 하는 것이 가능하다. 만약 꿈에서 어떤 번호를 보고 복권을 구매하는 사람이라면 해당 번호를 판매하는 복권상을 만날 때까지 발품을 팔아야 하는 것이다. 태국 복권 역시 6자리 번호를 맞추는 방식인데 1등 상금은 600만 밧(한화 2억 2천만 원 상당)으로 일반적인 로또 1등보다 상금은 적지만, 앞,뒤 3자리 번호나 뒷번호 두 자리 등을 맞춘 사람에게도 소액의 상금이 있어 당첨확률은 우리나라의 로또보다는 조금 더 높은 편이다. 복권 한 장의 공식 가격은 80밧으로 정해져 있지만, 많은 사람들이 원하는 좋은 번호의 복권은 실제 100밧 이상을 주어야 살 수 있다. 최근 코로나 사태로 인해 실직한 사람들이 복권판매업으로 몰리고 있어 복권 판매상의 숫자는 예전보다 늘어나고 좋은 번호의 복권에 붙는 웃돈이 과다해지는 부작용도 있어 태국 정부는 복권의 발행이나 판매를 온라인으로 하는 방안도 검토 중이라고 한다.

'옐로우셔츠'와 '레드셔츠'

1932년 절대 왕정이 무너지고 입헌혁명이 이루어진 이후 태국에서는 군부 쿠데타가 빈번하게 발생했다. 지금도 태국은 2014년 20번째 쿠데타를 일으킨 쁘라윳 장군이 총리로 취임하여 국정을 운영하고 있다. 그리고 이 과정에서 '옐로우셔츠'와 '레드셔츠'로 대표되는 계층 간의 갈등이 첨예하게 대립하였고 이는 태국 사회가 커다란 변화를 맞게 되는 도화선으로 작용했다.

태국은 전통적으로 빈부격차가 극심한 사회였지만 계층 간의 갈등은 비교적 적은 편이었다. 전체 인구의 0.6%에 불과한 기득권층이 국부의 60% 이상을 차지하는 사회였지만, 대부분이 불교 신자인 태국인들은 자신의 현세에서의 삶이 전생의 업보에 의해 결정된 것이라고 믿었기에 이러한 불평등에 대한 불만 제기와 갈등보다는 낙천적이면서도 수동적인 삶을 살았다. 하지만 2001년 탁신의 등장으로 농민들과 도시근로자 등 하위계층의 의식이 변화되기 시작했다.

탁신은 고조부 시절에 중국 광둥성에서 태국으로 이주해 온 화교 가문이다. 경찰사관학교를 졸업하고 미국에서 형법 전공으로 박사학위를 받은 뒤 경찰직에 있다가, 이를 그만두고 컴퓨터, 통신사업을 시작하여 성공을 거두었다. 1994년 정계에 입문한 탁신은 1998년 타이락타이당을 창설하고 2001년 총선에 참가하면서 친서민적인 파격적 공약을 내걸었다. 우리 돈으로 천원 정도에 불과한 30밧 정도만 내면 병원에서 의료혜택을 볼 수 있도록 했고, 모든 농촌 마을에 100만 바트의 발전 기금 지원 등의 공약으로 농민을 비롯한 서민

계층의 압도적 지지를 얻어 총선에 승리한 이후 탁신은 총리로 취임했다. 총리 취임 이후 병원의 문턱이 낮아져 많은 서민들이 큰 부담 없이 병원 치료를 받을 수 있게 되었고, 농촌의 소득도 연 20%씩 증가했다. 2005년 총선에서도 승리한 탁신은 태국 역사상 최초의 연임 총리가 되었다.

하지만 탁신과 주변 일가들이 소유한 기업들은 부정부패로 막대한 부를 축적하였고, 언론에 대한 억압이 더해지고 왕실과 대립하는 모습이 종종 연출되었다. 이를 계기로 전통 엘리트계층과 도시 중산층들이 조직적으로 반발하기 시작했고, 2006년 탁신 일가 기업의 주식을 해외자본에 팔아치우는 과정에서 세금을 내지 않은 것으로 밝혀지자 탁신 퇴진 운동이 본격적으로 일어나게 된다. 이들은 푸미폰 국왕이 태어난 월요일을 상징하는 노란색 셔츠를 입고 집회를 열었는데 이때부터 '옐로우셔츠'는 왕실을 옹호하고 탁신에 반대하는 세력을 지칭하는 말로 사용되었다. 탁신은 의회를 해산하고 총선을 치루었지만, 이 선거가 헌법재판소에 의해 무효 판결을 받으면서 정국은 걷잡을 수 없이 혼란해지게 된다. 그리고 그 틈을 타 손티 대장이 이끄는 쿠데타가 일어나며, 군부가 다시 태국을 장악하게 된다.

군부의 집권으로 탁신은 외국으로 망명하게 되고 정국은 일단락되었지만, 탁신에 대한 농민과 서민층의 지지는 여전했다. 2007년 탁신 지지자들이 창당한 정당이 총선에서 승리하고 친탁신 내각이 들어서자 옐로우셔츠는 다시 거리로 나섰다. 이들은 2008년 방콕 수완나폼 공항까지 점거하면서 시위에 돌입했고, 사법부는 2007년 총선의 부정선거를 이유로 들어 집권 3개 정당에 대한 해산 명령을 내리게 된다. 이렇게 되자 친탁신 세력이 조직되어 시위에 나서게 되는데 이들은 빨간 셔츠를 입고 시위에 나섰기 때문에 '레드셔츠'로 불리게 된다.

탁신과 레드셔츠의 등장은 태국 서민층들의 의식을 완전히 바꾸어 놓았다. 선거를 통해 자신들의 이해관계에 부합하는 정권을 선택해본 경험은 기존의 빈부격차를 그대로 수용해 온 서민층의 의식세계에 커다란 변화를 불러일으켰다. 이들은 선거와 시위를 통해 기존 기득권 세력에 저항하고 권력 구조를 재편하는 것이 가능함을 깨닫게 되었고, 자신들의 삶도 바꿀 수 있음을 알게 되었다. 불교 교리에 입각해 현실을 수용하고 수동적인 삶을 살았던 태국인들도 서서히 변화하고 있다. 이는 2020년에 들어와 반정부 시위로 다시 나타나게 된다.

'레드불 스캔들'과 반정부 시위

2014년 옐로우셔츠와 레드셔츠의 갈등이 지속되는 동안 쁘라윳 육군참모총장은 계엄령을 선포하고 스스로 국가평화질서유지회의 의장으로 취임해 권력을 장악했다. 그리고 2019년 쁘라윳 장군은 제30대 태국 총리로 취임하였고, 2020년부터 학생들이나 청년들을 주축으로 한 반정부 시위가 일어나기 시작했다.

시위가 일어나게 된 원인은 복합적이다. 2020년 2월 젊은 층의 지지를 받는 야당이 헌법재판소에 의해 강제 해산되며 쁘라윳 내각에 대한 여론이 악화되었고, 세계적인 스포츠음료 브랜드 '레드불'의 창업주 손자인 오라윳의 뺑소니 사건을 태국 검경이 은폐한 정황이 드러나며 국민들의 분노를 고조시켰다. 이른바 '레드불 스캔들'은 2012년 오라윳이 방콕 도심에서 자신의 자동차로 경찰관을 치어 숨지게 한 사건이 발단이 되었다. 이후 오라윳은 8년 동안 검찰의 소환에 불응하며 호화 도피생활을 이어나갔고 그동안 그의 혐의 대부분에 대한 공소시효가 만료되었다. 2020년 7월에는 유일하게 공소시효가 남아 있던 과실치사 혐의에 대해 태국 검찰의 최종 불기소 결정이 내려지며 시위대의 분노에 기름을 부었다. 또한 코로나로 경기가 좋지 않은 상황에서 태국 왕실예산이 16% 인상된 한편, 우리 돈으로 약 45조에 달하는 막대한 왕실 예산 관리권이 와치랄롱꼰 국왕에게 이관되기에 이르자, 해외에서 호화로운 생활을 이어가는 국왕에 대한 비판 여론도 고조되기 시작했다.

2020년 일어나기 시작한 반정부 시위는 2021년까지 지속되었다. 이들은 군부정권의 퇴진, 조기총선 실시, 국왕 권한 축소, 왕실모독죄 폐지 등을 주장하며 시위를 진행했다. 쁘라윳 정부는 시위대를 강경 진압하는 한편 5인 이상 집합 금지 명령을 내리는 동시에 친정부 왕실주의 단체를 동원한 집회도 진행했다. 이 과정에서 많은 사람들이 불법 시위 혐의나 왕실모독죄 혐의로 구속되기도 했다. 최근 일어난 반정부 시위의 주체는 레드셔츠 세력과 일정한 차이가 있지만 왕실과 정부 모두를 비판의 대상으로 한다는 점에서 레드셔츠와 일정한 연관이 있다고 볼 수 있다. 푸미폰 국왕이 서거한 후 인기 없는 국왕의 기행과 호화로운 해외 체류 생활의 지속은 태국 사회에서 왕실에 대한 호감도를 급격히 떨어뜨리고 있어 앞으로 태국의 앞날을 전혀 예측할 수 없는 실정이다.

제5절 물과 축제의 나라, 태국의 쏭끄란

태국에서 물이 가진 의미

태국은 세계 최대의 쌀 수출국으로 매년 650만 톤의 쌀을 해외로 수출한다. 태국보다 면적이 넓은 나라들이 많이 있지만 태국이 이처럼 세계 최대의 쌀 수출국이 된 것은 태국의 기후와 자연환경 덕분이라고 할 수 있다. 태국은 북부 산간지대를 제외하고는 산지가 많지 않기 때문에 어디를 가든 드넓은 평야가 펼쳐져 있고 이는 태국 농업 발전의 기본 조건이 되었다. 또한 1년 내내 따뜻한 기후가 계속되기 때문에 물만 충분히 있다면 1년 내내 벼농사를 지을 수 있는 나라이다. 또한 아시아의 다른 국가들과 비교하면 태국은 면적에 비해 인구가 그렇게 많은 편은 아니다. 이로 인해 태국은 식량을 수출하는 풍요로운 나라가 되었다. 이처럼 1년 내내 농사를 지을 수 있는 풍요의 나라 태국에서 가장 소중한 자원은 물이라고 할 수 있다. 이런 이유로 인해 태국인들은 물에 용서와 축복이라는 특별한 의미를 부여하게 된 것으로 보인다. 태국에 유독 물과 관련된 관습이나 축제가 많은 것도 이런 이유 때문이라고 할 수 있다.

신년 축제, '쏭끄란'

태국을 대표하는 축제인 '쏭끄란'은 태국의 전통 신년 축제이다. 태국의 전통 설날인 4월 13일이 되면 일요일을 포함해 3일간의 연휴가 주어진다. 이날 태국인들은 웃어른을 찾아뵙고, 향수를 뿌리거나 향기로운 허브를 담근 물을 어른의 손에 부으면 어른은 물을 붓는 이에게 덕담을 한다. 또한 거리에서 서로서로에게 물을 끼얹으며 서로를 축복하기도 한다. 현대에 들어와 태국을 찾는 많은 외국인들로 인해 이 물 축제는 전 세계에 많이 알려지게 되었고, '쏭끄란' 축제 자체가 하나의 관광 상품이 되었다. 이 축제일을 기해 태국을 찾는 외국인들이 더욱 늘어나고 있는 것이다. 그러면서 점점 축제가 지나치게 격해지거나 여러 가지 사건사고들이 생기는 등 부작용도 커지고 있다. 특히 최근 들어 쏭끄란 축제 기간 중 음주운전으로 인한 사망자 수가 점점 늘고 있어 사회문제가 되고 있다. 이러한 많은 문제들 중 가장 심각한 것은 용서와 축복이라는 '쏭끄란' 축제의 본래 의미는 잊혀지고 거리에서 즐기는 한바탕 물싸움의 즐길 거리로만 인식되어 간다는 점이다.

태국의 기타 축제와 물

태국력으로 12월 보름에 행해지는 '로이끄라통' 축제 역시 물과 관련된 축제이다. 이날이 되면 태국인들은 '끄라통'이라는 연꽃 모양의 바나나 잎으로 만든 작은 배에 불을 밝힌 초나 동전 등을 실어서 강으로 띄워보낸다. 끄라통을 물에 띄우는 것이 어떤 의미인지에 대해서는 분명하진 않지만, 물의 정령에게 그동안 여러 가지로 물을 더럽힌 것에 대해 용서를 구하는 의미라는 설이 있다. 만 20세가 된 청년이 일시적으로 출가하며 치르는 '부엇낙' 의식에도 물은 빠지지 않는다. 한동안 집을 떠나 절에서 생활해야 하는 출가자에게 마을 사람들이 물을 뿌려주며 축복을 한다. 이처럼 태국인들에게 물은 깨끗함의 상징이며, 물을 뿌림으로써 용서와 축복을 표현한다. 그런 의미에서 태국은 불교의 나라이며 동시에 물의 나라라고도 할 수 있을 것이다.

문화 연표

- 6세기　　타이(Thai)족의 이동과 차오프라야강 유역 정착
- 1238년　태국 중부지역 수코타이 왕국 건립
- 1296년　태국 북부 치앙마이 지역 란나타이 왕국 건립
- 13세기 말　수코타이 왕국은 스리랑카로부터 불교 도입, 타이문자의 창제
- 1350년　아유타야 왕국 건립
- 1360년　아유타야 왕국은 불교를 국교로 제정, 법률의 공포
- 1516년　포르투갈과 통상조약 체결
- 1767년　버마에 의해 아유타야 왕국 멸망
- 1782년　차크리 장군의 즉위(라마 1세, 차크리 왕조 개창), 방콕을 수도로 건설
- 1826년　영국과 통상조약 체결
- 1868년　라마 5세(쭐라롱콘) 즉위(~1910년까지 재위)
- 1874년　태국 최초의 신문 발간
- 1881년　전화 개설
- 1884년　신식 공립 보통학교 설치
- 1888년　태국 최초의 근대식 병원 설립
- 1902년　교육제도 개편으로 초등, 중등, 고등교육 체계 확립
- 1905년　징벌법 공포, 노예 해방
- 1927년　의회 설립
- 1932년　입헌군주제 도입
- 1946년　푸미폰 아둔야뎃 라마 9세로 즉위
- 2016년　라마 9세 사망, 라마 10세 즉위

참고자료

- 단행본　　조흥국, 『근대 태국의 형성』, 소나무, 2015.
　　　　　　임연택, 『나는 태국에서 세상을 배웠다』, 여름언덕, 2009.
　　　　　　김인영, 『누워서 가는 태국여행』, 북랩, 2013.
　　　　　　정환승, 『태국 들여다보기』, 한국외국어대학교 지식출판콘텐츠원, 2021.
　　　　　　조흥국, 『태국 불교와 국왕의 나라』, 소나무, 2007.

비티타임즈 편집부, 『태국에서 사업하고 싶은 사람을 위한 태국정보개론』, 비티타임즈, 2019.
한국 태국학회 편, 『태국의 이해』, 한국외국어대학교출판부, 1998.

• 다큐멘터리 〈물의 나라 태국, 짜오프라야강을 가다〉, EBS 다큐프라임, 2013.
〈혀끝으로 느끼는 물과 절의 나라, 태국〉, JTBC 다큐클래식 아시아 음식문화기행 11회, 2014.
〈꼭 한번 가보고 싶다, 태국의 신기한 시장〉, EBS 다큐 오늘, 2016.
〈이보다 좋을 수(水) 없다, 태국 4부작〉, EBS 세계테마기행., 2017.

• 영화 〈왕과 나(The King and I)〉, 월터 랭 감독, 1957.

다양성 속의 통일

동남아시아

• 문화 키워드

화교, 빤짜실라, 부미푸트라, 이슬람, 보로부두르 사원, 쁘람바난 사원, 동티모르, 분리주의

▋인도네시아

• 국기

상 사카 메라 푸티(홍백기) 빨간색과 흰색의 가로 줄무늬로 구성되어 있으며 빨간색은 용기와 자유, 하얀색은 고귀함과 순결, 정의를 상징.

• 개관

수도	자카르타
정치체제	대통령중심제
행정구역	18,000여 개의 섬 중 자바 섬이 중심, 이외에 수마트라, 칼리만탄, 술라웨시, 파푸아 등이 인도네시아를 구성하는 5개의 큰 섬이며 전체 34개 주로 구성
민족구성	자바족과 순다족을 등 300여 개 종족으로 구성
언어	총 700여개가 있지만, '바하사 인도네시아'를 국어로 지정
종교	이슬람교(87%) 외에 개신교, 가톨릭, 불교, 힌두교, 유교 등 6개 종교 인정
화폐	루피아(IDR)

▌말레이시아

• 국기

 잘루르 그밀랑(영광의 줄무늬) 14개 가로줄은 13개 주와 연방정부를 의미하며, 초승달은 국교인 이슬람교, 14줄기의 별은 연방정부와 주의 연합을 의미.

• 개관

수도	쿠알라룸푸르
정치체제	입헌군주제, 9개 주의 술탄들이 5년 임기의 왕으로 선출, 수상이 정무 담당
행정구역	말레이 반도(서말레이시아)와 보르네오 섬 북단(동말레이시아)로 양분되며 13개 주와 3개 연방직할구로 구분
민족구성	말레이시아 원주민('부미푸트라', 67.4%), 중국계 화교(24.6%), 인도계 타밀인(7.3%).
언어	헌법상 공용어로 '바하사 말레이시아' 지정
종교	헌법상 이슬람교가 국교이지만 종교의 자유를 보장. 이슬람교(61.3%), 불교(19.8%), 기독교(9.2%), 힌두교(6.3%).
화폐	링깃(MYR)

▌필리핀

• 국기

 팜반상 와따왓 파란색은 이상, 붉은색은 용기, 흰색은 평화를 상징, 왼쪽 세 개의 별은 필리핀의 주요 섬인 루손 섬, 비사야 제도, 민다나오 섬을 상징, 8개 줄기가 있는 태양은 스페인에 반기를 든 최초 8개 주를 상징.

• 개관

수도	마닐라
정치체제	대통령중심제
행정구역	루손, 비사야제도, 민다나오 등 7천여 개 섬으로 구성. 17개 지방 81개 주
민족구성	필리핀계 타갈로그족, 세부아노, 일로카노, 비사야, 힐리가이논, 비콜족
언어	172개 언어 중 표준화된 타갈로그어를 국어로 지정, 영어를 공용어로 사용
종교	로마 카톨릭(83%), 개신교(9%) 등 기독교가 우세
화폐	페소(PHP)

제1절 동남아시아 국가와 역사

동남아시아 지역 구분

동남아시아는 동아시아의 남쪽, 인도의 동쪽, 태평양의 서쪽, 오세아니아 북쪽의 지역을 가리키는 지역명이다. 동남아시아에 속한 국가로는 현재 아세안(ASAEN, 동남아시아 국가 연합) 회원국인 태국, 베트남, 라오스, 캄보디아, 미얀마[버마], 말레이시아, 싱가포르, 브루나이, 인도네시아, 필리핀 등이 있다. 아세안의 정회원국은 아니지만 2002년 완전 독립에 성공한 동티모르 역시 동남아시아에 속하는 국가라고 할 수 있다.

동남아시아는 크게 두 부분으로 구분할 수 있다. 첫째는 유라시아 대륙의 동남단인 인도차이나 반도에 있는 국가들, 즉 태국, 베트남, 라오스, 캄보디아, 둘째는 인도차이나 반도 남쪽 여러 군도 지역에 위치하고 있는 국가들 말레이시아, 싱가포르, 브루나이, 인도네시아, 필리핀이다. 태국을 비롯한 대륙 쪽에 있는 동남아시아 국가들은 우리가 흔히 소승불교라고 부르는 상좌부 불교문화가 발달한 지역이고, 섬 지역에 위치한 동남아시아는 필리핀과 싱가포르를 제외하고 이슬람교 문화권이라고 할 수 있다. 태국과 베트남 등 대륙에 위치한 동남아시아 국가는 다른 장에서 다루고 있으므로 여기서는 대륙 남쪽 군도 지역에 위치한 동남아시아, 그중에서도 면적이 넓고 인구가 많은 인도네시아,

말레이시아, 필리핀의 문화를 살펴보도록 하자.

동남아시아 지역의 특징

동남아시아 국가들은 대부분 다민족으로 이루어진 국가이며 모두 민족, 종교, 언어가 다양한 국가들이다. 이런 나라들이 2차 세계대전 이후 하나의 국가로 만들어질 수 있었던 것은 수백 년 간의 식민지배 기간 중 생겨난 민족주의적 독립운동 때문이라고 할 수 있다. 말레이시아와 인도네시아가 위치하고 있는 말레이 반도와 수마트라 섬 사이의 바다인 말레이 해협은 동서양을 이어주는 바닷길의 중간 지점으로 계절풍이 바뀌는 지점이었기 때문에 바닷길을 통해 동서양을 왕래하는 많은 상인들이 반드시 머물러야 하는 곳이었고 이로인해 일찍부터 중국, 아랍, 인도, 유럽의 상인들이 드나들었던 곳이다. 특히 말레이시아에서는 고무와 주석 등의 자원, 인도네시아에서는 정향이나 육두구 등 향신료가 풍부했기 때문에 서양 제국주의 국가들의 침탈을 일찍부터 받았다. 그 결과 인도네시아는 네덜란드, 말레이시아는 영국의 지배를 오랜 기간 받게 되고, 필리핀 역시 마젤란 상륙을 계기로 점차 스페인의 지배를 받게 되었고 20세기에 들어와 미국의 지배를 받게 된다. 뿐만 아니라 2차 세계대전 시기에는 일본의 강압적인 통치를 받았다. 이런 상황 속에서 민족주의에 기반한 독립운동이 고조되기 시작하였고, 여러 민족, 언어, 종교를 아우르는 통일 국가의 건립으로 이어지게 되었다.

동남아시아 국가들의 형성

동남아시아 국가들이 통일된 독립 국가를 건설하게 되는 과정은 나라들마다 조금씩 차이가 있다. 먼저 말레이시아의 경우 2차 세계대전 종전 이후 이 지역을 다시 지배하게 된 영국의 영향력 아래에서 말레이 반도 9개 주가 연합하여 말라야 연방이 결성되고, 1957년 영국으로부터 완전 독립에 성공했다. 이후 사라왁, 사바 등 보르네오 섬 북단에 있던 주와 싱가포르가 말라야 연방에 가입하면서 말레이시아로 국명을 바꾸게 되었다. 그리고 1965년 싱가포르가 연방에서 탈퇴하면서 오늘날의 국토가 확정되었다. 말레이 반도와 보르네오 섬 북단의 경우 민족과 언어가 상이하다. 그럼에도 불구하고 이 두 지역이 오늘날 하나의 말레이시아로 통합된 것은 같은 영국의 지배를 받았기 때문이다.

네덜란드의 식민 지배를 350년간 받은 인도네시아는 2차 세계대전이 한창이던 1942년에는 대동아 공영권을 내세우며 동남아시아를 침략한 일본의 지배를 받게 된다. 1945년 종전 이후에는 네덜란드가 인도네시아를 다시 지배하려고 시도하였지만 인도네시아의 독립운동가인 수카르노는 네덜란드와의 독립전쟁을 지휘하는 한편 국제사회에 대한 호소를 통해 결국 인도네시아의 독립을 이끌어내고 인도네시아의 초대 대통령이 되었다. 수카르노는 많은 섬으로 이루어져 다양한 민족, 언어, 종교 등으로 나누어져 있는 인도네시아의 통합을 유지하기 위해 통치를 위한 5가지 원리인 '빤짜실라(Pancasila)'를 제시했고, '다양성 속의 통일'은 인도네시아를 대표하는 표어가 되었다.

필리핀은 16세기부터 스페인의 식민지가 되어 300여 년간 스페인의 지배하에 있었다. 하지만 19세기 말 폭발한 필리핀인들의 독립투쟁과 1898년 벌어진 미국-스페인 전쟁에서 스페인이 패전하게 되면서 필리핀 최초의 공화정인 제1공화국이 수립되었다. 하지만 스페인으로부터 필리핀 지배권을 양도받은 미국이 이를 인정하지 않았고 미국-필리핀 전쟁이 발발했다. 이 전쟁으로 많은 필리핀 사람들이 희생되고 미국이 필리핀을 지배하게 되었지만, 이때의 많은 희생은 미국이 필리핀을 지배함에 있어 필리핀인들에게 많은 자율권을 주게 되는 결과를 낳았다. 미국의 지배 하에서도 필리핀인들의 저항은 계속 이어졌고 1935년에는 필리핀 연방이 조직되고 대통령이 선출되었다. 2차 세계대전 기간 중 다른 동남아시아 국가들과 함께 일본의 지배를 받았지만 종전 이후인 1946년 미국의 승인 하에 완전 독립국이 되었다.

말레이시아와 인도네시아, 그리고 필리핀은 국토가 여러 섬들로 나누어져 있는 나라들이고 민족, 언어, 종교가 다양한 나라들이다. 하지만 이들 나라들은 이러한 다양성을 품은 채로 통일국가를 건립하였고 지금까지도 통합을 유지하고 있다. 말레이시아와 인도네시아, 필리핀 등의 동남아시아 국가들은 국가 내부의 여러 이질적인 요소를 인정하면서도 통합을 유지하기 위해 여러 가지 통일정책을 펴고 있다. 인도네시아의 국가 표어인 '다양성 속의 통일'이나 말레이시아의 국가 표어인 '단결은 힘'이라는 문구는 동남아시아 국가들이 강력한 통일정책으로 국가의 통합을 유지하고 있음을 설명한다. 이러한 통일정책은 국가의 통합을 유지하기 위해 필요한 것일 수도 있지만 그 정책의 결과로 여러 가지 문제가 발생할 수도 있다. 동남아시아 국가들의 다양성과 국가의 통합정책에 대해 살펴보기로 하자.

제2절 민족과 언어의 다양성

말레이시아의 민족과 언어

앞에서 이미 언급했듯이 동남아시아 국가들은 다양한 언어를 가진 많은 민족으로 이루어져 있다. 먼저 말레이시아의 언어, 민족의 다양성을 살펴보자. 말레이시아의 국토는 크게 두 부분으로 나누어진다. 즉 태국 쪽에서 뻗어 나온 말레이반도의 남단 지역인 서말레이시아와 보르네오 섬 북단의 동말레이시아가 그것이다. 면적은 동말레이시아가 더 크지만 말레이시아의 정치, 경제, 사회, 문화의 중심지는 서말레이시아라고 할 수 있다. 말레이시아는 입헌군주제를 채택하고 있는 국가인데, 말레이시아의 형식상 국가 원수인 '양디-퍼르투안 아공'은 말레이시아의 전신인 말라야 연방을 구성했던 서말레이시아 9개 주의 술탄들이 5년을 주기로 돌아가면서 맡고 있으며, 이 9개 주는 술탄을 필두로 하는 독자적인 왕실을 가지고 있다. 말레이시아 13개 주 중에서 서말레이시아에 11개 주가 있으며 동말레이시아에는 2개 주만이 있다. 인구 역시 서말레이시아가 동말레이시아보다 2배 이상 많다. 동말레이시아의 사바와 사라왁 주는 연방정부와는 다른 독자적인 이민법과 영주권 제도가 있다. 심지어 같은 말레이시아 사람이라도 서말레이시아 사람이 동말레이시아에 90일 이상 체류하기 위해서는 사바나 사라왁 주정부에 비자를 신청해야 한다. 동말레이시아는 역사적으로 서말레이시아와 크게 관련이 없었기 때문에 동말레이시아 사람들 중에서는 스스로를 말레이시아 사람으로 생각하지 않는 사람도 많다. 또한 이 지역에는 말레이시아로부터의 독립을 주장하는 많은 단체들이 있어 앞으로 분쟁지역이 될 가능성이 높다.

  말레이시아의 민족 구성은 크게 말레이시아 원주민을 뜻하는 '부미푸트라' 와 부미푸트라가 아닌 사람들로 양분된다고 할 수 있다. 부미푸트라는 전체 말레이시아 인구의 67.4% 정도를 차지하는데 부미푸트라 안에는 다양한 민족 이 포함된다. 부미푸트라 중 최대 비중을 차지하는 민족은 말레이인으로 이들 이 전체 말레이시아 인구의 54% 정도를 차지한다. 하지만 말레이인도 하나의 단일 민족은 아니며, 말레이인 안에는 미낭까바우족, 자뱌족, 부기스족을 포함 한 다양한 민족이 포함되어 있다. 말레이시아 헌법상 말레이인은 '말레이어를 사용하며 말레이 문화를 따르는 무슬림'이라고 정의되어 있다. 부미푸트라 안 에는 말레이인 외에도 말레이시아에서 오랜 기간 거주해 온 시암인, 크메르인, 사바의 카다잔족, 사라왁의 이반족 등을 포함하고 있다. 부미푸트라는 타 민족 에 비해 여러 가지 사회적 혜택과 특권을 가진다. 부미푸트라가 아닌 민족 중에서 최대 비중을 차지하는 민족은 중국계와 인도계 주민이다. 중국계 말레 이시아인은 전체 인구의 24.6%를 차지하고 있으며, 인도계는 7.3% 정도이다. 말레이시아는 정치, 사회적으로 부미푸트라에 대한 여러 가지 우대 정책을 펴 고 있으며, 비 부미푸트라들은 때때로 탄압의 대상이 되기도 했기 때문에 민족 간의 갈등은 말레이시아 통합의 가장 큰 걸림돌이라고 할 수 있다.

  말레이시아는 민족 구성이 다양한 만큼 사용되는 언어도 다양하다. 말레이시 아의 공식적인 공용어는 '믈라유어(bahasa Melayu)' 또는 '말레이시아어(bahasa Malaysia)'로 일컬어지는 말레이어로 말레이인들이 일상적으로 사용하는 언어이다. 말레이인들이 단일 종족이 아닌 만큼 이들이 사용하는 말레이어 역시 다양한 방언을 가진 언어인데, 현재의 말레이시아어는 리아우의 말레이어를 기준으로 표준화한 형태의 말레이어이다. 부미푸트라 중 비 말레이계 주민들은 자기들의 종족 언어를 사용하기도 한다. 동말레이시아 사바나 사라왁주에 사는 사람들은 이반어, 카다잔두순어 등의 언어를 사용하기도 하며, 이들이 사용하는 말레이어 역시 서말레이시아의 표준 말레이어와는 조금 다르다. 비 부미푸트라 중 최대 규모인 중국계는 상당수가 중국어를 사용하지만 이들이 사용하는 중국어는 표준 중국어(만다린) 외에 광동어, 객가어 등으로 서로 다르다. 인도계 주민들은 대부분 인도의 타밀 지방에서 건너온 사람들이기 때문에 타밀어나 영어를 사용한다. 영어는 말레이시아의 중요 언어 중 하나이다. 1960년대까지 영어는 말레이어와 함께 국가의 공식 공용어로 인정을 받았고, 지금 현재는 국가의 공식적인 공용어는 아니지만 학교에서는 말레이어와 함께 사용되고 있다.

인도네시아의 민족과 언어

인도네시아는 18,000여 개의 섬으로 이루어진 국가로, 세계에서 가장 많은 섬을 보유한 국가이다. 인도네시아의 섬들 중 대부분은 사람이 살지 않는 무인도이며, 그 중 상당수는 이름도 붙어있지 않은 작은 섬들이다. 인도네시아를 구성하는 5개의 큰 섬은 자바, 수마트라, 술라웨시, 칼리만탄, 파푸아 섬이 있지만, 인구비율은 편차가 굉장히 크다. 수도 자카르타와 제2, 제3의 도시인 수라바야, 반둥이 있는 자바섬은 인도네시아 전체 인구의 절반 이상인 1억 3500만 명이 거주하고 있으며, 수마트라 5,000만, 술라웨시 1,600만, 칼리만탄 1,200만, 파푸아 섬에 300만 명 정도가 거주하고 있다. 각 섬 마다 종족, 종교, 언어, 생활방식 들이 다양하다.

인도네시아의 민족 구성을 보면 인구의 약 40% 가량을 차지하는 자바족을 비롯해 300여 개 종족들이 있으며, 이들이 사용하는 언어는 700여 개에 달한다. 이처럼 다양한 언어와 민족으로 구성된 인도네시아라는 국가가 하나의 국가로 통합을 유지하고 있는 것은 네덜란드의 식민지배 시기 민족주의에 기반한 독립운동이 활발히 벌어졌기 때문이다. 특히 1928년 여러 조직들이 결집해 '하나의 국가, 하나의 민족, 하나의 언어'라는 선언을 발표하고 홍백기를 국기로, '위대한 인도네시아'를 국가로 채택하면서 이후 통일 인도네시아 건립에 큰 영향을 주게 된다. 특히 이 시기 인도네시아 사람들 중 가장 많은 사람들이 모어로 사용하는 자바어 대신 말레이어를 표준화하여 인도네시아 국어, 즉 '바하사 인도네시아(bahasa Indonesia)'로 지정했다. 이는 인도네시아 사람들 중 가장 많은 사람들이 사용하는 자바어나 순다어를 공용어로 지정할 경우 일어날 수 있는 기타 언어권 민족들의 반발을 사전에 차단하기 위한 것이었다. 이로 인해 말레이시아 국어와 인도네시아 국어는 몇 가지 어휘를 제외하고는 서로 뜻이 통하는 언어가 되었다.

이렇게 지정된 인도네시아 국어는 지속적 교육을 통해 지금은 인도네시아 사람들이 공통적으로 사용하는 언어가 되었지만, 인도네시아에는 지금도 공식 국어 외에 각 민족의 언어가 병존하고 있다. 인도네시아 국어를 가정에서 모어로 사용하는 인구는 지금도 전체 인도네시아 인구의 1/6 정도밖에 되지 않는다. 인도네시아 국어를 표기하는 문자로는 한때 아랍어를 차용해 표기한 적도 있었지만 지금은 알파벳을 사용해 표기하고 있다.

인도네시아는 많은 민족들로 이루어진 나라인 만큼 민족들 간의 언어, 종교, 사고방식이나 가치관의 차이에서 오는 갈등도 적지 않다. 자바족은 인도네시아 전체 인구의 40% 이상을 차지하며 대통령을 비롯한 사회지도층 인사를 가장 많이 배출한 민족이다. 자바족은 예의범절과 격식을 중요시하며 서로 큰 소리로 다투는 일이 적고 속마음을 직설적으로 표현하지 않는 특징을 지니고 있다. 따라서 상대방의 제안을 거절할 때에도 부드럽고 완곡하게 표현해 상대방의 체면을 배려한다. 이러한 자바인의 언어문화를 이해하지 못하게 되면 의사소통에 상당한 불편이 따른다. 그에 비해 수마트라 섬에 사는 사람들은 직선적이고 표현에 거침이 없다. 자바사람들은 수마트라 사람들, 그중에서도 수마트라 북부에 사는 바딱족을 성미가 급하고 화를 잘 내며 금욕적이지 않은 사람들이라고 생각한다.

인도네시아의 민족 갈등을 이야기할 때 빼놓을 수 없는 민족이 바로 중국계 인도네시아인, 즉 화교이다. 인도네시아에 사는 화교의 수는 전체 인구의 3% 정도에 불과하지만 여느 동남아시아 국가들과 마찬가지로 이들이 인도네시아 경제의 상당부분을 장악하고 있다. 따라서 화교들에 대한 인도네시아인들의 인식은 네덜란드 식민 통치시기부터 좋지 않았다. 그 결과 1965년 전국적으로 공산주의자들에 대한 대규모 학살이 이루어질 때 많은 화교들이 공격의 대상이 되었고, 1998년 무렵 30년간 독재와 부정축재를 한 수하르토 대통령에 대한 하야 요구로 전국적인 시위가 벌어질 때도 많은 화교들이 살해되는 일이 벌어지기도 했다. 인도네시아에서는 법적으로 자바족을 비롯한 원주 민족들은 '프리부미(Pribumi)'로 표현하는 것과 달리 화교는 '오랑 치나(Orang cina)'로 불려지며 다른 민족들과 명칭 상으로도 구분되고 있다. 또한 많은 중국계 화교가 따르고 있던 유교 역시 국가의 공식적인 종교로 지정된 것은 다른 종교들보다 훨씬 늦은 2003년의 일이었다. 당시 상당수 화교들은 종교가 없음에도 불구하고 정부의 탄압을 피하기 위해 신분증의 종교란에 기독교로 기록하기도 했다.

또한 인도네시아는 독립 이후 화교에 대한 철저한 동화정책도 함께 펼쳤기 때문에 중국어 교재의 반입이 금지되는 등 문화적인 탄압도 상당했다. 그래서 부모를 따라 표준 중국어나 광둥어를 모국어처럼 구사할 수 있는 말레이시아의 화교와 달리 인도네시아의 화교 2세나 3세는 중국어를 거의 하지 못하는 사람들이 많다. 수하르토 대통령의 독재가 종식된 후 화교에 대한 공공연한 차별은 많이 줄어들었고, 화교들 중에서도 주지사가 배출되는 등 정치적으로도 많이 성장하였기 때문에 예전과 같이 공공연하게 차별하는 모습은 보이지 않지만 화교와 다른 민족들 사이의 앙금은 여전히 잠재되어 있다고 할 수 있다.

필리핀의 민족과 언어

필리핀은 전체 7천여 개의 섬으로 구성된 국가로 북쪽의 큰 섬인 루손, 중앙의 여러 섬들을 통칭한 비사야제도, 남쪽의 큰 섬인 민다나오로 구분할 수 있다. 필리핀 역시 여러 민족으로 구성된 다민족 국가인데 필리핀에서 가장 큰 비중을 차지하는 민족은 타갈로그족으로 전체 필리핀 인구의 28.1%를 차지한다. 그 외에 세부아노족, 일로카노족, 비사야족, 힐리가이논족 등이 있으며, 화교와 혼혈민족인 메스티소 역시 10% 정도를 차지하고 있다. 필리핀에서 사용되는 언어는 170여 개에 달하는데 가장 많은 사람들이 쓰는 타갈로그를 표준화한 형태의 언어가 필리핀어로 지정되어 있고, 이 타갈로그어와 함께 영어가 공용어로 쓰이고 있다. 타갈로그어와 함께 세부아노어, 힐리가이논어 등 100만 명 이상의 사람들이 사용하는 언어가 13개가 있고, 화교들이 사용하는 중국어(만다린) 및 복건어, 민다나오섬에 거주하는 이슬람 신자들 중 일부가 사용하는 아랍어, 그리고 스페인어 역시 필리핀의 중요 언어라고 할 수 있다.

제3절 동남아시아의 종교

동남아시아의 이슬람

말레이시아 및 인도네시아, 필리핀 등 동남아시아 국가의 경우 민족과 언어만큼 종교 역시 다양하다. 말레이시아와 인도네시아는 전체 인구의 다수가 이슬람교를 믿고 있는 국가로 이슬람 국가로 볼 수 있고, 필리핀은 전체 인구의 85%가 가톨릭 신자인 국가이다. 하지만 말레이시아와 인도네시아, 필리핀을 각각 이슬람 국가, 가톨릭 국가로만은 볼 수 없으며, 종교와 관련해서도 여러 가지 문제가 나타나고 있다.

말레이시아와 인도네시아의 경우 사회 전반적으로 이슬람교가 강세를 보이고 있는 국가이지만 양국의 상황이나 종교정책은 전혀 다르다. 말레이시아의 주요 민족인 말레이족은 대부분 이슬람교를 믿는다. 말레이족 우대 정책을 펴고 있는 말레이시아 정부는 헌법상 말레이 문화를 따르는 무슬림을 말레이족으로 규정하는 한편, 이슬람교를 국교로 규정하고 있다. 그렇다고 해서 말레이시아에 종교의 자유가 없는 것은 아니다. 말레이시아는 헌법상 국교를 이슬람교로 정하고 있지만 종교의 자유 또한 인정하고 있다. 말레이시아가 이처럼 이중적인 종교정책을 취하고 있는 것은 다양한 민족으로 구성된 말레이시아를 원활하게 통치하기 위함이다.

말레이시아의 주요 민족인 말레이족은 수적으로 화교나 인도계 주민을 압도하지 못하는 상황이다. 지금은 정부의 부미푸트라 우대 정책으로 인해, 말레이족을 주축으로 하는 부미푸트라의 수가 전체 인구의 60% 중반에 달할 정도로 커졌지만 말레이시아 독립 당시만 하더라도 말레이족은 말레이시아 전체 인구의 50%를 갓 넘기는 수준이었고, 화교나 인도계 주민들의 숫자가 전체 인구의 40%에 달할 정도로 외래 민족이 다수를 차지하는 국가였다. 더군다나 화교나 인도계 주민들은 경제적으로 토착 민족들을 압도하고 있었다. 말레이시아는 독립 초기 말레이족의 전통적인 특권을 계속 유지하는 한편, 비말레이 민족에게는 말레이족과 동일한 시민권을 부여하는 것으로 이러한 갈등을 봉합하고 있었지만, 1969년 연방의회 선거운동 과정에서 종족 간의 평등이 요구되기 시작하자 결국 각 종족집단 내부에 잠재되어 있던 불만과 갈등이 폭발하며 대규모 유혈사태가 일어나게 된다.(5.13사태) 이 사태 이후 말레이시아 정부는 정치적, 사회적 소요를 예방하기 위해 강력한 조치를 취했다. 즉 말레이족 술탄들의 지위와 권한, 말레이족의 특별한 지위, 말레이시아 국어로서의 말레이어, 말레이시아 국교로서의 이슬람교에 대해 문제를 제기하는 경우 내란죄를 적용해 처벌하도록 한 것이다. 즉 말레이시아가 이슬람교를 국교로 정해 놓은 것은 말레이시아 모든 국민들이 이슬람교를 믿도록 하겠다는 것은 아니며, 말레이족 우대정책의 일환으로 말레이족의 종교인 이슬람교를 국교로 내세우는 대신 다른 민족들이 믿고 있는 종교도 그대로 인정함으로써 말레이시아 각 민족 간의 종교적 갈등을 잠재우겠다는 종교정책인 것이다.

인도네시아 역시 말레이시아와 마찬가지로 이슬람교가 강세를 보이고 있는 국가이지만 종교정책은 말레이시아와 전혀 다르다. 인도네시아는 세계 최대의 이슬람 국가이다. 2억 5천만 명의 인구 중 2억 이상의 사람들이 이슬람교를 믿는, 세계에서 무슬림 수가 가장 많은 국가이다. 하지만 인도네시아는 이슬람교가 국교가 아니며 법적으로 이슬람교가 타종교의 우위에 있지도 않다. 인도네시아의 종교정책은 중동에 있는 전형적인 이슬람 국가와 구별될 뿐만 아니라, 이웃 나라인 말레이시아와 같이 이슬람 신자는 전 국민의 60% 정도에 불고하지만 이슬람교를 국교로 정하고 있는 나라와도 대조적이다. 따라서 인도네시아는 전형적인 이슬람 국가라기보다는 무슬림들이 다수인 나라로 보는 것이 보다 정확할 것이다.

인도네시아에서는 가장 많은 사람들이 믿는 이슬람교 외에 개신교, 천주교, 힌두교, 불교, 유교 등 6개 종교를 공식적으로 인정하고 있으며, 모든 국민은 이 6개 종교 중 하나를 선택해 신분증에 명기하도록 하는 종교정책을 펴고 있다. 그런 의미에서 인도네시아는 종교의 자유가 있는 나라이지만 종교를 가지지 않을 자유는 없는, 제한적인 종교의 자유를 가진 나라라고 할 수 있다. 2017년 7월 인도네시아 헌법재판소가 토속신앙을 종교로 인정하지 않는 현행법에 대해 위헌 판결을 내리면서 조만간 이런 종교정책에 변화가 있을 것으로 보이지만 아직까지도 인도네시아의 이런 종교정책은 유지되고 있다.

인도네시아가 조금은 특이한 이런 종교정책을 펴게 된 것은 인도네시아의 현대 정치사와 관계가 있다. 1949년 인도네시아의 초대 대통령이 된 수카르노는 1955년 인도네시아 반둥에서 제1차 아시아 아프리카 회의를 개최하며 반제국주의, 반식민주의, 민족 자결을 주장하며 점차 친 중국적 성향으로 흐르게 된다. 그 결과 인도네시아 공산당은 1960년대 중반 300만 명의 당원을 가진 인도네시아 최대 정치조직이 되었다. 하지만 당시 인도네시아 군부에는 반공 성향을 가진 군인들이 많았고, 대부분의 사람들이 이슬람교를 믿는 인도네시아에서 종교를 부정하는 공산당이 일반 대중들 속에 깊이 뿌리내리기는 힘들었다. 이런 상황에서 1965년 9월 30일, 반공 성향의 장성들이 살해되는 사건이 일어나자 수하르토를 비롯한 반공주의자 군부 장성들이 쿠데타를 일으키고, 반공주의 열풍이 전국을 휩쓸어 인도네시아 전역에 걸쳐 50만에서 100만에 이르는 사람들이 공산주의자로 몰려 학살된다. 이런 상황 속에서 국가가 이슬람교를 포함한 5개 종교만을 공인하고 종교를 가지지 않은 사람은 공산주의자로 치부되는 사회 분위기가 형성된 것이다.

인도네시아는 이슬람교를 국교로 채택하고 있지 않지만 전체적으로 무슬림의 숫자가 많다 보니 사회 전반적으로 이슬람적인 문화가 곳곳에 나타난다. 특히 무슬림의 숫자가 전체 인구의 99%에 달하는 자바섬의 경우 이러한 경향이 더욱 두드러진다. 라마단 기간이 되면 낮에 문을 여는 식당이 현저히 적어지고 관광객이나 비무슬림을 상대로 한 식당들도 사회적인 분위기를 고려해 커튼을 치고 최대한 조명을 어둡게 해 영업을 한다. 금요일 점심시간 전 드려지는 이슬람 예배인 주마딴에 남성만 참석할 수 있는 것이나, 여성들의 신체 노출을 꺼리는 이슬람의 율법에 따라 발리와 같은 세계적인 휴양지를 제외한 해변이나 수영장에서 비키니를 입은 여성을 쉽게 찾아볼 수 없다는 점, 인도네시아 사회 전체적으로 돼지의 사육이나 도축 등 돼지고기와 관련된 산업이 발달하지 않았다는 것 역시 이슬람 문화의 특징이라고 할 수 있다. 하지만 이런 이슬람적인 문화 역시 다른 이슬람 국가에 비하면 그다지 강한 편이 아니라고 할 수 있다. 자바인의 정신적 고향으로 불리는 족자카르타에 세계 최대 불교 건축물인 보로부두르 사원이나, 세계적인 힌두교 유적인 쁘람바난 사원 등 여러 종교의 유적이 천 년 이상 잘 보존되고 있는 점, 힌두교, 불교, 기독교 등 각종 종교의 절기가 공휴일로 지정되어 지켜지고 있는 점 등은 인도네시아 사회의 종교적 다양성과 개방성을 상징하는 것이다.

필리핀의 종교

필리핀은 전체 인구의 83% 정도가 가톨릭을 믿는 국가이며, 미국의 영향을 받아 개신교 신자의 수도 전체 인구의 9% 정도를 차지한다. 즉 국가 전체적으로 기독교를 믿는 사람들이 대부분이며, 주요 도시마다 바로크 양식의 교회들이 건립되어 있고 가톨릭 행사도 여러 도시에서 열광적인 분위기로 개최된다. 하지만 남부 민다나오 섬은 필리핀 이슬람의 거점이라고 할 수 있다. 남한 면적 정도의 크기를 가진 민다나오 섬은 루손 섬과 함께 필리핀을 대표하는 섬으로 인구는 약 2,200만 명 정도이다. 주민들 중 63%는 기독교, 32%는 이슬람교를 믿는다. 민다나오 섬은 전통적으로 이슬람 문화가 강한 지역으로, 다른 필리핀 지역과 달리 19세기까지 마긴다나오 왕국이나 술루 왕국 등 이슬람 술탄이 지배하는 왕국이 독립을 유지하고 있었다. 민다나오 섬 전역이 필리핀에 완전히 합병된 것은 필리핀이 미국으로부터 완전 독립한 이후의 일이었다. 이런 역사적, 종교적 배경을 지닌 지역이 민다나오 섬인 만큼 반정부 테러조직들이 수세기째 활동하고 있다. '아부 사야프'나 '모로해방전선' 등이 대표적인 테러조직들인데 특히 2017년 5월 IS를 추종하는 극단적 이슬람 무장단체 마우테가 민다나오 섬 말라위를 점령하자 두테르테 대통령이 섬 전역 계엄령을 선포하고 마우테를 소탕하기 위한 군사작전에 돌입했다. 민다나오 섬은 이슬람 테러단체들의 활동으로 크고 작은 분쟁이 반복되었고 그 과정에서 수많은 사람들이 희생되었다. 분쟁이 장기화되면서 민다나오 섬은 필리핀인들도 가기 꺼려하는 지역이 되었고, 민다나오 섬의 이슬람 중심지는 필리핀 내에서도 가장 빈곤한 지역이자 각종 범죄가 성행하는 지역이 되었다.

제4절 동남아시아의 통일정책

말레이시아의 통일정책

말레이시아와 인도네시아, 필리핀 등 동남아시아 국가들은 다민족으로 구성된 국가이기 때문에 문화적, 종족적 다양성을 인정하면서도 국가적 정체성을 확립하고 모든 국민들에게 동일한 정체성을 심어주어 국가의 통일을 유지하고

자 하는 정책을 펴고 있다.

　말레이시아의 경우 말레이족의 언어인 말레이어를 국어로, 말레이족의 종교인 이슬람교를 국교로 정하여 말레이족을 중심으로 한 국가적 정체성을 확립해 나간다는 정책을 오랜 기간 추진해왔다. 뿐만 아니라 말레이족 및 말레이시아의 토착 종족들에게 여러 가지 혜택을 주는 말레이족 우대정책이 지속적으로 시행되고 있다. 대학이나 공무원, 주요 기업들에서 신입생이나 신입직원을 채용할 때 50~55%의 인원을 우선 말레이족으로 채워야 하는 쿼터제가 시행되고 있으며, 경제분야에 있어서도 화교자본을 줄이고 말레이족 자본 비율을 늘리고자 하는 정책이 지속적으로 시행되었다. 이런 말레이족 우대정책으로 인해 비 말레이족, 특히 화교의 경우 많은 불만을 가지게 되었다.

　교육분야에 국한해 살펴보면 대학진학을 희망하는 학생들의 경우 말레이계에 비해 중국계 학생들이 월등히 많지만 쿼터제 때문에 말레이시아의 주요 국립대학을 진학하기 위해서는 중국계 학생끼리 엄청나게 치열한 경쟁을 거쳐야 한다. 그리고 이런 교육정책은 자연스럽게 해외유학을 선택하는 중국계 학생들의 수를 비약적으로 증대시켰다. 중국계 말레이시아 학생들이 가장 선호하는 유학국가는 미국, 영국, 호주 등의 영어권 선진국이다. 1990년대 이후 말레이시아에서는 유학을 떠난 중국계 말레이시아 학생들이 학업을 마친 후 귀국하지 않고 현지에 정착하는 두뇌 유출 문제가 크게 대두되기도 했다. 1970년대 이후 지속적으로 추진된 부미푸트라 우대정책으로 인해 화교에 편중되어 있던 부가 종족별로 어느 정도 재분배되었고, 특히 교육정책이 여기에 일정부분 기여하였음은 부인할 수 없는 사실이다. 하지만 이런 교육정책으로 인해 중국계 엘리트가 해외로 빠져나감으로써 국가적인 손실을 가져왔음 또한 사실이라고 할 수 있다. 말레이시아 정부도 이런 사실을 인지하고 있는 만큼 중국계 말레이시아인 등의 인적 자원을 지키기 위한 노력이 병행될 것으로 보인다.

인도네시아의 통일정책

인도네시아는 말레이시아와 같은 다민족 국가이지만 상황은 말레이시아와 전혀 다르다고 할 수 있다. 인도네시아는 인구의 40%를 차지하는 자바족을 비롯해 300여 개 민족으로 구성된 국가이지만, 이들 대부분의 민족들은 오랜 기간 동안 지금의 인도네시아 땅에서 살아온 토착 종족이며, 외래 민족의 비중은 그렇게 높지 않다. 특히 화교의 비중은 전체 인구의 3% 정도에 불과해 화교비중이 상당히 높은 말레이시아와는 상황이 다르다고 할 수 있다. 따라서 인도네시아에서는 화교들에 대하여 강압적인 동화정책이 전개되었다. 특히 중국어 교재 반입이나 사용을 금지하는 등 문화적인 탄압과 적극적인 동화정책이 이루어지기도 했다.

인도네시아는 수많은 섬으로 이루어진 국가이며 역사적 관련성이 크게 없는 지역들이 모여 하나의 국가를 이룬 나라이기 때문에 독립을 요구하며 투쟁을 벌이고 있는 반군 활동지역들이 여럿 있다. 가장 대표적인 지역이 동쪽의 파푸아섬, 서쪽 수마트라 섬의 서북단인 아체, 그리고 21세기에 들어와 독립에 성공한 동티모르 등이라고 할 수 있다. 파푸아섬의 서쪽은 1961년 인도네시아의 공격을 받았고 1969년 주민 찬반투표를 거쳐 인도네시아에 편입되었다. 그 과정에서 파푸아해방운동 등 게릴라 반군이 결성되었고 정부군과 반군 간의 교전으로 매년 많은 사상자가 발생하고 있다. 조코 위도도 대통령 당선 이후 파푸아 평화 정착의 구호가 나오고 있지만 아직까지 구체적인 성과는 나오지 않고 있다.

아체는 수마트라 섬 서북단 지역으로 동남아시아에서 가장 먼저 이슬람교가 전파된 지역이다. 아체주는 원래 자치권을 가진 주였으나 수하르토 집권 이후 중앙정부의 간섭과 지배가 심해지자 1976년 '자유아체운동'이라는 반군조직이 결성되었다. 2002년 아체와 함께 인도네시아에 대한 독립투쟁을 벌인 동티모르가 독립에 성공하자 자유아체운동 역시 대대적인 공세에 나섰으나 아체마저 독립시킬 경우 인도네시아 통일을 유지할 수 없다고 생각한 정부군이 대군을 동원해 강경 진압했다. 2005년 아체 반군은 독립을 포기하고 정부와 협상하여 특별자치구로 지정받고 자치권을 획득했다. 아체주는 이슬람 법률인 샤리아를 주 법률로 채택하고 있으며, 이슬람 법률에 따라 공공장소에서 태형을 가하거나, 이슬람 신자가 아닌 사람들에게도 이슬람 법률을 적용하기도 하는 등 여러 가지 문제가 발생하고 있다.

동티모르가 있는 티모르 섬은 오세아니아와 동남아시아의 중간에 있는 섬으로 동티모르는 포르투갈, 서티모르는 네덜란드의 식민 지배를 오랜 기간 받았다. 인도네시아가 독립하면서 네덜란드 지배 지역인 서티모르는 인도네시아에 편입되었지만 동티모르는 1975년까지 포르투갈의 지배하에 있었다. 1975년 포르투갈이 동티모르에 대한 식민 지배를 포기한 이후 인도네시아가 동티모르를 점령하여 인도네시아의 27번째 주로 합병했다. 인도네시아는 동티모르를 강압적으로 지배하여 동티모르 인구 70만 명 중 10만 명 이상의 사람들이 학살된 것으로 알려져 있다. 1998년 외환 위기와 수하르토 퇴진 등으로 인도네시아의 상황이 어지러운 틈을 타 독립에 대한 열망이 고조되었으며 결국 1999년 주민투표를 거쳐 2002년 완전 독립에 성공했다. 하지만 독립 이후에도 독립반대파와 친인도네시아 성향의 민병대가 일으킨 반란과 쿠데타로 인해 혼란이 지속되었으며 한동안 UN평화유지군이 주둔하기도 했다.

제5절 동남아시아의 독재정권

동남아시아 독재의 역사

동남아시아 국가들이 대부분 다양한 민족으로 이루어진 만큼, 언어, 민족, 종교에 따른 첨예한 갈등이 일어나는 것은 동남아시아 국가들이 안고 있는 공통적인 문제이다. 이러한 민족, 종교적 갈등을 이용해 독재자가 출현하고 독재를 유지하기 위해 국민들이나 야권 정치인의 인권을 탄압하는 행위가 반복된 것 역시 동남아시아 국가들의 공통점이라고 할 수 있다. 인도네시아에는

32년 동안 수많은 사람들을 학살하며 철권통치를 휘두른 독재자 수하르토가 있었고, 필리핀에는 8년 동안 계엄령을 선포하며 21년간 독재를 한 마르코스가 있었다. 말레이시아의 경우 22년간 최대 정당인 UMNO의 수장으로 장기 집권한 마하티르 빈 모하마드가 있었다.

　장기간의 독재는 반대파에 대한 대량 학살과 인권 탄압, 부정선거 및 부정부패의 심화를 필연적으로 야기하게 되었다. 인도네시아의 독재자였던 수하르토는 수카르노 대통령의 집권 시기 반공 쿠데타를 일으켜 집권한 직후 좌파, 공산주의자, 친 수카르노 인사 및 화교 등에 대한 대량 학살을 벌였다. 수하르토 집권 초기 2년간 학살당한 사람만 100만 여 명, 투옥된 사람은 200만 여 명에 달한다고 알려져 있다. 또한 수하르토는 독립을 요구하는 지역민에 대해서도 무자비한 탄압을 가했다. 1975년부터 1999년까지 동티모르를 점령, 지배하는 과정에서 18만 3천명이 살해된 것으로 집계되어 있고 서파푸아, 아체 주에서도 각각 10만 명과 1만 5천명이 살해된 것으로 알려져 있다. 수하르토 집권 시기 동안 그의 일가족들은 수백 개의 기업체를 운영하며 이를 대기업으로 성장시켰다. 수하르토는 32년간의 집권기 동안 400억 달러의 국고를 빼돌려 세계 최악의 부패 지도자로 꼽히게 되었다.

　필리핀의 마르코스는 8년간의 계엄령 선포 기간 동안 3천명 이상의 사람들을 살해했고, 3만 5천명 이상의 사람들이 고문 피해를 당했다. 또한 5만 명 이상의 사람들이 어떤 사법적 절차 없이 강제수용소로 보내졌고, 신문사와 방송사 등 대부분 민간 언론이 폐쇄되고 국영 언론기관으로 통폐합되었다. 마르코스는 자기의 아들, 딸이나 친척 등을 주요 요직에 앉혀 측근 정치를 하였고 이들 측근들은 부정부패의 온상이 되었다. 마르코스 자신도 막대한 부정 축재 재산을 해외로 빼돌렸다. 말레이시아 역시 통일말레이국민조직[UMNO]의 장기 집권으로 인해 야당 인사에 대한 탄압, 부정선거, 여당에 유리한 선거구 조정, 인종차별 정책 등 다양한 폐해들이 발생했으며, 민주주의 수준은 인도네시아, 필리핀보다 떨어지는 것으로 평가된다.

독재의 후유증

장기간의 독재는 오늘날에도 동남아시아 국가들에게 많은 후유증을 남기고 있다. 오늘날 동남아시아 국가들이 안고 있는 가장 큰 문제인 반군이나 분리주의 세력의 대두 역시 장기간의 독재가 남긴 산물이라고 할 수 있다. 필리핀 민다나오 섬에는 이슬람 반군이 지금도 활동하고 있고, 인도네시아의 서파푸아 역시 장기간 동안 정부군과 반군의 교전이 벌어지고 있다. 말레이시아의 경우 이들 나라들보다 사정이 낫지만, 동말레이시아의 분리 독립을 주장하는 조직 등이 지금도 활동을 계속하고 있다. 또한 사회적으로 만연한 부정부패나 정경유착 문제, 경제성장률의 저하나 빈부격차 심화 등 사회문제에도 장기간의 독재가 끼친 영향은 심대하다고 할 수 있다. 이러한 문제를 극복하고 국가의 통합을 유지하며 안정적으로 민주주의를 발전시켜 나가는 것이 오늘날 동남아시아 국가들에게 남겨진 숙제라고 할 수 있을 것이다.

문화 연표

- 644년   힌두교 왕조인 믈라유 왕국이 수마트라 남부지역에 건립
- 689년   불교 왕조인 스리위자야 왕국이 수마트라, 자바 및 말레이반도를 지배, 13세기까지 아랍-인도-중국-한반도를 잇는 중개무역으로 번영
- 8세기   보르부드르 불교사원 건축
- 1292년   마자빠힛 왕국이 현 인도네시아, 말레이반도, 필리핀에 걸친 해상제국으로 성장
- 1403년   말라카 왕국 성립
- 15세기   이슬람교가 확산되고 수마트라, 자바, 칼리만탄 등에 여러 이슬람 왕국 등장
- 1511년   포르투갈의 말라카 왕국 점령
- 1565년   스페인의 필리핀 식민기지 건설
- 1602년   네덜란드 동인도회사 건립
- 1799년   네덜란드가 동인도회사를 해체하고 인도네시아 전역을 직접 지배
- 1811년   영국의 인도네시아 지배
- 1815년   네덜란드가 영국과의 협상을 통해 인도네시아를 다시 식민지로 함
- 1824년   영국의 말라카 지배
- 1898년   미국-스페인 전쟁 발발, 필리핀 독립 선언(제1공화국)
- 1902년   미국-필리핀 전쟁 종결, 미국의 필리핀 식민지화 완료

- 1935년   필리핀 연방 건립
- 1942년   일본의 인도네시아 점령
- 1945년   일본 패망과 함께 독립 선포, 네덜란드와의 독립전쟁 발발
- 1948년   말레이 연방 건립
- 1949년   인도네시아 공화국으로 독립, 수카르노 대통령 취임
- 1963년   말레이 연방의 독립
- 1965년   싱가포르의 말레이 연방 탈퇴
- 1965년   독재자 마르코스의 필리핀 통치(~1986년)
- 1965년   9.30 사건으로 인해 군부가 공산주의자를 공격, 66년까지 50만 명 이상의 사람들이 공산주의자로 몰려 학살됨
- 1966년   수카르노 퇴진, 수하르토 집권
- 1969년   말레이시아 말레이인과 중국인간 종족분쟁 발생
- 1972년   필리핀 계엄령 선포
- 1975년   포르투갈령 티모르(동티모르) 점령
- 1986년   필리핀 에드사 혁명 발발, 마르코스 정권 붕괴
- 1991년   동티모르 딜리 주민 학살 사건 발생
- 1998년   인도네시아 경제위기로 국제통화기금(IMF) 관리체제 수용, 수하르토 하야 시위 발발, 수하르토 퇴진
- 1999년   동티모르 독립 선언
- 2001년   필리핀 제2차 에드사 혁명 발발, 에스트라다 퇴진
- 2002년   발리 폭탄 테러 발생, 동티모르 완전 독립 성공

참고자료

- 단행본   『말레이시아』, 양승윤 외, 한국외국어대학교출판부, 1998.
                        『왜 세계는 인도네시아에 주목하는가』, 방정환, 유아이북스, 2016.
                        『인도네시아 그 섬에서 멈추다』, 김성월, 이담, 2014.
                        『천가지 이야기가 있는 나라, 인도네시아』, 임진숙, 즐거운상상, 2007.
                        『필리핀 바로알기』, 문종구, 좋은땅, 2012.
- 다큐멘터리   〈공존의 땅, 말레이시아〉, EBS 세계테마기행, 2014.
                        〈모험의 땅, 필리핀〉, EBS 세계테마기행, 2014.
                        〈매혹의 보물섬, 인도네시아〉, EBS 세계테마기행, 2017.
- 영화   〈액트 오브 킬링〉, 조슈아 오펜하이머 감독, 2012.
                        〈침묵의 시선〉, 조슈아 오펜하이머 감독, 2015.

칭기스칸과 붉은 용사의 나라
몽골

・문화 키워드

몽골, 칭기스칸, 수흐바타르, 라마교, 게르, 오축, 차간이더와 울란이더, 차간 사르와
나담, 조드

・국기

소욤보 기 세로로 빨강, 파랑, 빨강색으로 구성. 중앙의 청색은 영원한
하늘과 국가에 대한 충성을, 양쪽의 적색은 진보와 번영을 상징. 황색
의 소욤보(soyombo) 문양은 자유와 독립을 의미. 소욤보 문양에서
불은 영원한 번영과 풍요를, 아래의 태양과 달은 하늘(텡그리)에 대한
숭배와 몽골 민족을 상징. 아래의 화살과 창은 안과 밖에서 적을 무찌른다는 의미,
세로로 된 두 개의 직사각형은 몽골인의 정직함과 정의감을 상징.

・개관

수도	울란바토르('붉은 용사')
정치체제	공화국, 이원집정부제, 단원제, 다당제.
행정구역	21개의 아이막(Aimag: 한국의 道에 상당), 315개의 솜(Som: 한국의 郡에 해당)
민족구성	할하 몽골인(90%), 카자흐(6%), 브리야트 등
언어	몽골어
종교	라마교 53%, 이슬람교 3%, 기독교 등.
면적	1,567,000㎢
인구	337만 8,078명(2022)

인구밀도	2.07명/㎢
GDP	150억 9,802만 달러(2021)
화폐	몽골 투그릭(MNT)

제1절 제국의 영광과 사회주의의 유산

　사면이 내지로 둘러싸인 내륙국가 몽골은 유라시아 대륙의 한가운데 위치하고 있어서 대륙 위의 섬처럼 보인다. 1206년 몽골 보르지기드 씨족 출신의 칭기스칸이 막북 몽골리아 초원을 통일하여 대몽골국(Yeke Mongol Ulus)을 건설한 이후 '몽골'이라는 부족은 민족과 제국의 명칭이 되었다. 13세기 유라시아 대륙에서 유럽과 인도를 제외한 세계 대부분의 지역이 몽골의 지배 아래로 들어갔다. 과거 로마제국의 지배를 '팍스 로마나'(Pax Romana)라고 부르듯이 이 시기를 '팍스 몽골리카'(Pax Mogolia)라고 부르기도 한다. 내륙국가로서 몽골은 역사적으로 그 세력이 강성할 때는 사방으로 뻗어나가 대제국을 건설했지만 그 반대의 경우 주변국에 포위되는 국면에 놓이게 되었다. 현실적으로 몽골은 유라시아 대륙의 2대 강대국인 중국과 러시아에 둘러싸여 있고, 직접적으로 큰 영향을 받아왔다.

제국에서 공화국으로

　13~14세기 세계를 호령하던 몽골제국은 이후 분열과 쇠락의 길을 걷게 되어 17세기 중반부터 20세기 초까지 약 300여 년간 만주족이 세운 청나라의 지배를 받았다. 19세기 후반부터 몽골 각지에서 독립을 위해 청에 대항하는 투쟁이 활발하게 진행되었다. 1911년 신해혁명으로 청조가 무너지자 8대 젭춘담바(복드칸)와 한드 도르지를 중심으로 하는 몽골의 유력 왕공과 종교계 인사들은 11월 30일 우르가(울란바토르의 옛 명칭)에서 임시정부를 수립하고 독립을 선포했다. 젭춘담바를 황제로 추대하고 왕정(王政)을 구성했다. 황제는 정치

와 종교의 수장으로서 최고 권력자였고, 그 아래 총리부와 종교부를 두어 각각 정치와 종교를 담당했다. 그러나 이듬해 원세개가 새로 성립된 중화민국으로 복귀할 것을 종용하자 몽골은 청조가 멸망했으니 중국과 몽골은 각자의 길을 가야한다고 응답했다. 1914년에는 외국의 의회제를 모방하여 상하 양원으로 구성된 의회를 설립했다.

우르가 임시정부는 민족주의에 기반하여 '범몽골주의'를 기치로 내걸었지만 흥안령과 내몽골지역에 대해서는 일본과 중국이 기득권을 주장하고 있었고, 몽골인 내부에서도 의견이 갈렸다. 1915년 중·러·일 3국은 캬흐타 협정을 맺어 몽골에 대한 중국의 종주권을 인정했다. 결국 몽골인들의 혁명은 실패했다. 당시 몽골에는 적지 않은 러시안인들이 활동하고 있었는데, 그들이 세운 근대식 학교에서 교육을 받은 젊은 몽골인들은 사회주의에 기초한 새로운 혁명 방향을 모색하고 주도하게 되었다. 그 대표적인 인물이 수흐바타르와 초이발산이다.

중화민국은 군대를 파견해 몽골이 중국의 지배를 자원한다는 내용의 문서를 받아내고, 1919년 11월 22일 중화민국 총통의 명령으로 몽골은 독립국의 지위를 상실했다. 게다가 1920년 웅게른 스테른베르그가 이끄는 백군파가 몽골로 들어와 살상과 약탈을 자행하였는데, 이는 볼셰비키의 지원을 받는 젊은 혁명가들이 활동하는 계기가 되었다. 1919년 말부터 수흐바타르와 초이발산이 조직한 조직이 코민테른과 접촉하며 활동을 시작하였고 1920년에 몽골인민당이 창설되었다. 수흐바타르는 젭춘담바의 친서를 가지고 소련의 지원을 요청했다. 1921년부터 파티잔식 전투를 전개하며 백군파와 쉬수쟁[徐樹錚] 휘하의 중국군과 맞서 싸웠다.

1921년 3월 몽골인민당은 우르가에 임시정부를 수립하고 중국군과 본격적인 전투를 개시하여 축출하고 7월 11일 입헌군주제에 입각한 독립정부를 수립했다. 이로써 몽골은 러시아에 뒤이어 세계에서 두 번째로 사회주의 국가를 수립하여 1989년 해체 때까지 근 70여 년 동안 사회주의체제를 유지했다.

젭춘담바 복드칸이 군주로 추대되고, 인민정부는 국가임시회의를 설치하여 1924년까지 다양한 법률을 제정했다. 러시아 소비에트와는 '상호 승인과 우호관계 수립에 관한 몽골 소비에트 협정'을 체결했다.

1924년 복드칸이 서거 후 몽골인민혁명당 중앙위원회는 공화제를 수립하기로 결정했다. 제1차 국민대회의가 소집되고, 몽골 최초로 헌법을 공포하며 '몽골인민공화국'을 선포했다. 1928년 몽골인민혁명당은 마르크스-레닌주의에 입각한 사회주의 국가건설을 목표로 내걸었다. 이에 따라 사유재산이 몰수되고 집단농장 설립이 추진되었다. 그러나 급격한 정책은 가축 수의 감소와 반정부 투쟁을 초래하게 되었다. 1932년 인민혁명당은 사회주의 노선의 과오를 인정하고 '신전환 정책'이라 불리는 새로운 목표를 발표하여 사유재산과 종교의 자유를 인정했다.

그러나 정치적으로 소련의 간섭과 영향은 더욱 커지고 승려에 대한 박해가 심화되었고, 소련과 다른 정치적 견해를 가진 사람들은 반혁명분자로 몰려 축출되었다. 소련의 전폭적 지지를 받은 부총리 초이발산은 대대적인 정치적 숙청을 단행하여 2만여 명을 처형했다. 1937~1940년 동안 1만 7천 여 명의 승려들이 체포되었는데, 그중 1만 4천 여 명이 목숨을 잃었고 전국 7백 여 개의 사원이 파괴되었다. 1940년 몽골인명혁명당은 사회주의 건설을 기치로 새 헌법을 개정하고 1인 지도체제에 대한 불만을 누르기 위해 1960년 헌법을 개정하여 집단지도체제로 개편했다. 그러나 실질은 최고인민회의를 장악한 권력자에 의해 움직이는 체제였다.

대외적으로 냉전체제와 중소분쟁이 심화되는 환경 속에서 몽골은 전략적으로 소연방에 치중하게 되었고, 소련군이 몽골에 주둔하면서 사실상 소련의 위성국가가 되었다. 그러나 1989년 동유럽 국가들의 체제전환과 소연방의 붕괴는 몽골에게 새로운 기회가 되었다. 구소련이 해체된 후 몽골공산당은 1992년 자국에서 소련군을 철수시키고 복수정당제를 원칙으로 하는 민주주의를 채택했다. 아울러 공산주의 경제 체제를 폐기하고 시장경제정책을 도입했다. 국호도 몽골인민공화국에서 민주공화국 체제의 몽골공화국으로 개칭했다.

1992년 1월 13일 신헌법 제정으로 대통령 중심제와 내각중심제의 중간 형태인 이원집정부제였으나 2000년 12월 개헌으로 의회와 내각의 권력이 대폭 강화된 '의원내각제적 성격이 강한 이원집정주제' 성격으로 변화되었다. 대통령은 국민이 직접 선출하고 국방, 외교, 사법권을 가지며 국회에서 통과된 법률에 대한 거부권을 행사할 수 있다. 총리는 추천된 후보자를 대통령이 국회에 제청하고 동의를 얻어 임명된다.

이상과 같이 오늘날의 몽골은 과거의 영광과 사회주의의 유산을 모두 가지고 있다.

칭기스칸의 부활과 '브랜드 칭기스칸'의 탄생

칭기스칸은 세계사적인 인물이자 몽골의 상징이다. 몽골인들에게 칭기스칸이 부족들을 통일하여 제국을 건설한 1206년부터 청나라에 복속되는 1691년까지는 '몽골적인', '전통적인' 시기를 의미한다. 한편, 1691년부터 1921년의 시기는 청의 지배로 몽골 고유의 문화와 전통이 파괴된 시기로, 어떤 연구자는 이 시기를 '수치의 시대'로 표현하기도 한다. 그런데 1921년 사회주의 혁명 이후 태어난 대다수 몽골인들은 자신들의 역사와 전통, 과거에 대한 인식과 이해가 상당히 부족한 편이다. 러시아의 영향을 강하게 받은 사회주의체제 시기에 몽골 고유의, 일체의 '오래된 것'은 사라져야 할 낡은 것으로 치부되었고 '새로운 것'은 좋은 것으로 인식되었다.

제2차 세계대전 시기 소비에트는 몽골인들의 충성심을 유지하기 위해 칭기스칸을 영웅적인 인물로 평가했지만, 전쟁이 끝나자 태도는 급변했다. 몽골인들의 '민족 영웅'이 자칫 공산당의 지배에 저항하는 세력들을 결집하는 상징이 될지 모른다는 공포심 때문이었다. 1949년 소비에트는 역사상 칭기스칸의 대외전쟁은 약탈전에 불과했고 그는 반동적이며 봉건적인 군주라고 비난했다. 소연방 위성국인 몽골은 이런 공식적인 견해를 따를 수밖에 없었다. 비록 스탈린 사후 이런 논조가 다소 완화되기는 했지만 칭기스칸에 대한 어떤 우호적인 책도 출판할 수 없었다.

1962년 칭기스칸 탄생 800주년을 맞아 몽골 정부는 칭기스칸 기념우표를 발행하고 학술대회를 개최했다. 칭기스칸의 초상화로 장식된 11미터 높이의 대형 석조물을 만들어 그의 출생지 헨티 아이막에 세웠다. 같은 해, 중국의 내몽골자치구에서 열린 회의에서 일부 중국학자가 몽골(외몽골)과 중국(내몽골)의 재결합을 옹호했다. 여기에 긴장한 소비에트 당국은 칭기스칸 기념행사를 대대적으로 개최한 몽골 정부를 비판하고 관련자들의 출국을 금지하고 학자들의 친인척까지 감시했다. 칭기스칸 탄생지 주변은 탱크기지로 만들어 접근을 제한시키기까지 했다. 뿐만 아니라 중소분쟁 기간 칭기스칸은 양국 간 갈등의 요인이 되었고, 소비에트는 칭기스칸에게 호의적인 견해를 표시하는 중국학자들을 비난했다. 그러나 얼마 후 중국에서도 문화대혁명으로 칭기스칸을 연구하거나 '봉건적인' 그를 칭송한 내몽골의 학자들이 숙청되거나 피해를 당했다.

그런데 1989년 이후 '오래된 것'은 곧 '몽골적인 것'으로 인식되기 시작하면서 몽골의 뿌리와 전통, 정체성을 상징하는 것으로 탈바꿈되었다. 가령, 몽골은 사회주의 기간 자신들 고유의 문자(위구르체 몽골문)를 과거의 잔재로 치부하여 '오래된 문자'로 불렀다. 대신 1946년부터 정식으로 러시아 키릴 알파벳을 도입하여 50여 년간 사용했다. 그러나 고유의 문화와 전통을 부흥하는 과정에서 그 일환으로 1994년 키릴문자를 예전의 위구르체 몽골문자로 전환하려고 시도했다가 몽골인들의 적응 기간을 고려해 2005년까지 연기했다. 현재 학교에서 몽골문자를 가르치고 있고 일부 신문, 잡지와 도서가 몽골문자로 출판되고 있다.

소수의 몽골인만이 위구르체 몽골문자를 구사할 수 있고 여전히 일상생활에서는 자신들에게 익숙한 키릴 문자가 광범위하게 사용되고 있다. 하지만 '몽골문자'는 몽골인의 인식 속에서 자부심의 상징이 되었다. 더 나아가 정치, 경제, 사회 각 방면에서 변화가 시작되면서 모든 몽골인들의 조상이자 민족영웅으로서 칭기스칸에 대해서도 특별한 숭배의식이 출현하기 시작했다. 그 결과 칭기스칸은 몽골인들의 과거의 영광과 민족주의를 상징하는 인물로 재탄생하게 되었다.

1999년 미국의 시사잡지 〈타임(Time)〉지는 '지난 1000년의 역사 동안 인류에게 가장 큰 영향을 끼친' 밀레니엄 맨으로 칭기스칸을 선정했다. 오늘날 칭기스칸은 몽골의 역사를 잘 모르는 사람들에게도 친숙한 인물이자 몽골을 대표하는 불멸의 국가 상징, 랜드마크가 되었다. 특히 몽골제국 건설(1206) 800주년을 맞이한 2006년 이후 이런 경향은 더욱 두드러졌다. 왜냐하면 칭기스칸의 명성을 활용하고 싶은 것은 몽골뿐만 아니라 러시아, 카자흐스탄, 중국도 마찬가지였기 때문이다. 소연방의 붕괴로 독립국이 된 카자흐스탄도 칭기스칸을 자신들의 시조로 삼았다. 수백 명의 카자흐인들이 칭기스칸의 혈통으로 인정받고 족보에 이름을 넣기 위해 유전자 검사를 하거나 로비를 벌이기까지 했다. 카자흐인들은 칭기스칸이 과거에 자신들의 영웅이었다고 교육하기 위해 영화 〈몽골〉을 제작하는데 참여하기도 했다. 2006년 이전에 몽골에서는 보드카에 칭기스칸 얼굴이 사용되는 정도였는데, 그 이후에 몽골 정부는 칭기스칸의 이름 및 이미지 사용에 라이센스권 법안화를 논의하며 브랜드 등록 작업을 추진하기도 했다. 또 수도 울란바토르 시를 칭기스칸 시로 바꾼다는 소문이 무성하게 나돌기도 했다.

이처럼 1990년 이후 칭기스칸은 몽골인들의 민족주의를 상징하는 인물이 되었고, 1995년부터 몽골의 지폐에 칭기스칸의 초상화가 들어가게 되었다. 몽골에 가는 여행자는 칭기스칸 공항에 도착하게 되고, 500투그룩 이상의 모든 지폐에는 칭기스칸의 얼굴이 그려져 있다. 한때 약탈자, 침략자로 규정되고 그의 이름을 언급하는 것조차 금지되었던 칭기스칸과 몽골제국은 진정한 의미의 세계사, 지구사의 중요한 출발점으로 인정받고 몽골에서, 그리고 세계 각지에서 화려하게 부활했다.

'붉은 영웅' 수흐바타르

몽골의 수도 울란바토르는 '붉은 용사'라는 뜻인데, 몽골의 정치가이자 사회주의 혁명운동을 이끈 수흐바타르(1893~1923)를 기리기 위해 붙여진 것이다. 수흐바타르는 청의 지배에서 몽골을 독립시킨 인물로서 오늘날에도 몽골에서 혁명의 아버지, 국부로 존경받고 있다. 몽골과 러시아에는 그의 이름을 딴 지명이 있는데, 칭기스칸과 함께 몽골의 화폐에서 얼굴을 볼 수 있는 인물이다.

수흐바타르는 16세 때 몽골의 수도 후레(현 울란바토르)와 러시아 국경도시 캬흐타를 연결하는 역전의 마부였다. 1911년 몽골이 중국으로부터 독립하자 군대에 입대하고 이후 러시아혁명의 영향을 받아 사회주의자가 되었다. 그러나 1919년 자치가 취소되고 다시 중국의 지배를 받게 되자 수흐바타르는 초이발산 등과 몽골 인민혁명당을 결성하고 무장독립운동을 전개했다. 그는 중국 군대를 격파하고 레닌과의 협상으로 러시아 적군의 지원을 받아 몽골 인민정부를 수립하고 몽골의 독립을 선포했다. 그러나 독립을 주도한 주요 인물 중 하나이자 종교적 권위를 가진 복드 칸이 국가원수 겸 군주의 지위에 오르게 됨으로써 실제 몽골인민공화국이 선포된 것은 복드 칸이 사망한 1924년이다. 수흐바타르는 세계에서 두 번째로 사회주의 국가가 된 몽골의 국가 요직에 앉게 되었지만 1923년 30세의 나이에 결핵으로 사망했다. 그러나 그의 죽음과 관련해서 음모론, 독살설 등 여러 설이 분분하다.

현재 수도 울란바토르의 중심에는 수흐바타르 광장이 자리 잡고 있다. 이곳은 1921년 7월 6일과 8일에 몽골군대가 청과 제정 러시아와의 전쟁에서 승리하고 돌아와 개선환영식이 열렸던 장소이자, 7월 11일 혁명을 선포할 때 수흐바타르가 말을 타고 서 있던 곳이다. 이를 기념하기 위해 1925년 광장의 이름도 '수흐바타르 광장'으로 개칭되었고, 광장의 중앙에는 말을 탄 그의 동상이 세워졌다. 동상 밑에는 1865kg의 금과 수흐바타르를 주인공으로 한 연극 공연에서 입었던 의복 한 벌, 장군 부인이 눈물을 닦은 손수건을 묻었다. 현재 볼 수 있는 동상은 1946년 7월 8일 혁명 25주년 기념행사를 위해 광장을 새롭게 단장하면서 만든 것이다. 이 동상을 중심으로 왼쪽(북)에는 몽골의 국회의사당이 자리 잡고 있다.

그런데 몽골에서 칭기스칸과 수흐바타르에 대한 평가의 우열은 시대와 정치적 이해관계에 따라 변화했다. 1990년 이후 몽골의 민주화를 주도한 정치세력은 민족주의적 관점에서 칭기스칸을 더욱 높이 평가하고, 사회주의 계열인 인민당은 현재의 몽골에 끼친 영향력과 외세를 물리쳤다는 측면에서 수흐바타르를 더 높이 평가한다. 2005년 수흐바타르 광장의 중앙에 있던 수흐바타르 장군의 묘는 화장하여 다른 곳으로 이장되었고, 수흐바타르의 동상보다 더 거대한 칭기스칸 동상이 세워졌다. 또 울란바토르 외곽의 초원에는 40미터 높이의 칭기스칸 조각상을 설치해 그가 타고 있는 말의 귀 사이에 있는 전망대에서 초원을 바라볼 수 있게 했다. 2013년 민주당이 장악한 울란바토르 시의회에서는 '수흐바타르 광장'을 '칭기스칸 광장'으로 개명했다. 그러나 인민당이 반발함으로써 결국 2016년 행정법원의 결정을 통해 원래 이름으로 환원시켰다. 그 결과 현재 광장 명칭은 사실상 2개가 되었다. 칭기스칸 광장, 수흐바타르 광장은 오늘날 수도의 중심이자 문화의 상징으로서 몽골인들에게는 특별한 장소로 자리 잡았다.

몽골인과 티벳불교(라마교)

과거와 현재의 몽골인들의 정신세계, 신앙, 일상생활에 가장 중대한 영향을 끼친 것은 티벳불교이다. 몽골과 티벳불교의 공식적인 만남은 쿠빌라이와 19세의 티벳 출신 라마승 팍파(파스파)를 만난 1253년으로 거슬러 간다. 쿠빌라이는 1260년에 황제의 자리에 오르고 팍파를 황제의 스승(帝師)으로 삼아 제국 내 모든 종교에 대한 감독권을 부여했다. 팍파의 사후에도 100여 년 간 사캬파 교단은 독점적 지위와 권리를 누렸다. 특히 팍파는 쿠빌라이의 명령으로 '팍파문자'(일명 '네모문자')라 불리는 새로운 문자를 제작했다. 쿠빌라이는 자신의 종교적 스승인 팍파를 면대할 때마다 자신보다 높은 자리에 앉도록 했다. 양자는 군주와 신하의 관계가 아닌 세속적인 군주와 종교 지도자의 관계였다.

그러나 원제국이 무너지고 명나라가 들어서자 티벳에서는 샤카파의 독주 시대가 막을 내리고 여러 교단들 사이에 치열한 주도권 쟁탈전이 발생했다. 한편, 몽골 초원에서 몽골인들은 제국의 영광을 뒤로한 채 동몽골·서몽골로 나뉘어 대립하며 분열되었다.

1578년 중국 청해성에 있는 청해라는 호수 근처의 차브치얄(현재 공화국)에 서 당시 투메트의 수령이자 전 몽골의 지도자인 알탄 칸(Altan Qan)과 겔룩파 (황모파) 교단의 대표 소남 갸쵸가 역사적 만남을 가졌다. 10만여 명의 승려와 속인이 참석한 자리에서 알탄 칸은 몽골인들이 티벳불교를 신봉할 것을 선포 했다. 이때 알탄 칸은 소남 갸쵸에서 '달라이 라마'라는 호칭을 주었다. '달라 이'는 몽골에서 '바다'를 의미하는데 티벳어 '갸쵸'가 바다이기 때문이다. 따라 서 '달라이 라마'는 '바다와 같은 큰 지혜를 가진 라마'라는 의미가 된다. 소남 갸쵸는 자신은 팍파의 환생이며 알탄 칸은 쿠빌라이의 환생이라며 '세첸 칸'(지 혜로운 군주)이라는 존호를 주었다. 소남 갸쵸는 최초로 달라이 라마라는 호칭을 사용하게 되었지만, 이미 사망한 전대 두 명의 라마를 1대와 2대로 추존하여 자신은 3대 달라이 라마가 되었다. 왜냐하면 자신이 1대와 2대의 전생(轉生)이 라고 믿기 때문이다. 이렇게 해서 현재 티벳을 떠나 해외에 망명 중인 달라이 라마(텐진 갸쵸)까지 14대가 이어지고 있다.

몽골의 군사적 지원을 받게 된 겔룩파는 다른 교단을 압도하게 되었다. 인구 가 희박한 대초원에서 고립된 생활을 하는 몽골인들에게 티벳불교는 매력적인 종교였다. 티벳불교는 살생을 금하지만 육식을 부정하지 않았고 출가승이라도 가족과 관계를 단절하지 않아도 되었다. 밀종계열에 속하는 티벳불교는 기본 적인 교리는 불교와 큰 차이가 없지만 음악, 사원의 건축양식, 불상의 형태가 현란하였고, 독경의 장엄함이 신비적인 측면이 강했다. 결과적으로 티벳불교 로의 개종은 몽골인들의 정치적 운명에 큰 영향을 끼치게 되었다. 몽골인들은 말에서 내려 활을 버리고 불경을 손에 들기 시작하였고, 초원 곳곳에 불교사원이 들어서고 많은 젊은이들이 출가하여 승려가 되었다. 1589년 카라코룸에 웅장한 규모의 에르데니 조('보배로운 사원')를 새롭게 축조하였다. 통계에 따르면 20세기 초 내몽골에만 천 개가 넘는 사원이 있었다.

몽골을 복속시킨 청나라 황제는 몽골인들을 지배하기 위한 수단으로 티벳불교를 활용했다. 청은 라마승 우대정책을 시행하여 몽골의 유목전사들을 승려로 출가시켜 군사적으로 무력화시키고 인구 증가를 억제했다. 출가하는 남성에게는 병역이나 면세 특권을 주었고, 더욱이 아들의 출가를 장려하면 복을 받는다는 티벳불교의 교리와 복합작용을 일으켜 남자가 있는 가정은 숫자에 상관없이 관청에 출가 신청서를 제출할 정도였다. 출가를 거부당하는 경우 사적인 자격으로 출가하는 경우도 허다했다. 20세기 초, 내몽골 전체 남성의 30% 이상, 많은 지역은 60% 이상이 출가했다. 몽골의 사정도 비슷해서 남성 인구의 절반 이상이 라마승이었다. 동시에 각지에 사원이 세워져 경제적 잉여가 모두 사원에 투자됨으로써 몽골경제의 자립화에도 영향을 끼치게 되었다. 종교가 몽골인들의 의식세계에 중요한 위치를 점하게 된 만큼 사원은 주로 교통의 요지나 지도자의 거주지를 중심으로 건립되었다. 이런 사원 건축 열기는 사회주의 체제로 바뀔 때까지 지속되었다.

몽골인들에게 티벳불교가 갖는 권위가 큰 만큼이나 청조는 몽골 귀족의 자제가 출가하여 종교적 지도자가 되는 것을 방지하고자 했다. 건륭제 시기 달라이 라마의 전세(轉世)는 반드시 티벳에서만 나온다는 교칙을 세우고, 죽은 달라이 라마의 전세로 추정되는 아이가 나올 경우 청나라 황제가 최종적으로 결정한다는 부칙을 공표했다. 그러나 청의 이런 조치도 몽골과 티벳의 긴밀한 종교적 유대를 철저히 막지는 못했다. 몽골의 독립을 이끈 지도자 젭춘담바는 티벳 출신이다. 몽골인들에게 티벳불교의 발상지인 티벳은 일생 중 꼭 다녀와야 할 성지로 간주된다. 자신의 고향에서 티벳에 도착할 때 까지 매 걸음마다 온몸을 땅에 붙이는 오체투지를 하기도 한다. 설혹 성지에 도착하기 전에 죽는다 하더라도 극락세계로 가는 도중에 죽는 것은 영광스러운 것이다.

이상과 같이, 16세기 알탄 칸의 주도로 몽골에 전파된 티벳불교는 몽골인들의 종교, 예술, 의학 각 방면에 큰 영향을 끼치고 동시에 그들을 지배하려는 외부세력에게는 중요한 지배 수단이 되었다. 사회주의시기를 거치면서 많은 변화를 겪기도 했지만 티벳불교는 오늘날에도 몽골인들에게 여전히 큰 영향을 끼치고 있다.

제2절 유목 생활과 금기

게르와 오축(五畜)

몽골의 이동식 전통 가옥인 게르는 약 3000여 년의 역사를 가진 유목민들의 생활 방식에 맞게 만들어진 주거 공간이자 목축 생활을 위한 핵심 공간이다. 게르는 초원에서 쉽게 구할 수 있는 가벼운 목재와 펠트를 주재료로 제작되어 조립과 해체가 용이하다. 대개 7~8평 정도의 규모지만 몽골인들에게는 단순한 집의 의미를 넘어서 삶의 터전을 상징하는 것이다.

게르의 출입문은 남쪽을 향해 있고, 내부도 이동 생활을 하는 유목민의 생활 방식에 맞추어 매우 합리적인 구조로 이루어져 있다. 게르 중앙에는 예외 없이 난로나 화로가 설치되어 있다. 난로를 중심으로 가구들을 배치하는데 동쪽이 여성의 공간, 서쪽이 남성의 공간이다. 연장자나 귀한 손님에게는 북쪽 자리를 제공하여 단일 공간 내에서 나름의 위계질서가 구축되어 있다. 행사가 있을 때 설치하는 게르('마이한 게르')도 있고 혼례나 장례, 축제 등 임시 행사를 치르기 위해서 설치되기도 한다. 남쪽은 복이 들어오는 곳이라는 믿음 때문에 가축의 도살은 주로 텐트의 뒤쪽, 북쪽에서 행해진다.

자식이 장성하여 분가하면 근처에 신혼부부를 위한 게르를 설치하는데 이를 '시네 게르'라고 한다. 장성한 자식이 혼인하여 분가하고 부모와 가장 마지막까지 지내게 되는 막내 아들[末子]은 부모를 모시고 게르를 물려받는다. 몽골에서는 막내에게 '옷치긴'(화로의 주인)이라는 이름을 지어주는 경우가 많은데, 화로를 물려받는 것이 곧 가계를 계승하고 재산을 상속받는다는 의미이다. 농경사회에서 장자가 우대받는 것과 달리 유목사회에서는 막내 아들의 역할이 중요하고 '말자상속관행'이 전해져 오고 있다.

게르 중앙의 화로 위로 굴뚝과 같은 배기통을 달아서 텐트 천장 밖으로 연결해 두었다('토온'). 천장으로 뚫린 둥근 구멍은 밑에서 줄을 당기면 열고 닫을 수 있는 뚜껑이 달려 있다. 유목민은 이 천장으로 들어오는 햇빛으로 시간을 측정했다. 가령 오전에는 해가 벽 쪽에 비치기 때문에 아침에는 벽에 비친 모양을 보고 시간을 확인한다. 오후에는 동북쪽에 깔린 깔개에 비친 햇빛으로 저녁까지의 시간을 확인하는 방식이다. 암소의 젖을 짜는 시간, 양에게 풀을 먹이는 시간 등은 게르 천장으로 들어오는 햇빛이 중요한 척도가 되었다. 오늘날 유목 생활의 변화는 게르 내부 공간의 이용에 변화를 주고 있고, 관광자원으로서 현대적으로 재창조되고 있다. 게르는 유목민의 전통이자 지속 가능한 창조적인 현재의 자원이기도 한데, 게르의 창조적 활용은 게르에서의 홈스테이와 같은 관광업 분야에서 확장되고 있다.

유목 생활을 영위해 온 몽골인에게 가축은 매우 중요한 존재이다. 말, 낙타, 소, 양, 염소는 몽골의 5대 가축[五畜]으로 꼽히는데, 몽골에서 가장 많이 기르는 동물이자 몽골인의 일상생활과 깊게 관련이 있는 동물이다. 가축의 중요도 역시 위의 나열 순서에 따른다. "말이 없는 몽골인은 날개 없는 독수리"라는 속담에서 드러나듯이 말은 몽골인에게 소중한 친구이자 충실한 조수이다. 말은 다른 가축을 효율적으로 방목할 수 있게 도와주는 유목민의 발이며, 단거리와 장거리를 이용하기 위한 수단이자, 예물로 주어지거나 다른 물품과 교환할 수 있는 재화의 가치를 가지며 사냥을 수행하는데도 필수적이다. 따라서 말 머리를 때리는 것은 금기이다.

게르 입구에 종종 천마(天馬)가 그려진 깃발을 내걸기도 하는데, 이는 말이 행운을 가져다 준다는 믿음 때문이다. 고대 몽골인은 죽어서 하늘로 올라갈 때 말이 없으면 올라갈 수 없다는 믿음에서 말을 순장하는 풍습이 있었다. 말 중에서도 특히 백마가 가장 귀하고 고귀하게 여겨진다. 몽골에서 말은 운송 수단으로는 거의 쓰지 않았고 기승용으로만 사용했는데, 1940년대 소련의 영향으로 일부 지역에서는 말이 운송 수단으로 사용되기도 했다. 무리를 이루어 방목되는 말떼는 혹한 시기를 제외하고는 특별히 사람의 손길이 필요하지 않고, 유목생활에서 필수적인 마유주를 제공해 준다.

양은 '머리에서 발끝까지 버릴 것이 하나도 없는' 소중한 가축이다. 살아서는 젖과 양모를 제공해 주고, 죽어서는 고기, 피, 가죽을 제공해 준다. 양은 다른 가축과 비교해 먹는 식물의 종류가 다양하여 방목에 편리하다. 또 혹한과 눈으로 덮인 초원에서도 눈을 헤치고 풀을 먹는 강인함 때문에 유목경제에서는 가장 중요한 가축이다. 염소는 양 다음으로 숫자가 많은데 70% 이상이 고비와 알타이 같은 산악지대에 분포한다. 염소는 털이 가늘고 길고 부드러워 경제성이 매우 높다. 1978년부터 시작된 캐시미어 가공업으로 몽골은 현재 세계적인 염소 털 '캐시미어' 수출국이 되었다. 2004년을 기준으로 몽골의 가축 수는 총 2,800만 두인데, 그중 염소가 1,234만 두로 가장 많았고, 그다음 양이 1,169만 두, 소가 185만 두 정도를 차지했다.

그러나 캐시미어 염소 방목은 심각한 환경 문제와 경제 문제를 초래했다. 선진국에서 캐시미어 제품 인기가 높아지면서 염소 사육 수량은 단기간에 급증했고, 풀의 뿌리까지 파먹는 염소의 식성으로 초원의 사막화가 가속화되었다. 여기에 경제적 수익을 위해 목민들은 대출까지 받아 염소를 사서 길렀으나 캐시미어 가격의 폭락으로 파산하고 도시의 난민이 되는 사태가 확산되었다. 농촌의 황폐화와 몰락은 결국 도시에도 악영향을 주는 악순환이 이어지고 있다.

차간이데[白食]와 울란이데[紅食]

오랜 세월 유목생활을 영위한만큼 몽골의 음식은 가축과 불가분의 관계에 있다. 비록 도시의 음식 문화는 많이 다양해졌지만 여전히 초원에 사는 주민들의 식생활은 가축의 고기와 젖으로 구성되었다. 몽골의 음식은 크게 차간이더, 울란이더, 곡물류로 나뉜다. 차간이더는 하얀음식, 곧 유제품으로 가축의 젖이 산출되는 여름철의 식품이다. 울란이더는 붉은음식, 육류를 가리키며 추운계절의 음식이다. 첫 서리가 내린 이후 하계목장에서 키운 가축들이 도살되고 각종 고기가 저장된다. 몽골인들은 고기를 말린 뒤 이듬해 양식으로 비축하거나 혹은 먼길을 떠날 때 가지고 가는데 이를 '보르츠'라고 한다. 보르츠는 최장 1~2년 보존이 가능하고 고대 몽골인들은 원정을 떠날 때 소의 방광에 넣은 보르츠를 휴대했다. 방광 속에는 잘 건조된 소 한 마리 분의 육포가 들어가는데, 보르츠는 몽골이 세계를 정복할 수 있었던 군수품 중의 하나였다. 명절이나 축제 때, 혹은 귀한 손님을 맞이할 때 양 한 마리를 통째로 요리한 음식을 내놓는기도 한다.

신선한 야채를 먹기 힘든 초원 생활에서 필수적인 것이 전차(磚茶)인데, 음료가 아니라 음식이나 다름없다. 전차는 찻잎을 수증기로 익힌 다음 벽돌처럼 만든 것을 말한다. 몽골인들은 대부분 우유에 전차 잎을 넣은 '수태차'와 우유를 섞지 않은 '하르차'(검은 차)를 마신다. 몽골인들은 물이나 고기 외에 아무 것도 들어가지 않은 '단순한' '순수한' 것을 검은색으로 표현한다. 수태차는 벽돌처럼 생긴 전차를 나무절구 속에 넣고 가루로 만든 다음 물에 넣어 끓인 것이다. 물이 끓으면 신선한 우유와 소금을 넣고 잘 젓는다. 경우에 따라 양 기름을 첨가하기도 한다. 수태차는 비타민이 부족한 유목민에게 매우 중요한 음료이며 게르에는 늘 수태차가 준비되어 있다. 그밖에 가축의 젖으로 만드는 유제품과 술도 매우 중요한 식생활의 일부이다.

겨울명절(차간 사르, 白月)과 여름축제('나담')

몽골인들은 전통적으로 태음력을 사용하여 한 해를 표시한다. 1월 1일을 차간 사르(하얀 달)로 부르는데 우리의 설날에 해당된다. 흰색은 길상, 풍요, 순결을 의미하는데 차간 사르는 한 해를 시작하는 날이자 최대의 길일이다.

이날 동이 트면 해가 뜨는 방향으로 오른쪽 무릎을 꿇어 절을 올리고, 다음 남쪽, 서쪽, 북쪽 순으로 절을 한다. 가장은 말젖술(마유주) 혹은 증류주(아르흐)를 하늘에 뿌리는데 이것을 '차찰'[拜天] 이라고 한다. 평화와 풍요를 상징하는 흰색 음료를 하늘에 뿌리는 의식은 고대부터 내려오는 민간신앙의 유풍이다.

하늘에 대한 예식이 끝나면 집안의 연소자가 연장자에게 술이나 우유가 담긴 잔을 올린다. 잔을 받은 연장자는 오른손 중지나 약지로 음료를 찍어 하늘을 향해 세 번 튕긴다. 해가 떠오를 때까지 함께 차를 마시면서 환담을 나누다가 날이 밝으면 남자들은 라마사원으로 가서 라마승과 부처에게 절을 올린다. 그리고 이웃을 방문해 신년인사를 나누는데, 몽골은 이웃과 거리가 멀리 떨어진 경우가 대부분이어서 신년하례는 한 달 이상 행해지기도 한다. 차간 사르는 한 해의 시작이지만 동시에 한 해를 마감하는 의미를 갖는다. 따라서 하루 전날 빌린 돈이나 물건은 돌려주어야 하고 새로운 한 해를 맞이하기 위해 청소를 하는 것도 중요하다. 손님을 맞이하기 위해 음식을 장만하는데, 다양한 유제품, 국수, 만두와 같은 흰색 음식을 먹으면 새로운 한 해가 흰색과 같이 부정이 없고 평안하다고 믿는다.

'놀이', '축제', '축제 때 행하는 경기'를 의미하는 나담은 차간이더, 유제품이 풍부한 여름철에 열린다. 고대부터 전해 내려온 민속 축제의 하나로 이때 말달리기, 씨름, 활쏘기 세 경기가 열린다. 기원에 대해서는 의견이 분분하지만 수렵과 목축에 종사하던 유목민들에게는 생존과 생활을 위한 중요한 수단이었음은 분명하다. 몽골 내에서도 지역에 따라 열리는 시기가 다른 경우가 있는데, 1921년부터 7월 11일 혁명 승리를 기념하기 위해 매년 7월 11~13일로 고정되어 현재의 모습으로 정착되었다. 1990년대 이후 자본주의 체제로 이행하면서 나담 축제도 혁명적 색채를 벗고 민주화된 사회에서 몽골인들을 하나로 결집시키고 전통을 계승하는 순수한 국민축제로 자리 잡기 시작했다. 몽골뿐 아니라 해외 각지에 있는 모든 몽골인들이 자신들의 정체성을 확인하는 상징적 축제이다.

차간 사르가 정적이라면 나담은 동적이고 활력이 넘친다. 간혹 말경기와 활쏘기는 거를 수 있어도 씨름만은 반드시 열린다. '부흐'라 불리는 씨름은 평시에도 자주 행해지는 몽골인이 가장 좋아하는 경기이고, 나담에서 씨름 경기가 맨 먼저 열리는 것도 그런 중요성 때문이다. 씨름은 남자의 힘과 능력을 과시하는 경기로 여겨진다. 말경기와 활쏘기의 경우 여자들도 참여가 가능한 반면 씨름은 남자들만 참가하는데, 상반신을 노출시키는 '조독'이라는 독특한 복장 때문이다. 몽골의 씨름은 경기 시간의 제한이 없으며 상대방의 어깨나 무릎이 땅에 닿아야 이기기 때문에 손이 땅에 닿아도 경기는 계속 진행된다. 초원의 혹독한 자연환경에서 강인한 정신력과 체력은 매우 중요했고 씨름은 생존을 위한 힘을 기르고 기술을 연마하는 과정에서 현재와 같은 민속문화로 정착되었다. 1990년 이후 자유화와 개방화 조류 속에서 몽골의 축제는 더욱 활성화되는데, 관광산업의 육성이라는 표면적 이유 외에도 축제를 통해 전통문화를 지키고 보존하며 민족적 결속을 다지려는 의지의 표현이기도 하다.

몽골인의 작명법과 숫자

몽골인들도 자식의 이름을 짓는데 매우 주의를 기울이는데, 몇 가지 재미있는 특징들이 있다. 칭기스칸의 본명은 테무진이다. 이수게이가 메르키트 부족 사람을 포로로 잡아 왔을 때 아내가 아들을 출산했기에 포로의 이름을 아기에게 지어 준 것이다. 이는 승리와 기쁨을 표시하기 위한 것인데 특별한 경우에 해당한다.

몽골에서는 유목사회의 특성상 동물, 부족명, 무기, 보석, 기원, 외모, 종교, 숫자, 자연계의 사물 등으로 다양하게 명명한다. 가령 부카(황소), 엘지기데이(당나귀), 노카이(개), 카사르(맹견), 아르슬란(사자), 망고타이(부족명), 케레이데이(부족명), 빌릭(지혜), 바투(용사), 바얀(부유한), 뭉케(영원한), 바야드(기쁜), 알탄(황금), 테무르(철), 제베(화살촉), 차간(하얀), 고아(예쁜), 체첵(꽃), 나얀(80), 무하마드 등이다. 특히 티벳불교가 전파된 후 라마승들이 작명을 해 주어 순수 티벳어나 몽골어와 티벳어가 혼합된 이름도 많아졌다. 가령, 도르지(티벳어 [金剛])가 대표적이다.

몽골인들의 민속과 생활에서 '3'은 가장 기본이 되는 중요한 수자이다. 몽골에서는 1년을 열두 마리 동물로 나누고 각 계절은 시작, 가운데, 끝의 세부분으로 이루어져 있다. 오보를 돌 때는 반드시 돌을 세 개 던지며 시계 방향으로 세 번을 돌아야 한다. 일상에서 차나 술을 마시기 전에 엄지 손가락과 반지 손가락을 사용하여 음료 몇 방울을 찍어서 하늘, 공기(조상), 땅에 있는 신에게 먼저 공양한다.

몽골의 사계와 금기

새싹이 올라오는 3월 말부터 4월 중순에 이르는 기간은 모래바람이 북풍을 타고 하늘로 솟구쳐 오르는 시기라 초원의 가축이 굶어죽거나 폐사하는 경우가 많다. 목축업은 자연환경과 밀접한 관계에 있기에 눈, 바람, 가뭄, 역병 등으로 수많은 가축이 폐사하기도 한다. 그런데 3월 21일은 칭기스칸 대제일(大祭日)로 몽골인들에게 특별한 날이다. 구전에 따르면, 칭기스칸이 이날 전투에서 부상을 당해 위기에 처했지만 악전고투 끝에 승리를 거두었다고 한다. 사회주의 이전에는 오르도스 지방에 있는 에젠호에 모여 성대한 제사를 올렸다. 초원 각지에서 모여든 참배객들로 호수 주변은 인산인해를 이루었다.

음력 4월부터 새 풀이 자라나고 초원은 짙푸른 색으로 변해가고 가축들은 새끼를 낳고 풍부한 젖을 분비하기 시작한다. 티벳불교를 신봉하게 된 이후 몽골인들은 4월에 가축을 도살하는 것을 금기시했는데, 석가모니의 탄생일이 있기 때문이다. 매년 4월 1일부터 15일까지 석가모니를 기리기 위해 대법회가 열린다. 음력 8월은 천고마비의 계절로 유목민들에게 가장 풍요로운 시기이다. 이때 몽골인들은 '복을 부른다'는 뜻을 가진 '다를라가' 의식을 거행한다. 오래된 화살의 상단에 다양한 색상의 비단 끈을 매달고, 라마승의 독경이 시작되면 게르의 주인이나 그 아들이 화살을 손에 쥐고 게르 밖으로 나가서 왼쪽에서 오른쪽으로 돌면서 '호라이'(모여라) 외친다. 이 의식은 하늘에 감사를 표하고 더 많은 풍요를 내려주기를 기원하는 것이다. 이때 '마유주의 향연'이라는 잔치를 거행하여 함께 술을 마시고 노래를 부른다. 8월 초원의 곳곳에서는 다를라가 의식과 마유주 향연이 벌어진다.

10월과 11월은 야생동물의 모피가 가장 좋은 상태여서 수렵이 많이 행해진다. 또 겨울을 대비하여 가축을 잡아서 건조해 보관하기 시작한다. 12월에는 한해의 마지막으로 제화(祭火)의식이 거행된다. 집안을 상징하는 화로에 통나무 조각들을 쌓은 뒤 그 위에 양이 그려진 백지를 놓고 다시 백지 위에 유제품과 사탕, 오색 비단실을 얹어 두고 불태우는 의식이다. 불은 부정을 씻어주고 불길한 것을 길한 것으로 바꾸어주며, 훨훨 타오르는 불꽃은 가계의 번영을 의미한다. 일부 지방에서는 그림이 아닌 살아 있는 검은 염소를 희생물로 바치기도 한다.

광활한 자연환경과 혹독한 기후 속에서 살아남기 위해서 유목민들은 자연에 순응하거나 자연의 변화에 지혜롭게 대응해야 했다. 산 정상이나 길이 갈라지는 지점, 경계선 지역, 혹은 사고가 잦은 지역을 왕래할 때마다 사람들은 돌을 쌓아 '오보'라 불리는 돌무덤을 만들었다. 오보에는 청색과 붉은색 비단이 바람에 흩날리는데, 이는 하늘과 몽골인들을 연결해주는 의미라고 한다. 오보 주위를 세 번 돌고 돌을 던지면서 소망이 이루어지기를 기원한다. 또 새로운 방문객은 이런 행위를 통해 자신과 일행이 이 지역에 들어간다는 것을 하늘과 자연에 알리는 의미이다.

모든 민족에게 금기가 있듯이 몽골인들도 매사에 길상과 불길을 논할 만큼 길흉에 대해 매우 민감하고 중시한다. 내몽골에서는 "한인들은 돈을 믿고 몽골인들은 길조를 믿는다"라는 속담이 있다. 대개 금기는 원시신앙이나 미신과 관련되어 있는데, 몽골인들의 금기 중 13세기 이래 가장 중요하게 전해져 온 것이 불과 물에 대한 것이다.

몽골인에게 불은 신성을 상징하고 게르 한가운데 놓인 화로는 한 집안의 번영과 연속을 상징한다. 따라서 "불씨를 꺼트리고 불을 없앤다"라는 말은 일가족을 모두 몰살시키겠다는 저주나 다름없다. 칼을 불 속에 집어넣거나, 칼로 불을 흐트러뜨리는 행위, 불 위에서 물건을 자르는 행위, 불을 뛰어 넘는 행위 등은 모두 금기시 된다. 불은 재난과 귀신, 부정한 것을 쫓아내는 성물로 간주되어 장례식에 참가한 사람이 집으로 돌아갈 때 두 개의 불 사이를 지나기도 한다. 또 몽골인은 하체나 배설물도 모두 불결한 것으로 간주해 불 위에 동물의 다리만 구워먹지는 않는다. 불에 대한 금기는 현재까지도 상당히 엄격히 준수되고 있다.

불과 마찬가지로 물에 대한 금기도 다수 존재한다. 몽골에서는 강이나 호수 이름 뒤에 '어커[母]'나 '성스러운' 이라는 명칭이 붙은 것이 많다. 수초를 따라 이동하는 유목생활에서 물은 생명의 근원이기 때문에 소변이나 재 등 불결한 것을 물속에 버리는 것을 금지했다. 13세기 몽골제국을 방문했던 수도사 루부룩은 "몽골 여자들은 옷을 빨지 않는다. 왜냐하면 옷을 빨아 햇빛에 말리면 하늘의 분노를 사 벼락을 맞는다는 믿음 때문이다"라고 기록했다. 여기서 몽골인이 두려워하는 것은 벼락, 낙뢰이다. 초원에서 몰아치는 폭풍은 도처에서 강력한 번개와 거대한 뇌성을 동반한다. 낙뢰로 사람과 가축이 목숨을 잃게 되는 것은 물론이지만 건조한 초원에 화재를 일으키기 때문이다. 초원의 화재는 그 풀을 먹고 사는 동물들의 아사를 의미하고 유목경제의 근원을 파괴하는 매우 두려운 재해이다. 또 예나 지금이나 문지방을 밟는 것을 매우 혐오하는데, 집 주인의 목을 밟는 것과 다름없다고 믿기 때문이다. 우유나 음식을 바닥에 버리는 행위 역시 금기 사항이다. 음식은 하늘이 내려 준 은혜이고 만약 이 축복을 함부로 하면 축복이 사라진다고 믿는다. 특히 차간이더는 길상의 상징이기 때문에 더욱 금기시 된다.

제3절 몽골의 가족과 여성

뼈와 피, 그리고 살

몽골의 가족과 친족을 나타내는 상징적인 표현으로 뼈(yas)와 피 그리고 살이 있다. 몽골사회는 유목경제를 근간으로 하고 오늘날에도 도시 이외의 지역에서는 유목이 몽골인들의 주된 경제 활동이다. 몽골 속담에 "당신에게 친분이 있는 사람들이 주위에 있으면 당신은 아주 넓은 초원과 같지만, 그들이 여러분 곁에 없으면 당신은 좁은 손바닥과 같다"라는 말이 있다. 광활한 초원에서 가족, 친족을 단위로 독립적인 유목생활을 할 때 상호 의존적 결속과 화합은 매우 중요하다. 몽골인들은 전통적으로 여러 지역에 친척 관계가 있는 것을 자랑스럽게 생각하였고, 사회주의 체제 도입 이전에는 근친 간 결혼을 엄격히 통제했다. 몽골인들은 부계 9세대 이내의 결혼을 금지했는데 "피가 너무 가깝다"는 이유였다. 반대로 9세대 이상의 결혼은 인정하는데 이것을 "뼈가 부서졌다"라고 표현한다. 뼈는 국적이나 민족성을 나타내는 표현으로 사용되는데, 가령 몽골어에서 국적, 민족을 의미하는 단어에 뼈가 들어간다('yastan')가 들어간다.

몽골 사회에서 9촌까지를 친척으로 간주하고 결혼을 금지시켰던 것은 목축생활을 하는 몽골인들이 친족 간 유대를 오랫동안 유지시켜왔음을 의미하기도 하지만 가까운 친척 간의 혼인을 불허함으로써 다른 사람과 새롭게 인척관계를 맺어 천척의 범위를 더 확대시키는 기회로 삼았기 때문이다. 『몽골비사』에서 살펴보면, 칭기스칸의 아버진 이수게이는 케레이트의 옹칸과 우유 속에 서로의 피를 몇 방울 떨어트려 마시는 의식을 거행했다. 피가 친척을 상징하는 것인 만큼 서로 피를 몇 방울 나누어 마시는 행위는 친척과 다름없는 강한 결속력과 유대감을 형성하는 의미가 된다. 오늘날의 인간관계에서는 '피'가 '뼈'보다 더 영향력 있는 친척의 상징이 되어 몽골인이 외국인과 결혼하는 경우 '피가 섞였다'라고 표현한다.

그런데 사회주의 체제로 들어서는 1921년을 기점으로 몽골사회에도 큰 변화가 생겼다. 청나라의 오랜 지배에서 벗어나기는 했지만 새로 러시아의 영향을 받게 되면서 전통과 문화에도 변화가 생겨났다. 집단농장제 도입으로 몽골의 유목경제가 사회주의 체제 속에서 중앙정부의 통제 속에 편입되었다. 그 이전에는 이동을 하는 경우 친척이나 지인의 조력이 필수적이었다. 그러나 집단농장제 시스템에서는 각 지방의 지역사무소의 관할 하에서 탁아소, 회관, 여타 복지시설 등의 공공시설이 설치되어 전통적 유목생활에서 필요했던 도움을 감소시킴으로써 친천 관계에도 변화가 생겨났다.

사회주의 체제에서는 시민의 한 사람으로서 각자 사회주의 건설에 매진할 것을 강요당했다. 이전에는 혼인이 두 집안, 두 친척 집단 간의 유대를 강화하고 새로운 인척을 만들어내는 의미에서 중매가 주종을 이루었던데 반해 사회주의 시기에는 직장에서의 연애가 주류가 되었다. 몽골정부는 인구를 증가시키기 위해 결혼을 적극 권장했다. 전통적 혼인이 게르에서 행해졌다면 사회주의 시기에는 '결혼궁전'이라 불리는 공공장소에서 행해지고 몽골국기 앞에서 사회주의 구성원으로서 충성을 당할 것이라는 맹세가 중요 의식의 한 부분이 되었다.

어머니와 여성

몽골 사회에서 '피와 살'로 상징되는 모계 친척은 오래 지속되지 않는 반면에 '뼈'로 상징되는 부계 친족은 상대적으로 오래 지속된다. 따라서 모계는 상대적으로 '일시적인 관계'로 오늘날 몽골 사회에서 모계 가족은 어머니가 살아있는 동안만 교류가 이루어지는 경우가 많다. 몽골인들의 시조와 뿌리에 대해 언급하고 있는 『몽골비사』에는 몽골인 최초의 '어머니'인 흰 사슴과 칭기스칸이 속한 보르지기드 씨족의 시조가 되는 보돈차르의 어머니인 알란고아에 대한 내용이 나온다. 알란 고아는 남편이 죽은 후 혼자서 5명의 자식을 양육하는 억척스러운 여성이자 자식들 간의 반목과 갈등을 해결해 주는 지혜로운 여성으로 묘사된다. 부족 간, 씨족 간의 거주 지역이 멀리 떨어져 있던 유목생활에서 약탈혼은 상당히 빈번하게 이루어졌고 칭기스칸의 어머니도 아버지 이수게이가 납치해 온 신부였다. 칭기스칸의 아내 보르테도 다른 부족에서 납치되었다.

전통적으로 몽골 여성들은 경제활동에서 중요한 부분을 담당했는데, 매일 가축을 돌보는 것에서부터 가정의 중요한 역할을 수행했다. 몽골에서 남성과 여성의 노동업무에 따른 역할의 구분은 일상생활 표현에서도 잘 나타난다. 가령 화장실에 간다라는 표현의 경우 남자는 "말을 돌보러 간다"라고 하고 여자는 "말 젖을 짜러 간다"라고 한다. 게르 내에서도 남성과 여성의 공간은 구분되어 있어서 동쪽이 주로 여성들의 공간으로 요리 도구도 이곳에 위치해 있다. 몽골의 전통 속에는 '명예로운' 며느리를 의미하는 '다르한 며느리'가 있다. 지역에 따라 약간의 차이가 있지만 그 의미는 며느리가 되어 아들을 많이 낳아 그 집안을 번성하게 하는 여성에게 주는 칭호라고 한다.

전통적인 여성의 역할과 지위는 새로운 체제 하에서 변화가 나타났다. 흔히 사회주의 체제 하에서 몽골의 여성들이 자유로운 사회생활을 시작하게 되었다고 한다. 물론 모든 영역에서 그 기간에 노동자로서의 권리, 복지에 관한 법률이 마련되어 여성들의 역할이 더욱 증가한 것은 사실이지만 실상 가족 내에서 여성들의 역할이 줄어든 것이 아니기 때문에 실질적으로 안팎의 이중의 짐을 더 짊어지게 된 것도 부정할 수 없다.

몽골은 남녀성비에서 여성이 더 높고, 회사와 기관의 실무직에서 여성 비율이 남성을 상회한다. 그 이유는 목축에 종사하는 인구가 대체로 남성이기 때문이다. 교육도 사회주의 체제에서부터 남녀 차별은 없는데, 흥미로운 점은 2010년 이전에 몽골의 대학생 남녀 비율이 3:7이었고 그 이후는 4:6 정도로 바뀌긴 했지만 여학생의 비율이 훨씬 높다는 것이다. 이런 현상이 나타난 원인은 남자는 학벌이 없어도 가축을 키우거나 노동을 해서라도 먹고 살 수 있지만 여자는 힘을 쓰는 일로 먹고 살기 어려우니 고등 교육을 받아서 머리를 쓰는 쪽을 일을 구해야 한다는 인식 때문이다.

제4절 재해와 환경문제

몽골의 수도 울란바토르는 4면이 산으로 둘러싸인 분지형태이다. 1920년 몽골에는 단 2대의 자동차가 울란바토르에서 운행되고 있었고 대부분의 사람들은 말을 타고 다녔다. 당시 도심의 집도 대부분 게르나 통나무집이었다. 그러나 1950년대 들어서면서 콘크리트를 이용한 벽돌집이 지어지기 시작하고, 러시아에서 제작된 화물차들이 운행되게 되었다. 1960년대부터 러시아의 지원을 받아 본격적인 주택단지가 만들어지고 울란바토르 외곽의 박커노루, 다르한, 에르데넷 같은 도시들이 조성되기 시작했다. 통계상 몽골 인구의 30% 정도가 목축에 종사하고, 인구의 절반에 달하는 150만 명이 수도 울란바토르에 거주하고 있다. 그런데 2000년 이후 울란바토르 외곽에 대규모 게르촌이 형성되어 왔는데, 이는 현재 몽골이 당면한 중대한 사회문제이자 환경문제가 되었다.

조드와 게르촌의 형성

울란바토르에 도시 집중화 현상이 급속히 진행되는 동시에 게르촌이 우후죽순 형성된 이유는 '조드'라는 '자연재해' 때문이다. 몽골 초원에서는 겨울과 봄에 추운 날씨로 인한 피해가 빈발한다. 심각한 자연재해를 '차간조드'(흰색 재해)와 '하르조드'(검은 재해)라 한다. 차간 조드는 눈이 너무 많이 내려 가축들이 먹을 것을 찾지 못해 굶어죽는 것을, 하르조드는 가뭄으로 풀이 부족해 가축들이 굶어 죽는 것을 말한다. 겨울철 조드가 닥치면 기온은 영하 40도 이하, 혹 50도 이하로 떨어진다. 추위에 가축들은 얼어 죽거나 먹이를 먹지 못해 면역이 떨어져 병에 걸리거나 굶어 죽게 된다. 2001년 극심한 조드로 1천만 마리의 가축이 폐사했다. 2009~10년의 조드로 몽골 전체 가축의 약

17%에 해당하는 800만 마리가 폐사했다.

이런 주기적 재해에 대해 몽골 정부의 대책은 축사를 제공해서 일시적으로나마 가축들이 한파를 피할 수 있게 해 주거나 가을에 미리 일정 수량의 사료를 비축해 재해지역의 주민들에게 나누어 주는 것이다. 그러나 이는 근본적인 대책이 되지 못했다. 대량의 가축 폐사는 궁극적으로 목민들의 생존 수단, 생활 기반의 상실을 의미하는데, 몽골 정부의 재정 상황 역시 그 피해를 보상해 줄 정도로 충분하지 않았다. 결국 삶의 터전을 잃은 재해민들은 수도로 몰려들기 시작했다. 울란바토르 근교의 공터에 자신들이 사용하던 게르를 들고 와서 설치하고 울타리를 쳐서 터전을 잡기 시작했다. 조드로 큰 재해를 입게 될 때마다 몰려온 이재민들로 게르촌의 규모는 더욱 확대되었다. 게르촌의 규모가 커질수록 그로 인한 새로운 문제들도 동시에 많아지고 커지게 되었다.

도시와 환경문제

몽골 초원의 공기는 맑고 깨끗하지만 도시의 사정은 그렇지 못하다. 요컨대, 몽골이 대기오염이 심한 것은 아니지만 울란바토르에 한해서 고질적인 대기오염 문제가 출현했다. 현재 몽골 전체 인구 약 330만 중에서 150만 즉 거의 절반이 울란바토르에 거주하고 있다. 당초 울란바토르는 소련의 영향을 받던 시기 30만 명의 인구 수용을 목표로 계획된 도시였다.

계절풍에 따라 미세먼지, 황사가 불기도 하지만 고질적인 대기오염은 아니고, 겨울에 대기질이 극도로 악화된다. 심각해진 대기오염은 기형아 출산율과 호흡기 질환자를 증가시켰다. 대기오염을 유발하는 원인은 크게 세 가지를 꼽을 수 있는데 석탄화력발전소, 중고 차량, 게르촌이다. 울란바토르에는 4개의 석탄화력발전소가 있지만 그 수가 많은 것도 아니고 매연이 배출되는 곳에 집진기를 설치하여 과거 오염방지시설이 없을 때보다는 대기에 미치는 악영향이 대폭 감소되었다. 발전소보다 더 공기에 악영향을 끼치는 것은 중고 노후차량이다. 울란바토르 시내에는 세계 각국에서 수입되어 온, 운전석의 위치가 제각기인 중고 자동차가 거리를 누비고 있다. 울란바토르의 급격한 인구 증가에 따라 2010년 이후 자동차도 급격히 증가했다. 많은 노후 차량들이 뿜어대는 매연량이 상당한 수준이다.

그러나 그보다 더 중요한 원인이 바로 게르촌인데, 몽골 정부는 공식적으로 울란바토르 대기오염물질의 80% 이상이 게르촌에서 발생한다고 언급했다. 울란바토르 인구의 60%가 넘은 약 80만 명이 게르촌에 거주한다. 겨울이 되면 게르에 사는 사람들도 난방을 해야 하고, 난방에 사용되는 연료는 거의 석탄이다. 그런데 분지 지형인 울란바토르는 겨울에 바람도 거의 불지 않아 게르촌에서 형성되는 매연은 겨울 동안 도시 안에 머물게 된다. 예전에는 게르촌에서 난방을 위해 유연탄을 많이 사용했는데, 가공이 안된 유연탄은 연소되면서 다량의 중금속을 배출하였고, 그로 인해 시민 다수가 납에 중독되고 기형아 출산이 증가했다. 그러나 이마저 구하기 어려우면 쓰레기, 폐타이어, 폐가구 등도 무차별적으로 난방용 연료로 사용되었다.

이런 문제에 대해 몽골 정부는 가공 처리된 석탄을 보급하는 동시에 전기 온열기 등을 보급하여 난방이 필요한 저녁 시간대에 계량기를 달아 난방용 전기를 일정 정도 무료로 공급하는 정책을 시행하기도 했다. 더 근본적은 대책으로 내세운 것이 게르촌 주민들에게 장기임대 아파트를 공급하는 정책이다. 그러나 몽골에는 건설 노동에 종사할 인력이 절대적으로 부족하다. 그래서 중국 건설사에 고용된 인건비가 싼 중국 인부들이 아파트 신축에 동원되었지만 코로나로 인해 국경이 막혀 난관에 봉착했다. 환경문제와 더불어 거주지가 확인되지 않는 대량의 이재민으로 인한 범죄 증가 등도 울란바토르가 해결해야 할 난제가 되었다.

부유한 자원과 가난한 국민

몽골은 광활한 영토를 가진 만큼 광물자원 부국으로 총 50여 가지 광물과 3천 여 개의 광산이 있는데 매장량 기준 세계 7위의 자원부국이다. 광산 중 약 200개에서 채굴이 진행되고 석탄, 석유, 구리, 몰리브덴, 금, 형석, 철광석,

아연광석 등을 채굴한다. 광물자원은 몽골 경제의 핵심으로 구리 매장량은 세계 2위, 석탄 4위, 몰리브덴 11위 희토류는 세계 매장량의 16%를 보유하고 있다. 이는 전 국토의 25% 정도를 탐사한 추정 매장량이며 향후 다른 지역까지 탐사를 확대하면 보유 매장량은 더욱 늘어날 것이다. 2016년을 기준으로 광업 분야 종사자가 약 38.2천 명이고 에르데네스 몽골, 에너지 레소스, 시외 오보, 바그노르, 몽골알트 공사 등 1250여 개의 기업이 활동하고 있다.

그런데 2020년 기준 몽골의 1인당 GDP는 4,167달러에 그친다. 전문가들은 몽골 남부 고비 지역에 있는 광산에서 개발하고 있는 석탄, 구리만으로도 최소 몇 십 년 간 몽골 국민들이 먹고사는데 전혀 지장 없다고 지적했다. 이처럼 인구가 적고 광물 자원이 풍부한 몽골은 어떤 면에서 경제부국으로 가는 길이 어렵지 않게 보이기도 하지만 실제는 그렇지 않다. 현제 몽골의 국가체제는 민주공화제이며 의원내각제 성격이 강한 이원집정부제(二元執政府制)이다. 2000년 개헌 이후 몽골 대통령의 권한 가운데 상당 부분은 국회의 동의나 결정에 의존해야 해서 대통령 권한이 상당히 축소되었다. 그러나 선진국과 달리 정치와 경제가 분리되지 않아 정치 지도자가 경제적 이익을 독점하는 문제가 심각하다. 가령 운동선수 출신의 5대 바톨가 대통령은 대통령 직무를 수행하면서 호텔이나 요식업을 경영하는 오너였다. 이런 풍토는 몽골의 풍부한 부와 자원이 일부 정치인들의 축재 수단으로 악용되는 결과를 초래했다. 곧 경제 성장을 위해서 정치 환경의 개선이 절실하다.

문화 연표

· 1206년　　　 칭기스칸 대몽골국 건국
· 1211년　　　 칭기스칸 대금 전쟁 개시
· 1227년　　　 칭기스칸 사망
· 1229~1241년 우구데이 재위 시기
· 1234년　　　 금 멸망
· 1251~1259년 뭉케 재위 시기

- 1258년 　　　훌라구의 바그다드 함락
- 1260~1294년 쿠빌라이 재위 시기
- 1279년 　　　남송 멸망
- 1368년 　　　원 멸망
- 1368~1388년 북원 시기
- 1434~1453년 오이라트(서몽골) 흥기
- 1487~1524년 동몽골 다얀 칸 재위
- 1576년 　　　동몽골 알탄 칸과 소남 갸초(달라이 라마) 청해 회동
- 1677년 　　　준가르의 갈단이 서몽골의 패권 장악
- 1690~1696년 강희제의 두 차례 준가르 친정
- 1697년 　　　갈단 사망
- 1757년 　　　준가르 멸망
- 1636~1911년 청제국의 몽골 지배
- 1911년 　　　몽골 임시정부 수립 및 독립선언
- 1924년 　　　몽골인민공화국 수립

참고자료

- 단행본 　　체렌 소드놈(이평래 옮김), 『몽골 민간 신화』, 대원사, 2001.
　　　　　스기야마 마사아키(임대희 옮김), 『몽골세계제국』, 신서원, 1999.
　　　　　랴자노프스키(서병국 옮김), 『몽골의 관습과 법』, 혜안, 1996.
　　　　　강톨가 외(김장구·이평래 옮김), 『몽골의 역사』, 동북아역사재단, 2009
　　　　　박환영, 『몽골의 유목문화와 민속』, 민속원, 2005.
　　　　　제 볼드바타르(현대몽골연구원 옮김), 『몽골의 총리들 : 인물로 보는 몽골의 현대사』, 이안재, 2015.
　　　　　이안나, 『몽골인의 생활과 풍속』, 첫눈에, 2005.
　　　　　김호동, 『몽골제국과 세계사의 탄생』, 돌베개, 2010.
　　　　　모건(권용철 옮김), 『몽골족의 역사』, 데이비드 O. 모노그래프, 2012.
　　　　　앨렌 샌더스(김수진 옮김), 『세계문화여행 : 몽골』, 시그마북스, 2017.
　　　　　동북아역사재단 엮음, 『알타이스케치 : 몽골 알타이 편』, 동북아역사재단, 2013.
- 다큐멘터리 〈몽골리안루트〉, KBS, 2001.
　　　　　〈징기스칸〉, BBC, 2005.
　　　　　〈밀크로드〉, KBS, 2015.
　　　　　〈몽골고원 4부작〉, KBS, 2020.
- 영화 　　　〈푸른늑대〉, 사와이 신이치로 감독, 2006.
　　　　　〈몽골〉, 세르게이 보드로프 감독, 2007.
　　　　　〈그날 함성〉, 문슈크 아디야도르 감독, 2015.

신과 인간이 공존하는 나라
인도

• 문화 키워드

브라만, 카스트, 달리트, 다르마, 비슈누, 시바, 힌두교, 시크교, 간디, 갠지스, 쿰 멜라

• 국기

티랑가 주황색은 용기와 희생, 흰색은 순수와 평화, 녹색은 성실과 다산을 의미. 파란색 문장은 차르카(charkha, 24개의 축을 가진 파란색 법륜)의 모양을 형상화한 것인데, 24시간을 뜻하는 24개의 선으로 구성되어 있고 윤회를 의미.

• 개관

수도	뉴델리
정치체제	대통령제가 가미된 의원내각제
민족구성	인도아리아족(72%), 드라비다족(25%), 몽고족
언어	영어, 힌디어
종교	힌두교(81%), 이슬람교(13.4%), 기독교(2.3)
면적	328만㎢
인구	14억 663만 명(2022)
인구밀도	420명/㎢
GDP	약 3조 1734억 달러
화폐	인도 루피(INR)

제1절 카스트

누가 만들었나?

인도사회 불평등의 뿌리인 카스트 제도는 B.C. 1500년경 지금의 페르시아 인근의 유목민족이었던 아리안들의 인도 침입과 함께 시작되었다. '고귀한 자'라는 뜻을 가진 아리안들은 갠지스 주변에 정착하여 농경을 시작하고, 원주민이었던 드리비다인은 인도 남부로 밀려났다. 인도 문명의 두 주역은 피부색으로 구분되었는데 드리비다인은 피부색이 검은색에 가깝고 아리아인은 백인이었다. 고귀한 자 아리아인은 지배계층이 되고 드리비다인은 고유한 언어와 문화를 유지하면서 피지배 계층이 되었다. 색깔이라는 의미의 바르나(Varna)로 불리던 카스트는 아리안들이 피부색으로 구분하여 나눈 신분제이다. 인도 북부를 차지한 아리안들은 종교의식을 관장하는 브라만, 군인 집단인 크샤트리아, 농상업을 담당하는 바이샤, 그 외 천민 계층인 수드라로 주민들을 분류했다. 이외에 불가촉천민인 달리트는 세탁, 오물 청소, 소의 시체를 치우는 등 터부시하는 일들을 담당했다. 카스트는 다시 혈통과 지역, 직업에 따라 3천 개의 자띠(Jati)로 분류되며, 또 2만 5천여 개의 하위 계급으로 나누어진다. 아리안들은 브라만, 크샤트리아 등 지배계층이 되어 윤회, 업, 다신교 사상 등을 전파하면서 권력을 차지했다. 나머지 피지배 계층인 원주민은 수드라 또는 달리트로 분류되어 하인과 같은 삶을 살게 되었다.

인도의 신화에 의하면 카스트 제도의 가장 높은 계급인 브라만과 두 번째 계급인 크샤트리아의 시조는 바로 브라마이고, 그들은 브라마의 몸에서 태어났다. 브라만 계급은 승려나 성직자, 교사들이다. 그들은 신과 대화하여 신의 말을 들을 수 있다고 하면서 종교의식을 주관하거나, 지식을 가르치며 현명한 조언자의 역할을 한다. 크샤트리아는 훈련된 전사들로서 왕족이나 통치자 계급이다. 그들의 의무는 자신의 군사력을 이용해서 공정하고 현명하게 백성을 보호해 주는 것이다. 세 번째 계급 바이샤는 상인과 농민이며, 네 번째 계급

수드라는 다른 계급에 봉사할 의무를 진다. 이 외에 최하층 계급인 불가촉천민에는 주로 사냥꾼, 어부, 노역자 또는 화장터에서 시체를 태우는 장의사가 포함된다.

인도의 전통사회는 카스트를 통해 내부의 질서가 유지되었다. 길을 갈 때도 브라만이 먼저 그 다음에 크샤트리아가 지나갔다. 그리고 바이샤와 마지막으로 수드라가 갔다. 과거에는 교통과 통신이 발달하지 않아서 이렇게 순차적으로 가도 문제가 없었고 내부적인 질서로 여겨졌다. 앞에 가는 상층 카스트 사람들은 뒤에 오는 사람들을 위해 약간의 부스러기를 남겨두고 가는 삶의 여유가 있었다. 하지만 이제는 수드라에게도 경영학, 법학, 의학 공부가 가능한 경쟁시대가 되었다. 오히려 차별을 철폐하려는 정책에 의해 수드라는 더 쉽게 고등교육을 받고 더 유리한 자리를 차지하는 경우도 있다. 1991년 시장 개방 이후 카스트의 골격은 점차 무너지고 경쟁시대로 바뀌기 시작했다. 점차 일터에서는 개인의 전공과 능력이 중요해지고 있지만 인간관계에서는 카스트가 오늘날에도 유효하다.

불평등한 수직사회

카스트 제도의 본질은 사람이 평등하지 않다는 것이다. 머리와 발의 기능이 다르듯 사람의 능력은 차이가 있고, 따라서 브라만과 수드라는 평등할 수 없다. 모든 사람이 전생의 업에 따라 다른 모습으로 환생했다고 믿는 인도에서 사회적 불평등은 자연현상처럼 받아들여진다. 카스트 제도의 폐단을 아무리 비판해도 개인적으로는 대부분 순응하고 있는 것이다. 인도에서는 태어나면서 카스트가 결정되고 죽을 때까지 바뀌지 않는다. 돈을 많이 벌거나 사회적으로 성공했다고 해도 카스트를 상층으로 올리지 못한다. 역사적으로 오직 힌두교 신자만 카스트를 가진다는 점도 특징이기 때문에 인도에 오래 살아도 외국인은 카스트의 계급을 가지지 못했다. 인도를 지배했던 힘센 영국인도 브라만이 될 수는 없다. 카스트는 힌두들이 태어나면서 얻는 것이기 때문에 선교를 하지 않으며 개종자에게 줄 수 없는 것이다. 힌두교 이외의 불교와 자이나교, 힌두교와 이슬람교를 융합해서 15세기에 탄생한 시크교는 카스트를 인정하지 않았다. 불평등을 거부한 불교와 자이나교의 신도는 예나 지금이나 소수에 불과하고 평등이라는 개념은 인도인들에게 매혹적이지 못했기 때문이다. 인도를 정복했던 이슬람과 영국인들은 모두 형제애와 평등을 내세웠지만 카스트 제도를 없애지 못했다.

독립 이후 제정된 인도 헌법의 기본 정신은 지정 카스트(SC, Scheduled Caste)인 달리트라고 해서 차별받지 않아야 한다는 것이다. 그러나 헌법은 또한 힌두와 시크, 그리고 불교를 제외한 다른 종교를 가진 사람은 지정 카스트로 간주될 수 없다는 모순적인 조항을 가지고 있다. 즉 무슬림, 기독교, 여타 종교를 가진 자들은 불가촉천민인 달리트로서 고통을 받더라도 지정 카스트로서 인정되지 않는다는 것이다. 1950년 인도 헌법을 처음 제정할 때는 힌두에게만 지정 카스트를 지정하였지만 1956년 시크교가 추가되었고 1990년에는 불교가 추가되었다. 무슬림과 기독교 달리트들은 이러한 조항을 철폐하기 위해 노력해왔다. 그러면 신 앞에서 모든 인간은 평등하다는 무슬림과 기독교에서도 달리트가 있는데 그 이유는 무엇인가? 인도 사회의 불평등은 종교에서 기인한 것이 아니라 근본적인 사회구조의 문제인 것이다. 힌두 교리의 핵심은 신이 정해준 카스트에 따라서 살아야하고 이것이 엄격한 신분질서를 만든 것이다.

사람을 수직적으로 보는 것, 높은 사람과 낮은 사람으로 구분하는 관점은 오늘날에도 느슨한 형태로 살아 있다. 인도에는 명령하는 사람과 명령받는 사람으로 구분되고, 권력을 가진 자는 순수한 갠지스강이나 힌두사원에서 타오르는 성화와 같이 대접을 받는다. 불평등을 당연시하는 인도인은 권력을 부러워하면서도 그들을 증오하지 않는다. 오히려 열렬하게 추종해서 높은 자리를 유지하도록 지지한다. 유명 정치인의 세습이 많은 것은 유권자의 수직적 충성심 때문이다. 가장 대표적인 사례는 초대 총리를 지낸 네루 일가를 들 수 있다. 네루의 딸 인디라 간디 총리를 포함해 그의 아들과 며느리, 손자가 대를 이어 중앙정계를 이끌고 있다. 인도인들은 네루와 간디라는 이름에서 복종과 신뢰를 느끼기 때문이다.

이러한 세습은 정치뿐 아니라 예술의 세계인 영화계에서 더욱 심하다. 유명 배우의 아들과 딸은 대를 이어 영화계를 주름잡고, 팬들은 자기가 좋아하는 연예인을 신처럼 받들며 그의 자식을 스타로 만들어준다. 유명 연기자들은 팬들의 지지를 통해 손쉽게 정계로 진출하고, 부정부패로 권력을 상실해도 충성을 거두지 않는다. 왜냐하면 정치인이 된 스타는 팬서비스에 민감하고 인기영합적인 정책을 통해 지지자들을 만족시켜주기 때문이다.

현재도 진행형인 삶 그 자체

인도에는 지금도 카스트가 있을까? 절반은 맞고 절반은 틀린 얘기다. 카스트 제도는 1947년 인도 독립과 함께 공식적으로 철폐되었으나 여전히 실생활에 영향을 미치고 있기 때문이다. 인도인들의 이름을 모두 바꾸지 않는 한 카스트의 완전한 소멸은 오랜 시간이 걸릴 것이다.

요즘에는 하층 카스트 우대 정책에 반발하는 역차별 시위도 발생하여 문제가 한층 복잡해졌다. 특혜를 전혀 받지 못하는 일부 바이샤 계층이 카스트 계급을 오히려 낮춰서 특별 혜택을 받게 해달라는 폭력 시위를 가끔 일으킨다. 2016년 하리아나 주에서 자트(Jat) 계급이 카스트의 인하를 촉구하는 폭력 시위로 20여 명이 사망했고, 2015년에는 구자라트 주에서 파티다르(Patidar) 계급이 역시 카스트 분류를 하위 등급으로 낮춰달라는 이유로 강경 시위를 일으켜 9명이 사망했다.

그렇다면 인도인 가운데 각 카스트의 비중은 어느 정도일까? 브라만, 크샤트리아, 바이샤 계층을 상위계층 또는 일반계층이라고 부르는데, 이들은 전체의 31% 정도를 차지한다. 또한 수드라의 일부를 포함한 하위 계층을 OBC(Other Backward Caste)라고 부르는데, 이 계층의 비중이 41%다. 그 외 불가촉천민(SC)이 20%, 불가촉부족민(ST)이 8% 가량 된다. 불가촉부족민은 인도 문화권에 뒤늦게 편입된 하층 민족들로서, 주로 산간오지에 거주하면서 자신들의 전통적인 생활양식과 생활터전을 고수하고 있는 토착 부족민을 말한다.

인도 정부는 OBC와 불가촉천민의 권익 향상을 위해 공공기관 일자리와 대학입학 정원의 49.5%를 할당하고 있다. 이러한 카스트별 정원할당은 사회 갈등의 원인이 되기도 한다. 상위 카스트에 속한 사람들은 이 제도 때문에 의과대학 등 인기 대학이나 학과에 진학하기 어렵다며 폐지를 요구하고 있다. 또 무슬림들도 소득이나 교육 측면에서 차별받고 있다면서 자신들에게도 정원 할당 혜택을 줄 것을 요구하고 있다. 마찬가지로 여성들에 대한 정원 할당을 요구하는 주장도 활발하다.

각종 혜택을 받을 수 있는 하위 카스트로 낮춰달라는 카스트 커뮤니티의 폭력시위도 큰 문제다. 2016년 2월, 북인도에서는 낙농업에 종사하는 '자트(Jat)' 커뮤니티들이 카스트를 낮춰달라며 방화와 기물 파괴를 하고 수로를 장악해 뉴델리의 급수난을 일으킨 바 있다. 이때 발생한 재산피해만 6조 1200억 원에 달했으며 19명이 사망했다.

사실 개인에 대한 카스트는 문서로 만들어져 있지 않기 때문에 카스트 구분은 커뮤니티별로 하고 있다. 인도 하위 카스트위원회(NCBC)에서는 주별로 하위 카스트에 속하는 커뮤니티 목록을 공개하고 있는데, 이를 근거로 이 커뮤니티에 속한다는 증명을 제시하면 혜택을 받을 수 있다.

카스트가 정말 인도인들 삶의 나침반이고 삶 그 자체일까? 인도 사람은 아직도 카스트를 따르나요? 오늘날에도 카스트를 기준으로 인도인을 판단하는 것이 맞을까? 인도인에게 이 질문을 던지면 답은 반반이다. 어떤 인도인은 인도가 카스트 없이 어떻게 성립되느냐고 할 것이고, 어떤 사람들은 요즘 세상에 카스트가 어디 있느냐고 할 것이다. 왜 이러한 상반된 답이 나오는가?

현재는 급속한 경제발전으로 인해 대도시에서는 카스트의 굴레에서 벗어나 학력과 자산 규모와 같은 보편적인 지표가 더 중요하게 취급받고 있다. 또한 인도인의 의식이 빠른 속도로 바뀌면서 실생활에서 카스트에 따른 직업 선택의 제한이 완화되고 있다. 하지만 미래를 지향하는 현실과 과거가 공존하는 것이 현재의 인도다.

혼란스럽게도 오늘날 대부분의 인도인들은 카스트 안팎의 두 세계를 오가며 살고 있다. 막노동을 하든, 경비를 서든, 허드렛일을 하든 직업으로서의 카스트는 상관이 없다. 브라만의 직업이 보잘 것 없더라도 자기 집 대문을 들어서는 순간 직장의 허상은 사라지고 신 앞에서 진실 된 브라만의 세계로 돌아온다. 막노동을 하는 브라만의 괴리감은 직장과 집을 오가는 하루 사이에 일어나는 일이다. 대도시에서 막노동을 하는 상층 카스트 사람들은 휴가 기간 깨끗하게 옷을 입고 고향에 가서 갑자기 힘을 발휘한다. 돈을 벌어야 하는 대도시는 생존을 위한 허상의 땅이고, 고향은 신과 카스트가 존재하는 진실의 땅인 것이다. 종교와 관계된 카스트는 더 진실되고 직장은 그렇지 않다고 인정하고 싶은 것이다. 인도인들은 카스트가 지배하는 과거와 카스트를 부정하고 싶은 현대를 넘나들며 살고 있다.

다르마(dharma)와 카스트 구분

1936년 5월 인도 뭄바이에서 불가촉천민 출신의 학자이며 몇 년 후 법무부 장관으로 명성을 떨칠 암베드까르(Ambedkar, 1893~1956)는 수많은 시민들 앞에서 마누법전을 불태우면서 저주를 퍼부었다. 한 지식인의 절규는 차별과 불공정한 사회구조에 대한 분노 때문이었다. 마누법전은 고대 인도의 종교성전(宗敎聖典)으로 힌두인이 지켜야 할 법(dharma)을 규정하고 있다. 기원전 3000년 무렵에 처음 제정되었고 이후 차츰 집대성되었다. 마누법전의 핵심이 바로 다르마이고, 인간이 취해야 할 모든 바른 행위와 기준을 제시한 것이다.

인도인은 각 카스트에 따라 개인이 신에게서 부여받은 마땅히 해야 할 바를 해나가는 다르마(dharma)가 중요하다. 세상을 지탱하는 다르마는 오랜 세월 속에 쌓여온 종교 윤리요 사회규범으로서 인도 사회의 정신적 지주 노릇을 해왔다. 따라서 통치 권력의 차이와 변화는 일어나도 종교와 윤리측면에서 카스트는 변함이 없었다. 사회구조의 변화 없이 골간이 유지되는 동안에는 카스트 내의 갈등은 없었다.

인도인들에게 가문의 성은 바로 카스트 계급이며 또한 출신 지역을 바로 추측할 수 있다. 카스트로 인해 세습되고 계승되는 빈곤과 차별을 피하기 위해 최하층 계층인 지정 카스트(Scheduled Caste) 20%와 지정 부족민(Scheduled Tribe) 8%에게 공직자 선발과 공립학교를 입학할 때 특혜를 주고 있다. 또한 하위계층인 기타 후진계급(Other Backward Classes)에게 고용기회를 우선적으로 보장하고 있다. 이것은 카스트의 차별을 해소하고, 동시에 선거에서 그들의 표를 의식한 노력의 결과이다.

신분증도 제대로 규격화돼 있지 않은 인도에서 개인의 카스트를 어떻게 구분할 수 있을까? 신분과 계급이 대물림 되는 카스트는 보통 이름으로 구분한다. 흔히들 브라만, 크샤트리아, 바이샤, 수드라, 불가촉천민 등의 계급으로 구분할 것으로 생각하는데 실제로는 지역별, 직업별 커뮤니티로 구분한다. 이 커뮤니티가 바로 자띠이다.

인도인의 이름 체계는 지역별로 다르지만, 이름만 가지고도 어느 지역의 어떤 커뮤니티 소속인지 파악할 수 있다. 먼저 인도 사람들의 성명은 보통 첫 번째 이름, 중간 이름, 커뮤니티 이름으로 구성돼 있다. 예를 들어 이름이 수산타 쿠마르 마하파트라(Susanta Kumar Mahapatra)는 브라만 계층임을 알 수 있다. 마하파트라가 브라만에 속하는 커뮤니티 이름이기 때문이다. 성이 야다브(Yadav)인 사람은 야다브 커뮤니티 소속이다. 야다브란 북인도에서 암소를 사육하는 하위 카스트 공동체를 일컫는다. 더 설명하면 자(Jha), 샤르마(Sharma), 무커지(Mukherjee) 등은 브라만의 성이고, 싱(Singh), 초한(Chauhan) 등은 크샤트리아의 성이며, 굽타(Gupta), 간디(Gandhi), 아가르왈(Agarwal) 등은 바이샤의 성이다. 따라서 많은 경우에 성만 보고도 카스트를 알 수 있다.

그런데 지역이나 종교에 따라 이름을 구성하는 방식이 조금씩 다르다. 예를 들어 남인도 지역에서는 성이 없으면 아버지의 이름을 약자로 표시한다. 즉 이름이 스리니바산 R.(Srinivasan R.) 일 경우, 여기서 R. 은 성이 아니라 아버지의 이름인 라만(Raman)의 약자다. 또한 시크교도는 첫 번째 이름이 싱(Singh, 남자) 혹은 카르(Kaur, 여자) 로 구성돼 있다. 즉 모든 시크교 남성의 성은 '싱'이다. 다만 '싱' 이라는 성을 가졌다 해서 다 시크교도는 아닌데, 힌두교도 중에도 성이 '싱'인 사람들이 있기 때문이다. 그럼 성만 보고는 시크교도인지, 힌두교도인지 구분할 수 없을까? 구분할 수 있다. 머리에 터번을 두르고 다니면 시크교도이다. 마찬가지로 마지막 이름이 '자인(Jain)'일 경우 자이나교도임을 알 수 있다.

그런데 최근에는 이름만으로 카스트를 구분할 수 없는 경우도 있다. 카스트 구분이 어려운 이름을 사용하기 때문이다. 인도에서 흔하디흔한 '쿠마르'도 카스트 구분이 어려운 이름이다. 물론 이런 경우에도 출신 지역이나 부모의 직업 등을 통해 카스트를 추측해볼 수 있다.

제2절 힌두

비슈누와 시바

인도는 놀랄 만큼의 다양성을 가진 거대한 국가이다. 북쪽으로는 히말라야 산맥이 병풍처럼 가로지르고 남쪽으로는 인더스와 갠지스 강을 따라 농지가 펼쳐져 있다. 기후도 혹독한 추위와 무더위가 계절풍에 따라 변하고, 자연조건과 오랜 문명의 역사가 어우러지면서 다양한 종교와 문화가 탄생했다.

인도인들의 하루는 신에게 기도를 하는 것으로부터 시작된다. 목욕을 하고 신선한 꽃과 향을 바치고 신을 찬미하는 기도와 명상은 지금도 살아 숨 쉬고 일상을 지배하고 있다. 인도인들이 불리한 자연조건과 복잡한 정치적 격랑에도 불구하고 찬란한 고대문명과 정신유산을 창조해 낼 수 있었던 것은 끊임없이 이루어졌던 신과의 교감을 통해 얻은 믿음이 있었기 때문이다. 인도인들은 지금도 늘 신이 자신들과 함께 있다고 생각한다. 열악한 환경과 불합리한 사회구조 아래서 고단한 삶을 견뎌내야 하는 인도인들에게 신은 위안과 힘을 주는 존재이다.

힌두교는 단순한 종교가 아니라 문화와 생활 방식, 그리고 사고를 지배하기 때문에 인도를 이해하는 첫걸음이고 키워드이다. 힌두교는 단지 인도인들만의 종교가 아니고 동남아에 전파되어 말레이시아, 인도네시아, 캄보디아, 베트남 남부 등에도 힌두교 왕국이 건설되었으며 많은 유적을 남겼다.

인도 종교에서 힌두교가 차지하는 비중은 약 81%이다. 그 외 무슬림이 13.4%, 기독교가 2.3%, 시크교가 1.9%, 불교가 0.8%, 자이나교가 0.4%를 차지하고 있다. 사실 특별한 종교가 없는 사람은 모두 힌두교도로 간주해도 무방하다. 힌두교에는 교주와 경전 창시자도 없다. 원시종교와 고등종교의 특징을 겸비한 종교로서, 우리나라의 유교와 비슷하게 삶의 방식으로서 인도인들에게 스며들어 있다.

힌두교는 다신교이고, 고대 브라만교에 인도 민간신앙이 합쳐져서 현재의 힌두교로 발전했다. 힌두교에는 수많은 신들이 존재하나 가장 주요한 신은 브라흐마, 비슈누, 시바이다. 브라흐마는 창조의 신으로, 비슈누의 연꽃에서 태어났다고 전해진다. 네 방위를 향하는 네 개의 머리, 네 개의 팔, 수염을 가진 모습이고, 지혜의 상징인 함사(Hamsa)라고 불리는 백조를 탄 모습으로도 묘사된다. 비슈누는 질서를 유지하는 신인데 지상의 혼란을 바로잡는 역할을 한다. 검푸른 얼굴에 네 개의 팔을 가진 모습으로 묘사되며 힘을 상징하는 곤봉과 원반, 주술의 힘과 깨끗함을 상징하는 나팔 및 연꽃을 들고 있다. 시바는 파괴의 신이고 수미산에 살며 이마 중앙에는 제3의 눈이 있다. 손에는 삼지창을 들고 있으며 난디(Nandi)라는 황소를 타고 다닌다.

이 가운데 이미 창조의 역할이 끝난 브라흐마의 인기는 퇴색되었고, 비슈누와 시바에 대한 숭배가 절대적이다. 비슈누는 열 명의 화신이 있는데, 그 가운데 아홉 번째가 부처이다. 이처럼 불교는 힌두교의 일부로 흡수되었으며 불교가 인도에서 영향력을 발휘하지 못하는 이유 중 하나가 되었다.

　이외에도 브라흐만의 부인 사라스와띠, 비슈누의 부인 락슈미, 시바의 부인 두르가, 원숭이 신이자 손오공의 원형인 하누만, 코끼리 형상의 가네샤, 갠지스 강의 여신인 강가 등 수많은 신들이 존재한다. 이처럼 힌두교는 지역과 계층, 직업별로 선호하는 신이 다르기 때문에 개인적인 선호도를 존중하는 문화 다원주의로 발전하는 기반이 되었다.

윤회

　힌두교의 기본 교리에서 가장 중요한 것의 하나는 윤회를 믿는 것이며 그것은 곧 전생의 업과 연결되어 있다. 육체가 약해지거나 병에 걸려 죽는 것은 끝이 아니고, 영혼은 다시 사람으로 태어나거나 동물이나 미물로 태어난다는 것이다. 이때 새로운 탄생은 전생의 영향을 받는데 축적된 전생의 행위를 업이라고 한다. 즉 인간은 전생의 업에 따라 고귀한 영혼으로 태어나거나 천한 신분으로 태어난다. 초기 힌두교에서 파생한 엄격한 카스트 제도는 이러한 윤회를 믿는 신념에서 발생한 것이다. 인간은 사회의 특정한 임무를 수행하기 위해 선택되어 태어난다고 믿는다.

　윤회의 법칙에 의하면 사람은 자신의 행위에 따라 새로운 운명이 결정된다. 선한 업을 쌓으면 귀하게 태어나고 악업을 쌓으면 천하게 태어난다. 이처럼 인도인의 대부분이 믿는 힌두교의 교리가 윤회에 바탕을 두고 있기 때문에 인도의 신들도 끊임없이 다시 태어나게 되고, 그러다 보니 수많은 신들이 존재하게 된 것이다. 과거 중요시되었던 신의 역할은 축소되고 새로운 신들이 숭배를 받기도 하며 같은 역할을 하는 신들이 다양한 이름으로 불려진다. 이러한 다양성에도 불구하고 힌두교의 가장 심오하고 절대적인 진리는 모든 만물에 영혼이 깃들어 있다고 믿는 정령숭배 사상과 모든 만물의 시조는 하나라고 믿는 일원론은 그대로 이어져오고 있다.

　또한 힌두교에는 신분에 맞게 순응하는 다르마(Dharma), 경제적 실리인 아르타(Artha), 쾌락인 카마(Kama), 최상의 진리 또는 해탈인 목샤(Moksa)의 덕목이 있다. 이것이 수레바퀴를 의미하는 차크라로 불리는 윤회 사상과 결합되었다. 따라서 현생의 행복과 불행은 모두 전생의 업보와 연관이 있다고 판단하며, 이면에 잠재되어 있는 원인에 대해 끝없이 의문을 제기하고 대안을 생각하는 문화로 발전했다.

소

힌두인들은 소를 어머니 같은 존재로 신성시하며 암소에서 나온 것들은 무엇이든 특별한 효능이 있는 것으로 믿는다. 소똥 역시 정화와 치유의 힘이 있다고 믿는다. 따라서 집 청소를 하거나 제례를 진행할 때 소똥이 사용되기도 한다. 일부 지역에서는 소의 똥과 오줌으로 만든 약과 비누도 판매된다. 특히 코로나 사태 발생 후 일부 인도인들은 바이러스를 막겠다며 소똥을 몸에 바르는 민간요법이 유행하기도 했다.

실제로 인도 서부 구자라트주의 일부 힌두인들은 매주 한 번씩 축사를 찾아 소의 똥과 오줌을 몸에 바른다. 이들은 몸에 바른 똥과 오줌이 마르기를 기다리면서 소를 껴안기도 하고 에너지를 끌어올리기 위해 요가도 한다. 소똥과 오줌으로 만든 팩을 붙이고 나중에 우유나 버터밀크로 씻어낸다. 인도에서는 2020년 10월 암소의 소똥으로 만든 휴대전화 방사선 차단 칩이 국가암소위원회에 의해 출시되기도 했다.

인도에서 소가 신성시 된 이유는 보통 세 가지 관점으로 설명된다. 첫째, 인도에서 신중의 신으로 유명한 시바신이 타고 다니기 때문이고, 자비의 신 크리슈나(Krishna)가 목동으로서 소를 보호하는 최고의 신으로 자리를 잡으면서 숭배의 대상이 되었다. 둘째, 농경사회가 시작되면서 무거운 짐을 나르고 쟁기를 끄는 농업 생산력과 관련된 경제적 이유 때문이다. 셋째, 불교와 자이나교가 등장하여 불살생이라는 교리를 내세워 브라만의 권위에 반기를 들었다. 브라만 제사장들은 그들의 요구와 실천계율을 힌두 경전에 수용하였고,

점차 암소는 성스런 신들이 깃들어 있는 영물로 신성시되었다.

　최근 힌두민족주의 집단인 인도 국민당(BJP) 정부와 모디 총리가 집권하면서 종교 간의 갈등이 심화되고 있다. 모디(Narendra Modi)는 하층 카스트 출신으로 총리가 된 첫 번째 인물이다. 2014년 총선에서 인도 총리가 됐고, 2019년 총선에도 압승을 거두면서 연임에 성공했다. 정치적으로는 중도 우파 성향인 모디는 구자라트주 주지사 재직 당시 과감한 기업 친화적 정책과 대대적인 사회기반시설 투자 등으로 일자리를 늘렸지만, 종교적으로는 힌두교 근본주의에 가까워 소의 도축에 반대하고 있다.

　인도는 세계 최대의 소고기 수출국이다. 소 사육 두수는 3억 마리가 넘고, 인도의 소고기 산업은 소수파인 이슬람교도들이 주도하고 있다. 힌두인들이 신성시하는 일반소 대신 물소와 수소를 식육으로 삼지만 최근 들어서는 모든 소를 보호하자는 움직임이 확산되고 있다. 2015년 마하라슈트라 주는 모든 소의 도축과 소고기의 보관 및 유통을 전면 금지하는 법안을 통과시켰다. 마하라슈트라 주는 인도의 상업수도인 뭄바이가 있고, 인도 국민당이 집권하고 있는 주이기도 하다. 이 같은 법 개정으로 마하라슈트라에서는 암소뿐 아니라 수소들도 나이와 거세 여부와 상관없이 도축할 수 없게 되었다. 이에 따라 마하라슈트라에서는 누구도 소고기를 먹을 수 없는데, 이를 어기면 최대 징역 5년과 1만 루피의 벌금이 부과된다.

　심지어 구자라트 주에서는 소고기를 운반하기만 해도 10년 이하의 징역을 살며, 암소를 도축하면 종신형을 선고받는다. 인구 대다수가 힌두교도인 인도에서는 암소의 도축을 법으로 금지하고, 이를 어기면 처벌하는 주들이 많다. 이는 소를 숭배하는 힌두교 사상에서 비롯된 것인데, 최근에는 암소를 보호하려는 움직임이 더 거세지는 추세다.

　2015년 9월, 인구가 가장 많은 우타르프라데시 주에 사는 한 이슬람교도가 소고기를 먹었다는 이유로 이웃 주민들에게 맞아서 죽는 사건이 발생했다. 또 2015년 8월에는 힌두교의 우상숭배를 비판한 한 교수가 괴한에게 살해당하기도 했다. 2017년부터는 우타르프라데시 주 전역의 도살장에서 소고기가 거래되지 못하는 현상이 발생했다. 이는 인도 정부가 불법도살장 운영을 전면 금지했기 때문이다. 인도 정육 산업의 80% 이상이 허가받지 못한 상태이고, 지역 주민의 20%인 이슬람교도의 주요한 직업이 도축업임을 고려하면 힌두 위주의 정책을 펼치고 있는 것이다. 이러한 힌두 우월적 움직임은 힌두-무슬림 간 종교 갈등으로 비화되고 있다.

고레 하바와 쿰 멜라

인도의 힌두교 축제에는 많은 사람이 참가한다. 10월 말에서 11월 초의 디왈리(Deepawali) 명절 기간에 수많은 참가자들이 소똥을 서로 던지고 몸에 바르는 고레 하바(Gore Habba)는 소똥 싸움 축제이다. 디왈리는 빛이 어둠을 이긴 것을 축하하는 힌두교 명절이고, 집집마다 불을 켜고 폭죽을 터트린다. 고레 하바 축제는 주민들이 소를 키우는 집마다 돌아다니며 소똥을 모아 오는 것부터 시작된다. 공터에 소똥이 쌓이면 힌두교 성직자가 축복하고, 마을 남자들이 마치 눈싸움하는 것처럼 소똥을 주먹만 한 공 크기로 뭉쳐서 준비한다. 소똥 싸움에는 남자들만 참여하고, 마을 주민뿐만 아니라 외지인들도 매년 몰려와 같이 즐긴다.

힌두교의 순례 축제인 쿰 멜라(Kumbh Mela)는 갠지스 강의 하리드와르(Haridwar), 시프라 강의 우자인(Ujjain), 고다바리 강의 나시크(Nashik), 그리고 갠지스와 야무나강이 만나는 알라하바드(Allahabad) 네 곳에서 12년마다 돌아가면서 열리며, 인도 전체에서는 3년마다 한 번씩 개최된다. 쿰 멜라가 열리는 성지 네 곳 가운데 가장 중요한 곳은 알라하바드이다. 이곳은 갠지스 강과 야무나 강, 그리고 인도 신화에 나오는 전설의 강 사라스바티(Saraswati) 강이 합류하는 지점으로 여겨지기 때문이다. 사라스바티 강은 인도에 들어온 아리아인이 최초로 정착했다고 전해 오는 곳으로, 사람들은 이 강을 신격화하여 여신으로 섬겼다. 따라서 알라하바드는 세 강이 합류하는 곳으로 가장 신성한 곳이다.

　이 축제는 1억의 인구가 참가하기 때문에 지구 상 인류가 가장 많이 모이는 집회로 기네스북에 올라있다. 성스러운 강이 흐르는 네 군데의 성지를 찾아 목욕 의식을 치르고 죄를 씻어내는 힌두교 축제이다. 힌두인들은 종교적 전통에 따라 쿰 멜라(Kumbh Mela)시기 성스러운 강가를 찾아가 목욕을 하고 죄를 씻어낸다. 성지를 향한 순례 길에 오르는 순간부터 목욕 의식을 치르고 설법을 듣고 명상하는 데 한 달 이상이 걸린다. 이 모든 과정이 속죄와 축복의 기회이자 현세의 괴로움을 씻고 피안으로 건너가는 가장 좋은 방법이라고 여기기 때문에 쿰 멜라는 힌두교에서 매우 중대한 축제이자 의례에 해당된다.

　행사는 축제 시작일 새벽 두 강이 만나는 상감(Sangam)의 차가운 물에 힌두교 성자가 몸을 던지는 것으로 시작된다. 순례자들은 강물에 몸을 담그고 의식을 치르면서 기도를 하거나 작은 배를 띄운다. 강에 들어가 몸을 씻는 것은 쿰 멜라의 목적이자 가장 중요한 의식이다. 인도인들은 성스러운 쿰 멜라의 날에 성스러운 강물에서 몸을 씻으면 현생과 전생의 죄를 모두 씻어내고 윤회의 굴레에서 벗어날 수 있다고 믿는다. 순례자들은 목욕을 위해 동트기 전부터 준비하고 기다리는데, 목욕을 하는 순서는 엄격하게 정해져 있다. 해가 뜨기 시작하면 먼저 벌거벗은 수행자인 나가 사두(Naga Sadhu)들이 강물에 들어가고 그 뒤에 다양한 종파의 수행자들이 뒤따른다. 그 다음 일반 신자들의 입수가 허락된다. 이때 성스러운 강물을 병에 담아 가는 사람들도 많다. 목욕 의식이 끝나면 신자들은 깨끗한 옷으로 갈아입고 사두들의 말에 귀를 기울이며 신들을 찬미하고 강가에서 펼쳐지는 여러 공연을 관람한다. 사두는 산스크리트어로 '성자'라는 뜻이며, 해탈의 경지에 도달하기 위해 수행하는 힌두교의 수행자들을 가리킨다.

　정부는 행사를 앞두고 수질 개선을 위해서 저수지를 개방해 강에 물을 흘려보내고, 기업들에 오염물질 배출을 금지시킨다. 하지만 최근 오염 상태가 심각해지면서 순례자들은 몇 방울의 물만 마시거나 병에 강물을 담아간다. 쿰 멜라는 '항아리 축제'라는 뜻이다. 힌두교 경전에 따르면 축제가 열리는 장소들은 신들과 악마들이 불사의 영약인 암리타(Amrita)가 담긴 항아리를 차지하기 위해 싸우던 중 흘린 암리타 네 방울이 떨어진 곳이다. 축제기간 동안 성스러운 기일에 강물에 몸을 담그면 자신의 죄를 씻어낼 수 있다고 믿는다.

제3절 정치와 경제의 커뮤니티

간디와 파텔

인도의 지폐를 보면 10루피부터 1000루피까지 모든 지폐의 주인공은 마하트마 간디다. 그만큼 마하트마 간디가 남긴 업적이 대단한 셈인데, 한편으로는 모든 종교나 정파를 뛰어넘어 존경받을 수 있는 사람이 마하트마 간디밖에 없다는 것이다. 간디는 독실한 힌두교도이면서도 무슬림과 힌두의 갈등에 따른 분단을 피하고자 최선의 노력을 기울였으며, 결국 극우 힌두교도의 손에 암살되었다. 이처럼 인도는 건국 초기부터 모든 종교를 서로 존중하는 세속주의가 주요 정책으로 채택되어 내려온 국가이다.

인도의 지도자들이 카스트를 바라보고 인정하는 시각은 너무나 다양하여 간단히 정리하기는 어렵다. 간디는 나쁜 점은 있지만 카스트를 유지하는 것이 최선이라고 생각했다. 마누법전을 근거로 하여 힌두교는 나쁜 것이 하나도 없다는 극우 보수적인 집단도 많다. 어느 사회에도 갈등은 있기 마련이라는 명분 하에 도덕성을 강조하면서 물질적 분배를 무시하는 학자까지 카스트에 대한 비난과 유지를 바라는 다양한 집단이 존재한다.

사르다르 발라브바이 파텔(Sardar Vallabhbhai Patel, 1875~1950)은 마하트마 간디, 자와할랄 네루에 가려진 소위 인도 건국의 아버지 중 한명이며, 1940년대 인도 최초의 내무장관을 역임한 정치인이다. 독립 후 소왕국으로 갈기갈기 분열된 사회를 인도 공화국이라는 하나의 국가로 통합하는데 기여했다.

힌두교 중심주의 성향이었던 파텔은 이슬람교가 다수인 파키스탄이 인도에서 떨어져 나가는 것을 찬성했고 대결을 부추겼다. 간디, 네루와 함께 인도의 독립을 이끌긴 했지만 그들의 성향은 각자 달랐다. 간디는 힌두교와 이슬람교의 통합을 중시한 반면에 기본적으로 사회주의자였던 네루는 통합을 중시하되 철저한 세속주의를 지향했다. 반면 파텔은 힌두교를 중심으로 인도를 통합해야 한다고 주장했다.

파텔은 경제적으로 자본주의를 지지했으며 외교적으로 친미, 친서방 성향을 분명히 했다. 그는 인도국민회의 소속이었지만 지금은 힌두 극단주의 성향이 있는 인도 인민당에서 더 대우를 받고 있다. 나렌드라 모디 총리는 힌두중심주의를 자극해 표심을 결집시키려는 정치적 목적 때문에 파텔의 고향 구자라트 주에 거대한 동상을 세웠다.

반면에 인도 헌법의 초안을 만들고 카스트의 철폐를 헌법에 명기한 암베드카르 같은 선각자들은 힌두교의 야만성을 폭로하고 불가촉천민의 평등과 자유를 실현하기 위해 노력해왔다. 하지만 인도의 국부로 추앙받는 간디는 암베드카르가 불가촉천민의 권익향상을 위해 운동을 주도하자 불가촉천민에게 독자적 권리가 주어지는 것을 막기 위해 노력했다. 피억압 계층에게 독자적인 대표권을 주면 사회질서가 붕괴되어 심각한 폐해가 초래될 것이라 생각한 것이다. 간디는 불가촉천민을 양녀로 맞이하고 하리잔(Harijan : 신의 아이)이라 부르면서 차별철폐운동을 무마하려 했다. 하지만 수드라 계급과 불가촉천민은 하리잔이라는 칭호를 거부하고 스스로를 달리트(Dalit : 억압받는 자)라 부르면서 저항을 계속했다.

도미노 카스트

인도의 정치는 다양성을 얘기할 때 빼놓을 수 없는 분야이다. 특히 정치권은 카스트가 중요하다. 높은 카스트가 중요한 것이 아니라 투표권을 행사할 숫자가 많은 카스트가 중요하다. 이를 통상 도미노 카스트(dominant caste)라고 하는데, 꼭 상위 카스트일 필요가 없다. 하리야나 주의 자트나 구자르는 하위 카스트지만 상위 카스트보다 높은 정치세력을 유지하고 있다. 정부든 학교든 이미 상위 카스트의 기득권을 누리는 사람은 많기 때문에 공식적으로 상위 카스트를 고려하여 자리를 배정하는 일은 없다. 오히려 최하위 카스트 특히 불가촉천민에게는 정부나 공공기관 자리의 22.5% 이상 확보해야 하는 특혜가 주어지고 있다.

인도에는 현재 여러 주에서 활동하는 전국 정당은 6개이고, 특정 주에서 가시적인 활동을 보이는 지역 정당은 무려 49개에 달한다. 군소정당까지 합치면 그 수는 수천 개에 달한다. 다양한 정당들이 서로 경쟁하고 타협하면서 인도 정치를 이끌어가고 있다. 인도는 건국 이후 한 번도 쿠데타가 일어나지 않았으며, 민주적인 절차를 통한 문제 해결이 정착된 나라이다. 흥미롭게도 이들 정당은 각자의 심벌을 가지고 있는데, 그 이유는 문맹률이 높아서이다. 유권자는 글자를 몰라도 정당의 심벌을 보고 투표할 수 있다. 현재 모디 총리가 속한 인도국민당(BJP) 의 심벌은 연꽃이고, 국민회의당(INC)의 심벌은 손바닥이다.

그런데 인도의 전국 정당 가운데 대중사회당(BSP)은 카스트를 기반으로 하고 있다. 인도의 독특한 정치 방식 중 하나로, 하위 카스트들이 연합해서 지역 정당을 만들고 정권을 유지해나가는 형태다. 대중사회당의 당수인 달리트 출신의 여성정치가 마야와티 쿠마리는 인도 정치 1번지라는 우타르프라데시주에서 네 번이나 주 총리를 역임한 정치 거물이다. 우타르프라데시는 인도에서 인구가 제일 많고, 의석수 역시 가장 많다. 불가촉천민 출신인 마야와티(Mayawati)는 카스트의 차별 철폐를 주장하며 인도 정치계의 주목을 받았다. 2008년 총리 후보 물망에까지 올랐던 그녀는 세계에서 가장 영향력 있는 여성 100명 중 50위로 선정되기도 했다.

재벌 커뮤니티

최근 2022년 9월을 기점으로 인도는 GDP가 영국을 추월하여 세계 6위가 되었지만 빈부격차가 심하고 경제인들의 커뮤니티는 매우 단순한 편이다. 인도 GDP에서 재벌이 차지하는 비중은 60~70%로 상당한데, 이들 재벌은 대개 카스트, 지역, 직업군을 배경으로 한 커뮤니티에 속해 있다. 따라서 인도에서 기업의 활동을 성공시키기 위해서는 파트너가 어느 커뮤니티에 속하는지, 그 커뮤니티의 특징은 무엇인지 파악할 필요가 있다.

'파르시(Parsi)'는 인도의 소수계층인데 조로아스터교도로 이루어져 있다. 이들은 약 천여 년 전에 이슬람의 박해를 피해 인도로 건너왔고, 영국이 지배하던 시기에 동인도회사와 긴밀하게 협력하면서 사업기반을 확대해 왔다. 인도 최대 재벌인 타타그룹과 와디아, 고드리지그룹이 파르시 출신이다. 네루 수상의 딸이자 인도 최초의 여성 총리인 인디라 네루의 남편 페로즈 간디도 파르시 출신이었다.

또한 구자라티(Gujarati)는 '구자라트 사람들'이라는 뜻으로, 구자라트는 고대부터 해상교역이 발달한 지역이다. 구자라트 사람들은 무역을 통해 부를 쌓았으며 점차 금융업, 섬유업 등으로 영역을 확대해나갔다. 이들은 인도에서 개방적이고 국제 감각이 뛰어난 사람들로 알려져 있다

마르왈리(Marwaris) 역시 지역에 기반을 둔 경제인 그룹이다. 원래는 라자스탄주가 기반이었는데, 이후 식민지 시절에 캘커타로 이동해서 금융업과 무역업에 종사했다. 영국 식민 당국과의 협력을 통해 사업 영역을 인도 전역으로 확대해나갔다. 한때 타타그룹과 더불어 인도의 경제를 좌지우지했던 비를라그룹도 마르왈리 출신이다. 비를라그룹은 독립운동을 적극적으로 지원했던 기업이기도 한데, 실제로 마하트마 간디의 정치자금 중 상당 부분은 비를라그룹이 지원했다. 간디가 사망하기 전까지 머무르던 저택도 비를라그룹이 제공한 것이다.

이와 같이 인도의 재벌기업들은 상인 커뮤니티 소속으로 식민지 시절부터 착실히 기반을 닦은 경우가 많다. 신생기업으로서 재벌 반열에 드는 곳은 인포시스(Infosys) 에어텔 등의 IT 기업이거나 DLF, GMR 등 인프라 개발기업 정도

다. 최근에는 모바일 열풍에 힘입어 하이크 같은 신흥 재벌기업도 탄생하고 있다. 인도의 기업들은 이처럼 몇몇 상인 커뮤니티에 속해 있는 경우가 많지만, 창업 기회가 많은 최근에는 출신 배경이나 소속 커뮤니티와 무관하게 세워진 기업들도 있다.

여성의 삶

인도 여성들은 태어나면서부터 불평등을 경험하고, 의료와 교육에서도 차별을 받는다. 여성들을 경제적으로 괴롭히는 전통은 바로 지참금제도 다우리(Dowry)다. 넉넉지 않은 살림에도 1000만 원 이상의 지참금이 오가는 경우도 많다. 오죽하면 딸 가진 부모는 평생 번 돈의 60%를 지참금과 딸 결혼비용으로 써야 한다는 말이 있을 정도다.

또한 지금도 중매결혼이 다수인데, 몇몇 예외적인 경우를 제외하고는 부모가 정해준 남자와 결혼하는 경우가 많다. 보통 카스트에 따라 배필이 정해지고, 만일 부모의 뜻을 거역하고 자유연애를 고집하면 친지들의 손에 죽임을 당할 수도 있다. 이를 명예살인 이라고 하는데, 지금도 종종 인도 신문에 이런 사건들이 올라온다. 최근 여성의 권리에 대한 관심이 점차 높아지고 있지만 결혼한 여성들의 35%는 가사폭력에 노출되고 차별은 여전하다.

상황이 이렇다 보니 인도의 수많은 여성들은 능력을 제대로 발휘하기 어렵다. 또 문화의 예속으로 인해 남성을 접대하는 서비스업에 종사할 수도 없다. 식당 종업원이나 골프장 캐디 같은 직업도 대부분 남자가 차지한다. 인도가 강점을 가진 콜센터도 야간 근무가 많아 여성들이 기피하는 직장 중 하나다. 보통 회사에서 택시를 제공해주지만 그마저도 미덥지 않기 때문이다. 가정교사를 할 경우에도 학생 집이 아닌 자기 집으로 아이들을 부르거나, 아니면 제3의 장소에서 교습하는 방식을 선호한다.

교육받은 여성들도 사회 활동에 제약이 많은데, 정규 학교를 다니지 않은 대다수 여성들은 3D 업종에 몰려있다. 소규모 건설현장에서 벽돌이나 건축자재를 나르는 일, 또는 쓰레기를 치우거나 재분류하는 일을 보통 여성들이 담당한다. 인도 사회는 전반적으로 남성과 여성의 동등한 취업 기회와 직장에서의 평등한 임금 지급이 보장되지 않는다. 여성 직장인들은 야간이나 주말 근무 혹은 출장 업무를 수행하기 어려운 경우가 많고, 남성 위주의 기업 문화 때문에 차별이 존재한다. 인도 노동시장에서 여성이 차지하는 비중은 29% 정도에 머물러 있고, 유엔개발계획(UNDP)이 발표한 남녀 성 평등 지수에 따르면 인도는 157개국 중 130위 밖이다.

여성이라는 이유로 사원 출입이 금지된 곳도 많다. 인도 케랄라주에 있는 사바리말라 사원은 힌두교 성지 중 한 곳으로 그동안 10세부터 50세 사이 가임기 여성들이 '깨끗하지 않다'는 이유로 사원 출입을 막아왔다. 2018년 9월 인도 대법원은 여성들의 출입을 금지하는 것이 헌법에 어긋난다며 여성 신자들의 출입을 허용하라는 판결을 내렸다. 그러나 승려와 열성 신자들은 대법원의 판결을 무시한 채 여성의 출입을 막아왔다.

제4절 신비한 인도는 없다

인도의 미래 IIT

인도는 중국을 대체해서 세계에서 가장 빠르게 성장하는 경제대국이다. 중국이 미국과 패권경쟁으로 위상이 흔들릴 때 미국과 우호적 관계를 구축해가는 인도의 미래는 주목을 받고 있다. 인도는 미국, 일본, 호주와 안보 협의체인 쿼드(Quad)에 가입했고, 3차 세계대전 위기까지 거론되는 우크라이나 사태를 해결하기 위해 대립보다 효율적인 협력관계의 유지를 원한다. 인도는 미국이 주도하는 협의체 쿼드의 회원국이지만 동시에 중국과 러시아가 창설한 상하이 협력기구(SCO)의 멤버이기도 하다. 브릭스(BRICs) 국가의 일원으로서 세계의 공장으로 급부상하고 있으며, 인도의 평균연령은 26세 정도로 매우 젊다. 인도는 2050년까지 프랑스와 독일을 제치고 세계3대 경제강국으로 성장할 것으로 기대된다.

인도에서 IT 산업의 핵심 인재를 양성하는 인도공과대학(IIT)은 하버드, MIT, 프린스턴 대학과 같은 수준으로 대우받는다. 2020년 입학시험에서는 112만 명의 학생이 응시하여 16만 명이 1차 통과를 했고, 2차로 4만 3천명이 합격했다. 학생들은 공학, 물리 과학 또는 건축 과정에 대한 수요를 기반으로 1만 3000명의 입학 정원을 두고 경쟁했다. 입학 이후 학생 상호간의 평가와 어려운 학업과정에서 살아남는 것은 매우 어렵다. 학업에 대한 극심한 압박과 높은 열망으로 학생들의 정신 건강은 크게 도전을 받는다. 학교는 다양한 치료와 상담 과정을 통해 학생들을 지원하고 있지만 시험 관련 압박과 실패에 대한 극심한 두려움으로 인해 많은 학생들이 탈락하고 있다.

IIT는 인도 전역에 23개의 캠퍼스가 있으며 과거에는 졸업생의 80%가 실리콘 밸리를 포함한 해외로 대거 진출하였고, 최근에는 기술 스타트업의 수가 급증하면서 국내에서 취업하고 있다. IIT 졸업생들은 기업을 창업하거나 최고의 공무원이 된다. IIT의 명성이 쌓이고 더 발전하는 원동력은 학생들에게 지속적으로 현장의 기업가정신이 침투할 수 있는 교육 여건에 있다. 그리고 우수한 학생, 창의적 교육, 졸업동문과 학생, 졸업생들 사이의 서로 지원하고 협력하는 체계가 확고하기 때문이다.

공용어

그러면 인도인을 만나면 어떤 언어를 써야 하나? 인도의 공식 언어는 힌디어와 영어이지만, 이외에도 22개의 언어가 공용어로 지정되어 있다. 41%가 힌디어를 사용하고, 이와 유사한 마라티어, 구자라트어, 펀자브어, 아삼어, 오디아어를 포함한 인도 아리아 계통을 합치면 그 비율은 훨씬 높아진다. 힌디어는 북인도에서 광범위하게 통용되지만 남인도에서는 잘 쓰이지 않는다. 언어 체계도 완전히 달라서 남인도 사람과 북인도 사람이 만나면 영어로 대화해야 한다.

인도에서 영어의 위치는 모국어도 아니고 외국어도 아니다. 인도에서 영어 교육은 캘커타에 동인도회사가 설립되면서 시작되었다. 영어는 식민정부의 언어정책을 배경으로 19세기 중엽 왕실 공식 언어였던 무굴제국의 페르시아어를 대체했다. 자연히 영어는 높은 계급의 사람들이 쓰는 언어로 자리 잡으면서 계급사회를 더욱 조장하는 도구가 되었다. 특히 1844년 벵골지역의 총독이었던 하딩(Hardinge)은 영어를 하는 인도인들을 관리로 임용할 것을 결정함으로써 자발적으로 영어를 배우도록 부추겼다. 이후 영어는 인도인에게는 권력에 가까이 갈 수 있는 수단이 되었고, 많은 인도 지식인들이 영어를 배우기 시작했다.

이와 같이 영어는 인도에서 지극히 현실적인 이유로 보급된 언어다. 그래서 영국의 식민통치가 실시된 후부터는 영어자체는 물론 영국의 역사, 철학, 심지어는 인도인 자신들의 문화조차 영어로 이해하기 시작했다. 당연히 오랫동안 힌디어나 다른 인도의 지방어는 찬밥 신세를 면치 못했다. 최근 힌디어를 국어로 통일해야 한다고 주장하는 언어의 민족주의가 대두되기는 하지만 가능성은 없다. 간디는 힌디어를 잘하지 못했고 강연도 대부분 구라자트어로 했다. 하지만 말년에는 힌디어로 강연을 하면서 힌디어 사용을 권장했다. 그 이유는 인도를 하나의 민족으로 묶는 민족어가 필요하다고 생각했기 때문이지만 성공하지는 못했다.

왜냐하면 특히 남부 지역에서 반대가 심하기 때문이다. 과거 아리아계가 인도 북부로 들어오는 바람에 터전을 잃고 남부로 밀려나서 온갖 차별을 당했던 드리비다계로서는 아리아계의 주류 언어인 힌디어를 공용어로 삼는데 동의할 수 없었다. 즉 흰 피부의 아리아인들이 지배층이 되고 까만 피부의 드리비다인들을 멸시하면서 피부 색깔로 카스트를 만든데 대한 뿌리 깊은 원한이 있다.

영어를 사용하는 인구는 1971년의 조사에 의하면 3.9%에 불과하였는데, 최근 IT산업과 비즈니스 업무처리로 인해 영어 인구가 급증하고 있다. 이는 인도인들이 영국의 식민통치 환경으로 인해 저절로 영어를 잘 하게 된 것이 아니라 변화하는 현실에서 필요에 의해 배우고 있다는 것을 의미한다. 즉 인도 사회에서 영어를 잘한다는 것은 과거와 마찬가지로 여전히 교육을 잘 받은 집안출신이라는 뜻이고 문화인의 대우를 받기 때문이다.

즉 인도인 가운데 10억 이상의 인구는 영어를 못한다. 교육의 혜택을 받은 이는 소수에 불과하고, 모든 대학에서 강의를 영어로 진행하는 것도 아니다. 그러면 인도는 영어를 못하는 나라인가? 2억 명 정도는 아주 잘한다. 만약 인도의 고대 문헌을 분석하여 인도철학과 역사를 공부하고 싶으면 산스크리트 어를 익혀야 하고, 인도 르네상스를 공부하려면 벵골어를 알아야 한다. 비즈니스를 위해 인도 언어를 공부한다면, 영어 외에 어느 지역에서 사업을 할 것인지를 먼저 생각해야 한다. 힌디어도 지역 언어일 뿐이라는 것을 알아야 한다.

인도의 화폐에는 수십 개의 지역 언어가 명기되어 있다. 힌디어를 표준으로 제정해 국가경쟁력을 강화하려다가 분열을 불러오는 것보다는 주요 언어는 모두 공용어로 하고 다양성 속의 통일성을 추구하는 것이 더 낫다고 본 것이다. 인도에서 모든 공문서는 영어로 하고, 지역마다 많이 쓰는 언어로 한 부 더 작성하고 있다.

화장실

카스트 제도의 문제점은 일상생활의 화장실 문화에도 영향을 끼치고 있다. 지금도 야외에서 볼 일을 보는 인구가 5억 6천 만 명이라는 유니세프의 보고서도 있다. 나렌드라 모디 총리는 '클린 인디아'라는 구호를 내걸고 화장실 설치에 온 힘을 쏟고 있다. 화장실 혁명을 통해 의식 구조까지 변화시켜보겠다는 야심에 찬 전국적인 프로젝트이지만 효과는 매우 부진한 상황이다. 정부가 화장실을 설치해 주지만 머릿속에 깊이 자리 잡은 종교적 배경 때문에 이용을 잘 하지 않는다. 즉 화장실 문제는 단순한 위생문제가 아니라 복잡한 성격을 지닌 인도사회의 다양한 측면을 볼 수 있는 것이다.

예를 들어 인도 북부 우타라 프라데시(Uttar Pradesh)주에서는 정부 주도로 화장실 설치가 잘 진행되어 정부의 '클린 인디아' 정책의 성과가 기대되었다. 하지만 가다와리 마을에는 가정에 95%의 화장실이 만들어 졌는데, 그 가운데 무려 99%가 사용되지 않는 현실이다. 한마디로 설치된 화장실은 있으나마나 한 실정이라는 것이다. 이 화장실은 인도에서 흔히 볼 수 있는 소의 분변을 말린 연료를 보관하는 창고로 이용하는 경우가 대부분이다.

이와 같이 인도의 가정에 화장실이 뿌리 내리지 않는 것은 힌두교의 종교적 가치관과 밀접한 관련이 있다. 힌두교에서는 '깨끗함(浄)'과 '더러움(不浄)'이라는 개념이 중시되고, 오염원인 화장실은 멀리해야만 한다는 뿌리 깊은 인식이 자리 잡고 있기 때문이다. 또한 힌두교의 신분제도인 카스트도 영향을 미치고 있다. 배설물인 오염원을 처리하는 직업에는 하위 계급인 수드라나 불가촉천민이 종사해야 한다는 뿌리 깊은 가치관이 있다. 그러므로 상하수도가 정비되지 않은 지역에서는 배설물 처리가 매우 중요하지만 이 일은 하위계급들만이 취급할 수 있다. 이 일에 종사하는 부류들은 천시받기 일쑤이다. 가정집에 화장실을 설치해도 상위계급 사람들은 이를 관리하지 않기 때문에 아예 화장실을 사용하지 않고 야외를 이용하는 것이다.

모디 총리는 환경오염, 성폭행 등 사회문제를 야기하는 문제를 해결하기 위하여 '첫째가 화장실이고, 그 다음이 힌두교 사원'이라며 화장실 문화의 변화를 강조했다. 종교보다 공중위생이 중요하다고 한 것은 단순한 화장실 혁명이 아니라 인도의 뿌리 깊은 생각을 바꾸는 작업인 것이다. 인도를 깨끗하게 하려면 더러운 것은 모두 하위계급에게 맡긴다는 의식이 인도 국민들에게 스며들어 있는 카스트 제도를 방치하고서는 해결될 수 없다.

역할의 굴레

인도는 직업에 따른 역할 분담이 확실하다. 멀티플레이어가 되지 못하는 이유도 그 때문이다. 예를 들어 사무실 바닥에 누군가가 커피를 쏟았다고 가정하자. 우리나라 같으면 커피를 쏟은 사람이나 주변에 있는 사람이 얼른 닦을 텐데, 인도에서는 청소원이 와서 닦을 때까지 그냥 내버려 둔다. 만일 회사 청소원이 다른 일을 하러 외부에 나갔거나 휴가라서 출근을 안 했다면 어떻게 될까? 누군가가 바닥을 닦을까? 아니다. 청소원이 올 때까지 기다리는 것이 바로 인도식이다.

심지어 청소원도 다 같은 청소원이 아니다. 화장실을 청소하는 사람은 일반 청소원보다 신분이 더 낮다. 일반 청소원에게 화장실이 더럽다고 말해도 화장실 청소원이 와서 치울 때까지 그냥 둔다. 사무직 화이트칼라 중에는 브라만 출신이 많다. 아무래도 브라만 출신이 대관 업무나 기업체에 연락하는 업무를 자신 있게 진행할 수 있고, 바이어를 불러 모으고 상담을 주선하는 일은 브라만 출신 직원이 매끄럽게 잘하기 때문이다. 하지만 버스를 전세하거나 호텔과 연락하는 일은 그렇지 못하다. 브라만 신분에 대한 자부심 때문인지, 버스를 예약할 때도 이메일만 한 번 보내면 끝이다.

인도에서 버스를 예약할 때는 수시로 전화해서 제대로 예약되었는지 확인하고, 전날에는 버스 운전기사 연락처도 받아놔야 한다. 또한 버스기사에게 목적지를 미리 알려줘야 한다. 최고급 버스도 매번 문제가 생긴다. CD플레이어나 마이크가 작동되지 않는 경우도 허다하고, 시간 약속이 안 지켜지는 경우도 많다. 이렇게 챙길 게 많은데도 브라만 출신 직원은 요지부동이다. 즉 이메일을 보냈으니 자기 할 일은 다 끝났다는 식이다. 이처럼 인도 사람들은 자신의 업무 범위를 딱 정해놓고 절대 그 밖으로 나가려 하지 않는다. 또 자신의 업무 범위에 속한 일을 할 때도 자신의 권한을 최대한 사용하려고 한다.

인도인들은 좀처럼 화를 내지 않는다. 화를 내면 인격이 미성숙한 것이라는 힌두교의 가르침도 있다지만, 기본적으로 마음에 여유가 있다. 그리고 그들은 다양성에 대한 수용 능력이 뛰어나다. 요즘 같은 국제화 시대에 꼭 필요한 능력이다. 인도에는 22개의 공용어가 있고 수많은 종교가 즐비하다. 인종과 출신이 다른 사람들과 수시로 만나고 헤어진다. 따라서 외국 사람을 만나도 큰 거부감이 없다. 다름을 인정하고 공존을 위해 어떻게 해야 하는지 잘 이해하고 있다.

인도의 긍정적인 측면은 많다. 교육수준이 있는 인도인들은 영어를 잘하고 사고방식도 서양식인 경우가 많다. 개인주의적이면서 가족 중심적이다. 수많은 인도인이 세계적인 글로벌 기업에서 활약하는 모습을 보면 그저 놀라울 따름이다. 그뿐만 아니라 국제기구의 대표나 임원 중에서도 인도 출신이 많다. 전 세계에 퍼져있는 인도 교민의 숫자는 3000만 명이 넘는다. 이들의 광범위한 네트워크는 인도 경제성장의 동력이 되고 갑부가 즐비하다.

인도 사람들은 말을 잘한다. 학교에서도 말하기 교육에 큰 비중을 두며, 텔레비전 뉴스에서도 토론이 기본이다. 이들은 복잡한 이슈도 체계적으로 잘 정리해서 말하는 능력을 갖췄다. 이들이 말하는 모습을 보면 머릿속에 이미 중요한 이슈와 숫자 그리고 용어가 들어 있음을 알 수 있고, 원고 없이 발표하는 사람들이 많다.

갠지스의 화장터

바라나시는 힌두교도들이 성스럽게 여기는 도시들 가운데 하나로 갠지스강 중류에 있다. B.C. 2000년경 아리아인들이 정착하면서 종교와 철학의 중심지이자 견직물과 상아제품이 거래되는 상업도시로 발전했다. 이후 브라만 학자들이 모여들고 학교와 사원이 세워지면서 오랫동안 힌두 학문의 중심 도시로 명성을 이어왔다.

인도 사람들은 태어난 곳은 달라도 떠나는 곳은 성스러운 갠지스의 바라나시이기를 소망한다. 열반의 강이고 어머니의 품속이라는 갠지스 강에서 죽기를 소망하는 노인들은 자신의 화장에 쓸 돈을 마련해서 바라나시로 인생의 마지막 여행을 한다. 비싼 비용을 지불하면서 갠지스의 신들이 지켜보는 강가 화장터에서 불태워지기를 원한다. 화장터의 비용은 카스트 계급에 따라 분배가 되는데 브라만은 기도 값을 받고, 크샤트리아는 자리 값, 바이샤는 장작나무 값, 수드라는 태우는 값을 받는다. 부모가 죽으면 맏아들은 간이 들어간 음식을 먹지 않고, 13일이 지나면 브라만이 기도를 하면서 화장이 시작된다. 화장 당일에는 남자 가족들이 강가에서 삭발을 하는 예식을 하는데 화장터의 연기가 머리카락에 붙는 것을 막기 위해서이다. 화장 전에 시신을 강물에 적셔 정화한 다음 불을 지피기 때문에 장작을 충분히 준비해야 한다. 가난한 유족에게 화장 비용을 모아주는 것이 최대의 부조로 여기고 부자들은 기꺼이 비용을 기부하기도 한다. 화장터 주변의 골목과 계단마다 보따리와 함께 노숙하는 노인들의 모습을 볼 수 있으며, 인도 정부는 가난한 이들을 위해 무료화장터를 따로 마련해두고 유골을 강에 뿌려주고 있다.

화장터가 있는 열반의 강 갠지스에서 사람들은 목욕을 하고 입을 씻고 물을 마신다. 종교적인 정화를 위해 목욕을 할 수 있는 수십 ㎞의 목욕계단 가트 (ghāt)가 강기슭에 있다. 신앙심이 깊은 힌두교도들은 누구나 일생에 한번 신성한 도시 바라나시를 방문하여 그 길을 걸어보고 가능하다면 그곳에서 죽음을 맞이하기를 소망한다.

문화 연표

- 1498년 　　　바스코 다 가마 캘리컷에 도착
- 1526년 　　　무굴제국의 바부르가 로디 왕조의 이브라힘과 파니파트 전투를 벌임
- 1632년 　　　샤자한이 타지마할 건설 시작
- 1816년 　　　캘커타에 힌두 칼리지 설립
- 1828년 　　　벤딩크 총독이 부임하여 사띠 조혼을 금지하는 사회개혁 단행
- 1835년 　　　마코올리 위원장에 의해 영어교육 도입, 법정언어가 됨
- 1857년 　　　세포이 항쟁 발생
- 1858년 　　　빅토리아 여왕 인도 지배, 동인도회사 폐지
- 1916년 　　　무슬림 연맹과 국민회의 화해, 루크나우 협정
- 1932년 　　　간디와 암베트카르의 뿌나협정
- 1947년 　　　인도와 파키스탄 분리 독립
- 1948년 　　　마하트마 간디 암살
- 1956년 　　　암베드카르와 불가촉천민 불교 개종식

- 1971년   3차 인-파 전쟁, 동파키스탄이 방글라데시로 독립
- 2003년   브릭스라는 용어 등장
- 2006년   인도-미국 사이의 핵 협력에 관한 협정

참고자료

- 단행본   김도영, 『12억 인도를 만나다』, 북치는 마을, 2013.
                   김창국, 『인도 문화유산 탐방기1』, 기문당, 2021
                   류경희, 『인도 힌두신화와 문화』, 서울대학교출판문화원, 2016.
                   양신혜·오빛나, 『인조이 인도』, 넥서스BOOKS, 2019.
                   박민준, 『포스트차이나 진짜 인도를 알려주마』, 플랜지북스, 2017.
                   진기영, 『힌두교에 대한 기독교 메시지, 선교방식』, 아릴락북스, 2020.

- 다큐멘터리   〈아시아 - 버림받은 사람들, 달리트〉, 광주MBC, 2007.
                   〈강가 : 인도의 영혼〉, MBC, 2017.

- 영화   〈부르카 속의 립스틱(Lipstick Under My Burkha)〉, 알란크리타 슈리바스타바 감독, 2016.
                   〈바라나시(Hotel Varanasi)〉, 슈브하시슈 부티아니 감독, 2017.
                   〈토일렛(Toilet)〉, 오기가미 나오코 감독, 2017.
                   〈화이트 타이거(The White Tiger)〉, 라민 바흐러니 감독, 2021.

꾸란이 숨 쉬는 황금의 땅

중동

· 문화 키워드

수니, 시아, 꾸란, 이슬람, 석유, 히잡, 분쟁, 두바이, 부르즈 할리파

▌사우디아라비아

· 국기

전면에 아랍어로 "알라 이외에 다른 신은 없으며 무함마드는 알라의 사도이다"라는 이슬람교의 신앙 고백인 샤하다가 쓰여 있음. 칼은 사우디아라비아의 초대 국왕인 이븐 사우드의 승리를 나타내며 이슬람교와 알라를 이교도로부터 사수하는 것을 상징.

· 개관

수도	리야드(Riyadh)
정치체제	군주제
민족구성	아랍인(90%), 아프리카계 아시아인(10%)
언어	아랍어
종교	이슬람교(100%)
면적	214만㎢
인구	35,664,910명(2022)
인구밀도	16명/㎢

GDP	약 8,050억 달러
화폐	사우디아라비아 리얄

▌튀르키예

• 국기

 아이 이을드즈(Ay Yıldız, 달과 별) 한국어로는 '월성기(月星旗)'라고 표현. 초승달은 오스만 제국의 상징 중 하나로 월성 문양이 이슬람권 국기에 채택되면서 이슬람권 전체를 상징하는 문양으로 범위가 확장.

• 개관

수도	앙카라(Ankara)
정치체제	대통령 중심제(임기 5년, 연임 가능)
행정구역	총 7개의 지방(bölge), 81개의 도(il)
언어	터키어
종교	이슬람교(90% 이상, 수니파 다수), 기타 천주교, 개신교, 유대교 등
면적	738,562㎢
인구	8,417만명(2020)
GDP	약 6,930억 달러(2020)
화폐	리라

제1절 복종하라 이슬람

무함마드

이슬람이 일어나기 1세기 전의 중동은 비잔틴 제국과 사산조 페르시아 제국 두 강대국이 치열하게 경쟁하는 지역이었다. 따라서 비잔틴 제국의 국교 기독교와 페르시아의 국교 조로아스터교 뿐만 아니라 유대교와 마니교 등을 따르는 사람이 많았고, 토착종교인 다신교도 널리 퍼져있었다.

이슬람의 창시자 무함마드(Muhammad, 570~632)는 꾸라이쉬(Quraysh) 부족 하심 가문에서 태어났다. 꾸라이쉬는 사막을 횡단하는 무역로를 독점하면서 부를 축적했고 메카의 중심 부족이었다. 아버지 압둘라는 무함마드가 태어나기 전에 죽었고, 어머니 아미나(Amina)는 그가 여섯 살 때 세상을 떠났다. 유년시절에는 삼촌 집에서 양치기로 세월을 보냈고, 청년기에 접어들면서 시리아와 예멘으로 무역을 하던 삼촌을 따라 다니며 상술을 익히고 견문을 넓혔다. 젊은 상인 무함마드는 25세 때 15세 연상의 부유한 과부 카디자와 결혼했고 6명의 자녀를 두었다. 무함마드는 평생 동안 12명의 아내를 두었다. 메디나 시절 종교지도자이고 대족장으로서 이질적인 부족들을 통합하고 평화를 유지하기 위한 정략결혼의 결과였다. 첫째 부인 카디자 이외에 다른 부인들은 10세 소녀에 불과한 아이샤(Aisha)도 있었지만, 대부분 후견인이 없거나 나이가 많았고 무함마드의 아이를 낳아주지 못했다.

무함마드는 40세 되던 610년 메카(Mecca)의 인근 히라 산에서 신의 첫 계시를 받았다. 천사를 통한 신의 계시는 그가 신의 뜻을 대신 전하는 예언자로 발탁되었음을 의미했다. 무함마드는 사람들에게 계시 받은 신의 뜻을 전했다.

"알라는 모세와 예수를 예언자로 보내 자신을 알리셨지만 여전히 알라를 잘 모르는 불행한 인류를 위해 마지막 예언자로 나 무함마드를 보냈다."

무함마드는 자신이 전하는 종교를 '복종'이라는 의미를 가진 이슬람(Islam) 으로 칭했고, 자신을 따르는 공동체를 움마(Ummah)라고 불렀다. 당시 메카에는 빈부격차가 심했는데 무함마드는 이에 맞서 무슬림들 간의 평등을 강조하고 정의로운 사회를 선전했다. 그의 가르침은 유목민들의 수평적인 부족문화와 맞물려 메카 사회전반에 커다란 반향을 불러일으켰다.

메카의 기득권층은 예언자를 따르는 세력이 커지자 박해를 심하게 하였고, 결국 622년 오아시스 도시 메디나(Medina)로 근거지를 옮겼다. 이슬람에서는 무함마드가 이주한 사건을 헤지라(Hegira)라고 부르며 이슬람 원년으로 삼고 거룩하게 기념한다. 무함마드는 동족인 꾸라이쉬족과 유대인들의 공격을 물리치고 메디나의 정치적인 지배자가 되었다. 이슬람 공동체의 지도자로서 무함마드는 공동체를 유지하고 통제하기 위한 여러 제도와 장치를 만들었다. 그는 공동체의 지도자로서 자신의 고향인 메카를 설득하여 무혈입성하고 여러 부족과 종교단체들 사이에서 발생하는 갈등을 조정했다. 자신을 죽이려 했던 지배가문을 시리아로 추방하고, 이슬람국가의 기틀을 만들면서 약 2년간 통치하다 죽었다. 그의 후계자 칼리파(Khalifa)들은 '온 세상이 알라에게만 예배드릴 때까지 거룩한 싸움을 계속한다'는 예언자의 유지를 받들어 세력 확장을 계속했다. 아라비아 반도 곳곳에 분열해 있던 아랍민족은 이슬람이라는 사상으로 빠르게 통합되었다.

꾸란

이슬람은 종교이자 삶의 방식이다. 이슬람의 경전인 꾸란(Quran)은 무함마드가 천사의 입을 통해 20년 이상 계시 받은 내용들을 사후 추종자들이 문서로 기록한 이슬람의 경전이다. 총 114장 6,300개의 구절로 이루어져 있고, 꾸란이라는 말은 '읽어야 한다'는 뜻이며 아랍어로 된 경전만 그 권위를 인정받는다. 기독교의 성경이 여러 세대에 걸쳐 각기 다른 언어로 쓴 것을 결집한 것에 비해 꾸란은 한 장소에서 한 인물에게 짧은 기간 동안 하나의 언어로 계시되어 완성되었다.

꾸란은 천사 가브리엘을 통해 예언자 무함마드에게 내려지는 것을 그대로 받아 적은 것으로 계시의 매체는 성령이지만 말씀의 주체는 알라이다. 무함마드는 신의 계시를 암송하면서 자신도 모르는 사이에 아랍 시문학의 새로운 장르를 창조하고, 사람들은 꾸란의 암송이 주는 깊은 감동과 영성의 세계에 빠져들었다. 무함마드를 경멸했던 사람들조차 꾸란의 낭송을 들으면 마음이

고요해지고 깊은 감동을 받아 눈물을 흘렸다. 그들은 점차 자발적으로 신의 말씀이 직접 꾸란이 되어 내려왔다고 믿으며 일생동안 부단히 읽고 암송하면서 믿음과 복종을 약속했다.

꾸란은 신과 인간의 관계뿐만 아니라 공동체의 개인 관계, 개인과 사회 및 국가와의 관계를 규정하고 있다. 알라의 계시에 의거해 가장 완벽한 인간인 무함마드가 설립한 공동체는 무슬림들이 추구하는 이상적인 국가와 사회였다. 이슬람을 창시한 무함마드는 단순한 종교지도자가 아니라 정치지도자였다.

꾸란에서는 기독교의 십일조에 해당하는 자카트도 누구에게나 줄 수 있도록 규정하고 있다. 기독교처럼 꼭 교회에 내야 하는 것이 아니라, 길거리에 있는 사람에게 주는 돈도 자카트이다. 자카트는 모든 무슬림의 의무이고, 자기 수익의 2.5퍼센트를 내야 한다. 어려운 사람들을 돕고 부를 재분배하기 위해 도입한 제도이다. 무함마드는 이 자카트를 누구에게나 줄 수 있도록 함으로써 돈이 종교기관에 모이는 것을 막았다. 성직자와 돈이 없는 종교기관이 왕권 혹은 권력층에 도전하거나 그 위로 올라설 수는 없기 때문에 유럽의 중세하고는 크게 다르다.

수니와 시아

메카와 메디나를 통일하여 이슬람국가를 건설한 후 2년도 지나지 않은 632년 무함마드가 갑자기 세상을 떠났다. 유일신 알라의 대리인이고 최후의 예언자 무함마드가 지닌 권위는 탁월한 것이었고, 대체 불가능한 지도자를 잃은 움마는 혼란에 빠졌다. 후계에 대해 아무 말도 남기지 않았는데 여러 아들은 모두 어린 나이에 죽고, 네 명의 딸이 살아남아 장성했다. 아들에게 권력을 물려주던 중동의 전통 때문에 사람들은 무함마드의 가까운 사촌인 알리를 주목했고, 그는 초기부터 무함마드를 도와 이슬람을 전파했다. 무함마드는 자신의 딸을 알리와 결혼시켜 사위로 삼았기 때문에 사촌이자 사위인 알리, 누가 보아도 그가 무함마드의 후계자로 가장 유력했다.

당시 대다수 사람들은 무함마드가 사망하면 알리가 권력을 물려받을 것이라고 굳게 믿었다. 그러나 무함마드의 측근들은 무함마드보다 세 살 적었던 아부 바크르를 후계자로 선출했다. 우선 알리가 너무 젊은 것이 문제였다. 당시 알리는 30세였다. 알리의 추종자들은 불쾌했지만 참을 수밖에 없었다. 가부장적 권위주의 사회에서 알리보다 스물일곱 살이나 많은 원로인 아부 바크르의 선출을 공개적으로 비난할 수는 없었다. 그런데 아부 바크르 이후에도 두 번째 후계자로 우마르, 세 번째 후계자로 우스만이 선출됐다. 결국 알리는 무함마드가 세상을 떠난 지 24년 만인, 656년이 되어서야 우스만이 암살당하면서 권력을 차지하게 된다.

알리가 네 번째 후계자로 선출되었지만 많은 세력이 그의 정통성에 문제를 제기했기 때문에 통치기간 5년 동안은 순탄치 않았다. 알리는 수도를 메디나에서 현재 이라크의 쿠파로 옮겼지만 내전이 이어졌다. 661년 알리는 쿠파의 모스크에서 새벽 기도를 하던 중 살해되었다. 그리고 우마이야 가문의 지도자 무아위야가 현재 시리아의 다마스쿠스를 수도로 하는 우마이야 왕조를 세운다. 이어 670년에는 알리의 아들 하산이 독살당하고, 680년에는 또 다른 아들 후세인이 우마이야 왕조의 정벌대에 의해 이라크의 카르발라 전투에서 패하고 목숨을 잃었다.

그런데 사람들은 왜 알리를 추종했을까? 이렇게 알리 일가가 처참한 최후를 맞이하고, 알리의 추종자(시아 알리)들은 복수를 다짐하면서 사우디의 메카와 메디나를 떠나 이라크에 정착했다. 즉, 현재 시아파 최대 국가는 이란이지만 시아파가 정립된 곳은 이라크다. 따라서 이란인들은 이라크의 나자프와 카르발라로 성지 순례를 간다. 시아파는 이슬람 역사 내내 집권 세력에 의해 탄압을 받아왔다. 이들이 이슬람을 창시한 무함마드 가문의 피를 이어받은 정치 세력이라는 점에서 모든 수니파 정권들은 이들을 배격하고 억압해왔다. 시아파는 1501년 이란의 사파비드 왕조가 시아파를 국교로 삼을 때까지 소수 종파로서 그리고 위험한 정치 집단으로서 소외되고 고통 받았다. 현재도 시아파는 전체 이슬람 신자 중 10퍼센트에 불과한 소수파로 남아있다.

중동에서 시아파는 정치적 갈등으로 등장했다. 아랍어로 시아는 '분파'라는 의미이고, 시아파의 원래 이름은 '시아 알리'다. 즉, 무함마드가 건설한 이슬람 국가를 계승한 네 명의 후계자(칼리파) 중 네 번째 알리를 따르는 무리 혹은 분파라는 의미다.

억압 속에서 탄생한 시아파는 7세기 중반부터 16세기 초까지 자신들만의 독특한 정치와 종교 문화를 만들었다. 가장 대표적인 것이 성직자인 '아야톨라(알라의 말씀)'와 최고 공동체 지도자인 '이맘'이다. 수니와 시아의 가장 큰 차이는 성직자의 존재 여부다. 수니파에는 울라마라고 불리는 학자들이 정부에 고용되어 종교지도자 역할을 수행할 뿐이다. 수니파에서의 이맘은 예배를 인도하기 위해 '앞에 선' 사람을 의미한다. 아랍어로 이맘은 '앞'이라는 뜻이고, 누구나 이맘이 될 수 있다.

시아파에서는 이맘이 알라에 의해 선택되며 그의 권위와 능력이 혈통으로 이어진다고 믿는다. 따라서 무함마드의 후손들이 통치자가 되었어야 한다고 주장한다. 시아파는 수니파가 정통성을 가진 후계자라고 인정하는 아부 바크르, 우마르, 우스만을 합법적인 지도자로 인정하지 않는다. 원로들에 의해 선출되었기 때문이다. 또 시아파는 신으로부터 부여받은 권능을 이맘이 행사하고 기복신앙이 존재한다. 수니파에서는 우상화를 우려해 무함마드의 성화도 존재하지 않지만, 시아파는 알리와 그의 두 아들 하산과 후세인의 성화를 허용한다. 수니파는 계약결혼을 금지하고 있으나 시아파가 다수인 이란에서는 계약에 근거한 동거가 허용된다.

이런 차이에도 불구하고 시아파와 수니파는 꾸란과 주요 믿음의 원리들을 공유하면서 공존해왔다. 이슬람을 떠받치는 다섯 기둥인 신앙고백, 예배, 단식, 자선, 성지순례 등 교리 측면은 동일하다. 예컨대 사우디아라비아 대사와 이란 대사가 서울 이태원에 있는 사원에서 함께 예배를 드리는 모습을 볼 수 있다. 시아파가 종교관이나 교리보다는 무함마드의 후계자 문제를 둘러싼 정치적

이해로 인해 등장한 분파이기에 가능한 것이다. 물론 오랫동안 수니 무슬림으로부터 차별과 억압을 받아왔다는 점에서 시아 무슬림들의 불만은 이어져오고 있고, 또 일부 수니파 학자들은 아직도 시아파를 이단으로 여기고 있다. 그렇지만 시아파가 형성된 초기 혼란 시대를 제외하고는 양측 간의 정치적 반감이 유혈 충돌로 이어진 사례는 최근에 와서 발생하고 있다.

정체성 투쟁

무함마드는 자신의 종교적 권위에 도전할 수 있는 세력이나 집단 자체를 허용하지 않았다. 따라서 이론적으로 이슬람에서는 누구나 예배를 인도하고 설교할 수 있었고, 교단이 누구에게나 개방되면서 반정부 세력이 모스크를 장악하는 일도 생겨났다. 이러한 문제를 해결하기 위해 근대에 와서야 중동 국가들은 정부에서 월급을 주는 모스크 담당자를 파견하여 관리했다. 특히 수니파는 독립적인 성직자는 없고, 경전과 신학을 공부한 학자, 즉 울라마들이 존재할 뿐이다. 이들 학자들도 정부의 이슬람법 해석이나 종교 재산 관리를 위해 고용된 것이다. 다시 말해 성직자는 없고 공무원만 있다는 것이다. 직업적 성격의 교황, 주교, 목사들도 존재하지 않는다.

반면에 오랜 기간 탄압을 받아온 시아파로서는 강력한 리더십이 필요했다. 이를 위해 성직자 계급을 만들고 이들이 시아파의 정치 경제 그리고 사회 운용에 관여하는 것을 허용했다. 시아파 국가인 이란은 현재 대통령 위에 최고 종교지도자가 군림하는 유럽식의 정교일치 국가가 되었다. 현재 존재하는 57개 이슬람 국가 중에서 성직자가 대통령 위의 국가 최고지도자로 존재하는 나라는 시아파 국가인 이란뿐이다. 따라서 서방 세계가 말하는 신정일치는 현재 시아파에서만 가능하다고 할 수 있다.

시아파와 수니파의 갈등이 현대에 와서 본격적으로 시작된 이유는 영국이 이라크를 식민통치 하면서 양측 간의 갈등을 조장했기 때문이라고 많은 학자들은 말한다. 실제로 2003년 이라크 전쟁에서도 미국 등의 다국적군은 수니파와 시아파 간의 갈등을 부추겨 후세인 세력을 제거하려 했다. 이는 이라크가 현재까지 혼란을 겪고 있는 이유 중 하나다. 따라서 이라크에서의 IS 등장, 시리아 내전, 예멘 내전 그리고 사우디와 이란 간 외교 갈등의 사태를 시아파와 수니파 간의 분쟁으로만 보는 것은 적절치 않다. 이라크 내 IS의 부상과 내부 혼란은 후세인의 비호 하에서 한때 권력의 핵심이었던 세력이 시아파가 주도하는 국가 운영에 불만을 갖고 투쟁하는 것으로 봐야 한다.

시리아 내전은 2011년 아랍의 봄에 영향을 받은 민주화 요구를 시아파 중앙 정부가 무력으로 진압하는 것에 대해 인구의 80%를 차지하는 수니파의 저항이자 반발로 발생했다. 또한 예멘 내전은 수니파 살리흐 전 대통령의 통치하에서 소외되었던 시아파가 권력을 잡기 위해 무장투쟁을 벌이고 있는 상황에서, 사우디 등 수니파 국가가 이를 막기 위해 군사적으로 개입한 것이 주요 원인이다.

최근 중동에서 종파 갈등은 국제사회를 뒤흔들고 있는데, 바로 이슬람 두 종파인 수니파와 시아파의 종주국이라 할 수 있는 사우디아라비아와 이란의 대립이 그 진원지이다. 전 세계 이슬람교인 중 85~90%는 수니파이며 그 종주국은 사우디아라비아이다. 소수인 시아파의 종주국은 이란인데 사우디가 반정부 시아파 지도자를 포함한 테러 혐의자 47명을 처형하면서 시아파 종주국인 이란과의 갈등이 생긴 것이다.

사우디와 이란 간의 외교 갈등은 경제제재 이후 중동 내 패권국가가 될 가능성이 큰 이란을 견제하기 위한 사우디 등 수니파 국가의 견제로 봐야 한다. 오랫동안 미국과 국제사회의 제재 때문에 눌려 있던 이란이 다시 부상하고 있는 상황에서 사우디는 그동안 자신들이 중동 내에서 누렸던 영향력을 유지하기 어려워졌다. 인구, 군사력, 수자원, 제조업 수준 등에서 이란은 사우디의 국력을 능가한다. 사우디는 수니파와 시아파 간 갈등을 고조시킴으로써, 수니파 국가들의 수장 역할이라도 유지하려는 전략을 선택한 것이고, 미국의 이해관계도 같이 추가되었다. 현재 중동에서 벌어지는 수니파와 시아파의 싸움은 종교 갈등을 빙자한 패권 경쟁임을 분명히 알아야 한다.

제2절 검은 황금 석유

루즈벨트와 사우드

중동에서 열강이 대결하는 이유 가운데 가장 중요한 것은 석유 때문이다. 중동의 석유는 놀라울 정도로 수익성이 높고 특히 사우디 왕실에서는 부의 원천이다. 제2차 세계대전 이전에는 영국이 이란 석유의 100%, 이라크 석유의 47%를 통제했다. 그러면 어떻게 미국이 영국을 제치고 석유전쟁에서 최종적인 승자가 되었을까?

두 가지의 중요한 계기가 있다. 첫 번째는 루스벨트 대통령이 영국과의 담판을 통해 석유 이권을 챙겼다. 미국의 32대 대통령 프랭클린 D. 루스벨트는 미국역사에서 유일무이하게 4선 대통령이고 대공황 극복을 위해 뉴딜정책을 추진한 인물이다. 미국은 중동의 석유가 필요했기 때문에 사우디에 공을 들였다. 미국이 중동에서 영향력을 행사하자 1944년 주미 영국대사 핼리팩스(V Halifax)는 미국대통령과 담판을 위해 백악관을 방문했다. 이 회담에서 루스벨트 대통령은 중동에서 석유의 질서를 가름하는 역사적인 제안을 했다.

> "이란 석유는 영국이 갖고, 이라크와 쿠웨이트의 석유는 공유하고, 사우디아라비아 석유는 미국이 갖는다."

루스벨트가 중동 국가들과 열강의 의사와는 상관없이 석유의 채굴권에 대해 정리를 하였고, 미국의 일방적인 태도에 영국은 불만을 제기했다.

두 번째는 미국의 관심 대상인 사우디아라비아와의 비밀협정을 통한 설득이었다. 1945년 2월 14일 루스벨트는 사우디아라비아와 비밀 회담을 개최하였고, 중동 석유의 주도권을 미국으로 가져오는 결정적인 사건이 되었다. 제2차 세계대전 이후 세계 질서를 논의한 얄타 회담 직후 미국으로 돌아가면서 루스벨트는 미국 군함 USS 퀸시호에서 사우디 국왕과 회담을 했다. 루스벨트와 사우디의 국왕 이븐 사우드는 양국의 무역과 관계에 대한 상호간의 문제를 합의했다. 미국은 사우디에서 석유 개발에 대한 특권을 가지는 대신 사우디의 안보를 보장해 주었다. 사우디와의 관계를 통해 미국은 중동의 강자로 부상하고 영국은 입지가 밀리기 시작했다.

회담 이후 미국은 아랍에 매우 우호적인 자세를 취하면서 지금까지 사우디아라비아를 통해 중동에서의 영향력을 확대했다. 그 이유는 사우디아라비아가 전 세계에서 가장 많은 원유를 생산하고 있으며 석유수출국기구(OPEC)를 주도하고 있기 때문이다. 반면에 이란은 미국의 경제 제재조치가 해제되고 원유 시장에서 영향력을 행사하기를 기대하고 있기 때문에 두 나라의 갈등은 세계 경제에 영향을 주고 있다. 석유 이외에도 사우디가 중요한 이유는 이슬람 문화의 중요한 성지인 메카와 메디나가 있기 때문에 아랍 전체에 미치는 영향력이 크다는 것이다.

OPEC

중동의 석유를 열강들이 좌지우지하자 산유국들도 불만을 제기하면서 반격을 도모하기 시작했다. 강대국들의 행태를 지켜만 보다가 1960년 9월 원유가격 하락을 방지한다는 명분으로 이라크·이란·사우디아라비아·쿠웨이트·베네수엘라의 5대 석유 생산국 대표가 바그다드에 모여 협의체를 결성했다. 1950년대 중동과 아프리카에서 유전이 발견되면서 원유의 공급과잉사태가 일어났고, 국제석유자본이 원유의 가격을 폭락시켰다. 석유 가격을 장악했던 미국과 영국에 맞서 산유국들이 OPEC을 결성하고 공시가격의 회복과 인상을 주도했다. 당시 5개국은 전 세계 석유 생산의 86%를 차지했다.

결성 당시에는 원유공시가격의 하락을 저지하고 산유국간의 정책 협조와 정보 교환을 목적으로 하는 가격 카르텔 성격의 기구였다. 그러나 1973년 제1차 석유위기를 주도하여 석유가격 상승에 성공한 뒤 원유가의 계속적인 상승을 도모하기 위해 생산량을 조절하는 생산 카르텔로 변질되었다.

회원국들은 원유가격 인상과 더불어 석유시장 국유화를 통해 막대한 부를 축적했다. 거액의 재정자금을 보유하게 된 산유국들은 사회 인프라와 경제개발 사업을 가속화하면서 국내의 불안을 잠재우고, 동시에 축적된 외화를 국제금융시장에 단기자금으로 공급하여 금융질서를 재정립할 만큼 큰 영향력을 행사했다. 오늘날 OPEC은 가격정책 외에 석유 이권의 국유화, 자원보호, 각종 석유산업으로의 진출, 석유시대 후의 국가건설을 목표로 하고 있다. 2022년 11월 기준 회원국은 아프리카의 알제리·앙골라·콩고·적도 기니·가봉·이란·이라크·쿠웨이트·리비아·나이지리아·사우디아라비아·아랍에미리트·베네수엘라 총 13개국이다. 회원국이 임명하는 이사회가 있으며, 본부는 오스트리아 빈에 있다.

석유전쟁

미국이 중동의 질서를 안정적으로 관리하고, 아랍국가 간의 갈등도 진정되고 있을 때 기존의 중동 질서를 완전히 바꾸는 사건이 발생했다. 바로 이스라엘의 건국이다.

1947년 9월 29일 UN은 팔레스타인 지역을 분할해 이스라엘 국가를 세우겠다는 안건을 통과시켰다. 이스라엘의 팔레스타인 거주를 위한 UN 결의안은 찬성 33표, 반대 13표, 기권 10표로 채택되었다. 1948년 5월 14일 이스라엘이 독립을 선언하고 미국의 33대 대통령 트루먼이 전폭적인 지지를 하면서 승인했다.

아랍세계의 불만은 고조되었고 이집트·요르단·시리아가 연합군을 결성해서 이라크의 해외원정군과 함께 팔레스타인에 진입했다. 아랍연합군이 이스라엘을 침공하여 중동전쟁이 시작되었지만 결과는 아랍세계의 처참한 패배로 끝났다. 이후 중동은 1973년까지 30년 동안 4번이나 반복되는 전쟁터가 되었다.

그 가운데 제4차 중동전쟁이 석유와 직접 관련이 있다. 그동안 세 차례의 전쟁에서 승리한 이스라엘에게 빼앗긴 영토를 되찾기 위해 1973년 10월 이집트는 기습을 했다. 4차 전쟁은 이집트 대통령이 전쟁 전에 사우디아라비아를 방문하여 국왕에게 전쟁지원을 요청했다. 석유로 세상을 흔들 기회를 찾던 산유국 사우디는 석유 길을 봉쇄하면서 협조를 약속했다. 그러나 전쟁이 시작되고 이스라엘이 밀리기 시작하자 미국은 대규모의 전차와 항공기를 포함하여 물자를 지원했다.

많은 산유국들은 생산량을 줄이고 이스라엘 편의 국가들에게 석유 수출을 금지시켰다. 아랍 세계의 산유국들은 석유를 정치적 무기로 사용하였던 것이다. 그러나 시리아군을 격파한 이스라엘은 시리아 수도 다마스쿠스 부근까지 진출했고, 이집트도 공격하여 수도 카이로를 위협했다. 결국 10월 22일 유엔 안전보장이사회가 정전을 요구하는 결의안을 채택하고 양측 모두 받아들임에 따라 전쟁은 16일 만에 막을 내렸다.

한편 전쟁이 한창이던 10월 16일 아랍석유수출국기구(OAPEC)는 석유 가격을 크게 올리는 한편, 이스라엘이 점령 지역에서 철수할 때까지 매달 석유 생산을 5퍼센트씩 줄이겠다고 선언했다. 석유 가격은 1974년 봄까지 무려 5배나 상승하고, 세계 경제는 불황과 물가 상승으로 극심한 침체를 겪었다. 이것이 바로 역사적인 석유파동이다.

새로운 변화

현재 러시아와 우크라이나 전쟁의 영향으로 에너지 가격이 급등하자 미국은 중동의 석유생산에 간섭을 시도하지만 영향력이 예전만 못하다. 미국은 자국에서 셰일 오일이 생산되면서 중동과 경쟁상대가 되었다. 세계의 안정보다 자국의 이익을 우선시하는 미국일변도 정책이 일관성 있게 추진되면서 미국에 의존하던 중동의 안보도 흔들리기 시작했다.

여전히 석유에 의존하는 산업이 주류를 이루지만 한쪽에서는 배럴당 90달러를 넘나드는 고유가시대를 맞아 넘쳐나는 오일머니를 토대로 다양한 미래 청사진 짜기에 나서고 있다. 즉 거대한 사회기반 시설을 구축하고, 또 다른

쪽에서는 여성 참정권 허용 등 시대 흐름을 반영한 개혁 바람이 일고 있다. 석유시대 이후를 대비하고 화석연료 문명으로부터의 탈피는 이미 생존의 문제가 되었다. 석유가 초래하는 기후변화로 중동 지역의 사막은 더 뜨거워지고, 물은 더 고갈돼가고 있다. 가뭄은 실제로 시리아 내전을 촉발시킨 요인 가운데 하나로 꼽힌다.

석유에서 탈피하여 금융과 관광 사업을 성공시킨 사례가 대두되면서 각국은 우후죽순처럼 새로운 시도에 나섰다. 두바이의 성공 이후 걸프 지역의 중동 국가들은 경쟁적으로 홍해개발 프로젝트를 추진하고 관광과 스포츠를 통해 새로운 먹거리를 찾고 있다. 중동의 국가들은 아직까지 형편없는 청정에너지 비중을 2050년까지 75%로 높이는 정책을 추진하면서 사막의 뜨거운 태양에 관심을 두고 있다.

제3절 중동 분쟁의 본질

열강이 정한 국경선

중동 분쟁의 본질을 규명하는 것은 쉽지 않다. 갈등의 원인은 20세기 초 국민국가가 탄생하는 과정에서 이미 싹텄다. 즉 오스만투르크를 몰아내고 광대한 영토를 재편하기 시작한 영국과 프랑스는 유럽식 근대국민국가를 중동지역에 뿌리내리게 함으로써 영향력을 유지하고자 했다. 술탄제국을 해체하고 다양한 국가로 분리하면서 식민 지배를 연장하고자 시도한 것이다.

열강에 의해 자의적으로 그어진 국경선과 급조된 국가는 필연적으로 분쟁을 불러왔다. 하나의 공동체가 하루아침에 분리되었고, 이질적인 부족과 종파, 그리고 다양한 종족과 종교가 하나로 묶이거나 흩어졌다. 국가 안에서 발생하는 내전은 모두 인공적인 국가 형성과정에서 비롯된 것이다. 수천 년 동안 중동 전역에 뿌리내려 온 부족과 종족, 종파 등 다양한 정체성이 존재하는데도 불구하고 국가라는 생경한 정체성에 강제로 묶이면서 초래된 분쟁의 결과는 참혹했다.

제2차 세계대전 이후 등장한 새로운 국가와 기존 국가 내부에서도 갈등이 끊이지 않았고 쿠데타도 빈번했다. 즉 이집트, 이라크, 리비아에서는 쿠데타로 군사정권이 등장했고, 시리아에서도 여러 차례 정변으로 정권이 계속 바뀌었다.

열강은 입맛대로 자로 잰 듯이 국경선을 긋고 수시로 내전에 간섭하고 있다. 1978년 소련의 지원을 받은 세력이 여러 부족들의 다양성을 고려하지 않고 사회주의 정권을 출범시킨 이래 지금까지 아프가니스탄에서는 반세기 동안 내전이 이어졌다. 이후 소련이 침략하면서 이를 격퇴하기 위해 전 세계에서 모인 이슬람 전사들이 10여 년 동안 투쟁했다. 그 부산물로 알카에다라는 조직도 생겼다. 마찬가지로 1975년부터 15년간 이어진 레바논 내전, 1994년 예멘의 내전은 외부세력의 간섭과 내부의 종파 갈등이 겹쳐서 발생했다. 지금도 진행 중인 시리아 내전으로 30만 명 이상이 목숨을 잃었다. 내전을 틈타 IS 테러 조직이 거점을 만들고, 국가가 없는 쿠르드족에 대한 탄압과 수자원을 둘러싼 분쟁이 이어지고 있다.

분쟁의 양상은 너무나 복잡하여 이해하기 어려운 측면이 있다. 한 가지 분명한 것은 여러 민족과 집단이 어우러져 살았던 제국과 다민족 국가에 민족주의가 번지자 이제껏 이웃처럼 지냈던 집단들이 각자 서로를 향해 총구를 겨냥하기 시작한 것이다. 중동의 아랍인들은 하나의 아랍 국민국가를 세우지 못하고 여러 국가로 쪼개졌다. 그것도 자의에 의해 나누어진 게 아니라 열강에 의해 인위적으로 국경이 결정되는 바람에 정체성의 투쟁이 격렬하게 전개되고 있는 것이다.

이스라엘과 미국

중동에서 이스라엘의 막강한 영향력과 독자적인 행보의 배후에는 미국의 맹목적인 지지가 있다. 그 배경에는 우선 미국 내 강력한 유대인 로비 세력의 존재가 있다. 그동안 미국은 이스라엘이 행한 군사적 도발, 비인권적 정책, 주변국과의 마찰에도 불구하고 이스라엘 일변도 정책을 유지했다. 미국은 지난 60여 년간 단 한 번도 이스라엘에 불리한 유엔 안보리 혹은 유엔 총회 결의안에 찬성표를 던진 적이 없다. 미국의 언론, 학계, 재계는 물론 정계에서 막대한 영향력을 행사하는 유대인 로비 세력의 힘이다. 반이스라엘 정서를 가진 사람은 시의원에도 당선되기 어렵다는 말이 있을 정도다. 미국에서 대통령 선거가 있을 때마다 후보들이 이스라엘을 방문해 친이스라엘 발언을 하는 이유도 여기에 있다.

이스라엘과 미국의 맹목적인 동맹관계의 배후에는 중동의 긴장 상태를 계속 바라는 이들도 있다. 바로 군수산업 관련 세력과 연계된 기업인과 정치인들이다. 이들은 중동이 계속 화약고로 남아있기를 바란다. 중동은 엄청난 오일 머니를 바탕으로 세계 최대 무기구매력을 가지고 있다. 군수산업 관련자들에게는 중동이 최대 시장이다. 긴장, 불안, 갈등 그리고 궁극적으로는 전쟁이 이들에게는 군수 물자의 수요를 유지할 수 있는 중요한 변수다. 중동에서 분쟁과 전쟁이 끊이지 않는 이유와 이스라엘 팔레스타인 분쟁이 80년 가까이 해결되지 않는 것도 여기에 있다. 현재 미국 무기의 최대 수입 국가는 사우디아라비아다. 미국 군수산업 관련자들에게는 최대 고객이 있는 중동에 평화가 정착돼서는 안 되는 것이다.

이스라엘은 난민 귀환, 정착촌 철수, 이스라엘이 점령한 동예루살렘의 지위, 수자원 분배, 테러 방지 등의 문제에서 팔레스타인과 이견이 좁혀지지 않고 있다고 주장한다. 이는 현재 상황을 고착화하기 위한 이스라엘의 전략이고, 팔레스타인과 분쟁 해결이 어렵다고 강조하면서 정착촌을 계속 건설하고 있다. 이스라엘은 한 번에 팔레스타인 독립 국가를 인정하기보다는 점진적인 방안을 제시하고 있다. 이른바 '경제평화론'이다. 아랍 및 팔레스타인의 경제 인프라를 확충하면서 재정을 지원하고, 결과적으로 삶의 질을 높임으로써 자연스럽게 평화 구축으로 이어지게 한다는 기능주의적 접근이다. 이스라엘은 사안이 복잡하고 시간이 필요하다는 명분을 내세우고 있다. 문제는 국제사회와 세계 언론도 이스라엘의 담론에 끌려가고 있다는 것이다.

미국은 이스라엘이 남의 땅을 강제로 점령하고 불법시설인 정착촌을 짓고 있는 모습을 지켜만 보고 있다. 세계 초강대국 미국이 묵인하고 있으니 나서는 나라도 없다. 또한 국제사회는 이스라엘의 문제에 대해 이미 해결방안이 제시되어 있다는 것을 알지만 강제하지 못한다. 유엔안전보장이사회는 두 차례의 결의안을 통해 이스라엘이 불법 점령지에서 철수하도록 결의했다. 1967년 242호와 1973년 338호 유엔 안보리 결의안은 이스라엘이 강점한 국제법상 불법점령 지역에 대한 합의문이다. 쉽게 말해 유엔 안보리 결의안을 이행하면 이스라엘과 팔레스타인 문제는 해결된다. 이스라엘과 아랍의 갈등은 본질적으로 영토 분쟁이기 때문이다.

파워게임

중동에서 정체성에 기초한 갈등 요인이 여전히 만연하지만 최근에 드러나는 현상은 조금 다른 양상이다. 이미 실질적인 영향력을 행사하는 나라와 새롭게 도전하는 나라 간에 벌어지는 파워게임 국면에 접어든 것이다. 한마디로 사우디아라비아와 이란 간의 갈등이다. 이란을 축으로 하는 시아파 초승달(Shia Crescent) 세력과 사우디아라비아를 축으로 하는 수니파 초승달(Sunni Crescent) 세력 간 경쟁 및 갈등 구도가 분명해졌다.

그동안 중동에서 실질적 강국은 사우디아라비아였다. 세계 최강대국 미국과의 강력한 군사동맹관계와 석유 수출시장에서의 압도적 지배력 때문이었다. 사우디의 왕실은 든든한 군사안보와 막대한 오일달러에 이슬람 최대 성지 메카를 관할하는 소프트파워를 바탕으로 중동에서 헤게모니 국가를 자임해 왔다.

그러나 2015년 핵협상이 타결되면서 제재가 해제된 이란이 국제사회의 정상국가로 등장했다. 이란은 대통령과 국회의원을 선거로 뽑고 여성의 인권도 어느 정도 보장된 국가다. 석유 자원도 많고, 팔레비 왕정을 무너뜨린 이슬람

혁명이 언제 왕실을 위협할지 모른다는 점에서 사우디는 늘 긴장한다.

사우디와 이란은 중동에서 편가르기에 나서며 분쟁을 확산시키고 있다. 사우디아라비아가 전격적으로 예멘의 시아파 후티 반군을 공습하기 시작한 것도 이런 맥락에서 이해할 수 있다. 정치적 혼란 속에서 북부의 시아파 반군이 수도를 함락하면서 권력을 장악하고, 나아가 예멘에 시아파 정권이 들어서는 것을 염려한 것이다.

최근 이란의 패권국가 부상을 막기 위하여 미국까지 개입하는 치열한 신경전과 물리적 충돌이 발생하고 있다. 서방 국가들은 어느 한 국가가 헤게모니를 가지는 것이 아니라 이해관계가 있는 여러 국가들 간의 세력 균형을 원한다. 무엇보다도 유럽까지 위협하고 있는 극단주의 세력의 테러를 막고 자신들의 경제적 이해관계와 안보에 위협이 되는 갈등 상황을 막는 것이 중요하다.

미국이 이란과 맺었던 핵 협정을 탈퇴하고 이스라엘 대사관 이전 문제를 계기로 중동의 위기는 고조되고 있다. 2018년 5월 도널드 트럼프 미 대통령은 이란과의 핵협정(JCPOA)에서 탈퇴하고 경제 제재를 부활시킨다고 선언했다. 조 바이든 대통령도 같은 기조를 이어가고 있다. 이는 안보리 조약을 위반하는 미국의 일방적인 결정이고 국제사회의 노력에 찬물을 끼얹는 행위라고 볼 수 있다.

중동정책에서 미국이 추구하는 목표는 분명하다. 미국은 이란 정권의 전복을 원하며, 중동의 패권을 둘러싼 경쟁에서 이스라엘과 사우디아라비아가 우위를 점하기를 바란다. 미국의 궁극적인 목적은 자신이 중동지역에서 지켜온 헤게모니를 중국, 러시아, 유럽의 도전으로부터 지켜내는 것이다. 미국은 최근 시리아 정권 전복에 실패하고 사우디에 대한 압박이 통하지 않자 중동에서 미국의 주도권이 크게 손상된 경험이 있다. 이제 전쟁을 통해서든 이해관계에 부합하는 정치 세력의 교체를 통해서든, 미군철수와 경제제재와 같은 압력을 통해서든 헤게모니를 유지하고자 하는 것이다. 특히 전쟁은 중동정책에서 유효한 수단으로 활용되어 왔기 때문에 쉽게 포기하지 않을 것이다.

테러

왜 중동에서 과격운동이 확산되는지, 왜 이것이 테러로 이어지는지, 왜 이들이 서방을 공격하는지 이해하는 것은 어렵다. 중요한 것은 현재의 이슬람주의 과격운동이 이슬람 종교에 기반하고 있지 않다는 것이다. 즉 이슬람 자체가 폭력적이거나 테러를 추구하지 않고, 이슬람은 평화를 지향하는 종교이자 삶의 방식이다. IS와 같은 이슬람주의 과격 테러단체들은 이슬람을 정치적 이념으로 이용하고 있을 뿐이다. 예컨대 자살 폭탄 공격은 이슬람적인 것이 아니다. 피조물의 생명을 거둘 수 있는 권리는 창조주 알라에게만 있다. 우리가 직면하고 있는 테러는 폭력적인 이슬람주의다. 이러한 극단적 상황에 대해 중동인들도 고통스러워하고 테러 없는 세상에서 살고 싶어 한다. 이슬람과 이슬람주의를 분명히 구분할 필요가 있다.

중동에서 폭력과 테러가 많이 일어나는 것이 유목문화와 관련이 있다는 주장도 있다. 유목문화의 가장 큰 특징은 무력을 바탕으로 한 권위주의에 있고, 생존에 가장 중요한 우물과 오아시스를 지키기 위해 유사시에는 나가 싸워야 했다. 공동체의 생존이 남성의 전투력에 달려있었기 때문에 눈에는 눈, 이에는 이라는 보복 전통이 생겼다.

평화는 가능한가?

중동의 거대 담론인 이스라엘과 팔레스타인 분쟁은 절대로 해결할 수 없는 문제인가?

이 분쟁을 해결하기 위해 그동안 많은 노력이 이어져왔다. 1993년 오슬로평화협정이 그 대표적인 결과물이다. 오슬로평화협정을 통해 이스라엘과 팔레스타인 그리고 미국을 포함한 국제사회는 팔레스타인 독립국가 건설에 합의했다. 그 결과 팔레스타인 자치정부가 요르단 강 서안에 들어섰다. 이스라엘이 점령한 땅에서 철수해서 영토 문제가 해결된다면 이 분쟁은 쉽게 종식될 것이다.

대다수 이슬람 국가들은 이스라엘과 팔레스타인 분쟁을 외교적으로 해결하기를 원한다. 아랍 국가들은 오슬로 평화협정에서 도출된 두 국가 해법에 대해서도 지지하고 있다. 대표적인 사례가 2002년 3월 레바논에서 개최된 아랍연맹 정상회담에서 사우디아라비아가 제시한 이스라엘과의 평화구상이다. 당시 사우디 국왕이었던 압둘라 빈 압둘아지즈의 이름을 따 '압둘라 구상'이라고도 불리는 이 안건에 대해 22개 아랍 정상 모두가 만장일치로 승인했다.

이 제안의 골자는 이스라엘이 1967년 전쟁 이전의 국경으로 철수하고 요르단 강 서안과 가자지구에 팔레스타인 국가가 세워지면 모든 아랍 국가가 이스라엘과 외교관계를 정상화한다는 것이었다. 하지만 이 압둘라 구상도 실현되지 않고 오슬로 평화협정도 와해되는 분위기가 지속되고 있다. 현재 이란과 시리아는 하마스, 헤즈볼라 등 반이스라엘 과격 세력을 지원하면서 중동의 평화는 여전히 난제로 남아있다.

제4절 히잡을 두른 여성

히잡(Hijab)

2022년 히잡을 안 쓰고 한국에서 열린 스포츠클라이밍 국제대회에 출전했던 이란 선수는 국제적인 주요 인물이 되었고, 결국 자신의 부주의를 사과해야 했다. 무슬림 여성들은 머리를 가리고 긴 가운의 옷을 입는다. 히잡은 다양한 형태로 내려오다가 이슬람 문화권에서 체계화되고 하나의 율법과 무슬림 정체성의 상징이 되었다. 무슬림 여성들이 몸을 가리는 것은 지역과 직업 그리고 상황에 따라 매우 다양하다. 이슬람 사회에서 통용되는 베일은 국가와 민족에 따라 그 명칭과 모양이 다른데 일반적으로 아랍국가에서 히잡으로 통용된다. 히잡의 어원은 '격리하기 위하여'라는 뜻이 있는 하자바(hajaba)에서 파생되었고, 시야로부터 감추는 것을 의미한다. 형태에 따라 전신 은폐용, 두건 형, 복면형으로 나눈다. 가장 보수적인 것은 머리에서 발끝까지 모든 부분을 가리며 눈은 망사로 처리해 인상착의를 알아보기 힘든 부르카(Burqa)이다. 꾸란에 언급된 의상은 히잡으로 얼굴과 상체를 가리는 것과 얼굴만 내놓고 나머지 상체를 가리는 두 종류가 있다.

몸을 가리는 의상이 꾸란에 명시되면서 남성과 여성의 관계를 규정하는 상징으로 받아들여졌다. 꾸란 24장 31절을 보면 여성을 가리는 것을 다음과 같이 언급하고 있다.

> "밖으로 나타내는 것 외에는 유혹하는 어떤 것도 보여서는 아니 되니라. 그리고 가슴을 가리는 수건을 써서 남편과 그녀의 아버지, 남편의 아버지, 그녀의 아들, 남편의 아들, 그녀의 형제, 그녀 형제의 아들, 그녀 자매의 아들, 무슬림 여성이 소유하고 있는 하녀, 성욕을 갖지 못하는 하인, 그리고 성에 대한 부끄러움을 알지 못하는 어린이 외에는 드러내지 않도록 해야 되니라."

이슬람에서 종교적 의미가 부여된 베일을 처음 쓴 여성은 무함마드의 어린 부인인 아이샤(Aysha)로 전해진다. 무함마드는 여성에 대한 보호 차원에서 아내들과 자유 여성들에게 베일을 쓰도록 명했다. 다만 여성 노예들은 베일을 쓰지 못하게 했다. 상류층 여성들에게 베일을 쓰도록 권장한 반면에 하층 여성들에게 착용을 허락하지 않은 것은 여성에 대한 남편의 의무와 권위를 함축하고 있다. 정숙한 여성은 베일을 씀으로써 다른 남성의 접근을 막는 경계의 표시를 하고, 어느 남성에게 속한 여성인지 알 수 있는 상징물이 되었다.

서구인의 관점에서 무슬림 여성의 베일 착용 관습은 이슬람의 문화 혹은 여성인권의 문제로 인식되면서 시급히 개선되어야 할 것으로 간주되었다. 2010년 7월 유럽에서 무슬림이 가장 많은 프랑스의 의회에서는 이슬람 전통 복장인 부르카(Burca)를 착용한 여성에 대해 최대 750유로의 벌금을 부과한다는 내용의 법안을 상정했다. 그리고 부르카와 비키니의 합성어인 부르키니(Burquini)가 비위생적이고 타인에게 피해를 준다며 이를 착용한 여성들의 수영장 입장을 금지하는 조치가 취해졌다. 이와 같이 부르카 착용에 대한 논란이 사회적 이슈가 되고 당시 사르코지 대통령도 의회 연설에서 부르카에 대한 부정적인 입장을 언급했다.

사우디아라비아에서는 화재가 발생했는데 베일을 쓰지 않은 여성은 집 밖으로 나올 수 없다는 이유로 소방관들이 구출해주지 않아 건물에 있던 여성 모두가 불타서 사망하는 사건이 발생했다. 이후 중동에서도 베일 착용이 논쟁의 대상이 되며 사회의 중요한 안건이 되었다. 하지만 서구의 여권운동가들이 베일 착용 관습을 비판하면서 협력을 제안해도 중동 대부분의 여성들은 여전히 전통과 관습이 유지되기를 바란다. 그녀들에게 히잡은 단순한 전통의복이 아니라 때로는 억압의 상징으로 때로는 자유의 상징으로 인식하고 있기 때문이다.

여성으로 산다는 것

2018년 사우디아라비아는 여성들에게 자동차 운전을 공식적으로 허용했다. CNN에 따르면 12만 명 이상의 여성들이 운전면허증 등록을 신청했다. 이것은 모하메드 빈 살만 왕자가 경제부흥을 위한 비전 2030 프로젝트를 추진하면서 여성을 고용하기 위하여 실시한 혁신적인 정책이었다.

중동의 여성들은 차별과 인권탄압을 오랫동안 받아왔다. 하지만 이슬람의 경전에는 남녀가 인격적으로 평등하다는 것을 강조하고, 다만 생물학적 차이에서 비롯된 역할의 차이에서 남성이 여성의 보호자가 됨을 인정하고 있다. 즉, 권리에 대해서는 남성과 여성이 동등함을 분명히 규정하고 있다. 이혼 후에도 여성의 생활비를 전 남편이 책임지고, 남성이 아내와 가족을 부양할 책임이 있다. 상속에 있어서도 남성 재산의 절반을 물려받도록 재산권을 규정하고 있다. 이처럼 꾸란에서는 남녀의 차별과 유별을 언급하는 일부 구절을 제외하고 남녀평등의 내용이 압도적으로 많다.

하지만 꾸란에서 언급하고 있는 이상적인 여성관과 현실은 너무나 차이가 있다. 이슬람은 각 부족의 전통에 대해 특별한 제제를 가하지 않았기 때문에 자신들의 전통에 맞게 해석을 하면서 현실 속에서 변질되었다. 무함마드가 사망한지 200년 정도 지난 후 꾸란을 근거로 이슬람법인 샤리아가 제정되면서 가부장중심으로 변했다. 심지어 순결을 잃거나 가족의 명예를 실추시키면 여성을 살해해도 살인죄가 성립되지 않는 명예살인이 허용되고, 현재에도 전통이라는 이유로 공공연하게 발생하고 있다. 여성의 명예는 남성의 명예와 직결되기 때문에 여성의명예훼손은 남성, 나아가 사회전체에 대한 모독으로 간주되었다. 소위 명예살인은 국제적인 문제로 등장하여 2000년 제네바 국제연합인권위원회에서 실태보고서가 작성된 후 민간단체를 중심으로 반대운동이 벌어지고 있다.

히잡의 상징성

히잡의 상징성은 종교담론과 연관된 여성운동에서 핵심적인 논쟁의 주제로급부상하고 있다. 서구의 관점에서 히잡은 이슬람 사회의 후진성과 여성인권의 참혹함을 다루는 좋은 소재였다. 즉 히잡은 여성 억압의 상징으로 간주되며첫 번째 해결해야 할 공격의 대상이 되었다.

그러나 이슬람에서 히잡은 전혀 다른 의미와 상징성을 가진다. 첫째, 종교적인 관점에서 베일을 착용하는 것은 무슬림이라는 것을 의미하며 종교의 정체성과 경건함을 나타낸다. 이슬람을 전파하는 하나의 도구로서 역할을 하면서동질감과 소속감을 느끼게 한다.

둘째, 사회적으로는 정숙함과 도덕성을 타인에게 표출하여 남성과 여성 사이의 접촉을 조정하고, 공공장소에서 일어날 수 있는 성문제로부터 자신을 보호할 수 있다. 이는 여성의 신분과 권위 나아가서 그 가족의 명예를 상징함으로써 무슬림 여성들의 정체성을 분명하게 표현한다.

셋째, 히잡은 사막의 자연과 문화를 담고 있다. 사막의 고온 저습한 자연조건에서 강한 햇빛과 직사광선으로부터 신체와 피부를 보호하고, 모래바람과밤의 한기를 막을 수 있다.

넷째, 경제적으로 교복과도 같은 실용적인 역할을 하며 유행에 민감할 필요성이 줄어들고 비용을 절감할 수 있다. 마지막으로 열강의 식민지배와 독재에 저항하는 정치적 상징성도 포함하고 있다. 알제리의 독립전쟁과 이란 혁명시기 여성들은 히잡에 중요문서나 의약품을 감추면서 운동을 전개했다.

히잡의 변신

무슬림 여성들의 전통의상은 율법의 완고함을 보여주는 도구였기 때문에 투박하고 검은색이 대부분이고 다양한 색상은 허용되지 않았다. 그러나 최근 방송과 인터넷의 보급으로 히잡은 미적 표현의 수단인 패션 아이템으로 변모하고 있다. 방송에서 보여주는 역동적인 여성들의 모습이나 해외 나들이 때의 공항 패션은 중동의 새로운 여성성을 전파하면서 근본적인 변화를 보이고 있다. 또한 많은 여성들이 샤넬이나 크리스찬 디오르의 명품 스카프를 히잡 대용으로 착용하여 계층의 소속감이나 부를 과시하는 경우가 늘어나고 있다. 무슬림 여성들의 패션에 관한 문제는 상당히 유연해졌으며 점차 감추기 위한 옷에서 표현하기 위한 옷으로 바뀌고 있다.

이와 같이 무슬림의 전통의상은 서구의 의상과 교묘히 결합되며 몽환적인 관심과 재해석이 이루어지고 있다. 세계적인 디자이너들이 파리와 밀라노에서 전통의상을 재해석한 작품을 선보이면서 패션시장에서 주류로 등장하고 있다. 프라다와 구찌도 무슬림 전통 여성복 시장에 관심을 가지면서 경쟁적으로 다양한 디자인을 선보이고, 특히 루이비통에서는 리미티드 에디션으로 3000만 원이 넘는 의상을 제작하여 주목을 받기도 했다. 전통과 현대, 이슬람과 서양의 만남을 통해 이슬람의 전통의상은 점차 자유롭고 다양한 스타일로 변신하고 있다.

제5절 중동과 두바이

중동과 아랍

2018년 제주도에 나타난 예멘 난민 문제로 온 나라가 시끄러웠다. 중동에 대한 편견이 심각한 상황에서 이슬람이 부각되자 난민에 대한 동정심보다 공포가 급속히 퍼지면서 그들을 난민이 아닌 이슬람 불법체류자로 단정해버렸다. 중동이 낯설기는 하지만 더 이상 한반도 정세와도 무관하지 않게 되었다.

중동은 지역 혹은 지정학적 개념이다. 동양을 세 지역으로 나누는 경향이 있었던 서양 지리학자들은 지중해로부터 페르시아 만에 걸쳐 있는 유럽에서 가장 가까운 지역을 근동이라 하고, 중동은 페르시아 만에서 동남아시아에 걸쳐 있는 지역을 가리켰다. 현재 학계에서 인정하는 중동의 범위는 아라비아 반도와 이란, 이라크, 시리아, 레바논, 팔레스타인, 요르단, 이집트 그리고 이스라엘이다. 중동이라는 개념이 논란이 되는 이유는 이것이 가진 유럽중심주의적 시각으로 아랍인들은 이 용어를 좋아하지 않는다.

반면에 아랍은 언어와 문화의 정체성을 기반으로 하는 민족적 개념이다. 주로 아랍어를 사용하고 아랍 문화를 공유하고 있다는 믿음 혹은 소속감을 가진 사람들이다. 혈족을 바탕으로 하지 않는 이유는 아랍 국가들 중 완전히 다른 인종들이 존재하기 때문이다. 즉, 인종이나 혈족 그리고 생김새로 아랍인을 구분하는 것은 정확하지 않다. 따라서 어떤 나라가 아랍 국가인지 가장 쉽게 알 수 있는 방법은 언어다. 아랍어를 공식어로 사용하는 나라는 아랍 국가이고, 북아프리카와 동아프리카 해안 지역 국가들을 포함한다. 따라서 아랍어를 공식어로 사용하지 않고 투르크어를 사용하는 튀르키예, 페르시아어를 사용하는 이란, 히브리어를 사용하는 이스라엘은 아랍에 포함되지 않는다.

아랍어는 영어, 중국어, 러시아어, 프랑스어, 스페인어와 함께 국제연합(UN)이 정한 세계 6대 공용어다. 20여개 아랍 국가는 물론 말레이시아의 이슬람인을 포함하여 세계 13억 명이 사용한다. 그런데도 아랍어는 한국에서 특수어 취급을 받으면서 아이러니하게도 대학수능의 고득점 과목으로 선택되고 있다. 교사와 교재도 없지만 문제가 쉽게 출제되기 때문에 수험생 70%가 수능에서 제2외국어로 아랍어를 선택하고, 찍기만 해도 2등급이 나오는 기현상이 계속되고 있다.

그럼, 여기서 개념의 차이를 분명히 이해하기 위해서 돼지고기 금지는 이슬람 전통일까, 중동 전통일까? 중동에서 무슬림들은 돼지고기를 먹지 않는다. 이런 전통이 아랍 전통, 중동 전통, 혹은 이슬람 전통 중 어디에 기원을 두고 있을까? 많은 사람들이 이를 이슬람 전통이고 문화라고 생각한다. 그러나 이슬람 종교의 율법이나 관행에서 시작된 것이 아니기 때문에 이슬람 전통으로 보는 것은 애매하다. 이슬람 발생 이전에도 중동 지역의 유목민들은 돼지고기를 먹지 않았다. 이슬람보다 약 2,000년 이전에 등장한 유대교에서도 돼지고기 섭취를 금하고 있다. 돼지고기를 먹지 않는 것은 이슬람 전통이라기보다는 중동의 전통이라고 보는 것이 타당하다. 중동의 기후 및 환경 때문에 돼지고기를 먹지 못하게 되거나 금하게 된 것이다. 한 낮 온도가 50도를 넘어가는 곳에서 냉장고도 없던 시절에 돼지고기를 섭취하는 것은 많은 문제를 야기했을 것이다. 때문에 공동체의 보건과 복리를 위해 돼지고기의 섭취를 금지하도록 종교적으로도 규정해놓은 것이다. 사막의 유목생활도 돼지고기 섭취를 금지하는 배경이 되었다. 유목민들은 대부분 농사를 짓지 않았기 때문에 자신들이 먹을 식량이 부족했다. 인간이 먹이를 주어야 하는 돼지를 키우기란 쉽지 않았고, 계속 이동해야 하는 상황에서 몰고 다니기도 힘들었다. 이슬람 발생 이전에도 중동의 사막에서는 돼지를 키우기가 사실상 불가능했다. 결국 돼지고기를 먹지 않는 것은 이슬람 전통이라기보다 중동 전통이라는 것이다.

그리고 잘못된 용어의 선택은 현지인들에게 상당히 부정적인 인상을 안겨줄 수 있다. 예를 들면 이스라엘인과 대화를 하면서 '아랍'이라는 용어를 자주 쓰게 되면 불만을 표시할 것이다. 아랍과 이스라엘은 앙숙관계에 있다. '중동은 왜 폭력적이고 이상한가?'라는 질문을 던지면 더 화를 낼 것이다. 중동이라는 용어에는 이스라엘도 포함되기 때문이다. 이때는 아랍 혹은 이슬람권이라는 용어를 써야 한다.

사막의 낙타

사막의 배라고 불리는 낙타는 중동에서 수천 년 동안 교통수단이자 재화와 식량으로 중요한 역할을 담당해왔다. 낙타가 하루 동안 걷는 거리가 일상생활의 단위가 되었다. 낙타문화는 곧 느림의 문화이고, 인내와 기다림이 미덕인 전통을 남겼다. 따라서 내일 해도 되는 일은 무조건 내일로 미루는 경향이 있다. 그러나 석유가 발견되면서 낙타를 중심으로 한 사막의 전통적인 생활방식은 급격하게 사라졌다. 교통이 발달하고 생활이 서구화되면서 전통에 대한 향수와 생활의 여유가 만나 화려하게 부활한 것이 바로 낙타경주와 낙타 미용 축제이다. 낙타경주는 중동의 뿌리 깊은 전통스포츠로 사막에서 성행했는데 중동의 부호들이 거금의 상금을 걸고 축제로 부활시켰다.

중동권 문화의 핵심은 인맥을 중시하는 와스타문화(ثقافة الواسطة)를 들 수 있다. 팔은 안으로 굽는다는 의미를 담고 있다. 중동에서 사업을 성공하기 위한 가장 중요한 첫걸음은 비즈니스 과정에서 현지인과 친해지려는 노력을 끊임없이 기울여야 한다. 아랍어로 인맥을 뜻하는 와스타는 중동문화의 한 축이고, 철저한 패밀리 문화로 변신했다. 회사 명칭을 보면 XX Brother's나 가문명칭을 쓰는 경우가 매우 많다.

중동인은 서로의 안부를 묻는 인사를 매우 중요시 여기고 모든 인사말에는 종교적인 의미가 담겨있다. 한국식의 고개를 숙이는 인사는 글로벌화된 지역인 카타르나 UAE 등의 경우에만 친숙한 표현으로 인식된다. 나머지 국가에서는 오로지 알라에게만 고개를 숙이는 전통 때문에 거부감을 보인다. 중동에서는 선물을 받으면 무조건 꼭 되갚는 관습이 있다. 중동사람들의 대부분은 신앙심의 깊이를 떠나 무슬림에 자긍심을 가지고 있기 때문에 전통관련 간단한 선물을 교환하는 것을 좋아한다.

두바이의 부르즈 할리파 누가 지었나?

중동의 작은 왕국 두바이는 고유가로 팽창하는 부를 블랙홀처럼 빨아들이면서 마법 같은 변신을 거듭하고 있다. 두바이는 진부한 모든 것을 거부하는 독특한 건물들이 솟아오르고 있고, 세계 최대라는 수식어가 붙어 다니는 건물들이 즐비하다. 주력산업은 관광과 부동산개발이다.

페르시아만을 끼고 아라비아반도 동남부 사막 해안가에 자리 잡고 있는 두바이는 서울의 7배 면적에 인구는 3분의 1이다. 7개 토후국으로 구성된 아랍에미리트연합(UAE)의 최대 도시이자 두바이왕국의 수도이다. 사막 위에 세워진 두바이는 세계적인 인공물들로 유명하다. 세계 최대의 쇼핑몰과 인공섬이 있고, 스키장과 세계 최고급 호텔도 있다. 두바이 성장 전략의 핵심은 도시 전체를 미래 전시장 내지는 실험장으로 바꿔서 상품화하는 전략이다. 첨단 과학기술로 미래 도시의 모델을 구현해서 성장 동력을 확보하고 미래를 상품화해서 관광객을 유치하는 것이다.

두바이를 방문하는 여행객들은 세계에서 가장 높은 건물위에서 화려한 야경을 보기를 원한다. 불가능을 가능하게 만드는 도시, 상상을 현실로 만드는 도시, 사막에 살면서도 사막에 살고 있다는 사실을 잊는 기적이 있는 곳이다. 세계에서 제일 높은 부르즈 할리파(아랍어: خليفة برج)는 바로 자랑스러운 대한민국의 기업 삼성물산이 주계약자로 건축을 담당했다. 아랍에미리트의 대통령 할리파(Khalifa bin Zayed bin Sultan Al Nahyan)의 이름을 본 따서 이름을 지었고 2009년 10월 1일에 완공되었다. 높이 828m의 초고층 건물이며 사무실과 호텔용으로 건설되었고 내부에는 상업과 오락 시설을 포함한 대규모의 복합 시설을 갖추고 있다. 부르즈 할리파는 서비스와 관광을 통해 석유 기반 경제에서 탈바꿈하려는 정부의 결단으로 건설되었다.

두바이에는 미래를 위한 실험들이 벌어지고 있다. 우선 세계 최초의 인공지능담당 장관이 있다. 2017년 4차 산업혁명 국가전략에 따라 신설된 이 장관은 두바이를 혁신과 신흥 기술의 글로벌 허브로 자리매김하라는 임무를 맡았다.

세계 최초의 3D프린팅 사무용 건물도 있는데, 250제곱미터의 이 단층 건물을 짓는 데 소요된 기간은 17일, 인력은 불과 18명이었다. 기존방식의 건축보다 절반정도의 인력으로 건물을 세웠고, 두바이 당국은 2030년까지 건물의 25%를 같은 방식으로 짓겠다는 계획을 가지고 있다.

두바이의 전략에 주목하는 이유는 인류가 직면한 환경과 도시문제를 선도하기 때문이다. 물론 두바이의 미래전략이 실용성보다는 전시효과에 치중한 것처럼 보이는 프로젝트들도 많다. 2117년까지 화성 정착촌을 건설한다는 '우주개발 100년' 구상도 아직은 꿈일 뿐이다. 두바이의 미래도시 전략은 공급이 수요를 창출하는 방식이다. 현실에 없는 미래라는 상품을 공급해 꿈이라는 수요를 충족시키려는 것이다. 수십 년 전만 해도 진주잡이를 주된 먹거리산업으로 삼던 어촌마을 두바이는 미래도시의 본보기로 변신하고 있다.

문화 연표

- 1917년   벨푸어 선언
- 1948년   유엔의 지원 하에 이스라엘 국가건설
- 1967년   제3차 중동전쟁으로 이스라엘이 예루살렘 완전히 차지
- 1979년   이스라엘과 이집트 간 평화조약 체결
- 1991년   이스라엘, 시리아, 레바논, 팔레스타인의 대표들이 참가한 가운데 마드리드 평화회담 개최
- 1993년   이스라엘과 팔레스타인해방기구(PLO)가 오슬로에서 평화를 위한 합의를 함
- 1996년   팔레스타인 의회가 최초로 선출
- 1999년   샤름 엘쉐이크 평화협정
- 2003년   미국, 러시아, 유럽연합, 국제연합 4자 협상에 의한 중동 평화 로드맵 발표
- 2005년   가자지역과 서안지구에서 이스라엘 정착촌을 일부 철수하는 분리정책 성공
- 2007년   조지 부시 미국 대통령 주도로 이스라엘, 팔레스타인 및 아랍 국가들이 참여한 가운데 아나폴리스 회의 개최
- 2009년   버락 오바마는 포괄적인 중동 평화 진전의 공으로 노벨평화상 수상
- 2017년   도널드 트럼프가 예루살렘 이스라엘 수도로 인정
- 2022년   조 바이든 사우디 인권문제 거론으로 관계 악화

참고자료

- 단행본
  김균량, 『단숨에 읽는 중동전쟁』, 북랩, 2021.
  서정민, 『오늘의 중동을 말하다』, 앙북스, 2016.
  서정민, 『이슬람은 그렇게 말하지 않았다』, 시공사, 2015.
  이희수, 『이슬람학교』, 청아출판사, 2016.
  박정욱, 『중동은 왜 싸우는가?』, 지식프레임, 2018.
  루이즈 포셋 엮음(백승훈 외 번역), 『중동의 국제관계 : 국제관계로 본 중동의 역사와 정치』,
  미래엔, 2021.

- 다큐멘터리
  〈중동의 붉은 꽃, 요르단〉, EBS, 2006.
  〈팔레스타인 점령의 적법성에 대한 보고서〉, 이스라엘, 2011.
  〈약속의 땅 이스라엘〉, EBS, 2012.

- 영화
  〈아라비아로렌스(Lawrence of Arabia)〉, 데이비드 린 감독, 1962.
  〈블라인드 인터섹션(Blind Intersections)〉, 라라 사바 감독, 2012.
  〈오마르(Omar)〉, 하니 아부 아사드 감독, 2013.
  〈샌드스톰(Sandstorm)〉, 시맙 굴 감독, 2016.
  〈사막의 여섯 창문(Six Windows in the Desert)〉, 6인 단편 감독, 2020.

영국

• 문화 키워드

신분 사회, 윈저 왕조, 노블리스 오블리제, 빨간 전화부스, 홍차, 프리미어 리그, 콜브룩 데일 아이언 브리지

• 국기

유니언 플래그(Union Flag) 잉글랜드, 웨일즈, 스코틀랜드, 북아일랜드 혼합왕국으로서 잉글랜드 상징기(St. George)와 스코틀랜드 상징기(St. Andrea)와 아일랜드 상징기(St. Patrick's Cross)를 결합한 디자인.

• 개관

수도	런던
정치체제	입헌군주제, United Kingdom of Great Britain and Nothern Ireland.
민족구성	켈트족, 라틴족, 게르만족(앵글-색슨족), 카리브, 아프리카, 아시아 이주민.
언어	영어, 스코틀랜드 게일어, 아일랜드어, 얼스터 게일어, 콘월어
종교	잉글랜드: 성공회교(Church of England), 스코틀랜드: 장로교(Church of Scotland), 웨일즈/북아일랜드: 가톨릭과 성공회, 장로교 혼재
면적	243,610㎢
인구	약 6,796만여 명(2024)
GDP	3.495조 USD(2024)
화폐	파운드 화(£)

제1절 신분사회 영국

왕실

2022년 9월 8일 향년 96세의 나이로 엘리자베스 2세(Elizabeth II, 1926~2022) 여왕이 서거했다. 그리고 9월 10일 왕세자 찰스 3세(Charles III, 1948~현재)가 런던의 세인트 제임스 궁에서 영국 국왕으로 즉위했다. 까다로운 성품과 이혼경력으로 인해 국민들에게 인기가 없었던 찰스 3세가 즉위하자 이를 계기로 영국의 입헌군주제 존속에 대한 논의가 다시 한번 도마에 올랐지만 현재 영국의 입헌군주제는 건재하다.

영국은 왕을 국가 구심점으로 삼는 세계의 몇 안 되는 국가 중 하나이다. 9세기 앵글로 색슨계 왕조 이후 데인 왕조(1016~1066), 노르만 왕조(1066~1154), 플랜태저넷 왕조(1154~1399), 랭카스터 가(家)(1399~1461), 요크 가(1461~1485), 튜더 왕조(1485~1603), 스튜어트 왕조(1603~1714), 하노버 왕조(1714~1917)로 계승된 영국의 현재 왕실은 윈저 왕조(1917~현재)이다. 윈저 왕조는 조지 5세(1910~1936)로부터 시작되어 에드워드 8세(1936), 조지 6세(1936~1952), 엘리자베스 2세(1952~2022), 그리고 찰스 3세(2022~현재)로 이어져 현재까지 유지되고 있다.

영국은 명예혁명(1688~1689) 이후 입헌군주제로 운영되고 있다. 입헌군주제에서는 국왕은 군림하지만 통치하지 않으며, 수상이 국정운영의 실무자로서 내각을 구성하여, 상하원의 협조 및 견제를 통해 국정이 운영된다. 국가원수인 왕은 의회를 소집하고, 개회·연기·해산 권리를 수행하며, 상·하 양원을 통과한 법률을 재가하고, 작위를 수여하며, 국가 원수로서 국가 의전을 수행한다. 수상은 매주 여왕을 독대하며 정치적 실무를 수행한다.

수상제도의 기원은 스튜어트 왕조의 마지막 왕 앤여왕(Anne, 1702~1707 재위)의 혈통이 끊어지자 영국 왕실의 혈통을 가진 독일 하노버 공국의 조지 1세(George I, 1714~1727 재위)를 왕으로 모셔 오면서 확립되었다. 독일 출신 조지

왕이 영어를 구사하지 못하였으므로, 그를 보좌해 줄 인물이 필요했으므로 집권당의 당수가 수상이 되었다. 그것이 수상제도와 내각제 탄생의 기원이 되었다. 최초의 수상은 1721년 휘그당 로버트 월폴(Robert Walpole, 1676~1745)이었다.

엘리자베스 2세(Elizabeth Alexandra Mary)는 1952년 4월 29일 부왕 조지 6세의 서거 후 25세의 나이로 왕위에 즉위하여 70년간 재위에 있었던 최장수 재위 왕으로 기록된다. 부군이었던 그리스 왕족 출신 필립 마운드 배튼 공은 1947년에 결혼 후 스코틀랜드 에딘버러 공작의 직함(Prince Philip, The Duke of Edinburgh)으로 엘리자베스 2세를 보좌하고 영연방을 위해 헌신하다가 2021년 4월 8일 서거했다.

밀레니엄 시대 이후 20여 년 동안 영국 왕실에는 기쁜 소식과 슬픈 소식, 염려되는 소식들로 다사다난한 행보를 보였는데, 2011년 4월 29일에는 찰스(The Prince Charles, Duke of Wales, 1948~현재) 왕세자의 장남 윌리엄(William, Duke of Cambridge, 1982~현재)이 평민 여성 케이트 미들턴(Catherine Elizabeth Middleton, 1982~현재)과 결혼하여 2013년 7월에 증손자 조지(George Alexander Louis)를, 2015년 5월에 증손녀 샬롯(Charlotte Elizabeth Diana)을 그리고 2018년 4월에 셋째 증손자 루이(Louis Arthur Charles)를 낳아 왕실의 번영을 보장해 주는 듯했다.

그리고 2018년 5월 19일에는 찰스 왕세자의 둘째 아들 해리 왕자(Prince Henry, Duke of Sussex, Harry Charles Albert David, 1984~현재)가 미국 여배우 메간 마클(Rachel Meghan Markle, 1981~현재)과 결혼하여 다음 해 5월에 네 번째 증손 아치(Archie Harrison Mountbatten-Windsor)를 낳는 기쁜 소식을 전하였지만, 해리와 메간 부부가 왕실 탈퇴를 선언하면서 왕실 내 갈등을 빚었다. 이렇게 왕실 가족들의 유쾌하지 못한 스캔들이 퍼질 때면, 왕실 존폐 여론이 조성되지만 영국 왕실은 아직 건재하다.

1997년 영국민들의 사랑을 많이 받았던 다이애나 왕세비가 찰스 왕세자와 이혼 후 교통사고로 사망했을 때, 다이애나 왕세비의 죽음에 왕실이 연루되었을 것이라는 음모론과 더불어 왕실 폐지론이 부상했다. 2019년 영국 정부가 영국 왕실에 지급한 지원금이 8,220 파운드(한화 약 1,230억 원)에 이르자 국민은 왕실이 국가 발전에 이바지하기보다 국가 재정에 부담을 주고 있다고 인식했으므로 왕실의 인기는 날로 시들해지는 경향이었다. 2020년 초, 해리 왕자 부부가 왕실로부터의 독립을 선언하며, 재정후원이 요청되는 자선단체 설립을 선언했을 때에도 국민은 그들의 행보를 의심하는 경향이 있었다.

무엇보다 고령의 엘리자베스 2세 여왕이 신년 예배나 성탄 예배에 참석하지 못할 정도로 건강 이상설이 전해지면서 왕실 존치 논쟁은 재점화되었다. 2021년 5월 중순, 영국의 글로벌 여론조사업체 유고브(YouGov)가 영국인 4,870명을 대상으로 진행한 입헌군주제 관련 설문 조사에 따르면, 18세~24세 사이 응답자의 41%가 왕이 아니라 선거로 국가의 대표를 선출할 때라고 답변했다. 반면 왕이 있어야 한다고 응답한 자들은 31%로 나타났다. 흥미로운 사실은 2019년 동일한 내용의 설문 조사에서는 반대의 결과 즉 왕의 존립 지지 비율이 46%, 국가 대표 선출 희망 비율이 16%였다는 사실이다. 또 25세~49세 응답자들의 53%는 여전히 입헌군주제를 찬성했고, 65세 이상 응답자들의 81%가 왕의 존재를 지지했다. 이러한 모습들에서 영국은 다른 국가들과 차별화된 자신들만의 제도와 문화에 대해 자부심을 가지며 잘 유지해 나가는 국가임이 확인된다.

귀족의 삶

왕세손 윌리엄의 어머니 고(故) 다이애나 왕세비와 윌리엄의 아내 케이트 미들턴은 서민으로서 로열패밀리에 합류하였으므로, 그들의 일거수일투족이 국민의 관심을 받았다. 해리 왕자의 신부 메간 마클이 서민의 신분일 뿐만 아니라 미국인 혼혈 여배우이자 이혼녀 그리고 연상의 신부였으므로 결혼 전부터 왕실과 국민에게 집중적인 관심을 받았다. 다이애나 왕비는 서민이라고 알려졌어도, 실상은 귀족가문(스튜어트 왕조, Spencer 백작가문) 태생이므로 진정한 서민으로 볼 수는 없었다. 그녀는 윈스턴 처칠 수상과 같은 족보의 친척이었다. 케이트 미들턴은 인터넷 유통 파티용품 판매 회사를 운영하는 서민 부모의 자녀였으므로, 결혼 당시 엘리자베스 2세는 왕세손 윌리엄에게 캠브리지 공작의 칭호를, 케이트에게는 캠브리지 공작부인이라는 칭호를 수여했다. 케이트는 로열패밀리로 합류했기 때문에 귀족 칭호를 얻게 되었다.

윌리엄과 케이트 미들턴의 결혼 소식이 전해졌을 때 영국에는 왕실 결혼을 축하한다는 명분으로 각계각층에서 다양한 마켓팅 상품이 기획·판매됨으로써 영국 경제를 활성화 시켰다. 자신의 딸이 케이트 미들턴처럼 미래의 왕비가 되기를 바라는 엄마들은 어린 딸을 '프린세스 예비학교'에 등록시키는 열풍이 일어났다. 4월부터 시작된 이 프로그램은 8~11살 여아들이 1주일간 3,995달러(2011년 당시 435만 원)의 수업료를 지불하고, 엘리자베스 2세 가면을 쓴 교사 앞에서 왕실의 예법을 배우는 프로그램이었는데, 8월까지 성황리에 진행되었다. 신분 상승을 열망하는 사람들을 상대로 한 프로그램들이 자연스럽게 상품화되었고, 평소에도 중산층 서민들은 각종 왕실 납품 브랜드 물품들을 사용하며 귀족 생활 따라잡기를 하였는데, 그것은 서민들이 귀족들의 생활을 동경하기 때문일 것이다.

그렇다면 로열패밀리가 되면 바로 귀족으로 신분 상승하는가? 뼛속까지 귀족 정체성을 중요시하는 영국 사회에서는 왕세손비 케이트마저도 진정한 귀족으로 인정받기까지 2대~3대 시간의 경과가 필요하다고 한다. 왜냐하면 21세기 현재에도 영국 사회에는 계급의 신분 구조가 건재하기 때문이다.

상류 계급 귀족은 왕족을 포함하여 혈통에 근거하여 명문 가문의 장자들이 공적에 따라 5단계의 작위 즉 공작(Duke), 후작(Marquis), 백작(Earl), 자작(Viscount), 남작(Baron) 등의 작위를 수여 받은 남성이 지니는 신분이다. 1958년 이전에는 작위를 수여 받은 당사자가 사망할 경우, 당사자에게 가장 가까운 혈연에 해당하는 남성이 작위를 계승하게 되었다. 그리하여 공·후·백·자·남작 당사자들은 작위를 계승할 적자를 낳는 것이 중요한 사명이자 소망이었다. 그런 배경에서 장남을 계승자(Heir), 차남을 스페어(Spare : 예비자)로 호칭했다. 그런데 혈통에 근거하지 않고 명문 가문과 상관없이 국가와 사회에 끼친 탁월한 공로가 인정되는 경우 작위를 수여 받아 귀족이 되기도 한다. 그런데 1958년 종신 귀족법이 제정되면서 귀족 신분은 더 이상 세습되지 않고 당대에 한했다.

귀족과 관련하여 '노블리스 오블리제(noblesse oblige)'라는 정신이 거론되는데, 그러한 정신이 잉태된 배경을 살펴보면, 산업화 이전 전통 농업사회에서 영국 귀족들은 대부분 토지 보유자들로서 대저택과 부를 소유하며 정치 및 사회의 모든 기득권을 누렸으나, 산업혁명 이후 상공업 및 제조업 분야에서 경제적으로 부상한 기업인들에게 재정적으로 추월당하면서 현실적으로 그들의 입지가 위축되었다. 그리하여 귀족들은 자신들의 입지를 지키는 하나의 방편으로서 지역사회의 불평등 해소와 어려움을 앞장서서 해결하고자 했다. 그렇게 귀족들은 '노블리스 오블리제(noblesse oblige)'라는 귀족의 책임과 사명을 수행하며 신분과 명망을 유지하고자 노력했으므로 서민들은 귀족들을 인정하고 존경해 온 것이다.

서민-중간 및 하류층

그렇다면 영국 사회에서 상류 계급, 중간 계급, 하층 계급은 어떻게 구분되는가? 19세기 이래 사회계급을 결정하는 보편적인 기준은 교육이었다. 초등학교 교육만을 받은 사람은 하층 계급에 속하는 것으로 분류되었고, 14세~16세까지 중등교육을 받은 사람은 중간 계급으로 인정받았다. 그리고 그 이상의 고등 교육을 받은 사람은 상층 혹은 중간 계급이자 엘리트의 자격을 갖춘 것으로 인정되었다. 이러한 기준과 직업, 교양, 언어, 태도, 보유 문화에 따라 상류층, 중간층, 하층 계급 사회문화로 나타난다.

산업사회로 전환된 이래 오늘날까지 상류 계층은 여전히 5단계 귀족작위 보유자들로서 그들은 직업과 상관없이 귀족의 명망을 누리고 대우받았다. 귀족들은 자녀들을 이튼 컬리지, 해로우 컬리지, 웨스트민스트 스쿨, 윈체스터 컬리지, St. 폴 스쿨, 톤브리지 스쿨 등 명문 사립학교로 보냈지만, 명문 사립학교일수록 교과 과목보다는 스포츠와 레저, 예술 활동에 많은 시간을 할애하게 했으므로 자녀들은 교육받으려 하지 않았다.

한편 중간 계층은 상업 및 제조산업 분야에서 성공한 기업인들로 부상하여 자신들의 자제들을 교육하는 일에 매진했다. 그들은 기업 일선에서 1차 성공한 후 자신의 기업에 대한 투자를 늘리고 기술 개발에 힘쓰기보다 귀족 따라잡기에 열심이었다. 벌어들인 부(富)로써 토지를 사들이고, 자녀들을 명문 학교로 입학시켜 정치인, 법조인, 의사, 교수 등 전문직으로 진출하게 했다. 그 결과 그들은 귀족들이 이끌어가던 정치·사회 구조에 편입되었으나, 대신 그들의 '귀족 따라잡기'로 인해 산업 일선에서는 기술개발과 발전이 가속화되지 못했다(젠트리 자본주의). 중간 계층이 성공적으로 정계와 재계로 진출하였음에도 불구하고, 귀족은 태어나는 신분이지 만들어지는 신분이 아니라는 관념의 배경 속에 그들은 상류 계급 구성원으로 인정받지 못했다. 영국 사회에서는 넘을 수 없는 계급 간의 다양한 벽이 있기 때문이다.

신분마다 사용하는 언어나 매너, 교양 등의 차이가 있어서 생활 전 분야의 신분의 벽으로 작용한다. 계급 따라 생활 속에서 통용되는 언어의 차이를 살펴보면, 화장실을 의미하는 토일렛(toilet)은 하층 계급이 쓰는 단어이며 상류 계급은 루(loo) 혹은 래버토리(Lavotory)라는 단어를 사용한다. 또 우리가 무언가 잘 못 들었을 때 다시 듣기를 바라며 '실례합니다만 한 번 더 들려주시겠어요?'라는 의미의 Pardon? 문장은 하류층이 쓰는 용어로서, 영국인 중상류층에게는 욕보다 나쁜 의미로 받아들여진다. 대신에 그들은 Sorry? 라는 단어를 사용한다. 라운지(Lounge), mirror(거울), preserve(잼), relatives(친척)는 하류층이 쓰는 단어들이며, sitting-room, looking-glass(거울), jam(잼), relations은 상류층이 쓰는 단어들이다. 이 외에도 수많은 용어가 계급의 차이를 드러내므로, 누군가 신분 상승을 도모하는 경우 완전한 신분정착이 사실상 쉽지 않다는 것이다. 상위 계급에 있는 사람일수록, 상대의 말씨와 옷차림, 생활의 태도 등 모든 부분에서 그 차이를 지적하며 신분을 구분해 내기 때문이다.

계급 간에는 거주하는 주택의 양식도 차이 난다. 중상류층은 정원이 딸린 대저택이나 단독주택을 선호하는 반면에, 노동자들은 다세대 연립주택이나 아파트에 산다. 주택의 모양과 정원의 구조와 정원에 심은 식물의 종류까지 신분의 차이를 보이며, 타고 다니는 자동차 즉 영국 산(産) 제품인지, 외국 산 제품인지에 따라 신분 차이를 보인다. 중 상류층은 가능한 한 국산 자동차를 타며(현재 영국산 자동차 브랜드 실종), 의식이 있다면 BMW, Benz 혹은 Ford 등 외제 자동차를 구입하지 않는 경향이 있다. 차를 관리하는 모습으로도 구분되는데, 차를 청소하지 않거나 차 유리창에 스티커를 붙이지 않은 쪽이 중상류층에 해당한다. 마치 차를 소유하는 것이 대단한 일이 아닌 것처럼 보이게 하는 태도이다.

이용하는 수퍼마켓에도 계층별로 차이를 보이는데, 중상류층은 웨이트-로즈(Waitrose)나 막스 앤 스펜서(Marks and Spencer)를 이용하고, 중하류층은 세인즈버리(Sainsbury's)나 테스코(Tesco)를 이용하는 경향이다. 펍(pub)을 이용하는 이들은 중하류층이며, 티(Tea)하우스에 출입하는 이들은 중·상류층이라고 한다. 펍 출입 시 펍 내부 두 갈래 출입문 중 중간층은 바(Bar)라고 쓰여진 문으로 들어가고, 노동자들은 펍이라 쓰여진 문으로 출입한다. 뿐만 아니라 그들이 입고 다니는 의상에서도 차이가 나는데 하류층은 일반 기성복을 입지만, 상류층은 특별한 맞춤 양복과 특정 브랜드를 입음으로써 신분을 드러낸다. 중산층 출신 영국 지도층 의상은 튀지 않는 회색, 흰색, 검은 색을 선호하며 겸손하게 의사를 표현하는 것에 비교해 귀족은 자신들의 기준을 따라 트렌드를 따르지 않고 선택하며 행동한다. 중상류층과 하류층이 구독하는 신문이 다르고 관심 가지는 주제도 다르다. 용어 사용이 상당히 수준 높은 중도 우익의 타임즈 지(The Times)와 중도 성향의 인디펜던트 지(The Independent), 전문 경제, 경영 용어를 알아야 읽기 쉬운 파이낸셜 지(The Financial), 노동당 지지 신문 가디언 지(The Guardian), 지하철에서 무료로 배포되는 메트로(Metro)신문

등의 대표 신문들이 그들의 입장을 대변한다.

그리하여 영국 사회를 바라보는 두 가지 설명이 있다. 하나는 영국 사회가 17세기 초부터 사회복지 혜택을 제도적으로 잘 정비해 왔으므로, 준거 집단을 기준으로 보편적인 생활이 가능한 사회로 평가하는 설명이다. 그리하여 서민들은 자신을 기준으로 같은 생활 범주 안의 이웃을 보고 비교적 만족하며 안주하는 경향이다. 두 번째는 변동이 크지 않은 영국 사회 구조 속에서 아무리 노력해도 다방면에서 계급의 벽을 넘기 힘들기 때문에 서민들은 체념하고 자신의 신분에 적응해서 살아간다는 설명이 있다.

21세기 현재에도 상류층들은 한 치의 의심 없이 자신들이 이 사회를 움직여가는 근간 세력임을 확신하며, 지역사회와 국가의 안정된 발전에 기여 하고자 끊임없이 노력한다. 중간 계층은 여전히 '귀족 따라잡기'에 관심을 가지고 경주하면서, 영국 사회에 역동성을 초래하며 제도적 전진과 경제 발전에 주된 역할을 해 왔다. 하류층은 국가 제도 내에서 자녀들의 교육이 보장되는 것에 나름대로 만족하면서, 그들은 기본 학력만 갖추고 사회에서 직장생활 하다가 은퇴 후 연금을 받으며 살아가는 것을 목표로 삼는다. 그들은 재벌이나 유명인의 삶을 잠시 동경할지라도, 현실에서는 서로의 신분과 역할을 인정하며, 주어진 생업에 종사하며 태어난 곳을 크게 벗어나지 않는 안정된 삶을 지향한다. 이처럼 21세기 현재에도 영국 사회는 계급이 존재하는 신분 사회이지만 조화롭게 유지되고 있다.

제2절 전통을 사랑하는 영국

옛것과 골동품을 사랑하는 영국민

역사와 전통을 신뢰하는 영국민들은 새 옷, 새 물건보다 옛것을 아끼며 선호한다. 1977년 창설된 우리나라 남성복 브랜드 '캠브리지 멤버스(Cambridge

Member's)는 영국 귀족의 클래식하면서도 모던한 멋을 추구하며 국내 브랜드를 창설했다. 많은 사람이 알고 있는 캠버리지 멤버스의 유명한 선전 문구 '십 년을 입어도 1년 된 듯한 옷'은 변함없는 옷의 특징을 전하고자 한 것이었다.

그런데 실제로 영국인들은 방금 사 입어도 1년 된 듯한 옷, 10년을 입어도 1년 된 듯한 옷을 선호한다. 그것은 방금 사서 너무 새것처럼 보이는 튀는 옷이 아니라 은은한 기품이 느껴지는 옷 그리고 오래 입어도 변함이 없는 바로 그런 옷을 영국 사람들이 선호한다는 것이다. 상층 사람들은 수수하고 튀지 않는 색깔로서 회색, 갈색, 블랙을 선호한다. 우리나라 사람들은 옷이 많지 않을지라도, 매일 바꾸어 입는 경향이지만, 영국민들은 평균 한 두벌의 옷으로 한 계절을 보내는 경향이다. 영국민들은 옷을 자주 갈아입는 습관을 외모에 지나치게 신경 쓰는 것으로 간주하며, 내면보다 외모에 더 몰입하는 모습을 경시하는 경향이다.

영국민들에게 오래된 것은 낡은 것이 아니라, 소중한 누구로부터 물려받은 것으로 의미를 부여하여 소중하게 관리하기 때문에 영국인들에게는 사소한 생활 골동품도 가치를 지닌다. 그리하여 할머니, 할아버지로부터 물려받은 반지나 회중시계가 소중한 유품이 되고, 어머니가 입었던 웨딩드레스가 딸에게 소중하다. 지역마다 있는 박물관에는 생활 속에서 흔히 볼 수 있는 옛날 물건들이 전시되어 있고, 골동품 가게가 도처에 존재한다.

왕세손비 케이트 미들턴이 2011년 결혼 당일에 입었던 드레스는 1800년대 스타일의 드레스였으며, 썼던 왕관은 물론 값비싼 보석이었지만, 엘리자베스 2세가 18세 때 생일선물로 받은 것을 빌려 착용한 것이었고, 그것은 원래 엘리자베스 2세의 어머니가 남편 조지 6세로부터 받은 선물이라고 한다. 둘째 왕세손비 매건 마클이 2018년 결혼 당일 착용했던 왕관 또한 엘리자베스 2세가 할머니 메어리 왕비로부터 물려받았던 것이라고 한다.

오른쪽에 운전석이 있는 나라

영국민들은 변화를 반기지 않으며, 처음 모습대로, 원래의 모습을 유지하는 것을 좋아한다. 그리하여 영국인들은 세계 흐름을 따라 쉽게 바꾸지 않고 자신들의 관례를 그대로 지켜나간다. 예를 들면, 자동차가 처음 출현했을 때도 새로운 운행법으로 바꾸지 않고 마차를 타던 관례 그대로 운행하며 오늘날까지 이어왔다. 즉 마차를 타던 시절 일반적으로 오른손잡이 마부가 채찍을 휘둘렀다가 뒤로 거두어 올 때, 채찍의 끝자락이 왼쪽에 앉은 옆 사람에게 피해가 가지 않도록 마부가 오른쪽에 앉았던 관례를 자동차 출현 이후에도 그대로 유지함으로써 오늘날 영국에서는 운전석이 오른쪽에 있는 차량으로 운행된다.

그런데 2차대전 이후 1960~70년대 동안 영국의 자동차 산업이 쇠퇴하기 시작하여 영국의 자동차 브랜드였던 벤틀리(Bentley), 롤스 로이스(Rolls-Royce), 재규어(Jaguar) 애스턴 마틴(Aston Martin), 랜드로바(Land-Rover), 로터스(Lotus), 미니(MINI) 등 아름다운 디자인의 차량을 생산하던 자동차 회사들이 2,000년대 하반기에 외국계 회사에 모두 매각되고 말았지만, 영국으로 수출하는 대부분 차량은 오른쪽에 운전석을 두고 있다. 영국산 자동차 회사들이 매각된 후 왕실에서는 외제 차량을 구입하지 않고, 매각되기 전에 보유했던 국산차량들을 관리하여 사용하고 있다. 엘리자베스 2세의 애용 차량은 오랫동안 타고 다니던 자주빛 롤스 로이스 차량과 2000년대 초반에 구입한 벤틀리 스테이트 리무진으로 모두 국산차량이다. 최근에 왕세손 윌리엄-케이트 미들턴이 결혼 당일에 탔던 차량도 영국산 차량들로서, 이동 당시 신부가 탔던 차량은 롤스 로이스 팬텀 6세대 실버 주빌리 모델(1969~1991년 생산), 신랑 윌리엄이 탔던 차량은 벤틀리 리무진(1998~2009)이었다. 상류층도 예전의 영국산 차량 모델을 선호하는 경향이다.

영국의 심볼 : 빨간 전화부스와 빨간 2층 버스

영국을 상징하는 빨간 전화부스는 1924년에 영국인 건축가 자일스 길버트

경(Sir Giles Gilbert Scott OM, 1880~1960)이 선보였던 것으로 영국민들이 선호하는 위대한 디자인 1호이며, 빨간 이층버스 또한 영국민들이 선호하는 위대한 디자인 2호로 선정되었다. 그런데 한때 영국 전신전화국(BT)에서 변화를 도모하려 빨간색 전화 부스의 색깔을 변경시키고자 여론조사를 했을 때 영국민 대부분이 반대했다. 거의 100년이 경과 된 현재에도 영국의 전화부스 색깔은 빨간색이지만 최근 개인 휴대폰 소유로 공중전화 활용도가 낮아지면서 전화부스의 모습은 변신하고 있다.

이제 대부분 사람에게 개인당 보급되는 휴대폰 문화로 인해 영국 사회도 변화를 수용하고 있다. 전신 전화국은 그린(Green)부스와 블랙(Black)부스를 도입하였는데, 그것은 빨간색을 포기한 것을 의미하는 것이 아니라 변화를 수용한 것이다. 그린 전화부스는 태양광 에너지를 비축한 부스로서 휴대폰 충전 전화부스로 활용되고 있고, 블랙 전화부스는 여행자들에게 무료 와이파이를 제공하는 전화부스로 활용되고 있다.

한편 빨간색 2층 버스는 1954년에 도입되었는데 운영비 부담 때문에, 2005년 관광지 이외 지역에서는 운영이 중단되었다가 2014년에 부활 되었다. 초기에는 버스 색깔이 다양하였으나, 여러 회사가 한 회사(Associated Equipement Company)로 통합되면서 그 통합회사가 이전에 쓰던 색으로 통일하면서 빨간색이 되었다.

변화를 수용하는 영국

영국을 여행하노라면, 여행자들은 옛날 성(Castles)들이 훼손되지 않고, 옛 모습대로 관리되어 관광객을 맞이하는 모습을 볼 수 있다. 현대의 많은 국가가 옛 건물들을 허물고 현대식 건물로 바꾸는 모습에 비교하여 영국의 경우에는 오히려 옛 건축물의 원형을 유지하거나 훼손하지 않고자 한다. 영국민들은 전통적으로 고층 건물이나 아파트를 선호하지 않았다.

1666년 런던 대화재 때 소실되었다가 1675년경 크리스토퍼 랜 경(Sir

Cristopher Wren, 1632~1723)의 감독하에 35년간 건축되었던 세인트 폴 대성당 (St. Paul Cathedral)은 111m 높이의 건축물로서 1710년부터 1967년까지 300년 동안 런던시에서 가장 높은 전망을 제공해주는 런던의 주요한 랜드마크였으며, 최근까지 런던 시티의 균형 잡힌 건축 승인의 주요 기준이 되었다. 그럼에도 불구하고 21세기 들어서 런던에는 시청 건물 거킨 빌딩(Gerkin, 40층, 2004년 완성)이나 아파트 더 샤드(The Shard, 310m, 87층, 2012 완성)와 같은 새로운 디자인의 건축들이 등장함으로써 런던의 경관이 변화하고 있다.

제3절 식민지 문물을 영제국의 문물로

세계의 면직물 공장

산업 혁명기 영국은 세계의 공장이라 불렸다. 18~19세기에 수행되었던 영국의 산업혁명에 대해 학습할 때, 항상 면방직 공업 부분에서의 기술혁신과 대량생산체제가 먼저 거론된다. 그런데 전통적으로 모직산업을 보호하고 육성하던 영국에서 어떻게 면방직 부분에서의 공업적 변화가 발생했는가를 살펴보는 것이 중요하다.

그 배경에는 인도로 진출했던 영국 동인도 무역상의 수출 수입품과 관련이 있었다. 영국의 동인도 무역상들은 공산품과 모직물을 가지고 인도로 갔으나, 영국보다 더운 기후의 인도 날씨 때문에 영국의 모직물은 인기가 없었으며, 공산품의 수출가는 면직물보다 낮은 가격으로 판매되었기 때문에 초기에 수출입 교역에서 크게 성과를 보지 못했다.

그런데 동인도 무역상들이 돌아올 때 가지고 왔던 인도의 면직물은 당시 영국과 유럽의 여성들에게 인기품목이 되었다. 어두운 색상과 무겁고 세탁하기 힘들며 해충으로 인해 옷의 섬유가 쉽게 상하였던 모직물에 비교해 면직물은 화려한 문양의 가볍고 질기며 세탁에 용이했기 때문에 처음에는 영국 중산층 가정들의 커튼이나 테이블 덮개와 같은 인테리어 용품으로 사용되었지만 점차 여성들의 화려한 드레스 감으로 이용되었다. 면직물이 여성들로부터 선 풍적인 인기를 얻게 되자, 오랜 역사 동안 영국 농가의 주요산업이었던 모직물 유통에 타격을 주었다. 그리하여 모직물 생산업자들과 상인들이 청원서를 보 내 호소함으로써 영국 정부는 1720년 캘리코 면(옥양목으로 불리는 면직물) 수입 금지령을 내려 인도 면직물 수입을 공식적으로 금지했다. 그러나 면직물은 이 미 여성들로부터 많은 사랑을 받고 있었기 때문에 면직물은 밀무역을 통해 계속 수입되었다. 급기야 모직물 생산업자들은 거리로 나가 면직물 드레스를 입은 여성들을 공격하여 드레스를 벗기고 찢어버리는 만행까지 저지르는 사건 이 발생했다. 그러자 영국 정부는 마침내 모직물 산업의 일정 생산을 보존하면 서, 모직물 생산업자들에게 면직물 생산으로 변경할 것을 권장하였고, 그 결과 18세기 하반기 랭카셔 지방과 맨체스터 지역 등지의 공장들은 면직물 생산지 로 부상하면서 면직물은 국가 산업으로 육성되었다. 그러한 과정에서 신기술 의 직조기들과 방적기가 생산되면서 면직물 부분에서의 산업혁명이 전개되었 던 것이다.

그런데 B.C. 3000년경부터 면직물을 생산하던 인도의 면직물 생산 기술을 따라잡을 수 없었던 영국은 새로운 기계발명을 통해 대량의 면직물을 생산하 며 자국과 유럽에 공급하는 유럽의 면방직 공장으로 자리매김했다. 한편 영국 정부는 영국 면직물의 유통을 위해 식민지 인도의 면직물 생산을 제한하였는 데, 인도의 원면을 전량 영국으로 수출하도록 하는 대신 인도인들의 면직물 생산을 금지했다. 그리고 영국의 명령을 어기는 면직물업자들에게는 엄지손가 락을 잘라버리는 만행을 자행하며 인도의 면직물 생산과 유통을 차단했다. 그 리고 식민지의 산업을 제국의 산업으로 만들어 버렸다.

홍차와 본차이나 산업

동인도 무역을 전개하면서 영국이 아시아에서 수입하였던 가장 주요한 교역

품은 홍차였다. 중국 대륙 남단의 경제 중심지 광저우[廣州]는 동서양을 잇는 외래문물 교역장으로서 이곳에는 오래된 유럽 식품과 중국의 차들이 교역되는 곳이었다. 오늘날에도 광저우 상거래의 중심지인 13행로에 이르면 중국의 차의 집산과 교역을 목격할 수 있는데, 13행로는 청(淸) 나라 때 유일하게 서양과의 무역을 허가받았던 상인집단 13행단이 있는 거리이다. 청나라 강희제는 개방정책으로서 4군데 교역 장소를 오픈하여 상인들에게 교역하게 하는 대가로 세금을 징수했다. 13행의 교역 상품 중 가장 많은 비중을 차지하는 것이 바로 중국의 차였다.

유럽이 직접 생산하지 못하는 유일한 상품이 바로 차(茶)였는데, 중국은 서양과의 차 무역으로 엄청난 이익을 남겼다. 그 당시 차 한 근에 13~15냥의 이윤을 남겼는데, 당시 1냥은 서민들의 한 달 생활비였다. 유럽 상선들은 중국 차를 가능한 한 많이 실어가기 위해 각축전을 벌였는데, 유럽 상선들이 광저우 근처로 오면 다시 황포(黃埔)에서 작은 배로 옮겨 타고 차 거래시장으로 유도하였다. 이때 중국 정부는 외국 상관원들에게 중국어를 배우지 못하도록 규정하였으며, 광저우 성안으로는 출입을 금하도록 하는 명령을 내렸다. 그 이유는 외국인들이 중국말을 배우면 중국 차의 재배법을 캐내어 갈까 그것을 방지하기 위함이었다.

그런데 영국의 한 장교가 차나무를 몰래 가지고 나와서 영국의 식민지 인도와 방글라데시 등에서 차 재배에 성공함으로써 영국민과 유럽에게 홍차를 공급할 수 있었다. 영국이 식민지에서 재배하였던 차(茶)가 바로 아쌈 차, 다즐링 차, 실론 티와 같은 홍차들이며, 영국은 이렇게 동양 기원의 차를 인도나 스리랑카 등의 식민지에서 재배한 원료를 본국으로 가져와 다양한 비율로 블랜딩하여 유럽에 공급함으로써 홍차 생산 대국의 명성을 누리게 되었다. 그 결과 오늘날 포트넘 메이슨(Fortnum & Maison), 트와이닝(Twinings), 아메드(Ahmad), 휫타드(whittards)와 같은 영국 브랜드가 세계적인 명성을 누리고 있다.

영국의 귀족들은 포르투갈로부터 유입된 티문화를 누리며 오후의 티 타임

(Afternoon tea time)의 관습을 생활화하였으며, 그것에 부응하여 1759년에 도자기 생산업체 웨지우드 본차이나(Wedgwood & Corporation Limited) 회사가 탄생하였으며, 1890년대에는 로열 알버트(Royal Albert, 전신은 T.C. Wild & Sons) 회사, 그리고 1960년대에는 포트 메리온(Portmerion) 회사들이 도자기 생산을 담당하며 차 문화를 발전시켰다.

제4절 프리미어 리그와 폴로

영국 국민들이 가장 사랑하는 대중적인 스포츠는 축구이다. 특히 영국의 프리미어 리그는 202개 국가 5억 명 이상의 세계인이 지켜보는 축구 리그이다. 350여 년의 역사를 지니는 마을 축구로 시작하여 이어져 온 축구 클럽을 비롯하여 1882년에 축구협회에 등록된 클럽 수 만도 이미 1,000여 개나 넘을 정도로 축구는 영국 서민의 대표 스포츠이다. 반면 승마나 폴로, 요트와 같은 종목들은 즐기기에 비용이 많이 소요되는 스포츠로서 서민들보다는 상류층이 즐겼던 스포츠였으나, 오늘날에는 이들 종목 또한 대중화되었다.

영국 프리미어 리그(English Premier League)

역사 속에서 공을 가지고 게임을 하였던 것은 중세 스페인으로부터 시작되었다는 설이 있으며, 중남미에서는 공 대신 해골 등으로 축구와 같은 게임을 했다는 설명이 있지만, 현대적 의미의 축구의 기원은 잉글랜드에서부터 시작되었다. 잉글랜드에서 축구의 룰을 처음으로 정하였기 때문이다. 그리하여 축구는 대중화된 종목으로 영국 전역 지방마다 100년 이상 된 축구팀들이 존재하며 특히 산업 혁명기에는 노동자들이 주말에 즐길 수 있는 가장 보편적인 운동 종목이었다. 노동자인 아버지와 아들이 아침부터 집을 떠나 경기장으로 가서 축구 경기관람 후 펍(pub)에서 맥주나 간단 음식을 즐겼던 습관은 노동자들이 누릴 수 있었던 최고의 즐거움이었으므로, 아버지의 아버지로부터 이어온 행복했던 기억의 계승이었다.

이렇게 산업 혁명기 노동자들의 애환을 달래 주었던 축구가 이제는 영국민 전체의 삶에 주요한 요소가 되었다. 영국민들은 아침에 눈을 뜨는 순간부터 신문과 휴대폰에서 자신들이 응원하는 팀의 승률과 축구선수들의 근황을 확인하고, 점심 식사 시간에 동료들과 축구 이야기로 꽃을 피우고 퇴근하면서 펍에 들러 지인들과 술을 마시며 축구뉴스를 안주로 삼는다.

그리하여 전 국민은 자신들이 사는 지방의 대표적인 축구팀을 응원하며, 구단의 승패를 삶의 활력소로 삼는다. 프리미어 리그에 자주 진출하는 20개 축구 구단에 대해 살펴보면 맨체스터의 맨체스터 시티와 맨체스터 유나이티드, 리버풀의 리버풀과 애버튼, 런던의 첼시와 토트넘 홋스퍼와 아스날, 리즈의 리즈 유나이티드, 버밍엄의 애스턴 빌라 팀을 포함한 20개 팀이 있으며 이외에도 2부 리그에서 프리미어 리그 진입을 희망하며 열심히 뛰는 팀과 수천 개의 하부 팀이 있다. 이들 팀이 창설된 역사는 최하 100년 이상 심지어는 350년의 역사를 지닌 팀도 있다. 노동자의 스포츠로 시작된 축구는 이제 세계가 열광하는 스포츠로 자리매김했다.

잉글랜드 프리미어 리그(EPL)는 1992년부터 시작된 잉글랜드의 최상위 축구 리그로서 전 세계 195개 국가의 나라에서 1주간 동안 1억 명이 시청한다는 최고 인기 프로그램이다. 프리미어 리그 운영방식에 대해 살펴보면, EPL은 매해 5월부터 다음 해 5월까지 진행되며, 홈 & 어웨이 방식으로 상위 20개 클럽이 각각 38경기씩 치른 결과 우승팀과 2위~4위 팀은 UEFA(Union of European Football Associations) 챔피언스 리그 본선으로 진출할 수 있고, 5위 팀과 FA컵(잉글랜드 축구협회 주관 토너먼트 축구 대회) 우승팀은 UEFA 유로파 리그에 출전하게 되며, EFL컵 우승팀은 UEFA 유로파 콘퍼런스 리그에 진출하게 된다.

20개 팀 중 당해 최하위 3개 팀은 다음 시즌부터 2부 리그인 EFL 챔피언십으로 강등되는 한편 반대로 EFL 챔피언십에서 우승한 팀과 2위 팀 그리고 3~6위 팀 중 승격 플레이오프 승리 팀이 다음 시즌부터 프리미어 리그로 승격하게 된다. 프리미어 리그는 전 세계에서 가장 많은 사람이 시청하는 스포츠 리그로서, 최대 이윤을 안겨주는 프로리그이다. EPL은 20개 클럽이 주주로 있는 일종의 주식회사이다. 그러나 EPL 소속 20개 구단은 100년 이상의 역사를 지니는 지역민들이 사랑하는 마을 축구팀으로 시작되었다.

폴로(Polo)

폴로 스포츠는 말을 타고 스틱으로 당구공 크기의 폴로 공을 상대 진영으로 몰아가 골을 넣는 경기로서 승마(Horse riding)와 하키를 조합한 경기이다. 폴로는 원래 B.C. 7세기경 페르시아 국왕 직속의 기마대 훈련방식이었던 쇼간(Chaughan)이 페르시아의 귀족들 사이에서 행해졌던 경기였다. 그런데 19세기 중엽 영국이 무굴 제국 인도를 식민통치하던 시기, 쇼간을 접하였던 인도 주둔 기병대 소속의 한 장교가 동료 장교들과 팀플레이를 하면서 1869년에 영국 귀족들 사이에 전해졌고 그것이 영국 왕실과 귀족들의 스포츠로 발전했다. 공을 의미하는 플루(Pulu)라는 단어가 폴로(Polo)로 정착되었다.

폴로 경기는 4명이 한 팀이 되어 두 팀이 가로 300야드(274m) 세로 200야드(183m) 크기의 잔디에서 한 게임당 7분 30초짜리 경기 6개(혹은 8개) 섹션 동안 상대 진영에 골을 많이 넣는 팀이 승리하는 것으로 진행된다. 이때 참가 말은 2개 처카(chukka)까지 참여 가능하지만, 규정상 연속 참여할 수 없으므로 폴로 선수 개인은 최소 3마리 말 혹은 그 이상의 여러 마리 말을 보유해야 한다. 기본적으로 승마 실력이 뒷받침되어야 수행할 수 있는 경기이다. 그리하여 영국에서 폴로경기는 승마를 즐기는 왕실과 귀족들의 상류층 스포츠로 시작되었다.

영국 본토에서 폴로경기가 최초로 개최되었던 것은 1870년으로 전해지는데, 1869년에 영국 최초의 폴로 클럽인 헐링엄 클럽(The Hurlingham Club)이

제정하여 발표한 경기 규칙이 세계적으로 준수되고 있으며, 그러한 규칙이 적용된 최초 경기는 1874년에 개최되었다. 영국의 폴로경기는 미국에도 각광을 받으며 전파되었고, 영국과 미국 간의 국제 폴로경기는 초미의 관심사가 되었다. 그리고 폴로 경기에 참여한 선수의 가족들과 지인들이 잘 차려입은 모습으로 경기를 관람하며, 필드 주변에서 피크닉을 즐기며 사교의 장으로 삼았으므로, 1960년대 후반 러시아계 유대인인 미국의 디자이너 랄프 로렌(Ralph Lauren, 1939~현재)이 그러한 영국 귀족들의 고급스러운 풍속도를 이미지로 상품화한 브랜드가 바로 폴로 랄프 로렌이다. 그는 1967년 폴로라는 이름의 넥타이로 시작하여 이후 남성복 사업으로 확대했다.

제5절 세계 최초의 영국 제도와 문물

영국은 산업혁명이 최초로 수행된 국가일 뿐만 아니라, 의회 민주주의가 최초로 실시되었고, 톨게이트(Toll-gate) 제도가 처음으로 운영되었다. 이 외에도 영국은 최초의 철교, 최초의 증기기관차, 최초의 컴퓨터 등 최초의 문물을 많이 탄생시킨 기술 대국이다.

의회 민주주의의 시작

플랜태저네트 왕조 존왕(John, 1166~1216)이 벌인 프랑스와의 무리한 전쟁 그리고 과도한 세금부과와 군대개혁 등의 실정을 참을 수 없었던 잉글랜드 귀족들이 런던 시민의 지지를 얻어 강제로 작성하고 서명하게 했던 마그나 카르타(1215년 6월 15일 런던의 러미니드 강변에서 강제로 존왕에게 서명하게 했던 헌장)로 인해 국왕의 권리는 제한되었고 교회와 귀족들의 권한은 강화되었다. 마그나 카르타는 17세기에 이르러 왕권과 의회가 대립할 경우 왕의 전제정치에 대항하여 국민의 권리를 옹호하는 근거가 됨으로써 의회 민주주의 제도의 시작이 되었다.

톨게이트(Toll-Gage) 제도

유료 통행료 제도는 영국에서 최초로 시작된 것으로 톨게이트의 기원은 15세기 튜더 왕조 때 법령으로 잉글랜드, 웨일즈, 아일랜드에서 타운의 시장이나 거리를 유지하기 위해 거두었던 통행료(Pavage)로부터 시작되어 17세기에 운영되었던 턴파이크 트러스트(Turnpike Trust)의 선구가 되었다. 턴 파이크 트러스트는 17세기 이후 19세기까지 영국의 주요한 도로를 관리하도록 의회가 개별적으로 승인해 주었던 신탁기관으로, 의회의 승인을 받은 신탁회사가 도로를 포장한 후 포장도로 이용자들에게 도로 마지막 지점에서 고정 통행료를 거두는 턴 파이크 관문(Toll-gate)을 설치하여 이용자들에게 통행료를 거둠으로써 톨게이트가 시작되었다. 그리고 턴 파이크 신탁회사는 지속적으로 포장도로(오늘날 고속도로)를 관리했다. 최초의 톨게이트는 1707년 턴파이크 법령(Turnpike Act)에 따라 베드포드셔의 폰힐(Fornhill-Hockliffe 근처)과 스토니 스트라포드(Stony Stratford) 사이의 런던-체스터(London-Chester) 도로구간에 처음 적용되었다. 구체적으로 비용을 알아보면, 4마리의 말이 끄는 마차는 1실링 6펜스, 짐을 싣지 않은 말은 1페니, 소 20마리는 10펜스의 요금이 책정되었다.

턴파이크 신탁회사 운영은 산업혁명 이후 왕성한 상공업 물품 유통의 흐름을 더욱 활성화시켰다. 그리하여 1830년대에 이르면, 1,000개 이상의 신탁회사가 잉글랜드와 웨일즈에서 약 30,000마일(48,000㎞)의 포장도로를 관리했으며, 약 8,000개에 달하는 톨게이트와 사이드 바에서 통행료를 거두었다. 턴파이크 신탁회사 운영은 후일에 영국의 식민지 도로까지 관리하는 것으로 확대되었다.

최초의 철교(The Iron Bridge in Coalbrookdale)

제철산업이 발달했던 산업 혁명기의 성과로서 세계 최초의 철교(The Iron

Bridge)가 영국의 콜브룩데일(Coalbrookdale, 석탄 골짜기 마을의 의미)이라는 곳에 부설되었다. 아이언 브리지는 콜브룩데일의 한 가문 에이브라함 다비 1세 (Abraham Darby 1) 철강업자 가문에 의해 부설되었다. 다비 가문은 퀘이커 종교를 믿는 가문으로서 다비 1세로부터 손자 다비 3세에 이르기까지 제철 제련소 사업에 종사하였는데, 다비 1세는 기존의 철들에 불순물이 많이 내포됨으로써 순도가 낮은 제철이 생산된다는 사실을 발견한 후 코크스 공법이라는 새로운 기술로 불순물이 적은 순도 높은 제철을 생산하는 성과를 거두었다. 1773년 토목 건축가 토머스 프리처드(Thomas Farnolls Pritcherd)가 아치형 철교 건설을 제안했지만, 그 작업은 자금이 많이 필요했으므로 고민하다가 다비 3세는 건설 자금을 투자받아 1777년 11월에 철교 공사에 착공함으로써 우여곡절 끝에 1779년 7월에 철교가 준공되었다. 그러나 모금한 자금이 부족하였으므로 손자 다비 3세는 자신의 전 재산을 투자하여 작업하였고, 결국 막대한 비용 때문에 다비 3세는 빚에 시달리다가 1789년에 사망했다. 오늘날의 관점에서 보면 대단한 철교로 보이지 않지만, 아이언 브리지 건설의 핵심기술은 코크스 공법 이라는 신기술로 철교가 부설되었던 점이다. 아이언 브리지 부설 후 잉글랜드 전역에서 다리를 구경하기 위해 사람들이 몰려오면서 다리 주변에 호텔이 건설되었고 시장이 조성되었다. 그 후 아이언 브리지는 과도한 교통량으로 인해 1934년에 차량 통행이 금지되었다.

최초의 컴퓨터

2차 대전 중 독일 U-보트의 공격에 밀려 연합군이 참패를 거듭하자 영국 정부는 독일군 상호 간에 송신된 에니그마(Enigma) 암호기의 암호를 해독하기 위해 우수한 과학자들을 모아 1943년 12월에 콜로서스(Colossus)를 완성하였는데, 그것이 세계 최초의 연산용 컴퓨터로 평가된다. 콜로서스는 1초에 5,000 단어 정도 검색 가능하고, 기존의 암호와 비교해서 새로운 암호를 해독하는 작업이 가능했다. 과학자들 중 특히 콜로서스 발명에 직접적인 공로가 있었던 사람은 바로 앨런 튜링(Alan Mathison Turing, 1912~1954)이었다. 그는 1937년 미국 프린스턴 대학에서 유학할 당시 '튜링머신'이라는 수학적 장치를 고안했는데, 튜링은 구멍 뚫린 종이테이프에 필요한 명령을 입력하면 자동적으로 컴퓨터가 작동할 것으로 예측했다. 그가 1938년 박사학위 취득 후 영국으로 돌아왔을 때 2차 대전이 발발하였고, 영국 정부의 부름을 받아 암호해독에 종사하게 되었는데, 당시 함께 일했던 폴란드 출신 젊은 공학자 레예프스키(Marian Adam Rajewski, 1905~1980)가 튜링과 함께 블레츨리 파크 암호사령부에 배속되어 독일의 암호해독을 위해 공동연구를 수행했다.

콜로서스 개발 스토리는 2014년 영화 〈이미테이션 게임〉으로 제작되어 배포되었기 때문에 우리는 영화를 통해 당시의 흥미진진한 과정을 확인할 수 있다. 앨런 튜링이 동성연애자라는 사실이 밝혀짐으로 인해 그의 과학적 공로는 폄하되었다. 콜로서스 개발 3년 뒤 1946년 7월 말에 미국에서 디지털 전자 컴퓨터 애니악(ENIAC-Electronic Numerical Intergrator And Computer)이 완성되었으며, 애니악은 1955년 10월까지 활용되다가 현재 미국의 스미소니언 박물관과 펜실베니아 대학에 분산 보관되고 있다.

이렇듯 기술 대국이었던 영국은 두 차례의 세계대전을 치르면서, 1960~70년대 이후부터 대부분의 제조산업이 쇠퇴했다. 그러나 21세기 영국은 〈반지의 제왕〉(by JRR 톨킨), 〈해리포터〉(by J. K. Rowling)와 같은 소설과 부속한 영화산업 그리고 〈캣츠〉, 〈오페라의 유령〉, 〈미스 사이공〉과 같은 뮤지컬 그리고 〈월리(Wally)를 찾아라〉, 〈피터 레빗〉과 같은 애니메이션, 대영박물관, 내셔널 갤러리, 테이트 갤러리 그리고 소더비 경매장(Sotheby's)이나 크리스티 경매장(Christie's)과 같은 세계적인 미술품 경매장들을 통한 문화산업으로 세계적인 명성을 누리며 문화 대국으로 부상했다.

제6절 혼합왕국 영국은 지속 가능할까?

3개 왕국과 북아일랜드

영국은 잉글랜드와 웨일즈와 스코틀랜드 3개 왕국과 북아일랜드로 구성된 혼합왕국이다. 앵글족과 색슨족 중심으로 9세기 통일 왕조를 이루었던 잉글랜드는 데인 왕조, 노르만 왕조, 플렌테지닛 왕조, 랭카스터 가, 요크 가, 튜터 왕조, 스튜어트 왕조, 하노버 왕조를 거쳐 원저 왕조에 이르기까지 그레이트 브리튼의 중심축으로서 오늘날의 정치제도와 정책의 원형을 형성·발전시켰으며, 대부분 사회제도와 문물을 융합·발전시켰다. 잉글랜드는 하원 651석 중 524석을 차지하며 혼합왕국의 국정 운영을 주도한다.

스코틀랜드는 그레이트 섬의 북쪽에 위치하며 그레이트 섬의 1/3을 차지하였는데, 11세기부터 잉글랜드의 공격을 받아 식민지배와 독립을 반복하다가 1603년 엘리자베스1세 여왕 사후 혈통 관계를 따라 스코틀랜드의 스튜어트 왕조 제임스 6세가 잉글랜드의 국왕 제임스 1세로 즉위함으로써 잉글랜드 신민이 되었다. 이후 스코틀랜드는 1707년 연합법(Act of Union)에 따라 잉글랜드에 통합되었다. 공식적으로 통합된 지 300여 년 지난 뒤인 2014년에 스코틀랜드는 그레이트 브리튼으로부터의 독립을 추진한 바 있었지만 좌절되었다.

1296년부터 시작되었던 스코틀랜드의 독립전쟁 중 잉글랜드의 승승장구와 스코틀랜드의 간헐적 승리 가운데 완전히 점령당했던 스코틀랜드는 1314년 배녹번 전투(Battle of Bannockburn, 1314.6.23.~24)에서 승리하였는데, 그에 대한 자부심을 지켜왔던 스크틀랜드는 배녹번 전투 700주년이 되던 해인 2014년에 독립의 불씨를 당겼다. 그리하여 스코틀랜드는 잉글랜드 정부의 승인 하에 2014년 9월 19일 독립의사를 묻는 주민투표 결과 55% 독립 반대 VS 45% 독립지지를 기록하며 스코틀랜드의 독립은 좌절되었다.

스코틀랜드는 자신들의 문화와 언어 습관을 강하게 고수하는 경향이다. 스코틀랜드는 독자적인 의회와 정부체제로 운영되고 있으며, 중앙정부 잉글랜드

하원 전체 의석 651석 중 72석을 차지한다.

웨일즈는 그레이트 섬의 서부에 위치하며 5세기경 켈트인에 의해 수립되었다가 1284년 잉글랜드 왕 에드워드 1세 때 정복당함으로써 식민지배 당하다가 헨리 8세 치세 중인 1536년 웨일스 법(The Act of Wales, 1535~1542)에 따라 잉글랜드에 합병되었다. 19세기 들어서 잉글랜드와 차별화되는 정치제도가 확립된 이후 1925년엔 웨일스 당이 창설되었고, 1998년에는 웨일스 의회까지 설립되어 중앙정부 잉글랜드의 정치제도에 순응하여 문화와 정책을 공유하면서도 웨일스의 정체성을 유지하고자 했다. 따라서 웨일스 주민들은 오늘날에도 기본적으로는 영어를 사용하지만 웨일스 어(語)를 함께 사용한다. 웨일스는 잉글랜드 하원의석 651석 중 38석을 차지한다.

북아일랜드는 아일랜드 섬 동부에 위치하며, 아일랜드와 구분되는 영국령으로서 수도는 벨파스트(Balfast)이다. 북아일랜드는 잉글랜드의 식민지가 되기 전부터 얼스터(Ulster)라고 불렸지만, 오늘날에는 정치적 의미를 지니는 북아일랜드 자체와 동일시되는 명칭으로 사용된다. 아일랜드는 헨리 2세(Henry II, 1154~1189 재위) 때 식민지가 되었지만, 잉글랜드는 아일랜드를 온전하게 지배하지 못했다. 잉글랜드와 북아일랜드 간의 갈등의 핵심은 종교와 식민정책에 초점이 있었다. 아일랜드는 6세기 이후 대부분 가톨릭교도였으나, 스튜어트 왕조 국왕 제임스의 무자비한 식민정책과 찰스 재위 시기 잉글랜드의 종교적 탄압 그리고 얼스터 가톨릭 교도의 개신교도 대학살 사건, 그리고 수백 년 동안 잉글랜드 신교도들의 토지 독점과 차별정책 등의 문제들이 회복하기 어려운 관계를 초래했다.

1801년 연합법 제정으로 아일랜드는 합병되었지만, 자치를 허용하지 않았던 연합법은 분쟁의 요소를 그대로 내포했다. 1차 대전 직전 아일랜드의 자치가 허용될 예정이었으나 1차 대전 발발로 불발된 이후 아일랜드인들의 불만은 1916년 부활절 봉기로 폭발되었으며, 결국·아일랜드 공화국 군대(구 IRA로 호칭)의 결성(1918)이후 끊임없는 무장투쟁으로 이어졌다. 아일랜드 의회의 독립

선언으로 시작되었던 독립전쟁으로 1922년 아일랜드는 자치를 승인받았고, 1937년에 마침내 독립을 쟁취하였으나, 당시 북아일랜드의 주민 60%가 잉글랜드 이주민으로서 개신교도였으므로 영국 정부는 북아일랜드를 영국령으로 존치할 것을 결정했다.

1999년 북아일랜드 자치 정부가 수립되었으나, 20세기 하반기와 21세기에 이르기까지 벨파스트와 런던데리를 중심으로 테러와 분쟁이 자행되었고, 무장해제위원회(Decommissioning Commission)를 통한 평화 정착의 노력도 시도되었으나 여전히 분쟁의 불씨는 내재 되어 있다. 북아일랜드는 중앙정부 잉글랜드 하원의석 651석 중 17석을 차지한다.

브렉시트(Brexit)

1973년에 유럽 연합(European Union)에 가입하였던 영국이 우여곡절 끝에 2020년 1월 31일 자로 유럽연합 탈퇴를 최종결정하면서, 2년간의 유예기간을 두고 영국은 마침내 브렉시트를 단행하게 되었다. 브렉시트란 Britain 과 Exit 의 합성어로서 용어 의미 그대로 영국의 유럽연합 탈퇴를 의미한다. 브렉시트 논의는 75대 수상 데이비드 캐머런(David William Donald Cameron, 1966~현재)이 2015년 총선 당시 '영국의 EU 탈퇴를 안건으로 국민투표를 실시할 것'을 어젠다로 삼아 총선에 승리하면서 시작되었다. 캐머런은 당시 유로존(Euro-zone)의 재정위기와 난민의 유입문제 그리고 Eu 분담금의 증액에 대한 거부 등으로 분열된 국내 상황에서 자국의 이익을 위해 Eu 탈퇴를 주장하던 우파정당과 잔류를 주장하던 자유민주당 사이의 분열을 종식 시키고자 했다. 그렇게 시작되었던 EU 탈퇴 논의는 2016년 6월 23일 국민 투표 율 72.2% 참여도를 기록하며, EU 탈퇴지지 51.9% VS EU 잔류 48.1%의 결과를 초래했다. 반신반의하며 예상치 못했던 국민투표 결과 영국은 2016년부터 2020년 1월 31일까지 정계와 재계 및 사회 전반에 걸쳐 국론분열이 초래되었다.

국민투표 결과 잉글랜드와 웨일스에서는 잔류보다 탈퇴지지 비율이 높았으나, 스코틀랜드와 북아일랜드에서는 압도적으로 잔류지지 비율이 높았다. 그리하여 2014년에 주민투표를 실시하며 독립을 추진했다가 좌절되었던 스코틀랜드는 브렉시트 결정을 계기로 다시 영국으로부터 독립하여 유럽 연합 정부로 편입하기를 희망했다.

북아일랜드 정부도 불만과 난색을 표명했다. 브렉시트 결정으로 EU로부터 낙농 보조금을 지원받았을 뿐만 아니라 유로 존으로 가공품들을 수출하였던 북아일랜드에게 관세 장벽이 생겼기 때문이다. 1968년 북아일랜드 내에서 아일랜드 가톨릭교도와 잉글랜드 신교도 사이에 발생했던 유혈사태 이후 상호 간 최소한의 평화를 보장하기 위해 설치되었던 평화선(Peace Line-분리장벽)이 2013년부터 가까스로 허물어지기 시작했는데, EU 탈퇴 결정으로 인해 잉글랜드와 북아일랜드의 관계는 다시 경색되었다.

1800년을 기점으로 3개 왕국이 하나의 국가로 통합되었고, 1937년에 북아일랜드가 영국령으로 편입되어 오늘의 영국에 이르기까지 혼합왕국은 우여곡절을 겪고 있지만, 각 정부의 자치적 운영과 잉글랜드 중앙정부와의 공조 속에 위기를 극복하고 있다.

문화 연표

- 1066년　　　노르망디 윌리엄공이 잉글랜드 왕으로 대관
- 1642년　　　청교도 혁명 발발
- 1688년　　　명예혁명
- 1689년　　　권리장전
- 1707년　　　잉글랜드와 스코틀랜드 통합
- 1801년　　　아일랜드 합병
- 1901년　　　빅토리아 여왕 사망
- 1914년　　　1차 대전 참전
- 1939년　　　2차 대전 참전
- 1952년　　　엘리자베스 2세 즉위
- 2022년　　　엘리자베스 2세 9월 8일 서거, 찰스 3세 즉위

참고자료

- 단행본   이식·전원경, 『바꾸지 않아도 행복한 나라』, 리수, 2003.

　　　　　　　　곽삼주, 『아일랜드 그곳이 알고 싶다』, 도서출판 좋은 땅, 2020.

　　　　　　　　Cha Tea, 『영국 찻잔의 역사 - 홍차로 풀어보는 영국사』, 한국 티소믈리에 연구원, 2015.

　　　　　　　　최희섭·한일동, 『영국문화 바로알기』, 도서출판 동인, 2007.

　　　　　　　　고정애, 『영국이라는 나라 루베르』, 페이퍼로드, 2017.

　　　　　　　　권석화, 『영국인 재발견』, 안나푸르나, 2013.

　　　　　　　　권석화, 『영국인 재발견 2』, 안나푸르나, 2015.

　　　　　　　　Colin Spencer, 『British Food, An Extraordinary thousand years of hisroty』, Grubstreet (London), 2011.

- 기사   https://biz.chosun.com/international/international_general/2021/05/21/

- 다큐멘터리   〈문화의 질주 8 - 축구를 넘어서〉, KBS, 2011.

　　　　　　　　〈걸어서 세계 속으로 - 영국 편〉, KBS, 2011, 2015, 2020.

　　　　　　　　〈걸어서 세계 속으로 - 아일랜드(더블린) 편〉, KBS, 2014.

　　　　　　　　〈바다의 제국 4 - 거대한 역전〉, KBS, 2015.

　　　　　　　　〈걸어서 세계 속으로 - 스코틀랜드 편〉, KBS, 2021.

- 영화   〈천일의 앤(Anne)〉, 찰스 재롯 감독, 1969.

　　　　　　　　〈남과 북(North and South)〉, 리처드 T. 헤프론 감독, 2004.

　　　　　　　　〈올리버 트위스트(Oliver Twist)〉, 로만 폴란스키 감독, 2005.

　　　　　　　　〈이미테이션 게임(The Imitation Game)〉, 모튼 틸덤 감독, 2014.

　　　　　　　　〈다키스트 아워(Darkest Hour)〉, 조 라이트 감독, 2017.

　　　　　　　　〈아웃로 킹(Outlaw King)〉, 데이빗 맥킨지 감독, 2018.

자유, 평등, 박애의 나라
프랑스

• 문화 키워드

　솔리다리테, 똘레랑스, 그랑제꼴, 바캉스, 르 꼬르동 블루, 꼬꼬뱅, 마리아쥬

• 국기

 라 트리콜로르(La Tricolore, 삼색기) 파란색은 자유(Liberté), 흰색은 평등(Égalité), 붉은색은 박애(Fraternité)를 상징. 이 세 가지 색깔은 1789년 프랑스 대혁명의 이념을 상징.

• 개관

수도	파리(Paris)
정치체제	공화제, 프랑스 공화국(République française)
민족구성	켈트족, 라틴족, 게르만족, 이주민(유럽 계와 아프리카 계)
언어	프랑스어
종교	가톨릭, 개신교, 이슬람교, 유대교, 불교, 정교 등
면적	약 55만㎢
인구	약 6,997만 명(2022)
인구밀도	117명/㎢
GDP	2.779조 USD(2022)
화폐	유로(Euro)

제1절 솔리다리테

솔리다리테 – 연대의식

 1789년 발생한 프랑스 대혁명으로 프랑스 절대왕정이 무너졌을 때, 혁명가들이 새로운 사회운영 원리로 내세운 것은 '인간과 시민의 권리 선언(인권선언)'이었는데, 이것은 자유, 평등, 박애라는 3개의 이념으로 요약될 수 있다. 인권선언 제1조 '인간은 자유롭고, 그 권리에서 평등하게 태어나며'라는 선언은 신분에 의한 전통적인 차별을 폐지했다. 특히 제6조 '모든 시민들은 법 앞에 평등하므로 능력에 따라서 … 평등하게 모든 공적인 지위, 직무에 오를 수 있다'는 선언으로 당시의 성직자, 귀족, 평민 신분 사이의 차이를 없애고 기회의 평등을 보장했다.

 나아가 1793년 선언은 사회적 약자인 '불행한 시민들'에 대해 사회가 가진 '성스러운 채무'(21조)와 '각자에게 권리의 향유와 보존을 보장하기 위한 만인의 행동'(23조)인 사회적 보장을 규정함으로써 인간의 '사회적 권리'를 천명했다. 국가와 국민은 일자리 및 교육과 일정한 소득을 필요로 하는 자들에게 이것들을 제공해야 한다는 점을 법으로 명시한 것이다. 프랑스 역사학자 알렉시 드 토크빌(1805~1859)은 영국과 프랑스의 혁명을 비교하면서, 영국이 자유를 내세우면서 비교적 온건한 혁명을 통해 입헌군주제를 이루었던 데 대해서, 프랑스가 군주제의 전복을 통해 공화제를 이루게 된 것은 바로 이 평등 원칙 때문이라고 강조했다.

 영국 혁명의 사상적 토대가 로크로 대표되는 자유주의적 민주주의였다면, 프랑스 혁명의 사상적 토대는 루소의 공화주의적 민주주의였다. 자유주의가 신체의 자유, 재산권과 같은 소극적 권리를 중심으로 기본권 보호를 우선시한다면, 공화주의는 정치적 참여권, 의사소통의 권리, 사회적 권리와 같은 적극적 참여적 권리를 중요시한다. 사회계약은 법적으로 평등하게 인정된 개인들에 의해서만 체결될 수 있으며, 그렇지 않을 경우 그 계약은 이미 자유로운 의사에 의한 계약이 아니기 때문이었다.

19세기 말까지 프랑스 공화주의자들은 '사회적 평등'을 실천하는데 상당히 소극적이었다. 부르주아지를 포용하고자 한 공화주의자들은 '사회 문제'를 구체적이고 실천적인 입법화를 통해 해결하기 보다는 정치의 민주화, 교육에 의한 시민 의식의 고취, 자유 시장 경제체제에 입각한 노동자들의 조직화를 통해 해결하려고 했기 때문이다. 이에 반발한 급진주의자들은 사회적 불평등을 완화하고 사회의 이해관계를 보다 효율적으로 조정하기 위해 어느 정도의 국가 개입을 인정했는데, 이것이 바로 1895년 레옹 부르주아(1851~1925)로 대표되는 급진사회당의 '연대주의'이다.

레옹 부르주아가 확립한 정치 이론 '연대주의'는 1900년 제3공화국의 공식적인 사회철학이 되었다. 부르주아는 국가 개입을 통한 사회복지에 관심을 갖고 사회 개혁과 대중 교육이라는 인간주의적 목표를 추구할 것을 주창했으며, 이를 통해 계급투쟁과 기존의 사회질서에 대한 모든 잠재적 혁명의 위험을 약화시킬 수 있다고 믿었다. 그의 이론에 의하면, 각 개인은 태어나면서부터 그가 속한 사회에 빚을 지는데, 사회의 모든 구성원은 서로에 대해 책임을 지는 형태로 사회와 긴밀히 연대되어 있다는 것이다. 사회적 연대성은 사회의 통합에 근거를 두고 있으며, 국가는 통합을 유지해 나가는 방향으로 계약들의 공정한 실천을 보장하는 역할을 맡는다.

이러한 연대주의는 생산, 소비 협동조합 혹은 상호 협회들을 통해서 실천적으로 운영될 수 있는데, 여기에 장애인과 노인에 대한 보조, 노동재해법, 연금법 등이 덧붙여졌다. 국가가 모든 개인을 질병 및 재해와 실직, 장애, 노쇠로 인한 위험으로부터 보호하는, 완벽한 보장체계를 갖출 때에만 평화를 누리게 될 것이라고 생각되었다. 한 걸음 더 나아가 레옹 부르주아는 연대주의를 프랑스에만 국한시키지 않고 국제적인 차원에서도 실현할 것을 주장했다. 그가 주도한 19세기 말 프랑스 연대주의 운동은 자유주의, 사회주의와는 차별화된 제3의 정치이념 혹은 사회철학으로서 지지를 받았다. 유독 프랑스에서 정치적인 차원의 연대 개념이 강조된 데에는 이유가 있다. 유토피아적 공동체를 구상하면서 연대의 실천적 차원을 제시한 샤를 푸리에, 상호부조주의자 피에르 프루동, 프랑스 협동조합운동에 영향을 준 루이 블랑 등 초기 사회주의자들의 영향이 컸다.

이렇게 탄생한 '솔리다리테'는 현실에서 여러 의미로 사용되고 있다. 먼저 한 사회의 인간관계나 객관적인 사회현상을 가리키는 경우로 사회의 결속력 정도를 의미하는데, 공동의 목표를 달성하기 위한 집단행동인 연대투쟁을 사례로 들 수 있다. 다음으로 사회적 약자나 어려움에 처한 사람을 돕기 위해 이타적인 행동을 하는 경우로서 이기주의나 무관심과 대립되는 개념이다. 그 외에도 연대를 시민권이나 인권 같은 권리의 관점에서 시민 또는 인간으로서 누려야 할 기본적인 사회적 지원으로 이해하는 경우도 있다. 일반적으로 현대 사회에서 나타나는 연대의식의 구체적 형태는 노동조합운동과 사회복지정책이 대표적이다.

연대의식을 확고한 사회적 가치로 세우는 데에는, 주요한 정책 결정이나 심각한 사회 문제가 불거질 때마다 프랑스 국민들에게 연대를 호소했던 프랑스 지식인들의 역할이 컸다. 유대인이라는 이유로 종신형을 선고 받았던 드레퓌스의 경우에 에밀 졸라는 「나는 고발한다」(『오로르』, 1898년 1월 13일)에서 그의 무죄를 인정하고 진실을 밝힐 것을 촉구했다. 1953년 동베를린 폭동이 발생했을 때 카뮈는 「신용조합 연설」에서 "세계의 어느 구석에서 한 노동자가 탱크 앞에서 맨주먹으로 자기는 노예가 아니라고 외치며 대항할 때, 우리가 무관심하다면 도대체 우리는 무엇이란 말입니까?"라고 외쳤다. 그가 지키고자 한 것은 어떤 정치적 명분으로도 침해할 수 없는 인권, 개인의 자유에 대한 평등한 보장이었고 이것은 인류를 위한 연대였다.

프랑스 지식인은 정부가 안보와 국익, 질서 논리를 내세워 이를 위반하려 할 때 그 권력을 반인륜적이라고 비난했다. 이러한 지식인의 적극적인 사회 참여 활동과 목소리는 그 자체로 연대가 인간의 사회적 의무임을 강조했다.

프랑수아 미테랑 대통령 역시 1981년 당선되자마자 "사회정의가 없는 곳엔 질서도 안보도 없다"라고 말한 것은 이러한 사회적 맥락에서 이해될 수 있다. 프랑스 사회에서는 전통적으로 질서보다 사회정의(justice sociale)를 우위에 두는 분위기가 강한 것이다.

1991년 11월 파리 공공부문 노동자들의 총파업 때도 지식인들은 적극적으로 연대를 호소했다. 당시 파업은 노동자들이 새로운 요구 조건을 내걸고 먼저 시작한 파업이 아니라, 기존 제도 변경에 저항한 방어적 파업이었다. 알랭 쥐페 우파 정부가 사회보장 적자를 줄이기 위해 기존의 사회보장제도에 신자유주의에 입각한 제도를 도입하려 하자 이를 저지하고자 했던 것이다. 쥐페의 사회보장제도 개편 안이 노동수입과 자본수입 등에 국한되었던 2.4% 사회보장총괄세를 연금과 저축소득 등 개인수입에도 확대 적용하려 시도했던 것에 대한 반발이었다. 1991년 12월 5일자 〈르몽드〉지에 실린 지식인들의 선언문은 "모든 사회적 권리를 수호하기 위해 파업 노동자들이 벌이고 있는 투쟁은 다만 그들만의 투쟁이 아니라, 남녀노소, 실업자와 임금생활자, 공무원, 공공부문 노동자와 사기업 노동자, 이주 노동자와 프랑스인 등 만민의 권리와 평등을 위한 투쟁"임을 분명히 함으로써 "더 나은 민주주의, 더 나은 평등, 더 나은 연대"를 시민들이 지지하고 이 가치들의 실현에 동참해 줄 것을 촉구했다.

엠마우스 솔리다리테 – 빈민의 아버지 피에르 신부

프랑스에서 연대의식을 거론할 때 빼놓을 수 없는 인물이 바로 빈민의 아버지로 불리는 아베 피에르(1912~2007) 신부이다. 피에르 신부는 과거 '엠마우스협회'로 불렸던 엠마우스 솔리다리테를 1954년 3월 17일에 설립했다. 엠마우스 운동은 피에르 신부가 파리 교외의 뇌이플레장스에 있는 한 낡은 이층집을 직접 수리하고 '엠마우스'라는 간판을 내걸면서 시작되었다. 당시 그 집은 무료숙박시설로서 본래 청년을 대상으로 한 것이었지만 얼마 지나지 않아 빈민 구제 공동체로 확대되었다. 존속살인 혐의로 20년 옥살이를 한 뒤 자살을 기도 했던 조르주에게 피에르 신부가 빈민 구제용 주택 건립 사업을 도와달라고 요청한 것은 유명한 일화이다. 조르주는 죽을 때까지 피에르 신부의 곁에서 그의 공동체 운동을 헌신적으로 도왔다. 피에르 신부의 작은 천막촌과 판자촌은 노숙자들의 쉼터가 되었다. 이후 엠마우스 솔리다리테는 거리에서 살아가는 사람들과 가족들을 보호하고 그들에게 최소한의 생존권, 주거권을 보장해주기 위해 꾸준히 활동해오고 있다. 1971년에는 국제 엠마우스가 설립되었고, 2017년 국제 엠마우스는 37개국에서 350개 단체로 운영되고 있다.

피에르 신부의 엠마우스 운동이 널리 알려진 계기는 1954년 겨울에 일어난 일명 '선의의 봉기' 사건이다. 1954년 1월 뇌이플레장스에서 노숙하던 갓난아이가 얼어죽자 피에르 신부는 당시 자신이 제안한 긴급 주택단지 계획을 거부한 정부를 공개 비판했다. 또한 영하 20도까지 기온이 떨어진 1월 31일 한 노파가 도시 한복판에서 퇴거 명령서를 손에 쥐고 사망한 채로 발견되자, 2월 1일 피에르 신부는 라디오 뤽상부르(현재 RTL 프랑스어 라디오 방송국)를 통해 그 날 밤 안으로 각지에 임시 구호소를 설치할 것이니 각종 물품과 자금을 지원해달라는 대국민 호소문을 발표했다. 다음날 신문은 '선의의 봉기'라는 제목 하에 이를 기사화했다.

피에르 신부가 본격적으로 노숙자 문제에 뛰어든 것은 1994년이었다. 그해 12월 피에르 신부가 노숙자 126명과 함께 파리 시내의 빈 건물을 무단 점거한 사건은 노숙자 주거문제를 사회적 쟁점으로 부각시켰다. 피에르 신부는 80만 명이 집 없이 거리에서 살아가는데 빈 집은 200만 채에 이르는 모순을 비판했다. 당시 대선에 출마하려던 자크 시라크 파리 시장은 파리 시내에 2년 이상 거주하지 않는 아파트에 중과세를 부과하고 비어있는 건물을 징발해 집 없는 사람들이 살 수 있도록 하겠다는 공약을 발표하기도 했다. 실제로 피에르 신부의 투쟁은 동절기에 월세를 내지 못하더라도 세입자를 쫓아낼 수 없는 법안을 탄생시켰다.

2012년에는 세실 뒤플로 당시 주택부 장관이 엠마우스 협회가 운영하는 노숙인 구제센터를 방문한 자리에서 파리와 인근 지역에 있는 60여 개의 빈 아파트 건물을 건물주와 협의하여 집 없는 사람들을 위한 쉼터로 만들겠다는 계획을 발표했다. 프랑스 국립통계경제연구소(INSEE)에 따르면, 2011년 10월 프랑스 노숙자는 약 30만 명으로 이는 2001년에서 2011년 사이에 50% 증가했다. 〈르몽드〉 지는 2013년 2월 7일 이처럼 증가한 노숙자 실태를 보도하고, 외국인 노숙자들과 노숙하는 어린이, 노동 가능한 나이의 남자 비율이 늘어난 것, 그들 중 47%가 실업 상태라는 것 등을 지적하며 노숙자 문제의 심각성을 부각시켰다. 노숙자 문제는 정치, 종교, 경제 등의 문제와 맞물려 있어서 매우 심각한 사회 문제를 일으킬 수 있었다.

2006년 '돈키호테의 아이들'의 텐트 시위는 피에르 신부의 정신이 여전히 프랑스인들에게 살아있음을 보여준 사건이다. 이 시위를 주도한 영화배우 겸 제작자 오귀스트와 장 밥티스트 르그랑 형제는 생마르탱 운하에 늘어선 빨간색 천막의 행렬을 통해 "자기 옆에서 누가 죽어가도 모르는 프랑스 사회를 두고 볼 수 없다"라는 말로 피에르 신부의 빈민운동 정신을 환기시켰다. 이미 '국경없는 의사회'가 몇 년 전부터 꾸준히 노숙자에게 무료로 천막을 나누어주는 활동을 해오고 있었지만, '돈키호테의 아이들'은 노숙자를 파리 한복판에 결집시키고 파리 시민에게 호소하는 시위방법으로 보다 근본적인 대책을 요구했다.

2007년 1월 '돈키호테의 아이들'은 다른 시민단체들과 함께 노숙자를 지원해 비워져 있는 은행 건물을 점거하고 '주택 위기 대책부'라고 적힌 간판을 내걸었다. 이들의 시위가 계속되고 전국적으로 확산되자 노숙인 시위를 지지하는 쪽으로 여론이 기울면서 우파 정부 도미니크 드 빌팽 총리가 노숙자의 주거문제에 대해 법률적 보장을 약속했다. 2009년 1월 17일 프랑스 국무회의에서 노숙자와 가난한 노동자 모자 가정에게 주거권을 보장해 주는 법안이 의결되었는데, 이것은 유럽에서 스코틀랜드에 이어 두 번째였다. 이 법에 따라 2012년부터 프랑스에서 집 없는 사람은 국가를 상대로 소송을 제기할 수도 있다.

솔리다리테의 위기

프랑스의 연대의식이 제도적으로 반영된 것이 사회보장제도이며, 프랑스는 사회보장이 잘 되어 있는 국가들 중 하나이다. 프랑스의 일반적인 사회보장제도는 '사회보호(protection sociale)'라고 불리는데, 이것은 3가지, 즉 일반 체계인 사회보험제도, 농업 관련 종사자를 위한 특별체계, 장인과 상인, 자유 직종을 위한 특별체계로 구성되어 있다. 그 외에 실업급여제도 등 공공부조제도도 포함된다. 특히 프랑스에서는 사회 최하층과 소수 약자에게는 '연대성의 원리'를 적용하여 공공부조제도가 사회보험제도보다 우선적으로 적용되고 있다. 유럽의 다른 나라들이 재정적인 문제로 사회보장제도를 축소하고 있는 동안에, 프랑스는 기존의 사회보장제도를 여전히 유지하고 있다. 그러나 그 결과 프랑스는 경제성장률 둔화, 인구 노령화, 실업률 증가 등으로 심각한 재정문제에 직면함으로써, 프랑스의 솔리다리테 역시 위기에 처해 있다고 할 수 있겠다.

과거 미테랑 정부가 사회보장비용을 줄이지 않고 경제문제를 해결하려는 원칙을 유지했지만, 이후의 정부들은 그러한 원칙을 유지하기가 쉽지 않았다. 그 대표적인 예가 연금개혁이다. 유럽 대부분 나라들이 연금납부 기간을 연장하고 수령시기를 늦추는 방향으로 개혁하고 있고, 미국과 한국 등 일부 국가들은 분담금을 늘이고 수령액을 줄이는 방향으로 나가고 있다. 1995년 자크 시라크 우파 정부가 납부기간 연장을 근간으로 한 연금개혁안을 제시했었지만 대대적인 총파업으로 한 차례 유보되었다. 그 후로도 연금개혁의 필요성은 계속해서 제기되었다. 사실 프랑스 국민도 연금기금의 적자 때문에 개혁이 불가피하다는 사실을 어느 정도 알고 있었지만, 프랑스 사회를 지탱해온 중요한 가치인 연대의식의 약화로 공동체 기반 역시 약화될 것을 우려해서 반대했던 것이다.

2007년 인구고령화, 조기퇴직 등으로 사회복지비용이 늘어나면서 정부의 재정적자가 누적되자 당시 사르코지 정부도 연금개혁 카드를 꺼냈다. 그러나 사르코지는 대화를 통해서 의견을 수렴하기보다는 정치적 수단을 통해 일방적으로 제도개혁을 추진하면서 재집권에 실패했다. 2016년 사회당 올랑드 정부의 노동개혁법안 역시 국민의 반대에 부딪혔다. 2017년 대통령에 당선된 마크롱 역시 경제개혁안들에 대한 국민들의 반대에 직면해 자신의 뜻을 관철시키지 못하고 있다.

제2절 똘레랑스

똘레랑스의 의미 – 존중받고 싶으면 존중하라

똘레랑스는 프랑스인이 가장 중요하게 생각하는 사회적 가치들 중의 하나로서 '타인의 사상과 행동에 대한 인정과 존중'을 의미하고, 대체로 '관용'으로 번역된다. 프랑스의 이 '관용'은 한국의 '타인의 잘못 따위를 너그럽게 받아들이거나 용서 한다'라는 의미의 '관용'과는 큰 차이가 있다. 프랑스의 똘레랑스는 생각의 다양성과 타인에 대한 배려와 관련되기 때문이다. 프랑스 사회에서 똘레랑스는 정치, 종교, 인종의 차이에서 비롯되는 견해의 차이나 문화와 생활방식의 차이를 인정하고 존중해 준다는 것이다. 이것은 다민족, 다종교, 다인종으로 구성된 프랑스가 오랜 역사적 경험을 통해 터득한 공존의 원리이다.

똘레랑스는 라틴어 동사 'tolerare'(참다, 견디다 의미)에서 유래했다. 기본적으로 다른 사람들이 나와 다른 생각과 견해를 가지고 행동하는 것을 참고 견딘다는 의미인 것이다. 내가 다른 사람들의 견해와 행동을 참고 견디는 이유는 바로 내가 그들의 견해와 행동을 존중해 준 것처럼 그들도 내가 보유한 견해와 행동을 존중해 줄 것을 기대하기 때문이다. 즉 나의 자유가 존중받기 위해서는 타인의 자유도 존중해야 한다는 원리인 것이다.

이처럼 프랑스의 똘레랑스는 개인의 견해와 신념을 전적으로 자유롭게 표현할 수 있도록 허용하는 태도를 말한다. 여기서 한 걸음 더 나아가, 내가 동의하지 않는 견해일지라도 타인이 그것을 표현할 자유를 인정하는 것, 나와 다른 신념을 가진 타인이 자신의 신념에 따라 살 수 있음을 인정하는 것이다. 똘레랑스에서 가장 중요한 것은 바로 타인의 자유에 대한 존중이다.

이러한 의미에서 계몽사상가 볼테르는, "나는 당신이 말한 것에 동의하지 않는다. 하지만 당신이 당신의 견해 때문에 박해를 받는다면 나는 당신의 권리를 위해 함께 죽도록 싸울 것이다"라고 말했다. 그는 자신과 다른 사고방식과 행동에 대한 소극적 인정과 방임을 넘어 존중하고 승인하는 '적극적인' 똘레랑스를 촉구하고 있는 것이다.

이러한 '적극적인' 똘레랑스 실천을 프랑스 노철학자 로제 폴 드루아(1949~현재)도 촉구하고 있다. 그는 "똘레랑스가 우리가 반대하는 것에 대한 무관심이 아니라 존중이기를 바란다. 나의 것과 다른 신앙, 내가 잘못된 것이라고 믿는 견해들, 나에게 충격을 주는 행동이라도 아무런 제약 없이 표현되어야 한다." 라고까지 주장했다.

이처럼 다른 사람이 나와 다르게 생각할 수 있음을 인정하고 존중할 뿐만 아니라 승인하는 '적극적인' 똘레랑스 덕분에 프랑스가 성숙한 민주주의 국가이자 개성과 독창성이 넘치는 문화강대국이 될 수 있지 않았나 생각된다. 나아가 '적극적인' 똘레랑스는 인간이 자기중심적인 한계를 극복하고 인류의 연대를 향해 나아갈 수 있는 출발점이 되기도 한다.

똘레랑스의 기원 – 종교전쟁

프랑스 역사에서 참을 수 없는 것을 참아야 하는 상황이 출현하게 된 계기는 16세기 종교개혁 후 발생한 종교전쟁이었다. 종교개혁으로 개신교가 탄생하면서 구교인 가톨릭과 신교인 개신교 사이에 피비린내 나는 전쟁이 발생한 것이다. 프랑스는 전통적으로 '가톨릭교회의 맏딸'로 불리는 가톨릭 국가였는데, 종교개혁 후 칼뱅의 신교가 전파되면서 개신교를 신봉하는 위그노들이 생겨났다. 수적으로 열세였던 위그노에 대한 다수 가톨릭 측의 대응은 1562년 바시 대학살과 1572년 성 바르톨로메오 대학살로 표현되었다. 그 중에서 후자는 영화 〈여왕 마고〉(1994)의 배경이 되기도 했다.

16세기 후반 프랑스에서 가톨릭교인과 개신교인 사이의 갈등이 종교전쟁으로 치닫고 있는 가운데, 양자 사이에 화해가 시도된 적이 있었다. 비록 그 결말은 유혈 참사로 끝이 났지만 말이다. 이탈리아 피렌체의 유력 가문 메디치가문에서 프랑스 왕실로 시집와서 프랑스 왕비가 되고, 프랑스 왕위를 차지한 아들들, 프랑수아 2세, 샤를 9세, 앙리 3세 뒤에서 막강한 권력을 휘둘렀던 카트린 드 메디시스(1519~1589)는 1572년 8월 18일에 딸 마고(마르그리트)를 개신교 지도자 나바르의 왕 앙리와 결혼시켰다. 앙리의 결혼을 축하해 주기 위해서 많은 개신교 지도자들이 결혼식에 참석했는데, 이들은 축하연 중인 8월 24일 밤 기즈 공이 이끄는 가톨릭교인들에게 처참하게 죽음을 당했다. 신랑 앙리도 죽을 뻔했지만, 그 고비를 겨우 넘기고 살아남았다.

이때만 해도 개신교인 나바르의 앙리가 프랑스의 왕이 될 것이라고는 아무도 예상할 수 없었다. 카트린 드 메디시스의 세 아들들이 모두 사망하면서, 즉 발로아 왕조의 남자 혈통이 단절되면서, 프랑스 왕위는 카페 왕가의 또 다른 방계 친족인 부르봉 가문으로 넘어가게 되었다. 프랑스 왕위에 올라 부르봉 왕조를 시작하는 이는 바로 1572년에 마고와 결혼했던 나바르의 앙리로서 그는 프랑스 왕 앙리 4세(1553~1610)가 되었다.

앙리 4세가 프랑스 왕위에 오르는데, 큰 걸림돌이 있었는데, 그것은 프랑스 왕위 계승자는 가톨릭이어야 한다는 규정이었다. 개신교인이었던 앙리 4세는 프랑스 왕이 되려면 가톨릭으로 개종해야만 했다. 이때 그는 "파리는 미사를 드릴만한 가치가 있다"고 말했는데, 프랑스 왕이 되기 위해서 개신교에서 가톨릭으로 개종한 것은 그만한 가치가 있다고 생각했던 것으로 보인다. 이후 그는 자신의 믿음의 형제들, 개신교인에게 1598년 낭트 칙령을 통해서 비록 제한적이었지만 '종교의 자유'를 허용했다.

낭트 칙령에 따르면, 위그노들은 파리에서는 금지되었지만, 자신들이 이전에 건립한 교회나 자택에서는 신교 식으로 예배드릴 수 있었다. 이러한 '종교의 자유' 허용으로 낭트 칙령은 '똘레랑스 칙령'으로 불린다. 이때 똘레랑스는 종교의 다양성과 그로 인한 종교전쟁이라는 갈등 상황에 직면하여, 군주가 종교적인 자유를 허용한 똘레랑스였다. 서로를 참을 수 없어서 죽일 만큼 종교전쟁을 수행했던 사람들이 서로를 참아낼 수밖에 없게 된 것이었다.

이렇게 탄생한 똘레랑스가 18세기 계몽주의 시대에 들어서는 더욱 발전하게 되었다. 종교적 맹목주의, 즉 종교적 불관용이 자행해온 폭력이 사회통합을 해친다고 비판되면서, 사상에 대한, 더 정확히 말한다면 사상의 표현에 대한 탄압이 사회 질서를 위태롭게 한다고 비판되면서, 무엇보다 똘레랑스를 사회적 가치로 확립시키는 것이 중요해졌다. 그로 인해 프랑스에서는 18세기 내내 '검열'에 대한 비판과 '언론의 자유'에 대한 논의가 많았다.

이러한 시대적 분위기를 반영하여 1787년 루이 16세는 낭트 칙령을 폐지한 루이 14세의 퐁텐블로 칙령(1685)을 폐지하고 '베르사유 칙령'을 공포했다. 이 칙령은 가톨릭을 믿지 않는 국민, 특히 개신교인에게 시민의 자격과 신앙생활의 자유를 부여하는 것으로서, '낭트 칙령'에 이어서 '또 다른 똘레랑스 칙령'으로 불린다.

18세기 말 이후 똘레랑스는 개인의 자유를 보장하고 사회 질서를 유지하기 위해 국가가 취해야 할 입장에서 한 걸음 더 나아가 오늘날 통용되는 의미처럼 바람직한 인간관계를 위한 개인의 태도까지 확장되었다. 계몽사상가 볼테르는 『관용론』에서 "불관용은 우리와 똑같이 생각하지 않는 자를 선험적으로 유죄라고 평가하도록 유도하는 정신적 자세"로 보았다. 또 루소는 "자신이 믿는 모든 것을 똑같이 믿지 않는 사람은 결코 선의의 인간일 수 없다고 생각하고, 자기와 똑같이 생각하지 않는 사람들에게 냉혹한 저주를 내리는 모든 사람은 관용적이지 않다."라고 규정했다. 이 시기에 똘레랑스의 대상은 '종교적인' 사상과 행동을 넘어 '세속적인' 분야로까지 확대되기 시작했던 것이다.

그 결과, 20세기 이후 프랑스에서는 개인의 자유와 존엄성을 높이고 문화적 차이를 존중하는 똘레랑스가 하나의 중요한 사회적 가치로서 자리 잡았다.

앵똘레랑스(Intolérance)

프랑스 사회에서는 똘레랑스가 중요한 가치로서 자리를 잡은 덕분에, 프랑스 내 정치적 스펙트럼이 극좌에서부터 극우까지 매우 다양하다. 극좌의 공산당과 극우의 국민전선, 그 사이에 사회당, 중도파, 중도우파, 우파 그리고 녹색당에 이르기까지 다양한 정치적 당파들이 비교적 큰 충돌 없이 견제와 균형을 이루고 있다.

이들 정당들이 상대방에 대한 비방이나 중상이 아닌 정책과 토론을 통해 정치적 입지를 다지려는 것도 오랜 똘레랑스 전통 때문일 것이다. 2002년 총선에서 외국인의 추방, 사회 주변계급 축출, 사형제도의 부활 등의 정책을 내세운 극우정당 '국민전선(Front National)'이 예상치 못한 득표율로 프랑스 사회를 놀라게 했지만, 전 국민으로부터 지지를 얻는 데는 실패했다. 국민전선이 내세운 정책 내용이 프랑스인이 보유한 똘레랑스 원칙에 어긋나는 것으로 보였기 때문이다. 특히 2002년 대선에서 국민전선의 장 마리 르펜 후보가 결선투표에 진출하자, 이에 대항해서 '반르펜 전선'이 확산된 것은 프랑스 사회가 똘레랑스 원칙에 대한 위협에 얼마나 민감하게 반응하는 지를 잘 보여주는 한 사례였다. 이 '반르펜 전선'은 2017년과 2022년 프랑스 대통령 선거에서도 되풀이되었다.

프랑스의 대표 언론 가운데 하나인 〈르몽드〉는 '프랑스는 상처받았다'라는 사설에서, "유럽은 요즘 더욱 우경화하고 있으며 불행하게도 우리는 국민전선 후보를 결선투표에 진출시킴으로써 이런 운동의 전선에 합류하는 프랑스를 보게 되었다"라고 한탄하면서, 프랑스의 '치욕', 프랑스 정치사상 유례없는 '지진', '혼수상태에 빠진 프랑스 민주주의'라는 극단적인 표현으로 이 사태를 바라보는 사회 전반의 분위기를 보여주었다.

반외국인, 반이민, 반유럽통합 국수주의를 골자로 하는 국민전선과 당수 르펜의 슬로건에 대해서 프랑스인들은 결코 똘레랑스를 보일 수 없었던 것이다. 르펜의 슬로건은 제2차 세계대전 당시 전 유럽을 반인류적 비극으로 몰아넣은 히틀러의 전체주의와 닮아 있었기 때문이다. 과거에 프랑스는 제2차 세계대전 이후 나치 부역자에 대한 대대적인 숙청을 통해서 자신들의 비인간적인 행위에 대해 철저한 불관용의 원칙을 증명했었다.

프랑스의 '나치 청산'은 제일 먼저 언론 분야에서 시작되었다. 93명의 나치 협력 언론인을 수사하고 대부분을 숙청했으며, 또한 115곳의 친나치 언론사를 폐쇄하면서, 오늘날까지 프랑스 언론이 각계각층 국민의 의사를 공정하게 대변하는 공공성을 확보할 수 있었다. 똘레랑스가 지배하는 사회가 되기 위해서는 똘레랑스 대상이 되어서는 안 되는 '불의'에 대한 철저한 배제가 전제되어야 함을 보여주는 사례였다.

'불의'가 철저하게 똘레랑스 대상에서 배제되는 동안에, '표현의 자유'에 대해서는 어디까지 똘레랑스가 허용되어야 하는지에 대해, 즉 똘레랑스와 표현의 자유 사이의 경계선에 대해 논의하게 되는 계기가 있었다. 대표적인 사례가 2015년 샤를리 엡도 테러사건이었다. 정치, 종교, 문화 전반에 걸쳐 성역 없는 풍자를 표방하는 프랑스의 대표적인 풍자 전문 주간지인 〈샤를리 엡도(Charlie Hebdo)〉가 2006년 이후 이슬람의 예언자 무함마드를 풍자하면서 이슬람권의 비난을 받아왔다.

당시 프랑스의 이슬람문화자문위원회는 이 잡지의 판매 금지와 무함마드 캐리커처 제작 금지를 위해 소송을 걸었지만, 법원은 표현의 자유를 이유로 이 소송을 기각했다. 이 주간지는 2011년에 무함마드를 부정적으로 묘사한 만평을 게재해 테러 위협을 받았고, 11월에는 실제로 화염병 공격을 받기도 했다. 2012년에는 무함마드의 나체를 묘사한 만평으로 이슬람교를 모독하고 도발했으며, 급기야 2015년 1월에는 잡지 본사 사무실이 이슬람 극단주의자의 공격을 받아 12명의 사상자가 생겨나는 참사가 발생하기도 했다.

이 테러 이후 '표현의 자유'를 옹호하는 사람들이 '나는 샤를리다'라는 구호를 외치면서 이 잡지를 지지했다. 그러나 이에 반해 '나는 샤를리가 아니다'라는 구호 아래 '종교를 모욕하는 자유'까지는 허용할 수 없다는 견해가 표명되면서,

'표현의 자유의 한계'에 대한 논쟁이 일어났다. 프란치스코 교황도 2015년 1월 15일 "표현의 자유를 수호해야 하지만 다른 사람의 종교와 관련해서는 한계가 있다. 누구도 다른 사람의 믿음을 도발해서는 안 된다. 누구에게도 다른 사람의 종교를 모욕하거나 놀릴 권리는 없다"라고 말하면서 자유의 한계를 언급했다.

'표현의 자유'는 어디까지 허용되고 어디서 멈추는가?라는 질문이 던져진 것이다. 2015년 샤를리 엡도 참사 직후 영국의 잡지 〈스펙테이터〉에서는 '샤를리 엡도 반대가 당신이 테러리스트임을 의미하는 것은 아니다'라는 제목의 기사 아래 "나는 표현의 자유를 지지한다. 단 그것이 증오를 선동하지 않는 한에서 그렇다"는 내용의 로스 클락의 글이 게재되었다. 그의 의견이 표현의 자유가 어디서 멈추어야 하는가에 대해서 많은 시사점을 준다고 생각된다. 특정 종교 이슬람에 대한 도발과 모욕은 이슬람 극단주의자로 하여금 폭력을 행사하도록 선동하는 것이며, 이 폭력은 다시 프랑스 내에서 이슬람포비아를 확대시켜 새로운 종교적, 인종적 갈등을 야기시킬 것이기 때문이다.

미국 철학자 존 롤스(1921~2002)는 『정의론』(1971)에서 "관용적인 사회는 스스로를 보호할 권리와 의무가 있다. … 사회는 사회를 붕괴시키는 행위와 그런 행위를 하는 구성원을 관용해야 할 의무는 지지 않는다"라고 강조했다. 똘레랑스는 "공동체의 온전함을 해치거나 누군가의 자유를 구속하는 데"서 멈춘다.

"관용의 대상이 될 수 없는 것은 생명과 공동체를 해체시키는 것이다."

-로제 폴 드루아

제3절 그랑제꼴

그랑제꼴 – 엘리트 교육기관

그랑제꼴은 다른 유럽 국가들에서는 볼 수 없고 프랑스에서만 볼 수 있는 엘리트 교육기관이다. 프랑스의 고등교육기관은 엘리트를 양성하는 그랑제꼴과 대중교육을 지향하는 대학으로 이원화되어 있는데, 프랑스 사회가 필요로 하는 엘리트들은 그랑제꼴이라는 엘리트 교육과정을 거쳐 양성된다. 현재 프랑스와 유럽연합의 정치를 주도하고 있는 정치인과 관료 그리고 프랑스 첨단산업을 이끌어가고 있는 고급 엔지니어들은 거의 대부분 그랑제꼴 출신이다.

그랑제꼴은 1789년 프랑스 대혁명 후 공화정 체제하에서 엘리트 양성을 위해 처음 도입되었다. 프랑스 대혁명으로 프랑스 사회는 신분사회를 타파하고 평등사회를 건설했다. 이렇듯 '평등'을 외치는 프랑스 사회에서 일반대학과 별도의 선발과정과 입시 제도를 통해서 선별, 양성되는 엘리트의 존재는 언뜻 보기에 지극히 '불평등'해 보인다.

그러나 프랑스 사회는 인격적 평등과 보편적 인권 존중 원칙 아래에서 모두에게 평등한 기회를 제공한 가운데 생겨난 차이에 대해서는 불평등하다고 보지 않는다. 국가는 '교육 기회의 평등'을 제공할 뿐이며, 기회의 평등 가운데 발생한 '학력과 재능의 차이'는 그대로 인정하며, 이것은 불평등이 아니라고 설명한다. 인간이 타고난 선천적인 능력과 노력의 차이는 불가피한 것이기 때문이다.

가장 대표적인 그랑제꼴은 1794년 설립된 '파리고등사범학교(ENS : École normale supérieure de Paris)'이다. '파리고등사범학교'는 미생물학자 루이 파스퇴르(1822~1895) 등 노벨상 수상자를 10명 이상 배출했다. 프랑스 혁명기에 프랑스 교육체계를 바꾸는 과정에서 설립되어 초기에는 고등교육기관에 종사하는 교수를 양성하는 사범학교 역할을 했고, 점차 프랑스의 다양한 분야를 주도하는 지도자를 양성하는 고등교육기관으로 발전했다. 프랑스와 유럽연합의 정치를 움직이는 정치인과 행정관료 양성소는 '국립행정학교(ENA : École nationale d'Administration)'이다. 프랑스의 MIT라고 할 수 있는 그랑제꼴은 '에꼴 폴리테크니크(École Polytechnique)'인데, 군사사관학교로서 역시 1794년에 설립되었다. 에꼴 폴리테크니크는 'X'라는 별명을 갖고 있다. 수학 문제가 X라는 기호를 풀어야 하듯, 이공계 명문 에꼴 폴리테크니크 출신이 개교 이래 프랑스가 직면한 다양한 사회적 문제들에 대한 해답을 제공해왔기 때문이다.

에꼴 폴리테크니크가 엘리트 학교로 성장하는 데에는 나폴레옹 보나파르트 황제의 역할이 컸다. 그는 1804년 황제에 즉위하면서 이 학교를 국가 전략교육기관으로 육성하기 위해 '제국사관학교' 지위를 부여하고, '조국과 과학과 영광을 위하여'라는 학교의 교훈까지 하사했다. 나폴레옹은 "과학은 가장 존경할 만한 가치가 있고 문학보다 더 위에 있다"고 말했을 정도로 과학을 존중한 지도자였다.

오늘날 에꼴 폴리테크니크 학생들은 입학하면서 국가로부터 월급을 받으며 공부하고 있고, 졸업 후에는 국가연구소, 공공기관, 정부부처의 고위관료로 진출하는 등 최고의 대우를 받는다. 이런 최고의 그랑제꼴들은 한 해 입학 정원이 백 명도 채 안되지만, 일단 들어가기만 하면 철저한 리더십 훈련을 거쳐 사회 각 분야 요직으로 진출할 수 있는 기회가 보장된다.

프랑스가 필요로 하는 다양한 분야의 영재를 선발해 국가가 책임지고 엘리트로 양성하는 교육기관이 그랑제꼴이라면, 일반인의 대중교육을 담당하고 있는 교육기관은 일반대학이다. 프랑스에서 그랑제꼴과 일반대학에 진학하기 위해서는 우선적으로 대학 입학 자격시험인 바칼로레아에 합격해야 한다.

바칼로레아(Baccalauréat) – 대학 입학 자격시험

바칼로레아는 프랑스 대입 수능시험으로서 1808년 나폴레옹 시대에 도입되었는데, 지금과 같은 제도는 1902년에 확립되었다. 바칼로레아 시험은 6월 중순경 전국적으로 시행되는데, 응시자만 매년 60만 명에 이른다. 바칼로레아를 프랑스인들은 줄여서 '바크(Bac)'로 부르는데, 이 바크를 통과해야 대학에 입학할 수 있다. 꼭 대학 진학을 하지 않더라도 바크를 가지고 있어야 어엿한 '사회인' 혹은 '교양인'으로 대우받는다. 바크는 대입시험이지만, 정확히 말하자면 대입시험이라기보다는 중등교육을 결산하는 시험인 셈이다.

프랑스에서 고등교육은 보통 바크 이후의 학업을 말한다. 교양학부는 Bac+2, 전공과정은 Bac+3 등으로 표시한다. 바칼로레아는 일반 Bac, 기술 Bac, 직업 Bac로 나뉘고, 일반 Bac는 다시 경제사회(ES), 언어(L), 과학(S) 등으로 세분된다. 분야마다 시험과목이 다르지만 프랑스어, 외국어, 역사지리, 수학, 철학은 공동 필수과목이다. 외국어는 필기와 회화 시험을 보고, 수학은 주관식이며, 나머지 과목은 논술이다.

주관식 논술 시험이기에 채점의 공정성 시비가 있을 수 있지만, 200년 이상의 역사를 거치면서 사회적 합의와 신뢰성을 확보했다. 채점에는 12만 명에 이르는 일선 교사가 동원되는데, 시험 답안에 꼭 들어가야 하는 요소들이 정해져 있어서 이것이 채점의 기준 역할을 한다. 시험점수에 불만이 있는 경우 다른 심사자에게 재 채점하게 하는 것이 가능하지만, 재 채점의 경우에도 처음과 점수가 별 차이가 안 난다고 한다.

바칼로레아 시험에서 철학 논술이 필수과목이라는 점이 프랑스 입시제도의 유명한 특징이다. 바크 철학 문제는 해마다 언론과 국민의 관심사가 된다. 2019년 출제 문제를 보면, 의무를 인정하는 것은 자유를 포기하는 것인가? 인간들은 선입견을 버리지 못하는가? 우리는 국가를 위해 무엇을 해야만 하는가? 예술작품은 모두 인간에 관한 이야기인가 등이다. 이러한 논술 문제에 정답은 없으며, 논리력과 사고력이 중요하다. 학생들의 생각하는 힘, 비판적인 사고를 점검하는 것이다.

바크에 합격하면 대학 입학 자격이 주어진다. 평점이 좋고 학업계획서와 편지를 잘 쓰면 원하는 대학 학과에 진학할 수 있다. 바크만 있으면 어느 대학이든 진학할 수 있다는 점에서 프랑스 교육은 원칙적으로 평준화 교육이라고 할 수 있지만, 프랑스의 대학 진학률은 40퍼센트가 채 안 된다.

직업교육

프랑스 사회에서 사회적 성공을 위해서 고등교육이 꼭 필요하지는 않다.

대학에 진학하지 않거나 수능시험 바칼로레아를 통과하지 않고도 사회의 여러 분야에서 유명해진 이들도 많다. 프랑스에서는 어느 분야에서건 각자 나름의 창의성과 전문성만 있으면 사회적으로 성공과 명예를 얻을 수 있는 것이다. 프랑스는 직업에 귀천이 없는 사회라고 할 수 있다. 각자가 각 직업 분야에서 전문성을 인정받고 존중되는 사회 분위기이다.

프랑스 교육제도에서 중요한 특징 중의 하나는 직업교육의 조기 선택이다. 의무교육과정인 초등학교(5년)와 중학교(꼴레주 Collége 4년) 과정을 마치면 일반 고등학교인 리세(Lycée)와 직업고등학교인 기술 리세(Lycée technique)에 진학할 수 있다. 기술 리세에서는 기술과정을 이수하고 곧바로 사회로 진출하거나, 기술 바크를 거쳐 기술 관련 고등교육기관으로 진학할 수 있다. 고등학교 졸업 후 바로 전문적인 일자리를 가질 수 있도록 조리학교 등 기술고등학교가 제도화되어 있는 것이다. 청소년들의 진로에 대한 고민을 덜어주고 그들이 자신의 적성과 실력에 알맞은 길을 잘 선택할 수 있도록 도와주고 있다.

또한 대학에 진학하지 않고 바로 사회로 진출하는 데에는 CAP(세아페, 직업자격증)나 BEP(베으페, 직업교육수료증)라는 국가자격증 취득이 큰 도움이 되기도 한다. 이 시험을 준비하는 학생이 많은데, 시험분야가 빵, 햄, 가죽, 구두, 재단 등으로 매우 전문적이고 세분화되어 있다.

'열린' 교육

오늘날 프랑스 교육은 공교육과 사교육으로 구분되는데, 양측 모두 '교육의 자유'를 기본으로 하고 있다. 공립교육은 '무상'으로 제공되며, 만6세부터 16세까지가 '의무교육'이다. 프랑스 교육에서 가장 중요한 원칙 중 하나는 철학적, 정치적으로 '중립성'을 지켜야 한다는 것이다. 또한 공립학교의 경우에는 종교로부터 독립적인 '세속교육'을 표방해야 한다는 원칙도 중요하다. 이 원칙들은 프랑스가 프랑스 대혁명 이래 200여 년 이상 지켜온 것이다.

프랑스 교육의 특징은 주제에 대하여 질문하고 토론하고 협동하면서 다양한 해결방안을 찾는 '열린' 교육을 지향하고 있다는 점이다. 예컨대 초등학교 미술 수업에서는 원근법 등을 이용한 그림 그리기 기법을 가르치는 것이 아니라 행복, 사랑 등 추상적 주제를 주고 큰 도화지에 여러 명이 같이 논의하고 협동해서 표현하게 하는 식으로 이루어진다. 프랑스인들이 유난히 토론을 좋아하는 민족이 될 수 있었던 저력은 학교 교육에서부터 토론하고 논술하는 방식을 강조하고 있는 데서 나온다고 할 수 있겠다.

제4절 바캉스

바캉스

프랑스 수도 파리는 7월 말에서 8월 초가 되면 유령의 도시처럼 텅텅 빈다. 파리지앵들이 모두 바캉스, 즉 휴가를 떠난 것이다. 이 바캉스 때문에 7월 말에 프랑스 기업에게 사업 메일을 보내는 경우, 답장은 휴가가 끝난 9월에야 받을 수 있을 정도라고 한다. 대부분의 가게와 공공기관이 문을 닫는 프랑스의 바캉스 기간에는 아무리 바쁜 일이라도 정상적으로 처리가 되지 않는다는 의미이다. 주 35시간 노동하고 1년에 5주의 유급휴가를 받는 대부분의 프랑스인들이 바캉스를 떠나면 프랑스 사회는 거의 일시적인 '정지기'에 들어가는 것이다. 역설적이게도 파리지앵들이 바캉스를 떠난 텅 빈 파리를 관광객들이 채우고 있다.

이러한 바캉스에 대해, 영국인은 '한 달의 휴가를 위해 1년을 사는' 사람들이 프랑스인이라고 말했다. 맞는 말이다. 프랑스인은 바캉스를 떠나기 전에는 바캉스 계획을 세우기 바쁘고, 바캉스를 다녀온 후에는 바캉스를 어디서 어떻게 보냈는지를 자랑하는데 바쁘다. 어떤 새로운 지역을 방문하고 어떤 새로운 스포츠를 시도하고 어떤 새로운 요리를 맛보았는지, 어떤 새로운 사람과 만났는지, 특히 바캉스 로맨스를 어떻게 즐겼는지가 대화의 중심이 되며, 그 내용에 따라 그 해 삶의 질이 결정된다고 한다.

우스개 소리로 프랑스인에게 성공한 인생이란 바캉스를 얼마나 성공적으로 잘 보내는가 여부에 달려 있다고 해도 과언이 아니다. 이렇듯 프랑스인에게 바캉스는 단순히 휴가를 가리키는 것이 아니라 삶에서 양보할 수 없는 '소중한' 그 무엇, 나아가 '성스러운' 그 무엇이라고 할 수 있는 것이다. 프랑스인들이 돈을 버는 목적은 스스로를 노동에서 해방시키고 이렇듯 지극히 개인적이고 사적인 시간을 가지기 위한 것이라고 한다.

프랑스인들이 매해 여름마다 즐기는 바캉스가 가능한 이유는 바로 5주 유급휴가 덕분이다. 이 제도는 1981년 미테랑 정권 하에서 만들어졌던 오루 법(Loi Auroux) 덕분이다. 제1, 2차 세계대전 후 프랑스는 재건사업에 온 힘을 쏟았는데, 재건사업이 일정한 수준의 발전을 이룬 후인 1970년대에 경제 성장이 둔화되면서 장기 실업 문제에 직면했다. 장기 실업 문제를 노동시간 단축과 장기 휴가를 통해 해결하려는 의도에서 정부는 노동시간을 40시간에서 39시간으로 줄이고 5주 유급휴가 제도를 도입했던 것이다.

2000년에는 시라크 대통령이 1998년부터 추진해 오던 근로자 급여 삭감 없는 주 35시간 근무제를 도입했다. 주 35시간 근무제는 일보다 여가를 즐기는 프랑스인의 이미지를 강화시켜 주는 듯하지만, 실제로는 실업 해소를 위한 '연대' 차원에서 나온 것이었다. 그러나 이 제도는 사용자 측에서는 투자 축소와 경쟁력 약화를, 노동자 측에서는 근로시간 단축에 따른 임금삭감을 우려하여 논란이 많았다. 비록 주 35시간 근무제 도입이 그동안 근로조건 개선과 노동시간 단축을 위해 노력했던 노동운동의 지속적인 요구였던 만큼 프랑스 사회운동의 역사적 성과라고 할 수 있었지만, 이 제도는 도입이후 일자리 창출과 삶의 질 향상이라는 원래 취지와는 달리 오히려 실업 해소 효과가 적고 국가경쟁력도 약화시켰다고 비판받았다. 그 결과 2005년 3월 22일에는 주 35시간 근무제를 완화하는 법안이, 근로자의 반대시위에도 통과되었다. 이 법은 주 35시간 근무제 원칙은 유지하되, 노사합의를 거쳐서 민간 부분에서 주당

48시간까지 근무할 수 있게 만들었다. 대신 초과 근로에 대해서는 휴가나 수당을 받을 수 있었다.

프랑스는 연 5주 유급휴가와 많은 국경일들로 인해 유럽뿐만 아니라 세계에서 가장 휴가가 긴 나라가 되었다. 휴가를 떠나는 프랑스인 중 가장 많은 사람들이(약 63%) 7월과 8월 초 바캉스를 떠나며, 이들의 3/4은 자동차를 이용한다. 이로 인해 매년 프랑스 여름 바캉스 시기 도로는 교통난으로 시달린다. 2019년 Crédoc(경제사회통계조사센터) 통계에 따르면 휴가 가는 프랑스인은 국민 중 약 60%를 차지하는데, 고소득층의 80%는 매년 휴가를 떠났고, 최저소득자는 40% 미만 정도가 휴가를 갔다. 휴가를 포기하는 프랑스인의 절반은 경제적인 이유 때문이었다. 휴가를 떠난 프랑스인 중 18~24세의 젊은이가 가장 많았고, 65세 이상 노인은 약 26% 정도였다. 노인들이 비교적 바캉스를 떠나지 않는 이유는 대체로 경제적인 것이었지만, 휴가시기 영화를 줄서지 않고 관람하거나 친구를 집으로 초대하거나 정원을 가꾸는 등의 여유로움 때문이기도 했다. 프랑스의 사회보장제도가 아무리 잘 되어있고 사회계층 간 격차가 적다해도 바캉스를 누리는 계층 간 불평등은 존재하는 것이다.

프랑스인들이 바캉스에서 추구하는 것은 시대에 따라 변했다. 1980년대 바캉스의 슬로건이 3S, 즉 태양, 모래, 섹스(Soleil, Sable, Sexe)로서 해안가 모래사장에서 쾌락을 추구했다면, 이제는 3A, 즉 활동, 학습, 모험(Activité, Aprentissage, Aventure)으로서 보다 건전하고 교육적인 바캉스 개념으로 변화했다.

프랑스를 '바캉스의 나라'라고 부르는 것은 프랑스인의 긴 휴가기간 때문이라도 적절해 보이지만, 세계에서 가장 많은 휴가객이 찾는 나라라는 점에서도 적절해 보인다. 연평균 6800만 명의 외국인 관광객이 프랑스를 찾는다. 해외 관광객이 가장 많이 방문하는 장소는 1위가 파리 디즈니랜드, 2위 파리 노트르담 성당, 3위가 루브르 박물관 순이다.

축제

세계에서 가장 많은 관광객이 찾는 나라 프랑스는 특히 여름, 즉 바캉스 시기에 외국인 관광객으로 넘쳐나는데, 이때 프랑스의 전국 곳곳에서 벌어지는 크고 작은 축제는 관광객에게 볼거리를 제공한다. 이러한 볼거리는 외국인뿐만 아니라 자국인 프랑스인들 역시 끌어들이는 매력을 가지고 있다. 프랑스인들이 바캉스 시기에 선호하는 관광지 1위는 바로 자신들의 고향 프랑스라고 한다. 이들은 해외관광지보다는 국내관광지를 선호하며, 해마다 휴가 때 국내 시골 관광지를 방문하여 오래 머물면서 그 사이에 일어난 크고 작은 변화들을 관찰하는 것을 좋아한다. 이들이 선호하는 바캉스 지역은 해변이 아름다운 남쪽의 니스(Nice)나 칸(Cannes), 절벽으로 유명한 북쪽의 노르망디(Normandie), 대서양에 접한 포도주 산지 보르도, 독일과 스위스 접경지대에 있는 알프스 등이다.

프랑스인은 바캉스 기간 동안 특히 지방의 축제나 유명한 페스티벌, 혹은 전통과 문화의 향취를 느낄 수 있는 장소를 찾아다닌다. 이들에게 바캉스는 단순히 노동에서 벗어나 쉰다는 의미에서 끝나지 않는다. 단순히 먹고 마시고 쉬는 바캉스보다는 문화와 전통을 찾아 즐기는 바캉스를 보낸다. 문화강대국 프랑스인들은 휴가에도 소위 여유 있는 '문화생활'을 영위하는 것이다. 프랑스의 바캉스시기에 유명한 축제로는 중세 고성 축제(투르와 오를레앙 근교), 베르사유 궁전 정원 분수 물 축제 등과 같은 축제들이 있는데, 그 중에서 투르 드 프랑스 같은 경기대회는 특히 유명하고 즐거운 볼거리들을 제공한다.

'투르 드 프랑스(Tour de France)'는 매년 여름 7월에 3주 동안에 걸쳐 프랑스 전역을 돌며 펼쳐지는 세계 최고의 도로 사이클 대회이다. 프랑스에서 가장 인기 있는 운동 종목 중 하나인 자전거 경주로서 보통 파리 서쪽의 한 도시에서 출발해 시계 반대 방향으로 프랑스를 일주한 뒤, 파리 중심가 샹젤리제 거리에서 끝이 나는 3,642킬로미터 레이스이다. 사실 1891년 한 스포츠 잡지사에서 개최한 자전거 경주(보르도에서 파리까지)가 현재 투르 드 프랑스의 시작이 되었다. 높은 산과 고개로 이루어진 힘든 코스가 많아서 '지옥의 레이스'라고 불리기도 하지만, 이를 극복함으로써 인간의 강인한 끈기와 용기를 경험할 수 있는 기회이기도 하다. 구간별 기록에 기초해 누적 순위가 선두인 선수는 유명한 '마요 존(Maillot Jaune : 노란 셔츠)'을 입고 달리며, 마지막에는 최종 종합 우승자가 되는 영광을 차지한다.

대부분의 프랑스인은 여름 한철 바캉스를 떠나지만, 열악한 경제 사정, 바쁜 도시 생활 등 여러 가지 이유로 휴가를 가지 못하는 파리지앵도 있다. 이들을 위로하고 대부분의 상점과 공공기관이 문을 닫은 바캉스시기에 파리를 찾은 관광객에게 또 다른 즐거움을 주기 위해 파리시가 마련한 야심찬 프로젝트가 바로 '파리 플라주(Paris Plage, 파리 해변)'이다. 파리 플라주는 2002년 처음 시작되었다. 이것이 시민과 관광객들에게 큰 인기를 얻자 매년 그 규모를 확대하면서 진행되고 있는데, 이제는 여름 파리의 명물로 자리 잡았다. 파리 플라주는 파리 시청 근처 센 강변에 약 3.5킬로미터에 걸쳐 인공적으로 만들어진 모래사장 해변으로서, 여기에 파라솔이 설치되면서 프랑스인과 외국인 관광객 남녀노소가 즐겁게 휴식을 취할 수 있는 장소가 되었다.

제5절 르 꼬르동 블루

프랑스 요리 – 하나의 '예술'

프랑스에서 가장 명예로운 훈장인 레지옹 도뇌르를 받은 셰프 오귀스트 에스코피에는 "어떻게 먹는지 아는 것은 어떻게 살아야 할지 아는 것과 같다"라고 말했다. 또한 프랑스 요리사 브리야 사바랭은 『미식예찬』에서 "당신이 무엇을 먹는지 말해주면 나는 당신이 누구인지 말해줄 수 있다"고 했다. 이처럼 프랑스인에게 먹는 것과 마시는 것은 단순히 본능 충족의 수단이 아니다. 같이 나누어 먹는 '식사'가 삶과 문화의 핵심적인 요소로서 그들의 인생과 철학과 불가분의 관계에 있는 것이다.

한 프랑스의 슈퍼마켓 벽에는 루이제 콜렛이라는 여류시인이 했던 말로 전해지는 다음 문장도 적혀 있다. "내게 장가보낼 아들이 있다면, 나는 그에게 이렇게 말하겠다. 아들아! 와인과 치즈와 송로버섯을 즐겨 먹지 않는 여자와 절대로 결혼하지 말거라." 이 말은 여자는 요리를 잘해야 한다는 구시대적 시어머니의 발언으로 들릴 수 있지만, 사실은 식자재를 까다롭게 고를 줄 아는 사람은 인생에서 자기 갈 길을 제대로 선택할 줄 안다는 프랑스의 철학에서 나온 말이다.

프랑스인에게 "너는 먹기 위해 사느냐?"고 질문을 던지면, 그들은 "위(oui, 예)"라고 답을 한다고 한다. 17세기 프랑스 문호 몰리에르는 대표작 『수전노』에서 주인공 아르파 공의 입을 통해 "사람들은 살기위해 먹는 것이 아니라 먹기 위해 살아야 한다"고까지 말했다. 먹는 것을 좋아하고 관심이 많은 프랑스인에게 음식을 준비하고 먹는 것은 '한편의 연극을 연출하는 것'과 같은데, 즉 그들에게 음식은 하나의 '예술'인 것이다. 프랑스인은 아주 적은 음식을 예술 조형물처럼 꾸며서 아주 조금씩 먹으며 품평하는 것을 좋아한다.

프랑스인의 요리 철학은 사실 정치와 관련이 있다. 19세기 초 프랑스 사회에서 가장 중요한 사회적 논쟁거리는 '정치 참여 경험이 없고 생계에 허덕이는 민중이 지도자로 '좋은 사람'과 '나쁜 사람'을 가려낼 수 있는 가'였다. 프랑스 귀족파와 왕당파는 식성을 근거로 프랑스 평민이 사리분별력이 없다고 무시했다. 와인과 음식을 자기 취향에 맞추어 까다롭게 골라먹는 귀족과 달리 평민은 개, 돼지처럼 '주는 것은 무조건 다 먹는다'는 것이다. 그 후 프랑스인들 사이에서는 음식을 가려 먹을 줄 아는 사람이 엘리트 자격이 있다는 사고가 퍼졌다고 한다.

심지어 '프랑스식 식사'는 유네스코 세계무형유산으로 등재되어 있기까지 하다. '프랑스식 식사'에는 요리와 궁합이 잘 맞는 와인의 매치, 코스별 식사 순서, 아름답고 대칭된 테이블 세팅, 식사하면서 "음식이 참 맛있다" 같은 요리 칭찬 '대화법' 등 이 모두가 포함된다. 프랑스인들은 일단 모이면 쉬지 않고 이야기를 하는데, 특히 대화와 논쟁을 좋아한다. 이들은 자신들이 좋아하는 음식을 먹으면서 식탁에 함께 자리한 사람들과 일상생활, 예술, 문학, 철학, 정치, 사회 등 광범위한 분야에 관해서 이야기를 나누며, "당신의 의견은 어떤가?"라는 질문을 받는 것을 가장 좋아한다. 그러다보니 프랑스인의 정찬 식사시간은 자연히 길어질 수밖에 없었다. 프랑스인 95%가 '프랑스식 식사'가 자신들의 전통 및 정체성에 중요 부분을 차지한다고 믿고 있다. 프랑스인에게 함께 식사하고 '맛'이라는 즐거움을 대화와 함께 나누는 것 자체가 매우 중요한 문화인 것이다.

프랑스인은 심지어 직장에서 근무하면서도 '집에 가서 무슨 요리를 할까?'를 생각하며, 집에 가서 요리하는 것이 직장 근무보다 더 중요하다는 농담도 있다. 이처럼 프랑스인에게 와인과 치즈와 송로버섯과 같은 음식은 일상에서 중요한 자리를 차지하고 있는 것이다.

프랑스인들이 특히 와인을 좋아하는 이유는 와인의 맛에도 있지만, 이들이 와인과 음식에 대해 가지는 독특한 태도에 있다. 프랑스인은 이 독특한 태도를 어릴 때부터 술과 음식을 '배워서' 먹고 마시면서 얻은 것이다. 프랑스 유치원과 초등학교에서는 '미각교육'(Leçon de goût), 정확히 말하자면, '미각을 표현하는 교육'을 시킨다. 예컨대, 살구를 먹을 때, 살구 맛이 '어떤' 맛인지를 각자가 자유롭고 창의적으로 표현할 수 있도록 교육시킨다는 의미이다.

그것이 '어떤' 맛인지를 설명하기 위해 노력하는 가운데, 프랑스인들은 와인뿐만 아니라 음식, 미술품, 패션, 식사예절, 살아가는 방식에 대해서까지 '취향'을 학습하게 된다. 조승연은 프랑스인들이 가진 이 '취향'이 위에서 나열된 산업 분야에서 고부가가치를 보유함으로써 경제적 파워를 가지고 있다고 설명한다. 프랑스인들이 "그는 미각이 있어(Il a du goût)"라고 말할 때, 이것은 그 사람의 '안목'을 총체적으로 칭찬하는 것을 의미한다.

르 꼬르동 블루와 꼬꼬뱅(coq au vin)

프랑스의 고급 요리 중 대표적인 하나를 소개하면 그것은 '르 꼬르동 블루'이다. 이 요리를 만드는 대표적인 방법은 닭고기 안에 훈제 햄과 치즈를 넣고 반죽과

빵가루를 묻혀서 굽거나 튀겨서 만든다. '르 꼬르동 블루'라는 이름은 '푸른 리본'이라는 뜻이다. 프랑스 왕 앙리 3세가 프랑스의 가장 중요한 기사단 중 하나로 꼽히는 '성령의 기사단'을 결성한 16세기 이래로 '최고의 만찬'을 의미하는 이름으로 처음 사용되었다. 기사단의 화려하고 성대한 의식과 최고의 만찬으로 인해 '르 꼬르동 블루'라는 이름이 점차 널리 알려지게 되었던 것이다.

이 이름을 딴 '르 꼬르동 블루 요리학교'는 1895년 저널리스트 겸 출판업자인 마써 디스텔에 의해 파리에서 설립되었다. 1896년 1월 14일 르 꼬르동 블루 잡지와 요리 학교를 홍보하기 위해 전기스토브를 이용한 첫 요리 시연 강의를 선보이게 되었고, 그 후로 르 꼬르동 블루는 프랑스 요리와 관련해서 국제적인 명성을 쌓기 시작했다. 현재 세계 많은 나라에 르 꼬르동 블루 요리학교가 있는데, 한국에서는 숙명여대와 손을 잡고 '르 꼬르동 블루 – 숙명 아카데미'라는 요리학교를 열어서 운영하고 있다.

프랑스 요리는 고급 요리로 알려져 있는데, 이렇게 고급 요리가 발전한 배경에는 예전의 왕족과 귀족들의 호화스런 생활과 까다로운 입맛이 있었다. 사치스럽고 까다로운 주인의 입맛을 만족시키려 궁정과 귀족의 요리사들이 부단히 노력하는 가운데 프랑스 요리가 고급화했다는 것이다. 그 후 프랑스 대혁명 때 단두대를 피한 궁정과 귀족의 요리사들이 거리로 나와 레스토랑을 차리면서 프랑스 평민들도 왕과 귀족처럼 고급 음식을 즐길 수 있게 되었다. 특히 프랑스 요리가 고급화하는데, 중요한 기여를 한 인물이 있었다. 이 인물은 프랑스 왕 앙리 2세와 결혼해 왕비가 된 카트린 드 메디시스였다.

이탈리아 피렌체의 부유한 금융가문 메디치 가 출신인 그녀가 프랑스로 시집오면서 피렌체 출신 요리사를 데리고 왔는데, 이로 인해 이탈리아 요리가 프랑스에 전해져 프랑스 음식문화가 발전하기 시작했다. 이때부터 파리에 요리학교가 많이 생겨 많은 요리사가 양성되었고, 프랑스로 시집온 카트린은 프랑스 왕실에 처음으로 포크를 사용하는 식사 예법을 도입하기도 했다. 이전까지 프랑스에서는 나이프로 자른 음식을 손으로 집어서 먹었는데, 이때부터 손

대신 포크를 사용했다고 한다. 또한 그녀는 현재 프랑스의 대표적인 디저트 중 하나인 마카롱을 프랑스에 선보였다고 전해진다.

프랑스 식사 예절로 중요한 것은 식사하는 동안 반드시 여주인에게 '맛있다'라고 말하는 것을 잊지 말아야 하며, 자신의 몫으로 나온 음식은 남기지 않고 깨끗이 다 먹는 것이다. 식사하는 동안 침묵해서는 안되며, 식사할 때 쩝쩝, 후루룩 소리나 트림을 해서도 안된다. 야채나 샐러드를 먹을 때는 나이프로 잘라 먹어서는 안되고 포크로만 먹어야 한다. 빵은 손으로 뜯어 먹으며 칼로 잘라 먹지 않는다. 닭고기를 손에 잡고 먹어서는 안되고, 스테이크 고기를 다 썰어 놓고 먹어도 안된다. 생선요리를 먹을 때는 윗부분 살을 다 먹은 후 나이프와 포크를 이용해서 뼈를 제거하고 계속 먹어야 하지, 절대로 뒤집어서 먹어서는 안된다. 와인은 스스로 따라 마시지 않으며, 집주인 혹은 웨이터가 잔을 채워줄 때까지 기다려야 한다. 프랑스 가정에 식사 초대를 받았을 때는 보통 아이를 위한 과자나 꽃, 와인을 준비한다.

정통 프랑스 코스 요리 순서는 다음과 같다. 아뻬리띠프(apéritif, 식전술) → 아뮈즈부슈(amuse-bouche, 식전술과 함께 먹는 비스킷 종류의 한입거리 음식) → 오르되브르(hors-d'oeuvre, 앙트레 전에 내오는 간단한 요리) → 앙트레(entrée, 전채 요리로서 달팽이요리, 훈제연어, 생굴, 캐비어, 푸아그라 등이 나옴) → 뿔라(plat 메인 메뉴, 고급 레스토랑에서는 생선 다음 코스로 또 다른 뿔라인 육류인 소갈비 구이(côte du boeuf), 새끼 양 넓적다리 로스트(gigot d'agneau rôti), 꼬꼬뱅(coq au vin)등이 나옴) → 프로마쥬(fromage, 치즈) → 데쎄르(dessert, 디저트로 과자, 아이스크림, 셔벳 등이 나옴) → 프뤼(fruit, 과일) → 까페(café, 커피) → 꼬냑(cognac, 일종의 소화주로 독주 한 잔만 마심). 프랑스의 일반 레스토랑에서는 대개 앙트레 → 뿔라 → 데쎄르로 구성된 3가지 코스 혹은 뿔라를 기본으로 앙트레나 데쎄르 중 하나를 선택하는 2가지 코스를 제공한다. 이때 빵은 기본이며 대체로 잘려진 바게뜨가 서빙된다.

'르 꼬르동 블루'가 프랑스 고급요리의 대명사라면 프랑스의 대표적인 대중 요리로서 꼬꼬뱅(coq au vin)을 들 수 있다. 꼬꼬뱅은 프랑스 가정에서 300년이라는 오랜 전통을 갖는 요리로서 프랑스의 보통 가정에서 일요일마다 먹는 관습이 있다. 꼬꼬뱅은 '포도주 안의 수탉'이라는 의미인데, 수탉 한 마리를 적포도주에 넣고 오래 끓여서 먹는 프랑스의 대표적인 닭요리이자 가장 대중적인 요리이다. 꼬꼬뱅에는 일반적으로 면과 같이 먹는데, 닭고기와 와인의 질에 따라 맛이 결정된다. 보졸레나 부르고뉴 레드 와인, 양파, 마늘, 버섯, 셀러리, 월계수 잎, 허브, 토마토 등을 넣고 오랜 시간 졸여 만들며, 보졸레나 부르고뉴 와인을 곁들여 먹는다.

꼬꼬뱅은 크리스마스에 빠지지 않는 음식인데, 유래는 큰 수탉의 질긴 육질을 부드럽게 만들기 위해 고안된 요리라는 설과 백성들의 가난한 생활을 본 왕이 일요일에 닭을 먹으라고 명령해 만들었다는 설이 있다. 와인의 풍미와 담백한 닭고기가 잘 어우러진 요리로, 포도주를 많이 생산하는 부르고뉴 지방에서 특히 발달했다.

마리아쥬(Mariage)

프랑스인들은 특정한 요리에 특정한 와인을 곁들여서 즐기는데, 이때 이 조합을 '마리아쥬(Mariage)'라고 부른다. 마리아쥬의 원래 의미는 '결혼'인데, 여기서는 음식과 음료 사이의 궁합 정도라고 볼 수 있겠다. 와인은 프랑스인에게는 단순한 술이 아니라 이들이 높이 평가하는 미식 문화의 한 부분이다. 프랑스에서 와인이 다양하게 발달할 수 있었던 것은 프랑스 요리가 지역마다 특색이 있고 다양하기 때문이기도 하다. 프랑스산 와인 중에서 가장 대표적인 것은 보르도, 부르고뉴 그리고 샹파뉴이다. 이 세 와인명은 모두 지명이기도 하다. 샹파뉴는 영어식 표현으로는 우리가 크게 축하할 일이 있을 때 터뜨리는 샴페인이다. 사실 샹파뉴는 샹파뉴 지방에서 나는 와인을 지칭하며, 결혼식이나 특별한 축하 때나 맛볼 수 있는 값비싼 고급 와인이다. 프랑스인들은 통상 연어요리에는 샹파뉴를, 고기요리에는 보르도나 부르고뉴 산 적포도주를 함께 마신다.

세계로 수출하는 프랑스 산업의 효자 노릇을 하는 포도주의 70%가 보르도,

부르고뉴, 상파뉴산 포도주이다. 그 중에서도 상파뉴 포도주는 상파뉴 지역만의 고유한 제조방식을 지키고 있는데, 병입 상태에서 자연발효 방식으로 만들어져야 상파뉴라는 명칭으로 불릴 수 있다. 예를 들어, 자연발효 방식으로 만들어졌지만 다른 지역에서 제조된 포도주는 '크레망(Crémant)'이라고 부른다. 인공적으로 탄산을 주입한 발포성 포도주는 '뱅 무쇠(Vin mousseux)'라고 부르는데, 우리나라 베이커리에서 판매하는 저렴한 생일 파티용 발포성 포도주가 바로 샴페인이 아니라 저가의 '뱅 무쇠'인 것이다.

간직해 두고서 조금씩 마시는 포도주로는 코냑(Cognac)과 아르마냑(Armagnac)이 있는데, 이것들 역시 지명이다. 코냑은 보르도시 북쪽에 있는 도시이고, 아르마냑은 프랑스 남부 에스파냐 접경 지역 피레네 산맥 근처에 있는 도시이다. 코냑이나 아르마냑과 같은 독주는 포도주를 증류해서 만든다. 이러한 고급 독주는 예전에 주로 기도와 사색으로 하루를 보내던 수도원의 수도사나 사제들이 많이 만들어서 '뱅 드 메디타시옹(Vin de méditation, 명상주)'이라고 불리기도 한다.

또한 "치즈가 없는 식사는 한 눈이 없는 미인과 같다"는 프랑스의 어느 미식가의 말처럼 치즈(fromage, 프로마쥬)는 프랑스 식탁에서 빠질 수 없는 음식이다. 프랑스인들은 "좋은 치즈로 식사를 끝내는 것이 좋은 식사"라고 한다. 프랑스에서 1년 동안 한 사람이 소비하는 치즈 양이 평균 17킬로그램이 넘는데, 역시 치즈를 많이 먹는 벨기에, 네덜란드, 이탈리아인이 10킬로그램, 미국과 캐나다인이 6~7킬로그램을 소비한다는 사실과 비교할 때, 프랑스인이 얼마나 치즈를 중요시하는 지를 어느 정도 가늠할 수 있다. 치즈 종류만 해도 400종 이상이다. 새로운 것, 다양한 것을 좋아하는 프랑스인은 계속해서 치즈 신제품 개발에 몰두하고 있다.

프랑스에서 치즈 생산으로 유명한 지역은 알프스 산악 지역인 사부아(Savoie) 지방이다. 여기서는 겨울이 길어서 수개월에서 1년 이상 길게 발효시키는 경성 치즈가 많이 생산되는데, 이 지역의 대표적인 치즈로는 에멘탈과 그뤼에르를 들 수 있다. 치즈 요리로는 녹인 치즈에 빵을 적셔 먹는 퐁뒤

(Fondu)가 유명하다. 프랑스인들은 자주 식후 소화를 위한 디저트로 여러 종류의 치즈를 먹기도 한다.

문화 연표

- 987년   프랑스 왕국
- 1789년   프랑스 대혁명
- 1792년   프랑스 제1공화정
- 1804년   프랑스 제1제정
- 1815년   부르봉 왕정복고
- 1830년   7월 왕정
- 1848년   프랑스 제2공화정
- 1852년   프랑스 제2제정
- 1870년   프랑스 제3공화정
- 1945년   프랑스 제4공화정
- 1958년   프랑스 제5공화정

참고자료

- 단행본   『새롭게 쓴 프랑스 문화』, 이숙은, 한양대학교 출판부, 2019.
             『샴페인에서 바게트, 빅토르 위고에서 사르트르』, 최연구, 살림, 2020.
             『세계문화여행 프랑스』, 배리 토말린(김경애 옮김), 시그마북스, 2021.
             『시크:하다. 이기적이어서 행복한 프랑스 소확행 인문학 관찰 에세이』, 조승연, 미래엔, 2018.
             『지극히 사적인 프랑스. 프랑스인 눈으로 '요즘 프랑스' 읽기』, 오헬리엉 루베르(윤여진 옮김), 틈새책방, 2019.
             『프랑스 문화의 이해』, 김경랑·최내경, 학문사, 2021.
             『프랑스, 하나 그리고 여럿』, 서울대학교 불어문화권연구소, 지성공간, 2017.

- 다큐멘터리   〈포도밭 두 사내들(프랑스 상파뉴 오빌레 마을), KBS 다큐 공감 41회, 2014.
             〈행복한 훈육, 프랑스 육아의 비밀〉, EBS 다큐 프라임 가족쇼크 5부, 2014.
             〈색다른 여름 남부 프랑스 4부작〉, EBS 세계테마여행, 2019.

- 영화   〈여왕 마고〉, 파트리스 쉐로 감독, 1994.
             〈마리 앙투아네트〉, 소피아 코폴라 감독, 2006.
             〈코코 샤넬〉, 안느 퐁텐 감독, 2009.
             〈레미제라블〉, 톰 후퍼 감독, 2012.

분단과 분열을 넘은 통일의 나라

독일

• 문화 키워드

나치즘, 홀로코스트, 베를린 장벽, 오씨와 베씨, 라인강의 기적, 분데스리가, 아우토반,
판트

• 국기

 연방기(Bundesflagge) 검정색, 빨간색, 금색의 가로 줄무늬 3색으로
구성. 검정은 억압과 탄압에 대한 분노를, 빨강은 자유를 동경하는
정신을, 금색은 진리와 지혜를 의미. 1919년 독일 바이마르 시대 처음
으로 국기로 지정.

• 개관

수도	베를린
정치체제	양원제, 자유민주주의를 바탕으로 내각책임제
행정구역	16개의 주로 구성된 연방공화국
언어	독일어
종교	로마-가톨릭(28.5%), 개신교(26.5%), 무교(36.2%), 이슬람교(4.9%), 기타(3.9%)
면적	357,340㎢
인구	8,260만 명
인구밀도	230명/㎢
GDP	4조 5천억 달러
화폐	유로(EUR)

제1절 나치즘의 제국

나치즘의 등장

나치즘은 원래 '민족사회주의(Nationalsozialismus)'의 줄임말이다. 흔히 독일 제3제국 나치당(NSDAP, Nationalsozialistische Deutsche Arbeiterpartei)과 히틀러에 의해 실행된 이념으로 인종주의, 반유대주의와 반자유주의가 결합한 전체주의의 분파로 이해될 수 있다. 나치즘은 다른 인종에 대한 아리아인(게르만인)의 우수 혈통을 강조한다. 아리아인은 모든 인종 가운데 가장 우수한 인종이며, 그래서 인류의 진보는 바로 아리아인을 다른 인종들과 구분하고 보호해야 한다고 주장한다. 특히, 나치즘을 추종하는 사람들은 유대인이 아리아인을 가장 위협하는 인종으로 간주하고 유대인 없는 국가를 만드는 것을 목표로 삼았었다. 그리고 순수한 혈통을 유지하기 위해 유대인을 비롯하여 집시인과 정신적, 육체적 장애인들은 철저히 제거했다. 아울러 동성애자, 여호와의 증인과 정치적인 반대파들도 이와 유사한 형태로 간주하여 제거 대상으로 함께 처리되었다.

1920년 독일 바이마르 공화국 시대에 나치당이 내세운 강령을 보면 나치즘에 대해서 쉽게 이해할 수 있다. 1919년 우파정당이었던 독일노동자당(DAP, Deutsche Arbeiterpartei)이 1920년에 이름을 민족사회주의독일노동자당(NSDAP)으로 변경하면서 시작된 이들만의 혁명은 바이마르 공화국 초기 혼란기를 틈타 매우 빠르게 독일에 퍼져 갔다. 그 당시 독일은 1차 세계대전의 패전으로 인하여 정치, 경제적으로 매우 심각한 상황이었다. 정치적으로 민주주의를 처음으로 실현하는 바이마르 공화국이 건설되었지만, 좌익과 우익의 세력들이 반란과 폭동을 일으켜 혼란스러웠으며, 경제적으로는 베르사유 조약에 따른 패전국으로 엄청난 전쟁배상금을 지급해야 하는 상황이었다. 전후 인플레이션으로 어려운 상황에 배상금까지 더해지면서 독일경제는 더 이상 회복이 불가능해 보였다. 이러한 사회 혼란과 무질서는 나치당과 같은 극우파 세력들이 성장하기에는 매우 유리한 조건이었다.

　나치당은 그러한 사회적인 혼란을 이용하면서 자신의 이념인 나치즘을 전국적으로 전파하는데 온 힘을 기울인다. 그 당시 많은 정당이 강령으로 외친 베르사유 조약 폐지를 비롯하여 나치당 특유의 전략으로 오스트리아를 포함한 대독일 건설, 유대인을 몰아내고 그 일자리에 아리아인 고용, 더 넓은 삶의 터전을 확보하기 위해 해외 식민지를 적극적으로 개척, 건전한 중산층을 육성하면서 아우토반 건설과 같은 대규모 토목공사를 통해 완전고용 보장과 같은 대중들이 쉽게 호응할 수 있는 강령들과 함께 나치즘 실천을 외쳤다.

홀로코스트

　홀로코스트(Holocaust)는 세계 2차 대전 중 아돌프 히틀러가 이끈 독일의 나치당(NSDAP)이 독일 제3제국과 점령국 전반에 걸쳐 계획적으로 유대인을 포함한 슬라브족, 집시, 동성애자, 장애인, 정치범 등 수백만의 민간인과 전쟁포로를 대량 학살한 사건을 의미한다. 특히, 유대인이 가장 많이 희생되었는데 약 6백만 명이 다양한 단계를 거쳐 조직적으로 학살되었다. 이 용어는 원래 1960년대 이전만 하더라도 단순히 '대량학살'이라는 용어로 사용되다가, 1960년대 이후부터 학자들과 유명작가들에 의해 '유대인' 의미로 사용되면서 현재까지 전해지고 있다. 하지만 홀로코스트의 희생자인 유대인들은 이 용어보다는 히브리어로 '재앙 또는 절멸'을 뜻하는 '쇼아'라는 용어를 선호하고 있다.

　유대인을 대량 학살하기 위해 히틀러는 특수한 공간을 창출했다. 이른바 '유대인 절멸수용소'이다. 이 절멸수용소는 처음에는 히틀러가 1933년 처음 제국 총리 자리에 오른 후, 주로 공산당과 사민당과 같이 정치범의 교화를 목적으로 설치 한 것이 점차로 반유대주의 정책을 펼쳐가면서 '유대인 없는 국가'를 만들기 위해 그 성격이 변하였고, 전쟁이 난 이후에는 주로 점령국에 '강제절멸수용소'를 설치하여 조직적이고, 계획에 따라서 유대인을 대량 학살하게 된다. 그 대표적인 수용소가 바로 폴란드 남쪽에 설치된 '아우슈비츠 수용소'이다. 폴란드 유대인을 비롯하여 유럽 각 나라의 유대인을 이곳으로 집결시켜, 강제노동을 시키거나, 이것도 여의치 않으면 가스실에 가둔 후, '치클론 B(Zyklon B)'를 이용하여 모두 학살했다.

'홀로코스트'의 가장 중요한 배경은 오래전부터 유럽에 내려오고 있었던 바로 '반유대주의(anti-Semitism)'이다. 유럽 고대 때 종교적인 이유로 시작한 이 이념은 중세를 거쳐 근대 초에 와서는 계몽주의와 자유주의에 따라 관용과 해방으로 완화되기도 했지만 결국 유럽인들에게 유대인들 집단의 정치적, 국가적 권리를 인정할 수 없다는 이중적인 입장을 취하게 되고, 결국 파괴적인 양상을 띠게 되었다. 위에서 언급한 나치즘과 같이 극단적인 극우파는 인종적으로 게르만족을 가장 우세한 민족으로 간주하고, 그 대척점에 가장 열등한 민족으로 유대인을 내세워 20세기의 가장 비극적인 사건 '홀로코스트'를 자행하게 된다.

전쟁이 끝나고, 독일은 전쟁의 책임을 지고 연합국(미국, 영국, 프랑스, 소련)의 점령지를 거쳐 결국 1949년 동독(DDR)과 서독(BRD)으로 분단되고 만다. 이 과정에서 서독은 자신의 기본법에 분명히 앞서 있었던 독일제국, 바이마르 공화국 그리고 히틀러의 제3제국까지 모든 과거사를 물려받을 것임을 천명하게 된다. 이에 '홀로코스트'의 어두운 역사 역시 오직 '서독'에 의해서 과거사 청산의 대상이 되고, 전후 서독 정부와 기업들은 끊임없이 사죄와 함께 물질적인 보상을 해 왔다. 특히, '홀로코스트'와 관련된 모든 범죄행위에 대해서는 법적 '공소시효'를 없애 언제든지 범인이 발견되면 사법적 처리를 할 수 있도록 하여 그들의 과거사 청산의 의지를 여전히 확인할 수 있다. 1970년부터 학교 교육뿐만 아니라 역사 연구 대상으로 '홀로코스트'는 매우 중요한 주제로 등장하고, 특히, '홀로코스트'와 연관하여 프랑스와 공동 작업을 통해 역사 교과서를 제작한 것은 독일인들의 과거사 청산에 대한 의지를 잘 보여주고 있다.

이러한 나치의 멍에를 짊어진 독일인에게 가장 무거운 질문이자, 힘든 질문이 바로 '나치 정권에서 당신은 무엇을 하였습니까?'와 '당신의 부모님과 조상은 그때 무엇을 하였습니까?'이다. 이러한 질문은 정말 독일인과 가깝게 지내고 있거나, 혹은 상대가 그 이야기를 먼저 꺼내기 전에 절대로 언급하지 않는 편이 좋다. 소수의 나치 추종자들을 제외하고 대부분의 독일인은 나치 정권과 그들이 저지른 일련의 사건들에 대해서 매우 부끄럽게 생각하고 있기 때문이다.

제2절 통일보다 어려운 통합

독일의 통일

1945년 독일은 포츠담 회의에 따라서 4개 점령지로 나눠지고, 1949년 미국, 영국, 프랑스 점령지는 마침내 서독(BRD)으로, 소련 점령지는 동독(DDR)으로 분단되었다. 이러한 분단은 이어지는 냉전(Cold War)이라는 국제정세와 맞물려 더욱 고착화되었고, 양국 정부는 서로 국가를 인정하지 않은 채 서로를 비난하면서 적대화 했다. 특히, 1950년대 서독의 아데나워(Konrad Adenauer) 정부는 '할슈타인(Hallstein) 원칙'에 입각하여 동독을 철저히 국제적으로 고립시켰고, 서방정책과 대동독 강경정책을 펼쳤다. 하지만 국제정세가 점차 '데탕트 시대'에 들어가게 되면서 새로운 브란트(Willy Brandt) 정부는 1970년대 초 '동방정책'을 펼쳐 소련을 비롯한 동유럽의 여러 국가와 서로 외교관계를 개선하고, 동독을 국가로 인정하면서 마침내 '동서독 기본합의서'에 서명했다. 그리고 유엔(UN)에 동서독이 동시에 가입하여 동독은 이제 국제무대에서 국가로 인정받게 한다.

'동방정책'은 이후, 서독의 정권교체로 콜(Helmut Kohl) 내각이 들어왔음에도 불구하고, 변화 없이 계속 추진되었다. 그 이후 동독은 내부적으로 경제가 인플레이션으로 인해 국가재정이 어려워졌고, 동시에 해외차관 도입과 서독으로부터 국가 수입이 증대되어 1980년대 초반의 동독경제는 거의 파산 직전까지 가게 되었다. 외부적으로 동유럽 국가의 자유화, 민주화 물결과 소련 공산당의 몰락으로 인하여, 견고해 보였던 베를린 장벽은 결국 무너지고 마침내 동독 주민들이 스스로 선거를 통해 동독을 자유민주주의 국가로 만들게 되었다. 그 이후, 서독의 외교적인 노력으로 인하여 통일을 위한 연합국들의 동의를 획득하는 '2+4회담'을 거치고, 동독 국민의회의 결정과 서독의 기본법 23조에 따라서 자연스럽게 흡수통일이 이루어졌다. 1990년 10월 3일 공식적으로 전쟁이 끝난 지 45년 만에 2차 대전의 아픈 결과였던 독일의 분단은 이렇게 역사 속으로 사라졌다.

오씨와 베씨

통일과정을 자세히 들여다보면 많은 서독인은 통일을 TV 뉴스를 통해 처음 알게 된 경우가 대부분이다. 결국 통일의 모든 과정에서 주도적으로 움직인 사람들은 일부 서독 정치인들과 대부분의 동독 주민들이었다. 동독 주민들의 자유화, 민주화에 대한 열망, 서독 자본주의에 대한 부러움이 결국 독일을 통일의 길로 이끈 중요한 원인임에는 이의가 없다. 하지만 이러한 통일의 과정에서 아쉽게도 간과했던 부분이 있었으니 바로 오랫동안 서로 다른 정치 이념과 경제 체제 속에서 서로 분리된 채 생활했다는 점이었다.

서독의 자본주의 경제 체제에서 무한 경쟁의 시장 논리가 작동되는 일터와 국가가 모든 생산을 조절하는 사회주의 계획경제에 익숙한 동독 주민들은 분명 일에 대한 근본적인 차이점을 그대로 노동 현장에서 느끼게 된다. 아울러 동독지역에 있는 낙후된 생산시설로는 더 이상 공장의 가동이 어렵게 되고, 이들은 자신의 일터를 빼앗긴 채, 어쩔 수 없이 자의 반 타의 반 서독지역으로 이주하게 되고, 그곳에서 맞이하는 노동환경은 과거와는 비교가 되지 않을 정도로 차이를 느끼게 된다.

2005년 독일 통일 15주년을 맞이하여 독일에서 이뤄진 각종 여론조사를 진행하였는데 그 결과는 충격적이었다. 옛 동독 주민의 85%가 자신을 '이등 국민'이라고 생각하고 있다는 점이다. 분단 시대 '라인강의 기적'으로 불리던 서독 경제는 1990년 통일 이후 동력을 잃고 있다는 지적이 많고, 옛 동독지역의 실업률은 평균 15%대를 넘나들고 있다. 옛 서독사람들은 동독 출신의 주민을 게으른 '오씨(Ossi)'로, 동독 출신은 서독 사람들을 '베씨(Wessi)'라고 서로 부르고 있었다. 오씨가 옛 서독 주민들이 과거 동독 주민들을 가리켜 자본주의 적응하지 못하고 '가난하고 게으른 동독 놈들'이라는 부정적인 뜻이 담긴 '패배와 수치'의 상징으로 사용한다면, 베씨는 옛 동독 주민들이 과거 서독 주민들에게 '거만하고 역겨운 서독 놈들'이라는 뜻의 '성공한 서독인'에 대한 빈정거림으로 사용하고 있다.

이러한 용어에 등장하고 있는 심각한 문제는 바로 통일의 과정에서 전혀 예상하지 못한 점으로, 통일 이후 통일독일의 사회적 통합이 얼마나 어려운 부분인지를 잘 보여주고 있다. 혹자는 최소한 한 세대(30년)는 흘러야 이러한 문제가 해소될 것이라고 주장하지만, 정부와 민간단체가 서로 문제점의 심각성을 빨리 인지하고, 그에 해결책을 세우고 실천하지 않는다면 더 큰 사회적 문제점을 일으킬 수 있을 것이다. 그리고 통일 전후에 태어났거나 통일이 될 때 10대였던 옛 동독 청소년들은 새로운 체제에 적응하기 쉬울 수도 있겠지만 오히려 자신의 정체성 혼란을 가져와 자신이 옛 동독지역 출신임을 밝히지 않거나, 구 서독지역의 새로운 고향을 찾아서 '출신지 세탁'을 하는 경우도 발생하고 있어 문제의 심각성이 더 커지고 있는 상황이다.

다행히도 최근의 여론조사에 따르면 독일 정부의 노력과 독일경제의 부활로 인하여 과거에 비해서 '머릿속 장벽' 정도가 많이 줄어들었다. 하지만 이러한 결과는 대내외적인 상황 변화에 따라서 언제든지 다시 과거로 돌아갈 가능성이 커서 정부를 비롯한 관련 기관과 민간단체에서 끊임없이 확인하고 감시하지 않으면 안 된다. 끝으로 통일 독일이 현재 경험하고 있는 다양한 문제점은 앞으로 통일을 달성해야 할 한반도에도 시사하는 바가 매우 크기 때문에 항상 독일에 관심을 가질 필요가 있다.

제3절 연방의 제국

맥주

독일 남동쪽 뮌헨에서 매년 9월 말에서 10월 초에 개최되는 세계 최대의 맥주 축제인 '옥토버(10월) 축제'가 중요한 역할을 한 것은 틀림이 없다. 여러 TV나 언론을 통해 '세계의 축제'를 소개할 때면 항상 단골손님처럼 등장하는 맥주 축제이기 때문이다.

독일 맥주는 다른 나라 맥주와는 다르게 독일만의 특별한 법령에 따라서 제조되고 있다. 흔히 '맥주순수령(Reinheitsgebot)'에 따라서 오직 물, 홉, 맥아, 효모만을 가지고 만들어진다. 법령으로 정해놓은 원료 이외 다른 첨가물이 들어가지 않기 때문에 맥주에 관한 독일인의 자부심은 매우 높다. 독일 맥주는 발효과정에서 발효의 위치에 따라 크게 '하면발효' 맥주와 '상면발효' 맥주로 크게 구분할 수 있다. 하면발효 맥주는 냉장 기술의 발전으로 인하여 발효통 아래쪽에서 발효가 일어나는 맥주로 주로 라거 계열의 맥주이다. 색깔은 거의 투명하고, 맛은 깨끗한 것이 특징이다. 현재 한국에서 판매되는 대부분 맥주는 라거 계열의 하면발효 맥주다. 한국에서 흔히 마실 수 있는 맥주와 다른 특이한 맥주가 바로 상온에서 발효가 일어나는 상면발효 맥주로 에일 계열의 맥주이다. 독일에서 흔히 바이젠 맥주로 불리기도 하는데, 색깔은 반투명하고, 맛은 한국의 막걸리와 일반 맥주를 섞어놓은 듯한 맛이 특징이다. 그래서 많은 사람에게 호불호가 갈린다. 현재 한국에도 수입되어 시판되고 있는데, 벡스(Becks), 외팅어(Öttinger), 바슈타인어(Warsteiner), 파울라너(Paulaner) 등이 한국에서 흔히 볼 수 있는 독일 맥주이다.

독일은 실제로 맥주의 나라이다. 독일 지역마다 다양한 규모의 맥주회사가 있고, 그래서 맥주 상표만 하더라도 5,000개가 넘는다. 독일을 여행하면서 여행객이 놓치지 말아야 할 것은 그 지역의 대표 음식을 맛보는 것이지만, 더 중요한 것은 그 지역에 생산되는 맥주를 마시는 것이다. 이러한 특이한 맥주에는 과거 중세 시대 독일 수도원에서 생산된 방식으로 만들어 판매하는 소위 '수도원 맥주'도 있다. 이런 맥주는 풍부한 호프의 향과 구수한 맛으로 많은 사람에게 사랑받고 있다. 독일에서 맥주가 많이 생산되고, 소비되는 이유는 의외로 단순하다. 과거부터 독일 식수는 지질학적으로 석회질이 많이 포함되어 문제가 많았다. 그래서 물을 그냥 마시기보다는 맥주로 만들어 먹기 시작했다. 그리고 과거 알코올을 섭취하는 방법으로는 포도주가 가장 쉬운 방법이었는데, 독일은 지리적으로 남쪽과 라인강 중류 지역을 제외하고는 포도를 재배할 수 없었기 때문에, 맥아를 이용한 맥주가 대중적인 음료수로 자리 잡게 된 것이다.

독일 사람들 가운데 배가 많이 나온 사람들을 거리에서 흔히 볼 수 있다. 이러한 복부비만의 원인 가운데 하나가 바로 맥주를 많이 마시기 때문이다. 그래서 독일어 단어에 '맥주 배(Bierbauch)'가 있는데, 이는 바로 맥주를 많이 마셔 생긴 복부 비만을 가리킨다.

소시지

한국인에게 독일 하면 떠오르는 단어가 맥주 다음으로 소시지이다. 맥주만큼 독일 각 지역의 특색을 보여주는 음식이다. '독일 소시지'는 대략 1,500여 개의 종류가 있어 맥주만큼이나 다양성을 자랑한다. 한국에서 '독일 소시지'라고 이야기하면 일반적으로 독일에서 '부어스트(Wurst)'와 '뷔어스첸(Würstchen)'을 모두 의미한다. 엄밀하게 구분하자면 '부어스트'는 한국의 순대와 유사한 형태로 매우 굵은 형태로 내용물에 따라서 다양한 이름이 붙어 있다. 그와 반면에 '뷔어스첸'은 '부어스트'보다 크기도 작고, 굵기도 더 가는 소시지이다.

독일에서 소시지를 먹는 방식은 다양하다. 일반적으로 굵은 크기의 부어스트는 얇게 썰어서 빵과 함께 먹기도 하고, 뷔어스첸 같은 경우는 통째로 물에 데우거나, 불에 익혀서 접시에 올린 후, 양배추로 만든 '독일식 김치'인 자우어크라우트(Sauerkraut)와 빵, 감자샐러드와 함께 먹는다. 또는 소시지 빵 사이에 넣어서 기름에 볶은 양파와 함께 간단히 먹기도 한다. 독일 대도시 광장에 가면 푸드트럭에 '뷔어스첸'을 직접 불에 구어 빵에 넣어 파는 것을 흔히 볼 수 있다.

소시지의 내용물은 기본적으로 돼지, 소, 송아지, 닭 등 잘 먹지 않는 부위의 고기를 갈아서 각종 채소와 함께 섞어서 만든다. 껍질은 소, 돼지, 양의 창자로 만들었으나 최근에는 식용비닐을 이용하기도 한다. 독일 소시지 이름에는 처음 만들어진 지명을 붙이기도 하는데, 예를 들자면 '튀링어(Thüringer) 소시지', '뉘른베르크(Nürnberg) 소지지', '프랑크푸르트(Frankfurt) 소시지'가 대표적이다.

분데스리가

독일 역시 유럽 다른 국가들처럼 축구가 가장 많이 호응받는 스포츠 종목이다. 독일의 축구 프로리그는 '분데스리가(Bundesliga)'로 불린다. 과거 한국 축구의 전설이었던 '차범근' 선수가 활약했던 곳이기도 하다.

현재 독일 분데스리가에는 총 18개 팀이 서로 우승을 두고 경쟁한다. 시즌이 끝나면 최하위 2팀은 2부리그로 강등되고, 16위 팀은 2부리그 3위 팀과 승강 플레이오프를 치른다. 일반적으로 독일 분데스리가는 3부리그까지 프로리그이며 그 아래는 모두 아마추어로 보면 된다. 지역마다 다양한 아마추어 리그가 있어 모든 국민은 자기가 응원하는 축구팀이 있다. 시즌은 일반적으로 매년 8월 초에 시작하여 다음 해 5월 말까지 계속되고, 겨울에는 날씨 때문에 6주간의 휴식기가 있다.

독일 분데스리가의 전국적인 통일된 운영체제는 1963년에 처음 시작하여 유럽의 다른 국가들에 비해 상대적으로 매우 늦은 편에 속한다. 이전에는 각 지역 리그 챔피언들끼리 다시 한번 더 대회를 열어 전국 챔피언을 가리는 방식으로 진행되었다. 독일 분데스리가에 활약하고 있는 축구클럽을 보면 그 지역 색을 잘 반영하고 있다. 독일 남쪽의 대표하는 강팀이면서 분데스리가 우승을 포함하여 유럽 챔피언스리그에서 우승을 차지한 FC 바이에른 뮌헨(FC Bayern

München)을 비롯하여, 북서쪽 루르 지역을 대표하는 보루시아 도르트문트 (Borussia Dortmund), 샬케 04(Schalke 04)와 보루시아 묀헨글라드바흐(Borussia Mönchengladbach) 등은 분데스리가 우승한 경험도 있는 분데스리가의 대표적인 축구클럽이다.

제4절 자동차의 제국

독일 자동차

독일 하면 떠오르는 단어 가운데 하나가 바로 자동차이다. 흔히, 한국에서 수입차로 불리면서 잘 나가는 해외 자동차로 독일 자동차를 손에 꼽는다. 벤츠, BMW, 폭스바겐, 아우디, 포르쉐 등 우리나라 수입차 가운데 90% 이상이 독일 자동차 일색이다. 물론 독일 자동차의 평판은 어제오늘 하루아침에 생기지는 않았다. 전 세계적으로 보아도 독일 자동차의 높은 시장점유율과 프리미엄 제품이미지는 긴 역사와 품질 그리고 안전성이 그 바탕이 되고 있다.

흔히 한국에서는 '벤츠'로 불리는 자동차는 원래 정확하게 이야기하면 '메르세데스 벤츠'이고 현재 이 회사의 정확한 명칭은 '다임러 주식회사(Daimler AG)'이다. 독일 현지에서 자동차 이름으로 '벤츠'라고 이야기하면 독일인은 이해하지 못한다. 반드시 '메르세데스'라고 불러야 우리가 알고 있는 '벤츠'가 된다. 실제로 이 자동차는 칼 벤츠(Karl Benz, 1844~1929)가 아내 베르타 벤츠(Bertha Benz, 1849~1944)와 함께 1883년 만하임(Mannheim)에 자동차 회사를 건설하면서 첫 역사가 시작된다. 그리고 이 공장에서 1886년 세계 최초로 가솔린엔진(오토엔진)을 가진 자동차가 개발하여 자동차 특허 1호로 등록하게 된다. 이 특허 1호 자동차는 현재 '다임러 주식회사' 본사가 있는 독일 슈투트가르트(Stuttgart) '메르세데스 벤츠 자동차 박물관'에 전시되어 있다. 이곳을 찾는 방문객들은 '벤츠' 자동차 회사가 얼마나 긴 역사를 가졌는지를 한눈에 확인할 수 있다.

칼 벤츠의 자동차 개발과 얽힌 재미있는 일화가 있어 짧게 소개하면 다음과 같다. 칼 벤츠는 휘발유 자동차를 최초로 개발하여 특허를 냈지만, 사람들은 말이 없는 마차를 도저히 알아보지 못했다. 그 당시로는 혁명적인 새로운 발명품이 등장했는데 정작 수요가 없었다. 그래서 그의 아내 베르타 벤츠는 남편 칼 몰래 특허 3호 자동차에 아들 2명을 태운 채, 공장이 있던 만하임(Mannheim)에서 자신의 친정집이 있는 포르츠하임(Pforzheim)까지 왕복으로 직접 운전해서 갔다 왔다. 이 도로는 현재 '베르타 벤츠 운전 기념코스'로 지정되어 기념행사가 거행되고 있다. 세계 최초의 장거리 자동차 운전사는 남성이 아니라, 여성이었다. 이 장거리 운행의 가장 큰 문제는 바로 연료 공급이었다. 그 당시에는 당연히 주유소가 없었고, 운행 중에 연료 부족으로 자동차가 '비스로흐(Wisloch)'에서 멈춰버리자 베르타 벤츠는 당황하지 않고 인근 약국으로 가서 '리그로인(Ligroin)'을 구입하여 운행을 계속했다. 그래서 지금도 '비스로흐'에 가면 그 약국에는 동판에 새겨진 표지 말에 '세계 최초의 주유소'가 적혀 있다.

아우토반

독일 자동차가 전 세계적으로 명성이 높은 이유는 앞서 설명한 대로 긴 역사를 바탕으로 한 기술의 우위, 안정성과 주행성, 이를 바탕으로 한 '프리미엄' 이미지가 잘 조화를 이루고 있기 때문이다. 그리고 무엇보다 독일 내에 '아우토반'이라 불리는 사회간접 자본 시설이 존재했기 때문이기도 하다.

'아우토반(Autobahn)' 역시, 독일 하면 떠오르는 단어 가운데 하나이지만, 실제로 그 배경에는 '무제한 속도'로 달릴 수 있는 고속도로로 국내 알려져 있기 때문이다. 원래 '아우토반'의 어원은 독일어 철도(Eisenbahn)에서 유추된 단어로 '자동차 전용도로(Nur-Autostrasse)'의 대체 단어로 사용되다가 일반화

된 것이다. 우리나라 고속도로와 비교해 본다면 크게 3가지에서 차이점이 있다. 첫째, 구간에 따라서 고속도로 속도제한이 없다. 우리나라의 고속도로의 경우에는 고속도로에 따라서 최고속도가 최대 110km/h 또는 100km/h이지만 독일은 속도제한이 아예 없는 구간에서는 자동차가 낼 수 있는 최고속도로 달릴 수 있다. 보통 속도제한이 없는 구간에는 자동차들이 200km/h 이상 달리는 경우도 흔히 볼 수 있다. 최근 들어 속도제한이 없는 구간이 점차로 줄어들게 되면서, 독일 정부 차원에서는 아우토반 전체를 속도제한을 하려고 하지만 시민들의 저항도 만만치 않다. 독일 내 가장 많은 회원을 보유하고 있는 '독일 자동차클럽(ADAC)'에서 '아우토반 속도제한' 여론조사를 해보면 응답자 가운데 45%는 전 구간의 속도제한에 반대하고 있고, 50%는 찬성, 그리고 나머지 5%는 의견이 없는 것으로 나누어지고 있다. 찬성자들의 논리는 '아우토반'에서 대형 사고가 자주 나고, 그리고 사망자 수도 높다는 것이다. 그리고 무엇보다 고속으로 달리면서 엄청난 환경오염을 유발한다고 주장한다. 그러나 반대자들 역시 자동차 사고의 대부분 사망자는 '아우토반'보다 '국도'에서 발생하고, 다른 어떤 도로보다 '아우토반'이 안전한 도로임을 주장한다. 흔히 농담으로 "미국에서 '총기 소유 금지'가 불가능하듯이, 독일에서는 '아우토반'에 속도제한이 불가능하다"라고 한다.

우리나라 고속도로와 다른 점 두 번째는 바로 '통행료'이다. 독일은 일반 상용차의 경우에는 '고속도로 통행료'가 없다. 그래서 흔히 고속도로에 있는 '요금소'가 없다. 대신 화물트럭의 경우에는 통행료를 낸다. 요금소가 없다 보니, 한국인이 독일 도로에서 차를 몰다가 자신도 모르는 사이에 자신이 달리는 도로가 '아우토반'임을 깨닫게 되는 경우가 흔히 일어난다. 마지막으로 차이점은 독일 '아우토반'에는 '오토바이'가 달릴 수 있다. 오히려 어떤 경우에는 자동차보다 더 빨리 달리는 '오토바이'가 있을 정도이다. 그와 반면에 한국 고속도로에서는 '오토바이'는 금지되어 있다.

제5절 제도적 환경 국가

재활용 용기 보증금 제도

　많은 환경 관련 전문가들은 이구동성으로 '21세기는 환경의 세기이다.'라고 이야기한다. 앞으로 지구에서 인류가 계속해서 살아갈 수 있을지를 결정하는 중요한 시점에 서 있기 때문이다. 미래학자이자 『총, 균, 쇠』의 저자로 우리에게 친숙한 제레드 다이아몬드(Jared Diamond)도 그의 저서 『대변동 – 위기, 선택, 변화』를 통해 오늘날 인류가 직면한 심각한 대변동을 설명하고, 세계가 해결해야 할 다섯 가지의 과제를 제시했다. 다섯 가지의 과제는 바로 핵무기, 기후변화, 화석연료, 대체에너지, 불평등의 심화이다. 관심을 끄는 내용은 바로 다섯 가지 가운데 세 가지 - 기후변화, 화석연료, 대체에너지가 환경과 직간접으로 연관되어 있다. 이러한 과제의 해결책으로 국가끼리 양자 간 협정과 다자간 협정 그리고 국제기구를 통해 서로 협의하고, 논의해서 세계협정을 통해 문제점을 해결하기 위해 노력을 해야 한다고 주장한다. 특히, 다이아몬드는 비관적인 현실에 모두가 절망하기보다는 우리에게는 아직 선택권이 있으며, 역사 속에서 교훈을 얻는 방향으로 고민하고 선택하는 방법이 더 좋다고 제안한다.

　과연 그렇다면 독일은 이러한 환경문제, 에너지문제를 어떻게 해결하려고 하고 있으며, 왜 많은 환경전문가가 독일을 '환경 챔피언 국가'라는 칭호를 붙여 주고 있는지 다양한 예를 들어서 설명해본다. 일단 독일 국가적 차원에서 오래전부터 환경(자연) 및 기후 보호를 주요 목표로 추구하고 있다. 그래서 이미 세계적으로 기후 보호와 재생 가능 에너지 개발과 확대에 앞장서고 있는 나라가 바로 독일이다.

　이렇게 국가 차원의 대규모 노력과 시도뿐만 아니라 시민들도 다양한 환경운동에 직간접적으로 참여하고 있다. 1975년에 설립된 '독일환경자연보호연맹(BUND : Bund für Umwelt und Naturschutz Deutschland e. V.)'의 경우 대표적인 시민 중심 환경운동 단체이다. 독일 개개인들의 환경보호 의식과 수준도 상대적으로 주변 국가들에 비해 매우 높은 편이다. 대표적인 사례가 바로 독일 녹색당의 약진과 연정을 통한 정권 참여이다. 1980년대 창당이 된 이후에 꾸준히 다른 정당과 함께 연립정부를 구성하여 생태와 환경을 바탕으로 한 다양한 정책과 제도를 정치적인 역량으로 현실화시켰다. 결국 독일 시민들이 녹색당을 민주주의 방법인 선거를 통해 선택했기 때문에 가능한 결과였다.

일상생활에서 시민들이 직접 환경운동을 느낄 수 있는 제도는 바로 '재활용 용기 보증금(판트, Pfand) 제도'이다. 병, 알루미늄 캔, 페트병과 같이 재활용이 가능한 용기에 판매금액에 '보증금'을 붙여서 판매한 후, 이 용기를 다시 가지고 오면 '보증금'을 돌려주는 방식이다. 즉, '보증금'을 붙이는 용기에는 반드시 '보증금 반환' 표시를 붙여서 누구든지 확인할 수 있으며, 물건을 살 때 지급한 '보증금'을 다시 마트, 보증금 반환 자동기계를 통해 언제 누구나 다시 보증금을 돌려받을 수 있다. 쉽게 설명하면, 어떤 사람이 0.5 ℓ 맥주를 마트에서 한 캔을 샀다고 가정하면, 이 사람은 맥주 가격에다 알루미늄 캔 '보증금'을 동시에 계산해야 한다. 이후, 맥주를 다 마시고 빈 알루미늄 캔을 마트에 다시 가져오면 앞서 계산할 때 낸 '보증금'을 다시 돌려주는 방법이다. 이 제도는 알루미늄 캔과 같이 재활용이 가능한 용기를 모두 수거하겠다는 의미이며, 이러한 의도는 바로 환경보호가 그 바탕에 깔려 있기 때문이다.

원전 폐쇄

에너지의 대전환이라는 큰 목표 속에서 화석 에너지와 핵에너지의 시대를 완전히 종식하고, 그 대신 지속 가능한 미래 에너지의 개발과 공급 확대를 위해 노력하고 있다. 대표적인 실례가 바로 2022년까지 단계적 탈핵 실현이다. 그리고 2030년까지 온실가스 배출량을 1990년 대비 55% 감축하고, 2040년까지 최소 70% 감축할 계획이다. 이 목표를 실현하기 위해 독일 정부는

2016년에 기후정책 원칙과 목표를 제시한 '기후 보호 계획 2050'을 발표하였고, 파리 기후변화협약 이후, 국제적으로 가장 먼저 발 빠른 조치를 하고 있다. 현재 독일에서 가장 중요하고 경제적인 재생가능 에너지원으로 개발되고 있는 에너지는 바로 태양광과 풍력이다. 북해 연안의 알파 벤투스(Alpha Ventus) 해상풍력 발전 단지가 거대한 규모로 개발되었고, 태양광 역시 대규모 단지가 젠프텐베르크(Senftenberg)에 설치되어 많은 사람에게 긍정적인 본보기를 제공한다. 특히, 독일은 경제성장과 환경보호를 서로 다른 상극된 문제점으로 보지 않고, 이를 오래전부터 통합된 개념으로 인식하여 지속 가능한 경제활동을 달성하는 전략을 펼치고 있다. 재생 가능 에너지의 개발과 확대와 더불어 에너지 및 자원의 효율성을 개선하고 재생자원의 영리한 사용이 목표 실현의 가장 중요한 해결방식이다.

문화 연표

- 962년　　　　오토 대제(오토 1세) 교황으로부터 대관(신성로마제국의 탄생)
- 1077년　　　　카노사의 굴욕(하인리히 4세)
- 1517년　　　　마르틴 루터의 종교개혁
- 1618~1648년　30년 전쟁
- 1834년　　　　관세동맹
- 1848년　　　　프랑크푸르트 국민회의
- 1871년　　　　독일 통일
- 1914~1918년　1차 세계대전
- 1919년　　　　바이마르 헌법 제정
- 1933년　　　　히틀러 총리 취임
- 1934년　　　　수권법 제정
- 1939~1945년　2차 세계대전
- 1949년　　　　동독과 서독 분단
- 1972년　　　　동서독 기본합의서 체결
- 1990년　　　　동서독 통일조약 체결 및 통일

참고자료

• 단행본   황윤영, 『독일문화 오디세이』, 글로벌콘텐츠, 2019.

이유선, 『독일문화의 이해』, 파란꽃, 2020.

배상준, 『독일에 맥주 마시러 가자』, 제이앤제이제이, 2018.

박진형, 『독일의 이해 : 이상한 나라 독일의 재발견』, 신아사, 2018.

서울대학교 독일학연구소, 『독일이야기 1 : 독일어권 유럽의 역사와 문화』, 거름, 2000.

리처드 로드(박선주 역), 『세계를 읽다 : 독일』, 가지, 2016.

유상현, 『유피디의 독일의 발견』, 꿈의지도, 2016.

장시정, 『한국 외교관이 만난 독일모델』, 한울엠플러스(주), 2017

• 다큐멘터리   〈독일 통일 30년 하나의 국가〉, KBS, 2020.

〈중부유럽 시골 유랑기 4부 검은 숲의 사람들 독일〉, EBS 세계테마기행, 2019

〈반전 매력 독일 4부작〉, EBS 세계테마기행, 2018.

〈글로벌 챌린저 4부 탄소제로를 꿈꾸다〉, EBS 세계테마기행, 2010.

〈낭만 독일 바이에른 4부작〉, EBS 세계테마기행, 2010.

• 영화   〈굿바이, 레닌〉, 볼프강 베커 감독, 2003.

〈베른의 기적〉, 숀케 베르트만 감독, 2003.

〈다운폴〉, 올리버 히르비겔 감독, 2004.

〈쇼피숄의 마지막 날들〉, 마크 로드문트 감독, 2005.

〈포 미니츠〉, 크리스 크라우스 감독, 2006.

〈한나를 위한 소나타〉, 마르쿠스 로젠뮐러 감독, 2011.

〈나의 가족, 나의 도시〉, 야스민 삼데릴리 감독, 2011.

〈괴테스쿨의 사고뭉치들 1, 2〉, 보라 닥테킨 감독, 2013, 2015.

〈타인의 삶〉, 플로리안 헨켈 폰 도너스마르크 감독, 2013.

〈랜드 오브 마인〉, 마틴 잔드블리엣 감독, 2015.

〈케이크메이커〉, 오피르 라울 그라이저 감독, 2017.

〈작가미상〉, 플로리안 헨켈 폰 도너스마르크 감독, 2020.

〈트렌짓〉, 크리스티안 펫졸트 감독, 2020.

오렌지 빛 자유와 관용의 나라

네덜란드

• 문화 키워드

  오렌지 빛 자유, 낮은 땅, 헤도헌, 네덜란드 동인도회사(VOC), 튤립, 더치페이

• 국기

  삼색기 삼색은 오라녀 가문의 문장에서 사용되는 색깔에서 택한 것.
  빨강은 용기를, 흰색은 신앙을, 파랑은 충성을 상징.

• 개관

수도	암스테르담(Amsterdam)
정치체제	입헌군주제, 네덜란드 왕국(Koninkrijk der Nederlanden)
민족구성	게르만족, 이주민(유럽, 튀르키예, 모로코, 인도네시아, 수리남, 카리브)
언어	네덜란드어, 프리슬란트어
종교	가톨릭(23.7%), 개신교(15.5%), 그 외 기독교(4.5%), 이슬람교(4.1%), 기타종교(1.1%), 무종교(50.1%)(2017)
면적	약 41,865㎢
인구	약 1,824만 명(2024)
인구밀도	520명/㎢(2024)
GDP	1.055조 USD(2021)
화폐	유로(Euro)

제1절 오렌지 빛 자유

오렌지 가(家) - 국가 독립의 상징

국가대표 운동선수들이 겨루는 국제적인 스포츠 경기에서 네덜란드 국가대표 팀 선수들과 응원단이 '오렌지 빛'으로 물드는 모습을 매스 미디어를 통해서 자주 접할 수 있다. 이때 네덜란드는 왜 오렌지색 일색이지 하는 의문이 든다. 혹시 네덜란드에서 과일 오렌지가 많이 생산되나하는 생각이 잠시 들기도 한다. 하지만 네덜란드에서는 오렌지가 생산되지 않는다. 오렌지가 생산되기에는 날씨가 너무 춥기 때문이다. 그렇다면 왜 네덜란드를 상징하는 색이 '오렌지 빛'일까? 네덜란드의 공식 국가 명칭은 '네덜란드 왕국'으로서 입헌군주제 국가이다. 입헌군주제 국가이기에 왕실이 존재하는데, 그 왕실의 가문이름이 바로 '오렌지'이다. 사실 '오렌지(Orange)'는 영어 표기이며, 네덜란드어 표기로는 '오라녀(Oranje)'이다. 네덜란드가 국제 행사에서 '오렌지 빛'으로 물드는 이유는 바로 네덜란드 국민의 왕실에 대한 존경과 애정 때문이다. 네덜란드 국민이 '오렌지 가(家)' 왕실을 존경하고 사랑하는 데에는 특별한 역사적이유가 있다. 16세기로 거슬러 올라가 보자.

16세기 당시 '네덜란드'는 여러 길드 중심의 자유 무역 도시들로 구성되어 있었다. 이때 '네덜란드'는 우리가 지금 알고 있는 '국가' 명이 아니고, 지금의 국가 '네덜란드'와 '벨기에'가 있는 지역을 합쳐서 부르던 '지역' 명이었다. 지역 '네덜란드'는 해안가에 위치하며 해수면보다 낮은 지역이 많아서 '낮은 땅'으로 불리던 곳이었다. 바다에 면해 있어서 한편으로는 언제 '홍수'가 날지 몰라서 지리적으로 불리한 환경이었지만, 다른 한편으로는 바다로 진출하여 무역과 상업을 발달시키면서 지리적 약점을 경제적 이점으로 바꾸는데 성공하여 경제적으로 번영해가던 지역이었다. 네덜란드인들은 '상업적 이윤'을 최대한 추구해 가고 있었는데, 이들은 돈을 많이 벌면 벌수록 '양심'의 가책에 시달리고 있었다.

유럽 중세의 '기독교 경제 윤리'에 따르면, 상업 활동으로 부를 축적하는 것이 기독교회가 큰 죄로 간주하는 7대 죄악 중 하나인 '탐욕'으로 간주되어 부정적으로 인식되었기 때문이다. 그런데 이들은 자신들의 종교적 '양심의 거리낌'을 벗어던질 수 있는 기회를 얻었다. 그것은 바로 종교개혁가 '칼뱅(1509~1564)'이 확립한 '직업관'이었다. 칼뱅은 기독교인이 가진 직업이 신이 부여한 '소명(calling)' 혹은 '천직'이기에 자신의 직업에 충실하여 성공하면 할수록 신으로부터 축복을 받는 것이라고 가르쳤다. 바로 이 가르침이 네덜란드인들이 그동안 상업 활동을 하면서 시달렸던 '양심의 가책'으로부터 해방시켜주었던 것이다. 네덜란드인들은 자신들의 상업 활동을 죄악시하는 가톨릭교회를 버리고 오히려 축복해주는 신교 칼뱅교로 갈아탔다.

무역과 상업 활동으로 이윤을 추구하고 칼뱅교를 선택한 네덜란드인들을 16세기에 실질적으로 지배한 통치자는 바로 에스파냐를 지배하던 합스부르크 가문의 황제 카를 5세(1500~1558)와 그의 아들 펠리페 2세(1527~1598)였다. 루터의 종교개혁 이후 가톨릭의 보호자 역할을 자처했던 카를 5세는 1521년 신교도 프로테스탄트를 가혹하게 탄압하기 시작했다. 그의 아들 펠리페 2세는 네덜란드 주민 모두를 이단으로 간주하고 종교적으로 탄압했을 뿐만 아니라 가톨릭교회로 돌아가도록 무력까지 동원했다. 나아가 경제적으로, 네덜란드인과 상관없는 전쟁비용을 마련하기 위해서 이들에게 해마다 세금을 부과할 계획을 세웠다. 이러한 정치, 종교, 경제적 억압에 저항하여 네덜란드인들은 1568년 에스파냐로부터 독립전쟁을 시작했는데, 이 독립전쟁의 지도자가 바로 네덜란드 건국의 아버지로 불리는 오라녀 공 빌렘(1533~1584)이었다.

당시 에스파냐는 1492년 콜럼버스의 신대륙 항로 개척 이후 아메리카 식민 제국까지 거느린 유럽 최대의 강대국이었는데, 이러한 강대국에 약소국 네덜란드가 저항하며 독립하겠다고 나섰던 것이다. 소위 '다윗과 골리앗'의 싸움이라 할만 했다. 독립전쟁이 시작되고 나서 약 10년 뒤에는 지금의 '벨기에' 지역에 거주하던 네덜란드인들이 종교적인 이유로 에스파냐의 지배 하로 돌아가기도 했지만, 남아있는 지금의 '네덜란드' 지역 주민들은 오라녀 공 빌렘의 지도 하에 연합하여 1581년 '네덜란드 연방공화국'을 탄생시켰다.

비록 네덜란드의 독립이 1648년에서야 국제적으로 인정을 받았지만, '네덜란드 연방공화국'은 역사상 최초로 사상과 종교의 자유를 수호하기 위해 전쟁을 통해 독립한 민주공화국이었다. 오라녀 공 빌렘이 독립전쟁을 시작한 것은 개인의 신념과 종교의 자유를 왕이라고 하더라도 간섭할 수 없다는 생각 때문이었고, 바로 이 개인의 자유에 대한 의지 때문에 끝까지 굴복하지 않고 저항할 수 있었다. 이런 의미에서 '네덜란드'라는 국가 자체의 탄생에 '개인의 자유'라는 가치가 얼마나 중요한 역할을 했는지를 알 수 있다.

에스파냐로부터 독립하기 위해 80년간 전쟁을 치루고 '네덜란드 연방공화국'이 자리를 잡았는데, 그렇다면 '네덜란드 연방공화국'이 언제 '네덜란드 왕국'이 되었을까? 지금의 네덜란드 왕국은 1815년에 탄생했다. 이때는 프랑스 대혁명 이념을 전파한다는 명분 아래 유럽 대륙을 휩쓸었던 나폴레옹이 대불 연합군에 의해서 패배하고 추방되고 나서였다. 나폴레옹이 없는 전후 질서를 논의하던 유럽 각국의 지배자들은 프랑스가 또 다시 세력이 강해지는 것을 막기 위해 일차적으로 방어할 수 있는 일종의 '범퍼' 역할을 지금의 '네덜란드'와 '벨기에'에 맡기면서 1815년 이 둘을 결합시킨 '네덜란드 왕국'이 탄생했던 것이다. 이때 네덜란드 왕국의 지배자 '왕'의 지위가 네덜란드 독립전쟁의 지도자 가문이자 그 후 네덜란드에서 국가 위기 때마다 지도자가 나와서 구원해 주었던 오렌지 가문에게 부여되었다. 이때 네덜란드 왕국에 속했던 벨기에는 1830년 언어문제로 네덜란드와 전쟁을 통해 독립하면서 지금의 벨기에 입헌 군주국이 되었고, 남은 네덜란드 왕국은 현재에 이르고 있다. 현재 '네덜란드 왕국'에서 '오렌지 가' 왕실이 여전히 존경과 사랑을 받는 가장 큰 이유는 이러한 독립전쟁의 역사에서 연유한다.

'킹스데이'

'네덜란드 왕국' 국민의 왕실에 대한 애정을 잘 알 수 있는 기념일은 바로 네덜란드의 가장 큰 축제일로서 왕의 생일을 축하하는 4월 27일 '킹스데이'이다. 지금 네덜란드의 왕은 빌렘 알렉산더(1967년 4월 27일 생)로서 왕이기에 '킹스데이'라고 부르지만, 그전 여왕들의 경우에는 '퀸즈데이'라고 불렀다. 이 축제일의 기원은 현 왕의 할머니인 율리아나(1909~2004) 여왕의 생일이었다. 왕 혹은 여왕의 생일인 이 날은 공휴일로서 전 국민이 전국을 오렌지 빛으로 물들이며 함께 축하하고 즐기는 축제일이다.

이 날 네덜란드 전역에서는 국기를 게양하고 네덜란드 왕가와 네덜란드를 상징하는 오렌지색으로 옷을 입고 오렌지색으로 분장하고 장식한 사람들로 넘쳐난다. 원래는 국기를 게양하고 오렌지 케이크를 먹고 특별한 술을 마시며 조용히 보냈는데, 근래에 와서는 국민의 축제로 확대되어 다양한 파티와 행사가 진행된다. 거리의 연주자들은 주요 광장에 모여 음악을 연주하고 춤추는 라이브 공연을 하며 광장에 모인 모든 사람들은 함께 어울릴 수 있는 놀이를 즐긴다. 운하에서는 사람들이 배를 타고 함께 노래를 부르기도 한다. 이렇듯 음악축제와 어린이를 위한 행사와 놀이기구, 벼룩시장 등으로 흥겨운 날이 바로 '킹스데이'인 것이다.

특히 이날 네덜란드 곳곳에서는 벼룩시장이 열리는데, 누구나 참여할 수 있다. 과거에는 아이이든 어른이든 원하는 사람은 누구나 물건을 판매할 수 있었는데, 현재는 어른보다 아이들의 참여율이 높다. 아이들은 '상인'이 되어 주로 집에서 만든 과자, 헌 옷, 헌 장난감을 판매하거나, 디지털 피아노와 바이올린 연주를 하고 때로는 깜찍한 퍼포먼스 등을 선보이며 용돈을 벌기도 한다. 이때 관심을 보이는 손님을 응대하는 것은 아이들의 몫이다. 가격을 흥정하고 돈을 받고 거스름돈을 주는 것을 아이들이 직접 하며, 부모들은 뒤에서 이런 아이들의 모습을 지켜볼 뿐, 절대로 간섭하거나 참견하지 않는다. 필요하다면 조언만 줄 뿐이다. 아이들이 스스로 이런 기회를 통해서 경제관념도 익히고 남들과 소통하는 능력도 기를 수 있도록 돕는다.

자유롭고 독립적 인격체 교육

'킹스데이'의 벼룩시장에서 부모들이 아이들의 독립심과 자신감을 키워주려 노력한 것에서 엿볼 수 있듯이, 네덜란드에서 아이들 교육에서 중요시하는 것은 아이들을 독립적인 생각과 자유의지를 가진 개별 인격체로서 대우하고 아이의 의사와 결정을 존중한다는 점이다. 아이가 향후 학교의 진로 선택과 같은 인생의 중요한 결정을 스스로 내리면서 성취감을 느끼도록 만드는 것이다. 그러기 위해서 네덜란드 부모들은 자녀에게 지나친 관심을 두지 않고, 오히려 자신들의 삶에 더 큰 관심을 둔다. 부모 자신들이 먼저 행복해야 자녀들이 행복할 수 있다고 믿기 때문이다. 또한 네덜란드 부모들은 자녀들이 인생에서 많은 실패를 경험했으면 한다. 인생의 선택은 본인 외에 다른 누구도 해줄 수 없는 것이고, 선택의 결과는 오로지 본인이 지는 것이라고 생각하기 때문이다.

부모와 자녀의 수평적인 관계는 네덜란드 아이들이 행복한 이유 중 하나인데, 부모와 자녀는 일상에서 거의 모든 주제에 대해 자유롭게 이야기를 나눈다. 부모들은 아이들이 학교에서도 자연스럽게 자신의 생각을 표현하고 남의 생각을 듣는 습관을 어린 시절부터 기르도록 힘쓴다. 그래서인지 네덜란드 사람들은 개인의 사적인 이야기나 느낌 등을 감추지 않고 솔직하게 표현하는 편이다. 이때 듣는 사람이 자신의 이야기에 대해 오해를 하거나 또 선입견을 가지지 않을 것이라고 믿고 있기 때문이다.

네덜란드 특유의 개방되고 열린사회 분위기 특성상 가까운 친구 사이가 아니라고 하더라도 서로 터놓고 이야기하는 것이 매우 자연스럽다보니, 네덜란드 사람들은 종종 솔직하고 직설적이라는 말을 듣는다. 이렇듯 본인의 생각과 뜻을 보는 그대로, 생각하는 그대로를 말하는 네덜란드 사람들의 솔직함은 오랫동안 무역과 상업을 통해 부를 쌓아온 그들의 문화와도 연관되는 것 같다. 다양한 문화와 가치관을 가진 사람들을 대하다 보니, 서로 오해를 줄일 수 있는 투명하고 직설적인 화법이 더 효율적이라는 판단도 있는 것이다.

실제로 명확하고 직접적인 네덜란드 식 커뮤니케이션 방식이 업무 진행과 관련된 오류를 줄이고, 효율적인 업무 수행에 도움이 될 때가 많다. 사회 전반에서 커뮤니케이션으로 비롯된 직간접적인 비용과 시간을 절감하는 데도 유리한 것이다. 이들은 메일이나 전화 통화를 할 때도 군더더기 없는 핵심만 있는 메시지를 선호한다. 미사여구와 불필요한 말을 갖다 붙이는 경우, 상대방의 시간을 뺏는 센스 없는 사람으로 생각한다.

부모들은 벼룩시장에서 아이들에게 일찍부터 소위 '상인정신'을 교육시킬 뿐만 아니라, 아이가 공공장소에서 버릇없이 행동하는 경우 가차 없이 혼을 내는 엄한 교육을 실행하기도 한다. 이것은 다른 사람과 공존하는 법을 배우는 일환이라고 할 수 있다. 어린 시절 학교에서부터 사회성과 친화력을 중시하는 교육을 받아서 네덜란드 사람들은 친화력이 세계적으로 유명하다. 이는 상업이 주요 산업이기에 다양한 문화권의 사람들과 소통하는 능력이 몸에 배여 있기 때문이기도 하다.

네덜란드 아이들은 개인의 특성과 개성을 반영해 진학 설계를 하기 때문에 아이들이 모두 똑같은 목표를 설정하고 살지는 않는다. 그들에게 학급 친구는 경쟁의 대상이 아니라 공존의 대상이다. 최고 52%에 달하는 높은 세금을 내는 네덜란드에서 극단적인 부유함도, 극단적인 가난함도 없기에, 차별과 구분이 없는 교육 환경 속에서 아이들은 자연스럽게 자신과 다른 삶을 사는 사람들을 이해하고 또 함께 살아가는 법을 배운다.

제2절 낮은 땅

'남해 프로젝트'와 '델타 프로젝트'

'지구 온난화'로 해수면이 상승한다면, 가장 큰 위협을 받는 나라는 어디일까? 남태평양의 섬나라들도 위험하지만, 북극과 인접한 네덜란드 역시 영순위로 꼽힌다. 네덜란드는 국토의 1/4 정도가 이미 해수면 아래에 있기 때문이다. 18세기 프랑스의 계몽철학자 볼테르가 "세상은 신이 창조했지만, 네덜란드는 네덜란드 사람들이 만들었다"고 하였듯이, 네덜란드인들은 지난 800년 간 간척사업을 벌여 왔으며, 간척사업으로 일궈낸 땅이 현 국토의 약 1/5 정도이다. 암스테르담의 스키폴 국제공항 역시 호수지역을 간척한 곳에 건설되었다.

사실 북해는 20세기까지 어장과 해상 교역의 주 무대였지만, 21세기에 접어들어서는 해저 유전, 풍력 에너지, 조력 에너지의 블루오션으로 떠오르고 있다. 그 선두에 네덜란드가 있는데, 네덜란드가 '남해 프로젝트(Zuider Zee Project)'와 '델타 프로젝트(Delta Project)'를 진행시키면서 북해 개발을 위한 베이스캠프 역할을 하고 있기 때문이다. 남해 프로젝트, 즉 남해 간척사업은 1918~1996년간 북해에 접한 '조이데르해(Zuider Zee, 네덜란드어로 '남쪽 바다'를 의미)'를 32km에 달하는 방조제(Afsluitdijk, 아프슬라위트다이크)로 막은 간척사업을 말한다. 이 방조제의 길이는 33km의 새만금 방조제가 완공되기 이전에는 세계에서 가장 긴 것이었다.

'남해 프로젝트'에서 네덜란드가 북해의 에이셀(Ijseel)만과 마르크만을 가로질러 조이데르해(남해)를 막기 위해서 건설한 방조제가 바로 '북해 방조제'이다. 이 방조제 공사는 댐, 간척지, 배수 공사를 포함한 20세기 세계 최대의 해양 엔지니어링 프로젝트였다. 이렇게 세워진 북해 방조제는 미국 토목학회가 선정한 '20세기 7대 불가사의 구조물'의 선두에 뽑혔을 정도였다.

이 공사는 조이데르해에 거대한 댐을 건설하고, 댐의 한쪽에는 북해와 선박으로 연결되는 관문을 설치했다. 댐건설로 인해 만들어진 거대한 에이셀호(Ijssel-lake) 가장자리에는 간척을 통해 무려 1,650㎢에 달하는 거대한 농경지(Polder)를 조성했다. 건설 결과로 홍수해가 방지되고, 35만 ha에 이르는 거대한 농경지를 확보할 수 있었다. 또 담수호(에이셀호)를 조성하여 북부지역의 농업용수 및 식수원을 해결했으며, 마지막으로 내륙 운하가 활성화되었다.

델타 프로젝트는 1953년 대홍수로 1,835명이 사망하고 10만 명 이상 이재민이 발생했던 자연재해를 계기로, 1958년부터 1997년까지 155억 불을 투입하여 세계 최고의 공학 기술을 바탕으로 남서부 삼각주 지대에 대규모 댐과 방조제를 건설한 사업이다. 이 사업은 연안의 바다를 가로막아 내륙 강들의 하구, 즉 라인 강, 마스 강, 슐츠 강들의 하구 델타 지역에서 침수 피해가 없는 농경지를 확보하고, 운하의 수위를 일정하게 유지함으로써 내륙수운을 활성화하기 위해 추진되었다. 이 프로젝트는 불가능해 보였던 일을 지혜와 끈기로 이룬 기적에 가까운 사업으로 평가되며, 사업의 성공으로 네덜란드는 물로 인한 어떠한 재해도 다스릴 수 있다는 자신감을 가지게 되었다.

델타 프로젝트 추진과정에서 일부 폴더가 반(反)환경적이라는 평가가 나오면서, 네덜란드가 블라우에 카머(Blauwe Kamer) 지역 제방의 일부를 무너뜨려서 다시 바닷물과 강물을 끌어들이는 '역(逆)간척'도 펼치고 있다고 알려져 있다. 하지만 이것은 일부 환경단체에 의해서 잘못 소개된 사례라고 전문가들은 말한다. 블라우에 카머는 바다에서 200㎞ 정도 떨어져 있는 라인 강 지류 네더 강변에 위치한 지역인데, 여기에 네덜란드 정부는 홍수터를 확장하는 자연복원사업의 일부로서 자연보전과 복원정책을 위해 일종의 자연생태공원을 조성했다.

이 사업은 Stichting Het Utrechts Landchap 회사가 맡고 있는데, 이 회사가 1992년 약 120ha에 달하는 블라우에 카머 바깥쪽 강변의 여름 제방을 두 군데 허물어, 여름 제방이 생기기 이전처럼 강물이 블라우에 카머를 자유롭게 드나들 수 있도록 만들었다. 사업의 목적은 강변에서 사생하는 생물송의 튼튼한 기반을 구축하는 것이었다. 범람을 통해 습지를 형성하고 꽃이 무성한 초원과 숲을 다시 만드는 것이다. 물론 이 사업에서 겨울 제방 너머에 거주하는 사람들의 안전이 충분히 고려되었다. 블라우에 카머는 아름다운 야생이 있는 네덜란드의 대표적인 제방생태계의 한 예라고 할 수 있겠다.

최근 네덜란드의 홍수 예방 전략은 '대항'에서 '수용'으로 변화했다. '강을 위한 공간(영어 : Room for the River, 네덜란드어 : Ruimte voor de Rivier)' 계획을 통해 기존의 제방을 무작정 높이기보다는 유역의 수량 수용능력을 확대하는 방식으로 전환했다. 최근 기후변화로 인한 해수면 상승, 네덜란드를 관통하는 라인 강과 마스 강의 유량 증가 등이 지속적인 재해요인으로 작용함에 따라, 제방의 붕괴 시 피해가 막대한 기존의 '제방높이 상향조정'의 방식에서 탈피하여 '늘어난 물에 대항하는 것이 아니라 이를 수용하되 피해를 최소화' 하는 '수용' 전략으로 패러다임을 전환한 것이다.

이를 위하여 구체적으로, 제방을 후퇴시켜 하천의 폭을 늘리고, 강의 흐름에 방해가 되는 장애물을 제거하고, 하천과 운하의 바닥을 더 깊게 준설하며, 주변 토지 용도를 고려하되 유수지 등을 확대하여 비상시 저수용량을 확보하는 사업을 진행하고 있다.

청어절임 – 국민 간식

네덜란드인이 축제나 행사 때 간단하게 즐겨먹는 '국민 간식' 중 하나가 바로 소금과 식초에 절인 '청어 절임'이다. 이것을 네덜란드인들은 작게 다진 양파나 오이피클과 함께 먹는데, 빵에 끼워서 먹을 수도 있고, 아니면 절인 생선만 먹기도 한다. 이 생선만을 먹을 때는 꼬리를 잡고 높이 들어 올려서 입에 넣는 방식으로 먹는다. 사실 먹는 모습만 본다면 그렇게 '고상해' 보이지 않지만, 이들은 그렇게 보이는 것에 상관하지 않고 맛있게 먹는다.

사실 네덜란드가 17세기에 세계를 주름잡는 해상무역 강대국이 되는 그 중요한 토대가 된 것 중의 하나가 바로 생선 '청어'였다. 영토의 20% 이상이 해수면보다 낮아서 늘 물난리를 겪었던 네덜란드인에게 이 물은 다른 한편으로는 청어 어업으로 굶주린 배를 채우고 나아가 더 많은 돈을 벌 수 있는 일종의 '시드 머니(seed money)'가 되었다. 15~17세기에 네덜란드의 기후는 날씨가 추운 '소빙하기'였다. 해수 온도가 낮아지면서 스칸디나비아 반도의 발트 해에 있던 청어 어장의 중심이 네덜란드 해안의 북해로 옮겨왔다. 당시에 네덜란드에서는 청어가 많이 잡혀서 여름 한 철 청어를 1만 톤이나 수확했다고 한다. 당시 네덜란드 인구가 100만 명 정도로 추정되는데, 그 중에 30만 명이 어업에 종사했다.

그런데 문제가 있었다. 청어는 내장에 지방이 많아서 금방 상하는 생선이었기 때문이다. 여름 한 계절에 엄청난 양으로 잡히고 쉽게 상하는 물고기를 어떻게 저장해야 하는 가가 문제였다. 이때 네덜란드인은 1358년 빌렘 벤켈소어라는 어부가 만든 청어 염장법을 이용해서 저장했다. 청어의 배를 갈라서 내장을 뺀 뒤에 소금에 절여서 통에 보관하는 것이다. 이렇게 하면, 청어가 상하지 않아 일 년 이상 보관할 수 있었다. 당시 유럽에서는 청어가 '겨울에 먹는 생선'으로 인기가 높았다. 육류 공급이 어려운 겨울철과 고기를 먹어서는 안 되는 사순절 시기에 청어는 아주 좋은 단백질 공급원이 되었던 것이다.

결국 네덜란드는 청어가 키운 '상인의 나라'가 되었다. 네덜란드 수도 암스테르담 시민들은 "이 도시는 청어 뼈로 세워졌다."고 자랑스럽게 말하고 다녔다. 17세기 네덜란드를 유럽 최고의 무역국가로 만들고 네덜란드의 황금시대를 여는데 일등공신은 청어였던 셈이다.

'비행선(Fluyt)'

15~17세기 당시 유럽에서 청어에 대한 수요가 많았으며, 염장법으로 장기간 저장이 가능한 청어는 유럽 전역으로 많이 팔려나갔다. 특히 염장 청어는 스칸디나비아 반도 지역으로 많이 수출되었다. 네덜란드인은 '청어 절임'을 판매하여 얻은 수익금을 지출하지 않고 청어 판매를 촉신하는데 투자했다. 정확히 말하자면, 배를 만드는 조선업에 그 자본을 투자했던 것이다. 우선 '청어 절임'을 많이 생산하기 위해서는 청어 잡이 배가 더 필요했고, 절인 생선을 스칸디나비아 지역 시장에서 더 많이 판매하기 위해서는 청어 운반에 더 많은 배가 필요했던 것이다.

네덜란드인은 '청어 절임' 수출로 벌어들인 자본을 조선업에 투자하여 값싸고 좋은 배를 많이 만들었다. 조선업 발달로 일 년에 2천척 이상의 배를 만들 수 있었다. 그런데 이들이 이때 많이 만든 배는 일명 '비행선(Fluyt)'으로 불렸다. 이 배의 모양이 갑판은 좁은데, 배 선체는 볼록하여 꼭 '비행선'처럼 보였기 때문이다. 당시 네덜란드인들은 왜 배를 이러한 형태로 만들었을까? 그 이유는 바로 '세금' 때문이었다. 예나 지금이나 상인들은 가능한 세금을 적게 지불하고 이윤을 남기려고 애를 쓴다. 당시에 스칸디나비아 반도 지역에서는 무역을 위해 드나드는 배들에게 세금을 매길 때, 갑판의 넓이를 기준으로 삼았다. 그러므로 세금을 적게 내고 싶은 사람은 배의 갑판 넓이를 최대한 줄여야 했다. 하지만 이익은 최대로 내야 하니, 운반하는 화물은 최대한 적재하기 위해 선체 자체는 볼록하게 만들 필요가 있었던 것이다.

'비행선'은 당시 유럽 국가들에서 만들어지던 기존의 선박들과 또 다른 점이 있었다. 그것은 바로 '대포'가 적재되지 않았다는 것이다. 당시 바다에서는 '해적'들의 활동이 매우 활발했는데, 이를 견제하기 위해서 대부분의 선박에는 대포를 꼭 탑재했다. 대포를 탑재하다보니 자연히 선박의 크기도 커지고 생산 원가도 높아졌다. 당시 사람들이 '배에 대포는 꼭 필요하다'고 생각하던 상황에서 네덜란드인은 과감하게 배에서 대포를 제거해 버렸다. 대포 제거로 생산 원가를 낮춤으로써 동일한 자본으로 더 많은 배를 만들고 이용할 수 있었다. 세상 통념과 다른 '생각의 전환'으로 네덜란드인은 작지만 부자 나라에 한 걸음 더 다가가고 있었다.

제3절 헤도헌

'헤도헌' – 네덜란드식 관용

'헤도헌'은 네덜란드의 개인의 자유와 관용을 단적으로 보여주는 용어로서, '참다', '견디다', '눈감아주다', '허락하다', '가능하게 하다'라는 다양한 의미를 담고 있다. 프랑스의 '똘레랑스'와 비슷하면서도 다른 결을 가지고 있는 가치라고 할 수 있다. '헤도헌'은 '불법'이지만 눈감아줄 수 있다는 네덜란드식의 관용을 의미한다. 이 헤도헌이 바로 네덜란드가 마약, 안락사, 동성애, 성매매, 낙태 합법화 등과 같은 민감한 논쟁적인 사안에 대해 가장 진보적이고 유연한 태도를 보이는 근거가 된다. 헤도헌은 또한 네덜란드 사람들의 일상적인 인간관계에도 적용된다. 타인에게 피해를 주지 않는 모든 행위는 눈감아주고, 다른 사람들이 어떤 행동을 하든 관심이 없다.

네덜란드의 파격적이고 유연한 관용정신 '헤도헌'은 프랑스의 똘레랑스와 비슷하게 종교개혁 후 발생한 종교적인 분쟁에 기원을 두고 있다. 종교적인 이유로 에스파냐로부터 독립을 추구했던 네덜란드는 독립전쟁 중인 1579년 종교적 관용과 다원주의를 명문화했다.

> "누구나 종교의 자유를 가지며, 어느 누구도 종교를 이유로 심문받거나 박해받아서는 안 된다."

16세기 네덜란드 연방공화국 지배 하에서 독립 후 개인의 자유와 관용이 만개하면서 종교적 편견이나 공격은 사라졌고 양심과 사상, 언론과 출판의 자유가 보장되었다. 금지된 생각을 했다는 혐의로 자국에서 박해를 받거나 기소될 수 있는 사람들에게 네덜란드는 세상에서 유일한 피난처가 되었다. 네덜란드가 가톨릭, 개신교, 유대교, 이슬람교 등 종교에 관계없이 이민자를 받아주면서 이주하는 사람들의 발길이 이어졌다.

네덜란드 특유의 관용과 개방적인 태도는 인근 국가에서 종교 혹은 철학과 신념이 다르다는 이유로 탄압받는 사람들을 포용했던 것이다. 이 관용의 결과로 네덜란드의 인구가 많이 증가했다. 경제적으로 번영하던 암스테르담 시 인구가 1570년에는 3만 명 정도였는데, 1672년에는 20만 명으로 늘어났다. 이것은 주로 남부 지역 농민들이 북쪽으로 이주한 결과이기도 했지만, 이주민의 몫 역시 무시할 수 없을 것이다.

포르투갈에서는 세파르딤 유대인 가문에서 태어나 펠리페 2세의 유대인 박해를 피해서 철학자 스피노자(1632~1677)가 암스테르담으로 이주했는데, 그는 네덜란드 경제 번영의 원인을 자유에서 찾았다. 그는 네덜란드가 "판단의 자유와 신을 스스로의 뜻에 따라 예배하는 자유가 완전하게 허용되는 나라"로서 "자유가 무엇보다도 고귀하고, 감미롭다고 생각되는 나라"라고 예찬했다. 17세기 프랑스 철학자 데카르트(1596~1650)도 생각의 자유를 위해 프랑스를 떠나약 20년간 네덜란드에서 거주하기도 했다. 그는 네덜란드를 자기 일에만 몰두하는 사람의 나라, 질서가 잘 잡혀 있고 돈이 많고 건강한 나라라고 불렀다. 영국의 자유주의 이론사상가 로크(1632~1704)는 1683년 조국의 제임스 2세의 폭정을 피해 명예혁명 때까지 네덜란드로 망명하여 관용의 철학, 개인의 자유와 평등을 주장했다. 유럽 여러 나라에서 박해받던 사람들을 수용했던 네덜란드 속담에 따르면, "둑 뒤에 살면 모두 네덜란드인이다"라고 한다.

네덜란드의 관용적 태도는 유럽의 지식인들을 매료시켰을 뿐만 아니라 네덜란드가 해상대국으로 도약하는 원동력이 되기도 했다. 에스파냐에 이어 프랑스도 구교와 신교 차별을 금지한 낭트 칙령(1598년 프랑스 왕 앙리 4세가 낭트에서 공포한 칙령으로, 신교파인 위그노에게 조건부 신앙의 자유를 허용하면서 약 30년간 지속된 프랑스의 종교전쟁(위그노전쟁)을 종식시켰다)을 폐지하고 가톨릭 국가를 선포하면서 프랑스의 신교도 위그노 상당수가 개인의 종교적 자유를 보장하는 네덜란드로 이주했다. 대부분 기술자와 부유한 상인이었던 이들이 가져온 기술과 자본은 네덜란드가 유럽의 강대국으로 도약하는데 크게 기여했다. 세계 최초의 다국적 기업인 네덜란드 연합동인도회사(VOC)를 설립해 무역과 식민지 개척에 나선 네덜란드가 문화, 언어, 종교가 다른 여러 나라들과 큰 갈등 없이 교역을 증진할 수 있었던 것도 바로 이 관용 정신에 기인한다.

18세기 네덜란드는 유럽에서 출판의 자유가 허용된 유일한 나라였고, 주변 다른 국가에서 출판 금지된 책들이 암스테르담에서는 출판 가능했다. 당시 암스테르담에만 400명의 출판업자가 존재했다. 제2차 세계대전 중에도 안네 프랑크 가족을 비롯한 유대인이 네덜란드로 망명했었다. 안네 프랑크 가족이 장기간 암스테르담의 독특한 가옥구조로 숨어 지낼 수 있었는데, 사실 당시 이웃사람들에게 그들의 존재는 이미 알려져 있었다. 그들이 그렇게 오랫동안 숨어 있을 수 있었던 것은 네덜란드 사회의 오랜 관용적 묵인의 분위기 때문이었다. 1960년대에는 히피도 네덜란드에서 최초로 받아들여졌다.

개인의 자유를 통제하거나 개인의 선택을 획일화하지 않고 다른 사람과 조화를 이루는 한 이 자유를 최대로 허용하고 인정한 관용정신은 네덜란드를 가장 네덜란드답게 만드는 것이기도 하다. 개방성과 수용성이 개인에게 행복감과 만족감을 줄 뿐만 아니라 사회 전체의 경쟁력을 향상시키는 데도 도움이 된다는 것을 네덜란드의 과거와 현재가 보여주고 있다.

헤도헌과 에라스무스

네덜란드 특유의 관용사상인 '헤도헌'의 기틀이 된 것은 바로 에라스무스(1466~1536)의 관용과 평화사상이다. 그는 네덜란드 로테르담에서 태어난 인문주의 철학자로서 프랑스 파리대학에서 신학을 공부했고 그리스와 로마 고전에 담긴 자유로운 인간의 이상과 기독교 정신이 융합된 책을 많이 저술했다. 그는 16세기 당시 교회의 부패한 권력과 관행을 통렬하게 비판하고, 대신 초기 기독교의 소박한 신앙심과 자유로운 인간상의 회복을 주장했다. 그는 가톨릭교회의 타락을 비판했을 뿐만 아니라, 루터의 종교개혁운동의 과격성을 비판하기도 했다. 그는 구교와 신교 모두 광신에 빠졌다고 비판하면서 양자 사이에서 중립적이고 신중한 태도를 보였고, 죽는 날까지 평화를 호소하는 글을 썼다.

루터의 종교개혁 이후 100년간 유럽은 신교와 구교의 피비린내 나는 종교 전쟁터가 되면서, 동일한 신의 이름으로 서로 증오하고 죽이면서 정신적, 물질적으로 황폐해졌다. 엄청난 희생을 치루고 나서야 비로소 유럽은 아무리 좋은 사상이라도 다른 이에게 억지로 강요할 수 없다는 뼈아픈 교훈을 얻게 되었다.

결국 서로 다름을 인정했던 에라스무스의 철학은 '헤도헌'이라는 네덜란드 특유의 관용 문화를 발달시키는데 사상적 기반이 되었고 유럽의 가치가 되었다. 에라스무스는 최초로 자신을 '유럽인'으로 인식한 인물로서, 이러한 이유로 '유럽연합(EU)'의 상징적인 인물이기도 하다. 유럽연합 내에서는 그의 정신을 기려서 여러 곳에 그의 이름을 붙였다. 예컨대, 유럽연합 회원국가들 사이에서 이루어지는 대학생 교환 프로그램명이 '에라스무스 프로그램'이며, 유럽 여러 도시에서 에라스무스 하우스와 에라스무스 거리 등을 볼 수 있다.

헤도헌의 한계

네덜란드의 관용에는 과거에도 현재에도 한계가 있었다. 16세기 이후 발전한 네덜란드의 자유와 관용은 '빈민'에게는 적용되지 않았다. 당시 대부분의 노동자 대중은 새벽 4~5시경 노동을 시작해서 저녁 7~9시까지 최대 17시간 장시간 노동을 했음에도 가족을 부양할 수 있는 최소한의 빵 값도 벌지 못하는 비참한 생활을 영위했다. 가난하거나 시장변동으로 실업자가 되거나 항해와 전쟁으로 불구가 된 사람들이 거지집단을 형성하고 구걸행위를 했는데, 이것은 칼뱅교리와 노동윤리에 의해 죄악으로 간주되었다. 구걸 행위를 한 사람들은 구속되어 태형, 낙인찍기, 수족절단, 익사 형에 처해졌고, 시민들의 조롱거리가 되었다. 이러한 빈민을 돕기 위해 도시마다 자선기관이 설치되었고, 빈민 대책이 수립되기도 했다. 하지만 이러한 정책은 엄격한 규율을 통한 사회 통제에 주안점이 있었으며 빈민구제가 목적은 아니었다.

수백 년간 세계 각지에서 박해 받던 사람들을 받아들인 역사를 갖는 자유도시 암스테르담이 최근에는 '인종차별' 혹은 '반이민주의'라는 의심의 눈초리를 받고 있다. 흔히 세계에서 가장 자유롭다고 알려진 스키폴 공항에서 서양인들은 모두 별 문제없이 통과하지만, 동양인이나 흑인은 '검열'을 받기도 했다고 전해진다. 검열에 대해 인종차별이 아니냐고 항의를 하는데도 네덜란드인들은 얼굴 표정 하나 바뀌지 않고 여행자의 가방을 구석구석 뒤지면서 여러 가지

불쾌한 질문을 한 적이 있다고 한다. 또한 2002년에는 이민제한을 주장했던 한 우익 정치가가 암살되면서 정치적으로 우익의 인기가 상승하고 극우화하는 양상을 보이고 있다.

네덜란드에는 현재 이슬람교도가 약 100만 명 정도로 전체 인구 약 1600만 명 중에서 약 6%를 차지하고 있다. 2004년 이슬람 사회의 여성 차별을 비판하던 영화 제작자이자 신문 컬럼리스트였던 테오 반 고흐가 이슬람 과격파 청년에 의해 암살되면서 이슬람 사원과 학교들이 방화되고 폭파되는 사건이 발생하기도 했다. 사실 네덜란드는 그동안 이주민에 대해서 관용적인 정책을 펴 왔었다. 예컨대, 1983년 헌법 개정으로 네덜란드 국적이 아닌 외국인에 대한 지방선거 참여가 인정되었고, 그들의 자녀가 네덜란드에서 태어나면 국적이 주어졌다. 또한 40여 개의 이슬람 학교에도 정부 보조금이 지급되기도 했다. 이러한 네덜란드에서 테오 반 고흐에 대한 암살사건은 지금까지 네덜란드의 관용정책에 대한 도전이자 한계를 보여주는 것으로서 네덜란드 사회를 충격에 빠뜨렸다.

'페르죄일링(Verzuiling, 기둥화)'

'페르죄일링'은 네덜란드 사회가 종교적 관용과 다원주의를 인정하면서 생겨난 결과였다. 네덜란드 사회는 인종, 종교, 이념에 따라 가톨릭, 개신교, 사회주의, 보수주의, 자유주의로 분화되어 있으며, 이들의 의견을 대변하는 정당, 언론, 은행, 스포츠클럽까지 따로 있을 정도이다. 집단마다 철학과 주장이 얼마나 다른 지 잘 알기에, 서로 가치관이 다를 수 있다는 전제 하에 갈등의 소지가 될 부분을 줄이고, 남의 일에 간섭하지 않는 전통을 만들어냈다. 이것이 바로 '페르죄일링'이다. 다원적으로 분화된 네덜란드 사회를 마치 각자가 기둥처럼 서로 부딪히지 않고 천장에서만 서로 연결된다는 의미에서 '병립화 사회'라고도 한다. 정부는 천장이 되어 개인과 조직의 갈등을 중재하고, 개인은 각자의 차이를 인정하는 관용의 태도로 서로를 인정하며 필요한 순간에는 협력하는 것이다. 현재 네덜란드에는 80여 개의 정당이 있다. 네덜란드 선거 시스템 상 단일 정당이 과반수 의석을 갖기가 힘들다보니, 각기 다른 의견을 가진 집단과의 대화와 타협을 통한 합의 민주정치가 발전했다.

개인의 자유 극대화

네덜란드에서는 현재 유럽 어느 국가보다 개인의 자유를 최대한 보장해 주는 모습을 볼 수 있다. 여기에는 네덜란드 특유의 자유와 관용 정신인 '헤도헌'이 중요한 역할을 했다. 하지만 헤도헌 외에도 다른 요인이 작동한 것으로 보인다. 그것은 경제적인 이유이다. 네덜란드는 해상무역국가로서 번성했는데, 개인의 영리보장이 도시와 국가의 이익임을 잘 간파했고, 또 출입이 자유로운 만큼 외국으로 부가 빠져나가는 것을 막기 위해서라도 자유 보장이 필요했었다. 그래서인지 네덜란드는 다른 국가에서는 생각할 수도 없는 자유를 개인에게 극대화해서 보장해 주고 있다. 그 사례로서 마약, 안락사, 동성애, 성매매, 낙태 합법화, 파트너 등록제, 비르바르 마큰(Bezwaar maken) 등을 볼 수 있다.

먼저 네덜란드는 대부분의 국가들에서 금지된 마약과 관련하여 매우 유연한 정책을 시행하고 있다. 네덜란드는 사실상 1999년 세계마약방지협약에 가입하면서 모든 종류의 마약을 금지했다. 전체적으로 금지되어 있지만 관용정책 헤도헌으로 마약의 일부를 허용하고 있다. 사회에서 통상 금기시되는 것에 대한 인간의 호기심은 대단한데, 마약이 그 대표적인 예일 것이다. 네덜란드는 그러한 인간의 호기심을 무조건 억제하기보다는 소프트 드럭(순한 마약)을 맛볼 수 있게 해줌으로써 오히려 마약중독자가 양산되는 것을 막고 있다. 네덜란드 거리에서는 '커피샵(Coffee Shop)'이라고 간판에 쓰인 가게에 들어가면, 소프트 드럭 종류와 가격이 쓰인 메뉴판을 받게 되고 메뉴 중에서 선택하면 마약을 합법적으로 맛볼 수 있다.

이미 마약에 중독된 사람들을 위해서는 정부가 그들에게 특정한 장소에서 주기적으로 '대체 마약'을 무료로 제공한다. 이것은 정부가 사람들이 마약에 중독되기를 동조하거나 고무하는 것이 아니며, 이미 중독된 사람들이 마약을 얻기 위해서 범죄를 저지르거나 마약 과다복용으로 생을 마감하는 사태를 막기 위해서 취하는 조치라고 한다. 그 결과 네덜란드에서 마약과 관련하여 죽음에 이르는 사람들의 숫자가 마약이 불법으로 금지된 주변 국가들보다 훨씬 더 낮다. 여론도 마약을 팔거나 소지하는 것은 불법이지만 하드 드럭을 하는 사람들을 죄인이 아니라 대체로 '정신적인 문제'가 있는 관리와 보호가 필요한 '환자'로 간주하고 있다. 네덜란드인들은 마리화나보다 오히려 알코올이 더 위험하다고 보고 있다.

네덜란드가 개인의 자유를 최대한 보장하는 두 번째 사례로서 '안락사'를 들 수 있다. 기독교 전통이 강한 유럽에서 '안락사'는 금기시되는 테마이다. 기독교 교리에 따르면, 인간의 생명은 신이 준 것이기에 신이 그 생명을 다시 거두어갈 때까지 인간은 그때까지의 시간이 아무리 고통스러워도 기다려야만 하는 것이다. 그러한 유럽에서 가장 먼저 안락사를 합법화한 나라가 바로 네덜란드이다. 네덜란드는 1993년 2월 9일 안락사 허용 법안을 통과시켰는데, 28가지 조건을 충족하는 엄격하게 제한된 경우에 한해서 허용했다.

2000년 11월 안락사 법안에서는 안락사 실행에 세 가지 조건이 제시되었다. 첫째. 치유될 수 없고, 둘째, 건강한 정신으로 안락사에 동의해야 하고, 셋째, 고통이 견딜 수 없을 정도로 커야 한다는 것이다. 동료의사와의 사전 협의가 필요하고 사후에는 법률가, 의사, 윤리학자 등으로 구성된 위원회에서 보고 검토 과정을 거쳐야 한다. 이 법안 이후 불치병이나 심한 고통에 시달리지 않더라도 죽음을 원하는 사람이라면 누구나 죽을 권리를 선택할 수 있는 '조력자살법'이 검토되어 2002년 '요청에 의한 생명 종결과 조력자살에 관한 법'이 발효되었다. 더 이상 삶을 살 이유가 없다고 판단하는 사람들이 삶을 끝낼 수 있는 권리 또한 인정해주자는 것이다. 질환이 호전될 가능성이 없고 극심한 신체적, 정신적 고통에 시달리는 환자를 의사가 적극적인 방식으로 생명을 끊거나, 환자에게 치명적인 분량의 약을 처방하는 일종의 조력자살을 모두 허용한 것이다.

안락사를 선택한 사람들의 수는 지속적으로 증가하고 있는데 이들 중의 92% 정도는 심각한 질병을 가진 환자이고, 그 외 노령, 초기 치매나 정신 질환을 앓는 사람들도 안락사를 선택해 삶을 스스로 마감하는 것으로 알려져 있다. 안락사는 안락사를 원하는 사람이 선택한 장소에서 안락사 전문의를 통해 집행된다. 대부분의 경우 본인이 가장 편하게 느끼는 자택에서 이루어진다. 개인의 자유를 최대한 보장하는 네덜란드에서는 죽음 또한 개인의 선택 중 하나인 것이다. 네덜란드 국민의 85%가 안락사를 지지하고 있다.

기독교 문화권에서 금기시되는 또 다른 테마는 '동성애'이다. 네덜란드는 2001년 세계 최초로 동성 커플의 결혼과 입양까지 허용했다. 개인의 자유에 대한 존중과 관용에 기인한 것이다. 성적 소수자의 자긍심과 권익을 옹호하기 위해서 암스테르담 시에서는 매년 여름 8월 첫 번째 토요일에 '암스테르담 게이 퍼레이드'라는 행사를 진행하고 있다. 네덜란드는 동성애자를 비롯하여 성적 소수자에게 가장 관용적인 나라로 알려져 동성애자들이 원하는 1순위 망명국가라고 한다. 서로의 차이를 인정하고 받아들이는 이들의 관용 정신은 성적 소수자들뿐 아니라 많은 이들이 자유를 위해 네덜란드로 향하게 만들었다.

'성(性)'과 관련해서 네덜란드의 관용을 볼 수 있는 또 다른 사례는 바로 '매춘의 합법화'이다. 대부분의 나라에서 성매매를 불법으로 규정하고 있으나, 성매매가 근절된 적은 없었다. 성매매는 오히려 '음지'에서 지속되고 있다. 이러한 상황에서 네덜란드는 2000년부터 성매매를 합법화하여 '음지'에서 이루어지던 관행을 '양지'로 끌어올려 관리, 통제하기 시작했다. 네덜란드에서는 성매매업 종사자도 엄연히 노동자로 인식되고 있으며, 이들 중 약 90%가 노동조합에 가입되어 있다. 이들은 필요한 경우에는 파업도 진행한다. 네덜란드 정부가 성매매를 합법화한 것은 성매매를 조장하기 위해서가 아니라 성매매 종사자들을 인권 유린이나 폭력과 같은 상황에서 보호하고 인신매매를 방지하기 위해서였다.

네덜란드의 성 관념을 보여주는 말 중에 '더블 더치(Double Dutch)'라는 것이 있다. 더블 더치는 원래 두 개의 줄을 서로 반대쪽으로 돌리는 줄넘기 놀이를 의미한다. 하지만 의학계에서는 남성의 콘돔과 여성의 피임약 복용이라는 이중 피임 방법을 말한다. 네덜란드에서는 학교와 가정에서 이른 나이에 성교육을 시킨다. 매년 봄 4살부터 12살 사이의 아이들은 약 일주일 동안 전국적인 차원에서 진행되는 성교육을 받는다. 교육내용은 사랑과 다른 사람에 대해 느끼는 특별한 감정, 성에 대해 아이들과 솔직하고 열린 의견을 주고받는다. 좀 더 나이가 있는 아이들은 학교에서 콘돔과 같은 피임기구와 경구용 피임약, 성병 예방법 등 성 관련 지식은 물론, 원치 않는 성관계나 임신, 출산 등에 대처하는 방법과 같은 보다 현실적인 성교육을 받는다. 네덜란드에서는 성을 삶의 일부분으로 자연스럽게 인식하는 개방된 성교육 효과가 성범죄율 감소에도 기여할 수 있을 것이라고 기대한다.

네덜란드 TV 공영방송 BNN에서는 출연자가 나체로 출연해 자신의 성 문제에 대해 상담을 받는 프로그램이 방영되기도 한다. 너무 선정적이지 않나 생각되기도 하는데, 네덜란드인들은 대부분 성에 대한 정보를 주는 프로그램으로 인식한다. 우리는 생각조차 할 수 없는 성을 주제로 한 방송이나 섹스숍들을 너무 당연하게 받아들이는 네덜란드인들을 보면 이 사회는 성에 대해 어떠한 금기도 없다고 생각된다.

암스테르담 시내 한복판에 있는 '홍등가(Red Light Districts)' 때문에 많은 사람들이 네덜란드를 성적으로 자유분방한 나라라고 생각하는 경향이 있다. 그러나 네덜란드 사람들의 성생활은 퇴폐적이거나 문란하지 않다. 의외로 우리보다 더 보수적인 성(性) 인식을 가진 사람들이 더 많다. 실제로 '홍등가'를 찾는 사람들은 대부분 다른 나라에서 온 관광객들이다.

네덜란드 여성들은 원하지 않은 아이가 생긴 경우에 낳지 않을 자유도 가지고 있다. 다른 나라에서는 불법인 낙태가 네덜란드에서는 합법이다. 1984년 세계 최초로 낙태를 합법화한 네덜란드에서 임신과 출산은 전적으로 여성의 자율적인 판단에 맡겨진다. 낙태 시술 비율이 아주 높을 것 같지만, 낙태가 불법인 나라보다 오히려 그 비율이 더 낮다. 무조건 금지하는 것보다 결정할 수 있는 자유를 허용하는 것이 오히려 더 도움이 될 수 있다는 것을 네덜란드 사례가 보여주고 있다.

네덜란드는 1998년부터 결혼하지 않은 파트너도 결혼한 배우자와 동등한 법적 지위를 보장하는 '파트너 등록제(Geregistreerd Partnerschap)'를 시행해왔다. 덕분에 네덜란드 커플은 행정적인 이유 때문에 결혼할 필요가 없으며, 20~30대 커플 중 결혼하지 않은 커플이 약 절반에 이른다. 네덜란드인들은 자신의 삶에서 중요한 것들을 스스로 원하는 대로 결정하고 추진하는 주체적이고 독립적인 삶을 살고 있다.

마지막으로 네덜란드의 개인의 자유 보장 사례로서 '비르바르 마큰(Bezwaar maken)'이라는 권리를 들 수 있다. 한국어로 '반대 혹은 불복할 수 있는 권리'인데, 네덜란드에 사는 사람이라면 누구나 이 권리를 행사할 수 있다. 정부나 시에서 추진하는 정책과 같은 공적 영역은 물론, 이웃집의 집 보수나 재건축 등과 같은 영역에서도 반대 의견이 있을 경우 누구나 이의를 제기할 수 있다. 의견이 접수된 6주 동안은 아무 것도 진행할 수 없다. 이의를 제기하는 절차에서 발생하는 모든 비용은 정부지원으로 무료이며 정부가 이의 신청에 공식적인 답변을 주기로 한 날까지 답변을 주지 못하면 정부가 벌금을 내야 한다.

제4절 네덜란드 동인도회사

네덜란드 동인도회사와 세계 최초 주식 거래소

직업이 신이 부여한 '소명'이라는 칼뱅의 가르침은 주로 상업과 무역으로 경제활동을 하던 네덜란드인들에게 자신들의 '직업'에 더욱 충실하게 만들었고, 그로 인한 성공과 부를 신이 내리는 축복으로 간주했다. 네덜란드인들은 대체로 중개무역에 종사했는데, 네덜란드 독립전쟁으로 에스파냐의 펠리페 2세가 자신이 통치하는 지역들에 네덜란드 상선의 출입을 금지시키면서 큰 타격을 받았다. 더욱이 1580년 포르투갈이 에스파냐에 합병되면서, 포르투갈이 아시아에서 수입해 와서 넘겨주었던 후추 판매망에서 네덜란드가 배제되는 지경에까지 이르렀다. 이윤이 많이 남는 장사에서 배제된 네덜란드로서는 새로운 대책이 절실했는데, 그리하여 직접 아시아로 가서 후추를 수입하기로 결정했다.

1590년대 네덜란드에서는 아시아 무역을 시도하는 회사들이 다수 만들어졌는데, 이들 사이의 경쟁이 너무 심해서 항해에 들어가는 투자비용에 비해서 얻게 되는 이윤이 많지 않은 결과가 발생했다. 이에 네덜란드 공화국 정부가 직접 개입하여 회사들의 의견을 조율하면서 1602년 3월 20일 21년간 유효한 특허장이 가결되고 네덜란드 '통합 동인도회사(Vereenigde Oostindische Compagnie, VOC)'가 공식적으로 성립되었다. 1602년부터 1799년까지 존립했던 이 '유한책임 주식회사'는 약 200년 동안 세계에서 가장 큰 기업이었다. 네덜란드의 국가 독점 기업으로서 아시아에 많은 상관(商館)을 설치하고 대륙 간 무역 및 아시아 내의 무역을 주도했다.

당시의 네덜란드 동인도회사가 영국과 같은 다른 국가의 동인도회사와 달랐던 점은 바로 투자자들이 1회의 출항을 위해서 자금을 출연하고 배가 귀환하면 정산과정을 거쳐 이익이나 손해를 분담하고서 회사가 해체되는 형식을 따르지 않았다는 점이다. 1602년 첫 항해 이후 네덜란드 동인도회사는 새로 출항하는 배부터는 10년 이후에 정산하는 방법을 취했는데, 이것은 10년 동안 '장기간' 투자하는 형식을 띤 것으로서 당시에는 매우 낯선 제도였다. 그렇다면 정산을 위해 10년을 기다릴 수 없는 투자자들의 경우는 어떻게 해야 할까?

이때 투자자들은 자신의 투자금을 회수하고 싶으면 주식 시장에 가서 자신의 주식을 판매하면 되었다. 투자자는 바뀌지만 회사 입장에서는 자본은 언제나 보존되기에 투자자들과 관계없이 회사가 해체되지 않고 항구적으로 존립할 수 있게 된 것이다. 주주들은 배당을 받기 위해서 10년을 기다릴 필요 없이, 회사가 5%의 이익을 낼 때마다 바로 배당하는 것으로 규정되었다. 네덜란드 동인도회사가 설립된 초기에는 소액 자본가들이 대단히 많이 참여하였는데, 그러나 점차 장기적으로는 대주주가 소액 주주의 주식을 매입해 가는 양상을 띠었다.

세계 최초의 주식거래소는 1611년 암스테르담 시내 중심의 한 운하 위에 지어졌는데 지반 침하 문제로 19세기에 문을 닫고 현재 남아 있는 것은 1903년에 완공된 3번째 거래소 건물이다. 이 거래소 건물은 건축가의 이름을 따서 베를라흐 거래소라고 불리는데, 이 거래소의 주춧돌에 한 석판이 매립되어 있다. 석판에 새겨진 내용은 다음과 같다.

> "이 거래소는 상인들의 편의를 위해 신의 축복을 받아 1608년에 세워졌다. 주춧돌은 1608년 5월 29일에 놓여졌다. (상인들의) 첫 모임은 1613년 8월 1일에 있었다."

당시에 주식증권은 없었고, 주주들의 이름과 지분을 기록한 장부만 있었다. 주식의 소유권을 이전할 때도 종이로 된 주식을 주고받은 것이 아니라 회계담당자가 갖고 있는 장부를 고치는 형식을 취했다. 증권이라는 종이 형태가 나타난 것은 한참 후의 일이다. 그런 의미에서 17세기의 주식 거래는 21세기의 주식 거래와 닮았다. 종이로 된 장부를 쓰느냐 컴퓨터 서버에 기록된 장부를 쓰느냐의 차이일 뿐 현물 증서의 이동은 없었기 때문이다.

주식회사 초창기에는 주주가 회사의 주인이라는 개념이 없었기에, 네덜란드 동인도회사의 어떤 주주도 경영권을 요구하지 않았고 기대하지도 않았다. 주주는 몇 년에 한 번씩 배당금을 받는 투자자에 불과했다. 주주총회도 실적공시도 없었다. 초기의 주식 투자는 회사의 지분이라는 현물이 아닌 선물, 즉 파생

상품 거래가 주를 이루었다. 흔히 파생상품 거래는 현대에 들어와 생긴 것으로 생각하기 쉬운데, 역사적으로 암스테르담의 세계 최초 주식거래소 시절부터 파생상품 거래가 압도적으로 많았다. 주식 거래는 법이 아니라 상인들의 신뢰에 기초해 이뤄졌다. 네덜란드 동인도회사가 지분을 청약 받던 당시, 회사는 투자자들에게 바로 그 자리에서 금화나 은화 같은 현금을 낼 것을 요구하지 않았다. 일단 명부에 이름과 투자 금액만 적어 넣었다. 정관에 따르면, 대금 납부는 향후 3회에 걸쳐 이루어지도록 되어 있었다. 실제로는 4회로 나눠 받았다. 또 납부 시기는 회사가 현금을 가장 많이 필요로 하는 때에 맞추어졌다.

17세기 네덜란드에서 현물을 담보로 하지 않는 선물 거래는 불법이었다. 그럼에도 상인들은 현물 없이 자신들의 신용을 바탕으로 선물 거래를 계속했다. 그것이 훨씬 편리했기 때문이다. 만일 누군가 선물 거래에서 큰 손해를 봐서 도저히 대금을 지불할 수 없는 상황에 처할 경우 법원에 가서 재판에 넘기면 거래를 무효화시킬 수도 있었다. 대신 상인들의 커뮤니티에서 신용이 바닥에 떨어질 것을 각오해야 했기 때문에 그렇게 하는 경우는 드물었다.

1602년 네덜란드 동인도회사가 설립된 이후 '주식투자' 열풍이 불면서, 암스테르담 시민들은 일반 주식투자뿐만 아니라 옵션, 선도거래. 호가, 리스크, '작전' 등 현대 증권가에서나 쓰이는 용어들을 줄줄 꿰고 있을 정도였다. 이 회사 주식을 사고팔아서 대박을 친 사람도 쪽박을 찬 사람도 흔했다. 주식투자는 17세기 암스테르담의 국민 스포츠였다. 당시 경제적으로 크게 번영했던 암스테르담 시민들에게 가장 매력적인 투자처는 네덜란드 동인도회사 지분이었다. 이런 인기가 주주 친화적인 배당 정책으로 이미 상승하고 있던 네덜란드 동인도회사의 주가를 더욱 더 높이 끌어올렸다.

'튤립 마니아(Tulip Mania)'

1637년 암스테르담 주식거래소에서 '황제 튤립(Augustus Semper)'으로 불리는 희귀한 튤립 구근 1파운드(약 454g)의 가격이 6000길더(현재 약 164만 달러,

한화 약 16억 원)였다. 17세기 당시 국제적인 금융과 무역의 중심지로서 큰 번영을 누렸던 암스테르담에서 '튤립'은 현재 소위 '명품'과 비슷한 역할을 했는데, 즉 있는 자의 '과시욕'을 채워주는 수단이었다. 튤립은 원래 오스만 제국에서 재배되던 꽃으로 네덜란드로 수입되면서 귀족과 부유층에게 인기가 많았다.

튤립 꽃은 당시 부와 지위를 과시하는 사치품이자 상징으로 상류층 사이에서 유행했었는데, 상류층 여성들이 이국적인 튤립을 머리나 옷에 장식으로 달고 사교행사에 참석했다. 네덜란드의 동인도회사에 투자할 만한 자본을 가지지 못한 소위 '개미' 투자자들이 가진 전 재산과 대출금을 끌어 모아 '튤립'에 많이 투자를 했다. 튤립 거품이 꺼지기 전까지는 튤립의 가격이 끊임없이 올랐기에, 어떤 방법으로든 튤립을 확보했다가 다른 사람들에게 넘김으로써 남기는 '차액'이 적지 않았다. 평범한 단색의 튤립보다는 희귀한 색을 보이는 튤립이 더 큰 돈이 되면서 희귀한 품종의 튤립 확보에 혈안이 되기도 했다.

위에서 언급한 엄청난 가격의 '황제 튤립'은 흰색과 빨간색이 세로로 줄 모양을 보이고 있는데, 희귀해서 가격이 비쌌다. 연구 결과에 따르면, 이 두 줄의 다른 색을 보유한 튤립이 탄생한 이유는 이것이 '모자이크 바이러스'에 감염되었기 때문이라고 한다. 즉 식물이 병에 걸려서 희귀한 색깔을 보인 것이다. 당시 튤립이 어떻게 생겼는지 모르는 사람들까지도 거래에 뛰어들었다. 튤립이 실제로 꽃이 피기도 전에 선물 거래도 심심치 않게 이루어지면서 다양한 종류의 튤립을 그린 식물도감이 유행하기도 했다. 튤립으로 큰 재산을 벌어들일 수 있게 되자, 정원에 심겨진 튤립을 밤에 몰래 훔치는 절도행위가 성행했으며, 튤립을 지키기 위해서 개와 야간경비원이 특별히 동원되기도 했다.

튤립 가격이 1634~1637년 3년 사이에 50배가 뛰었다. 1637년 1월 튤립 구근 3개만 있으면 암스테르담의 집 한 채를 구매할 수 있을 정도였다. 튤립 값이 왜 그렇게 비쌌는지는 미스터리 이다. 뚜렷한 재산적 가치가 없는 튤립 같은 것을 네덜란드인들이 비싸게 사들였던 건 그저 가격이 더 오르길 기대하며 한몫 벌어보자는 심리 때문으로 설명된다. 상식적으로 튤립 하나가 집 몇

채만큼의 가치를 가져다줄 수 없다는 건 너무도 당연했지만, 그럼에도 튤립 투기에 뛰어든 사람들이 많았다는 건 광란, 혹은 '마니아'라고 밖에는 설명할 방법이 없다. 평소엔 논리적이고 이성적인 네덜란드인들이 그렇게 광란에 휩싸였다는 게 놀라울 따름이다.

1637년 2월 5일 한 술집에서 이루어진 경매(당시에는 경매가 주로 술집과 여관에서 이루어졌다)에서 처음으로 튤립 구매자가 한 명도 나오지 않았고, 갑자기 모든 시장 참여자가 매도에 나서면서 며칠 사이 네덜란드 튤립 시장 전체가 붕괴되었다. 2월 7일 튤립 거래가 중단되고 가격이 95%까지 하락했다. 튤립 거품이 왜 순식간에 꺼졌는지도 여전히 미스터리이다. 정부의 규제 도입 때문인지, 혹은 튤립 거래 자체가 일종의 피라미드 판매라 더 이상 거래에 뛰어들 참가자가 없어지자 저절로 무너져 버렸는지, 아니면 그냥 사람들이 튤립에 막대한 돈을 쓴다는 게 바보 같은 일이라고 깨닫기 시작했기 때문인지 알 수 없다. 진짜 이유는 아무도 모르지만 아무튼 거품은 그렇게 꺼졌다.

왜 튤립 가격이 그렇게 치솟았는지 아무도 설명할 수 없는 가운데, 이제 확실한 건 가격이 폭락했고 많은 계약들이 지켜지지 않았다는 것이다. 이것은 튤립 구근에 투자한 사람들이 기본적으로 투기꾼이었다는 얘기이다. 이들은 구근을 사들여 가격이 어느 정도 오르면 팔아버리겠다는 생각을 갖고 있었다. 가격이 더 이상 오르지 않게 되자 이들은 곧 튤립 거래에 흥미를 잃었고, 광란이 수그러들자 기존에 맺은 계약을 이행하지 않을 방법을 찾아다녔다. 계약을 이행하지 않은 상대를 법원에 고소하는 상인들도 많았다. 튤립 파동 이후 튤립 상인들 간의 신뢰는 땅에 떨어져 서로를 믿지 못하게 됐다. 튤립 가격은 1637년 이후 다시 그전과 같은 수준으로 오르지 못했다. 튤립 열풍은 순전히 인간의 '병'으로, 앞으로도 사라지지 않을 것인데, 인간의 아름다움에 대한 인식과 돈에 대한 탐욕이 지속될 것이기 때문이다.

네덜란드인의 그림 사랑

17세기 황금시대 네덜란드 사회에서 그림은 생필품과 다름이 없었다는 증언이 여러 기록에 남아있다. 17세기 중반 델프트 유언 검인 서류 조사에 따르면 델프트 전체 인구가 2만 명이 안 되는데, 그림은 5만 점이나 있었다. 황금시대 네덜란드인은 다른 어떤 국가보다 인구 대비 높은 비율의 회화를 생산하고 구입했는데, 다수의 회화 작품들이 길드나 시민단체 주문으로 제작되었다. 칼뱅교가 교회 개혁을 위해 교회에서 성화나 성상을 추방했기에, 네덜란드인들은 늘어난 부를 소비할 '가치 있는' 소비처 중의 하나로 가정의 실내를 회화작품으로 장식한 것으로 보인다. 네덜란드 속담에 "동쪽 서쪽 둘러봐도 집이 최고(Oost west, thuis best)"라는 속담이 있는데, 자신의 왕국인 집을 취향에 맞게 가꾸고 단장하는 일이 네덜란드인의 특성 중 하나라고 한다. 그래서인지 당시 네덜란드에서는 그림을 그리는 화가뿐만 아니라 미술품을 상품으로 취급하는 미술상의 활동 또한 매우 활발했다.

17세기 네덜란드 회화 주제와 양식은 일상적인 주제가 대다수인데 국가의 번영에 대한 만족과 기쁨을 표현했다. 풍경화, 초상화, 정물화 등이 선호되었다. 이러한 미술 경향은 당시 신생 네덜란드 국가의 이상적인 정체성을 표현하는 효과적 방법으로서 궁전이나 귀족대신 신생 중산층 부르주아 가정이 압도적으로 많이 등장했다. 부르주아의 도덕성, 성숙한 시민의식, 바람직한 가정의 모습을 보여주는 주제가 많았다.

사실 칼뱅교의 영향으로 형식적인 겉치레를 모두 싫어했던 당시 네덜란드 사회에서 네덜란드인들이 자신의 노력으로 모은 재산을 회화 작품들을 통해 드러내놓고 자랑하는 것은 어쩐지 어울리지 않아 보인다. 유명화가의 작품을 구매하고 집에 걸어두는 것은 일종의 과시적 행위였기 때문이다. 언뜻 모순되어 보이지만, 건실하고 신을 경외하는 네덜란드인들도 황금시대에 보유하고 있던 과시 취향을 조금씩 표현했다. 평생을 근검, 절약으로 살아온 그들도 한번쯤 호사를 누리고 싶었던 것으로 보인다.

당시에 가정의 벽에 지도와 그림을 걸어두는 것이 유행이었다. 지도는 동아시아 무역과 같은 국제무역의 영향으로 보인다. 어쨌든 이들은 집안의 빈 벽을 그냥 가만히 두지 않고 반드시 그림을 걸어두었다. 부자들의 경우에는 벽을 크고 작은 그림으로 빼곡히 채워 벽이 아예 보이지 않게 만들기도 했다. 심지어 당시의 유명 화가 베르베르가 그린 그림 안의 방안에서도 지도와 그림들을 볼 수 있을 정도이다. 가난한 가정의 경우에도 그을음이 있는 상태일지라도 2~3점의 그림을 벽에 걸어두고 있었다. 네덜란드인들의 그림에 대한 특별한 사랑을 엿볼 수 있는 부분이다.

부부 침실에는 풍경화와 꽃병 정물화 등이 인기가 많았고, 아이들과 부모님의 초상화, 복도 양쪽에는 해양 풍경 혹은 폭풍우를 헤치고 지나는 범선, 한가하게 게으름 피우는 소떼와 목동 같은 전원 주제 그림으로 장식했다. 현관 입구에는 천사 그림이나 올바른 삶을 살아가는데 필요한 가르침 같은 우의화가 있었다.

베르베르가 그린 그림 내 여성들은 대부분 네덜란드 풍속화가 그러하듯이 악덕을 비판하기 위한 것이었다. 행실이 나쁜 여성을 재미있는 방식으로 보여줌으로써 '올바르게' 생각, 행동하며, 사회적 규범에 따라 살아야 한다는 교훈을 제시했다. 그의 작품 중에서 올바른 사회적 규범을 긍정적으로 제시하는 것은 3점뿐이라고 한다.

더치페이(Dutch pay)

17세기에 네덜란드가 강력한 세계 무역 강대국으로 성장하는 동안 경쟁국들이 많았는데, 그 중에서 가장 자주 충돌했던 라이벌은 바로 영국이었다. 그래서인지 영국인은 네덜란드인을 그다지 좋아하지 않았다. 그 흔적이 '더치페이'라는 표현에 남아있다. 네덜란드인이나 네덜란드어를 뜻하는 영어 단어 더치(Dutch)는 원래 영국에서 독일 지역을 뜻하는 도이치(Deutsch)에서 유래했다. 당시 네덜란드는 지금처럼 국가적 형태가 아니었기에 독일과 근접한 지역으로 한데 묶어 이곳에 사는 사람들을 모두 더치라고 불렀다. 이러한 더치가 1660년 대에 들어서면서 유럽의 역사에 갑자기 빈번하게 등장하는데 바로 네덜란드와 영국 간의 치열한 해상무역권 경쟁 때문이었다.

당시 두 나라는 아시아에서 후추(胡椒, Pepper), 육두구(肉荳蔲, Nutmeg), 정향 (丁香, Clove)과 같은 귀하고 값비싼 향신료들을 수입하여 막대한 부를 얻었다. 네덜란드와 영국의 무역 품목들이 비슷하다 보니 두 나라 사이의 충돌은 불가피 했다. 두 나라는 아시아 지역의 향신료 산지, 식민지 확장과 해상 무역권을 둘러싸고 세 번에 걸쳐 전쟁을 치루면서 오랫동안 라이벌 관계에 있었다. 사실 경쟁 초기 영국보다는 네덜란드가 우위를 차지하면서 영국은 네덜란드를 '부러 움과 동시에 시기와 질투'가 가득한 시선으로 바라볼 수밖에 없는 상황이었다.

이때부터 영국인들은 라이벌 네덜란드를 뜻하는 '더치'라는 단어에 온갖 부 정적이고 비하의 의미를 담아 사용하기 시작했다. 술김에 부리는 객기를 의미 하는 'Dutch courage', 잔소리가 많거나 엄하게 꾸짖는 사람을 뜻하는 'Dutch uncle', 위로인 줄 알았는데 듣고 나면 은근히 약 오르는 말인 'Dutch comfort', 파티에서 주인보다 먼저 취하는 것을 뜻하는 'Dutch feast', 인사도 없이 그냥 가버리는 치사한 이별을 뜻한 'Dutch leave' 등 이다. 이외에도 영국인들은 급기야 'I'm a Dutchman'이라는 말을 쓰기도 했는데, 이것은 나 는 네덜란드 사람이라는 뜻이 아니라, 우리 식으로 표현하자면 '내가 성을 간 다', '내 손에 장을 지진다'는 의미이다. 당시 영국인들이 네덜란드를 얼마나 비하하고 싶었는지 알 수 있다.

그 중에서도 전 세계적으로 가장 널리 알려진 더치를 비하하는 말로 '더치페 이(Dutch pay)'를 들 수 있다. 당시 네덜란드에서 한턱을 내는 의미로 '더치 트리트(Dutch treat)'라는 말이 사용되었다. 그런데 영국인들은 돈만 밝히는 쩨 쩨하고 인색한 네덜란드인이라는 인식을 강조하기 위해서 '트리트'를 '페이'로 바꾸었다. 그리고 한턱을 내기는커녕, 식사 후 자기가 먹은 것만 얄밉게 계산 한다는 뜻으로 그 의미를 바꿔 네덜란드인들을 조롱한 것이다. 요즘도 종종 영어에서 더치페이는 'Go Dutch'라는 말로 사용되지만, 네덜란드 사람들이 그리 좋아하는 표현은 아니다.

돈 자랑하지 않는 부자 나라 네덜란드

네덜란드에서는 칼뱅교의 가르침과 에스파냐와의 80년에 걸친 독립전쟁을 통해 검소하고 검약하고 청교도적인 가치관이 사회에 뿌리를 내려서인지, 소위 '명품남'과 '명품녀'가 없다. 네덜란드는 프랑스와 영국처럼 귀족이 사회를 주도한 적이 드물었고, 해외 무역을 통해 막대한 부를 쌓은 상인 중심의 문화가 형성되면서, 합리적이고 실용적인 상인들의 가치관 특성 상 지나치게 화려하게 입고 걸치는 옷과 액세서리로 부를 과시하려는 성향이 약했다. 네덜란드 가정에서 자주 듣는 잔소리가 '별스럽게 굴지 마라 / 평범하게 행동하라(Doe maar gewoon)' 였다. 네덜란드인의 내면 저 깊숙한 곳에 과시를 경멸하고 절제를 미덕으로 삼는 칼뱅주의적 사고가 자리 잡고 있는 것이다. 그들의 풍요로움은 겉으로 드러나는 것이 아니고 자신의 안을 응시해야 하는 것으로 생각되었다.

그 덕분에 네덜란드의 근대, 현대 역사에서 평등한 사회 분위기가 자리 잡았다. 이러한 사회 분위기 속에서 자신의 신분과 부를 드러내기 위해 명품으로 과시하는 것이 좋게 보일 리가 만무한 것이다. 그래서인지 네덜란드인들은 '셀러브리티(celebrity)'에 무관심하고, 네덜란드 광고에서도 대개 모델보다는 콘텐츠와 아이디어로 승부하는 경우가 더 많다. 개방적인 기업 문화와 혁신적인 기업가 정신을 갖춘 네덜란드는 새로운 비즈니스에 적합한 매력적인 시장으로 손꼽힌다.

이러한 검소한 네덜란드에서 해서는 안 되는 것 중 하나가 바로 '돈 자랑'이다. 소위 '있는 척'을 했다가는 오히려 사람들에게 무시를 당할 수도 있다. 네덜란드 사람들은 아무리 돈이 많다고 해도 돈으로 사람의 마음을 사려고 하거나 자신의 지위를 자랑하려고도 하지 않는다. 그러다보니 네덜란드에서는 명품이나 값비싼 물건으로 자신의 취향이나 지위를 드러내려는 사람들을 보기 힘들다. 돈으로 사람을 판단하는 일도 드물다. 네덜란드는 유럽에서도 손꼽히는 부자 나라이지만, 지갑을 여는 데는 인색하다. 하지만 개발도상국을 원조해 주는 사안과 같은 경우에는 쉽게 지갑을 열고 기부를 많이 한다.

네덜란드인들이 통상 검소하고 검약한 생활이 일반적이다보니 많은 네덜란드 정치인들 역시 국가 세금을 '자신들의 돈'처럼 사용한다. '자신들의 돈'처럼 이라고 해서 펑펑 쓴다는 의미가 아니라 그 반대로 많이 아껴서 사용한다는 뜻이다. 업무상 이동을 해야 할 때에도 기차와 비행기 이용 시 비즈니스 석을 꼭 사용하지 않고, 관용차 대신에 택시나 버스와 같은 공공 교통기관을 이용하거나 자전거를 이용하기도 한다. 이러니 네덜란드인들의 정치인에 대한 신뢰도가 높다는 것이 충분히 이해가 된다.

문화 연표

- 1568년   네덜란드 독립전쟁
- 1581년   네덜란드 연방공화국 선언
- 1602년   연합동인도회사(VOC) 설립
- 1648년   네덜란드 연방공화국의 국제적 승인
- 1815년   네덜란드 왕국
- 1830년   벨기에 왕국 독립
- 1945~1949년 인도네시아 독립전쟁, 인도네시아 공화국 탄생
- 1976년   순한 마약 합법화
- 1993년   동성 결혼 합법화

참고자료

- 단행본   토마스 다비트(노성두 옮김), 『그림 속 세상으로 뛰어든 화가 렘브란트』, 랜덤하우스중앙, 2006.
　　　　　　주경철, 『네덜란드 : 튤립의 땅. 모든 자유가 당당한 나라』, 산처럼, 2003.
　　　　　　김선영, 『물론이죠, 여기는 네덜란드입니다.』, 에이엠스토리(amStory), 2017.
　　　　　　스테파노 추피(박나래 옮김), 『베르메르 온화한 빛의 화가』, 마로니에북스, 2009.
　　　　　　로데베이크 페트람(조진서 번역), 『세계 최초의 증권거래소』, 이콘, 2016.
　　　　　　셰릴 버클랜드, 『세계문화여행 네덜란드』, 시그마북스, 2020.

김희자, 『신이 버린 땅, 인간이 빚은 나라 네덜란드』, 꼭사요, 2003.

백철현, 『암스테르담 한 달 여행자』, 테라, 2010.

노르베르트 슈나이더(정재곤 옮김), 『얀 베르메르 1632-1675 감춰진 감정』, 마로니에북스, 2005.

『작은 나라에서 잘 사는 길』, 박홍규, 휴먼비전, 2008.

• 다큐멘터리	〈유럽 속 작은 거인, 베네룩스 3국 1부 네덜란드〉, EBS 세계테마여행, 2020.
	〈유럽의 랜드마크 기행 - 거친 땅, 아름다운 사람들 네덜란드, 벨기에〉, EBS 세계테마여행, 2020.
	〈앙트레프레너, 경제 강국의 비밀 2부 - 부자나라의 탄생〉, EBS 다큐 프라임, 2016.
	〈서양미술기행 3부 요하네스 베르메르 SPOT〉, EBS 문예특집, 2013.
	〈전통이 살아 숨쉬는 운하의 나라 네덜란드〉, KBS 걸어서 세계속으로, 2013.
• 영화	〈제독 : 미힐 드 로이테르(Admiral, Michiel de Ruyter)〉, 룰 레이네 감독, 2015.
	〈노바 젬블라(Nova Zembla)〉, 라인아웃 오를르만스 감독, 2011.
	〈진주 귀걸이를 한 소녀〉, 피터 웨버 감독, 2003.

위대한 영감의 나라

이탈리아

· 문화 키워드

로마제국, 콜로세움, 트레비 분수, 바티칸 시국, 콘클라베, 베네치아와 피렌체, 마피아
와 피조, 파스타와 피자

· 국기

일 트리콜로레(Il Tricolore, 삼색기) 1789년 프랑스 혁명 당시 사용되었던
삼색기의 영향으로 1848년에 처음 제정. 현재의 이탈리아 국기는
1948년에 제정됨.

· 개관

수도	로마
정치체제	민주 공화국
민족구성	라틴계 이탈리아인, 유대인, 프랑스 인, 오스트리아 인, 슬로베니아 등 외국인
언어	이탈리아어, 대부분 지역방언 사용, 프랑스, 독일어, 카탈루냐어까지 사용
종교	가톨릭(75%), 무교(10%), 개신교(5%), 이슬람(5%) 기타(5%)
면적	301,340㎢
인구	약 5,870만여 명(2024)
GDP	2.328조 USD(2024)
화폐	유로화

제1절 위대한 로마 제국의 후손

오늘날 서구 유럽 문화의 한 뿌리이자 위대한 로마문화를 이룩했던 로마 제국의 후손 그리고 근대문예 부흥 르네상스의 발상지로서 기독교 세계에 인간중심의 문화를 확산시켰던 위대한 역사의 나라가 이탈리아이다. 그럼에도 불구하고 이탈리아는 20세기에 들어서 2차 세계대전을 발발시킨 추축국으로써 세계 평화를 위협하였던 부정적 역사를 지니는 나라이기도 하다. 476년 서로마 제국 몰락이후 프랑크 국가로 계승되어 로마문화가 수용되었다가 9세기 말 프랑크 왕국의 분열 이후 지역마다 독립적 도시체제로 운영되었다. 그러나 나폴레옹의 침공 이후 분열된 국가체제의 한계를 절감하며 3갈래 통일운동이 전개된 결과 1861년부터 통일왕국이 출범하였고 1870년에 마침내 이탈리아 반도 통일이 완수되었다.

19세기 후반에 통일된 이탈리아는 다른 국가들에 비해 뒤늦게 산업화가 전개되었으며, 유럽의 다른 국가들처럼 제국주의 진출을 통해 아시아와 아프리카의 다수 국가들을 식민지로 삼았다. 1922년 무솔리니의 로마행진 이후 이탈리아는 파시스트 국가로 부상하며 과거 위대했던 로마 제국의 영광을 회복하기 위해 독일과 함께 2차 세계대전을 일으켰지만 패배하여 전범국가로 전락했다.

왕국이었던 이탈리아는 1946년 6월 2일 국민투표를 통해 이탈리아 공화국으로 출범하였고, 1948년 1월 1일 새로운 헌법을 공표함으로써 현대 이탈리아는 의회 민주주의 공화국 체제를 갖추었다. 이후 이탈리아는 1957년에 신생 유럽공동체(EC)의 회원국이 되었으며, 1992년 마스트리히트 조약 체결 이후 1993년 11월에 유럽 연합(EU) 의 초대 회원국이 되었다.

현대 이탈리아는 의회 민주 공화국 체제로서 7년 임기의 대통령과 고정되지 않은 임기의 수상 내각제로 운영된다. 로마의 행정구역은 20개의 레조네(regione)로 구성되며, 그중 5개는 특별 자치주이다. 20개 레조네는 다시 107개의 프로빈차(provincia)로 세분되며 그것은 다시 7,960개 꼬무네(commune)로 세분되어 운영된다. 한편 도시마다 다른 지방색을 지닌 이탈리아는 법 조항이 너무 많아 법 집행방식이 복잡하기 때문에 2010년 베를루스쿠니 내각에서는 '행정 간소화 장관직'이 신설되었고, 당시 입법 개혁 특임장관 로베르토 칼데롤리(Roberto Calderoli, 1956~현재)는 자신의 부서에서 폐기한 법 조항이 357,000건이라 주장하며 모닥불로 해당 문서들을 불태우는 퍼포먼스를 했다. 사실 심한 관료주의 때문에 관료들의 부패방지를 위해 일 처리 과정과 절차가 복잡하게 제정되었는데, 그것 때문에 사람들이 담당 공무원에게 뇌물을 주며 일을 신속하게 처리하고자 하면서 오히려 부정부패가 조장되었다.

이탈리아는 지형적으로 유럽 대륙에 가까운 북부 평야지대 즉 컨티넨탈 이탈리아와 해안으로 둘러싸인 지중해 이탈리아로 구분된다. 수도 로마를 중심으로 북부 지역은 제조업을 주요산업으로 삼고 있으며, 남부에 비교해 전문 인력이 풍부하고 경제적으로 부유하므로 생활수준이 높은 편이다. 반면 남부는 농업과 관광산업이 주요산업이므로 북부에 비교해 상대적으로 가난한 편이며 실업률이 높은 편이다. 그러나 남부의 노동자들은 북부 제조업에 편입되고 고용되었으므로, 남부와 북부경제는 긴밀히 연계되어 있다.

현대 로마는 사실 위대한 선조들의 유산으로 살아간다고 해도 과언이 아니다. 오늘날 이탈리아는 로마 제국의 유산은 물론 르네상스 시대 완성된 많은 건축과 예술 작품들이 관광자원이 되어 세계인들을 불러들이고 있다. 역사의 도시 수도 로마에는 로마 시대 정치 현장이었던 포로 로마노(Foro Romano), 콜로세움(Collosseum)과 로마 목욕탕 그리고 스페인 계단과 광장 그리고 트레비 분수 등과 같은 관광명소들이 있다.

젊은이들에게 가장 인기 있는 관광명소 스페인 계단은 왜 로마 계단이 아니라 스페인 계단이라 이름 붙여진 것일까? 그것은 1647년 이래 지금까지 그 장소에 로마 교황청의 스페인 대사관이 있기 때문에 스페인 계단이라 명명되어 왔다. 계단의 실제 이름은 트리니타 데이 몬티(삼위일체) 계단으로서 바로 위쪽에 삼위일체 성당(Trinita dei Monti)이 위치해 있다. 그런데 스페인 계단이 유명해진 것은 1953년 주연배우 오드리 햅번(Audrey Hepburn, 1929~1993)과 그레고리 펙(Gregory Peck, 1916~2003)의 〈로마의 휴일〉 상영 덕분이었다. 이후 스페인 계단은 세계의 젊은이들이 가장 많이 찾는 장소가 되었다.

다음으로 관광객들이 많이 찾는 명소는 트레비 분수(Fontana di Trevi)이다. 로마에는 많은 분수가 조성되어 있는데, 고대 로마 공화정 말기 B.C. 1세기 무렵 로마시대에 300여 개의 분수가 있었으며, 4세기 무렵에는 천 개 이상의 분수가 조성되었다. 트레비 분수의 기원은 B.C. 1세기 아우구스투스 황제 시절에 황제의 사위 아그리파(Marcus V. Agrippa, B.C. 62~B.C. 12)가 전쟁에서 승리하여 로마로 귀환하던 중 군인들이 목말라 하는 것을 보고 주변의 샘을 찾아 갈증을 해소하게 되었던 이후 그 샘을 '처녀의 샘'으로 지칭했는데, 당시 그 샘의 물맛을 잊지 못했던 아그리파 장군이 로마시민들에게 맛보도록 하기위해 샘으로부터 20여㎞ 떨어진 로마 시내로 물을 끌어오게 한 것이 바로 트레비 분수라고 한다. 초기 모습과 달리 화려한 바로크 조각상들로 장식된 트레비 분수의 현재 모습은 1762년에 조성된 것이다.

오늘날 관광객들은 트레비 분수의 아름다운 모습을 감상하고자 방문하지만, 다른 이유로는 그곳에서 분수를 등지고 동전을 한번 던지면 로마를 재방문하게 되고, 두 번째 동전을 던지면 운명적인 사랑의 짝을 만나게 되며, 세 번의 동전을 던지면 이별하게 된다는 속설을 믿고 싶은 마음으로 그곳을 찾는다.

그러나 로마를 방문하는 관광객들이 그 무엇보다 반드시 찾는 로마 제국 유산이자 인기 있는 명소는 로마의 랜드 마크인 콜로세움(Colosseum)이다. 콜로세움에서 찍은 사진은 로마여행을 가장 확실하게 인증해주는 인증샷이다. 콜로세움을 눈으로 직접 확인하는 것은 2,000년 전에 이미 5만~7만 명의 관람객을 수용할 수 있는 거대 경기장을 건축했던 기술에 대한 감탄뿐만 아니라, 긴 공사 기간 즉 10년 이상의 기간 동안 공사를 가능하게 했던 황제의 권력이 얼마나 대단한 것이었는지를 느끼게 해 준다.

콜로세움은 로마 제 5대 황제 네로(Nero, A.D. 37~68) 사망 이후, 네로의 폭정에서 해방된 로마시민들을 위무하고, 평민 출신 황제 베스파시우누스(Titus Flavius Vespasianus, A.D. 9~79)가 자신의 가문 플라비우스 가문을 기리기 위해 건축하였던 것으로 전해진다. 네로 생전에 황금 궁전을 짓기 위해 네로는 식민지 예루살렘의 유대인들에게 과도한 세금을 부과했고, 유대인들은 납세를 거부했다. 이에 로마정부의 명령으로 유대 땅에 파견되었던 로마 총독이 예루살렘 성전을 점령하자 유대인들이 반란을 일으켰으며, 그때 유대인 반란 진압을 명령받고 67년 베스파시아누스 장군이 아들과 함께 예루살렘 원정을 나가 2년에 걸쳐 전쟁한 결과 승리하였던 것이다. 그 후 폭정으로 쫓겨난 네로가 자살(68년)한 후 3명의 황제가 잇달아 피살된 이후에 베스파시아누스 장군이 로마 군인과 원로원으로부터 황제로 추대되었다. 황제 즉위 후 베스파시우스는 거대 경기장 건축에 필요한 재원을 로마시민들에게 부과하지 않고, 예루살렘 정복 후 성전에서 약탈했던 재물과 유대인 포로들을 노예로 매매한 것으로 콜로세움 재원으로 삼았다. 높이 49m, 지름 187m, 둘레 527m의 4층 구조의 지상구조는 A.D. 70년부터 10년에 걸쳐 작업한 결과 80년에 완성되었는데, 베스파시아누스 황제는 결국 콜로세움의 완성을 보지 못한 채 사망하였고 그 아들 티투스(Titus, 39~81) 황제 때 완공되었다. 지하구조는 티누스의 동생 도미티아누스(Domitinus, 51~96) 황제 때 추가로 건축되었다. 콜로세움은 검투사와 로마 군인들에 의해 로마가 정복과정에서 승리했던 전투들이 재현됨으로써 로마시민들에게 로마 제국 신민의 자긍심을 고취 시키는 무대가 되었으며, 박해받던 기독교도 처형장 그리고 로마시민들에게 오락거리를 제공하는 '서커스 정치'의 장으로 활용됨으로써 고대 로마 정부가 로마 사회의 근본적인 문제를 포장하는데 일조했다.

제2절 바티칸 시국

바티칸 시국과 콘클라베(Conclave)

가톨릭의 중심지 바티칸 시국(Vatican City State)은 로마에 위치한다. 바티칸은 지리적으로 이탈리아에 속해 있지만 사실상 이탈리아의 공권력으로부터 독립된 치외법권 지역이다. 바티칸 시국 면적 0.44㎢ 내 인구 510명(2022년 기준)을 보유한 세계에서 인구가 두 번째로 적은 독립 국가이지만 세계 모든 가톨릭 인구의 관심이 집중되는 곳이다.

754년 프랑크 왕국의 피핀 카를로만(Pipin Carloman, 771~810)으로부터 라벤나 지역을 교황령으로 기증받았으나 이탈리아가 통일되면서 1870년에 이탈리아에 강제로 합병되었다가 1929년 라테란 조약(Lateran Treaty)에 따라 현재의 위치에 건립되었다. 로마 시내 바티칸 시국은 신권을 누리는 독립국이자 치외법권 지역으로 인정되고 있다. 바티칸의 영역은 로마 북서부 바티칸 언덕과 성 베드로 성당(Basilica di San Pietro in Vaticano), 시스티나 예배당(Aedicula Sixtina), 사도의 궁전(Palazzo Apostolico, 팔라초 아포스톨리코), 바티칸 미술관(Musei Vaticani)을 포함한다.

교황은 바티칸 시국의 국가원수로서 바티칸 시국의 입법, 행정, 사법권 모두를 보유하여 직무를 수행한다. 현재는 아르헨티나 출신의 프렌치스코 교황(Papa Francesco, 1934년~현재)이 2013년 이래로 제266대 교황으로 재직 중이다. 프렌치스코 교황은 예수회 출신의 교황이다. 교황은 추기경단에 의해 선출된다. 즉 교황은 콘클라베(Conclave)라는 선거제도에 따라 80세 이하의 추기경들이 선출한다. 선출된 교황은 평상시에는 성 베드로 광장 옆에 위치한 사도궁(Palazzo Apostolico)에서 거주하며 집무를 수행하고, 외국 사절을 맞이한다.

교황 선출제도 콘클라베에 대해서 자세히 살펴보면, 교황이 사퇴를 희망할 경우 사퇴 사유를 밝힌 후 날짜를 정하여 사임할 수 있지만, 특별한 사유가 없는 한 교황은 종신직이며, 교황 선종 시에 새로운 교황이 선출된다. 콘클라

베는 13세기에 도입된 제도로서 선거권을 보유한 추기경들이 소집되어 외부와 차단된 비밀 투표장인 시스티나 예배당의 문을 잠근 채 무기명 투표로 수행된다. 회의와 투표를 통해 새로운 교황이 선출될 때까지 추기경들은 그 장소를 이탈할 수 없으며, 폐쇄된 공간에서 빵과 음료만 제공 받는다.

투표는 2/3 이상의 득표자가 나올 때까지 수행되는데, 첫날 첫 투표에서 소기의 성과를 거두지 못하면 둘째 날부터 하루에 오전 2회, 오후 2회 총 4회까지 투표를 수행한다. 그런데 둘째 날에도 셋째 날에도 2/3 득표자가 결정되지 않으면, 하루 정도 투표를 중단하고 추기경의 최연장자에 의해 투표 강화가 이뤄진다. 그럼에도 불구하고 7회 투표까지 2/3 득표자가 선출되지 않으면, 3명 이상의 후보자에 대해 최소 득표자를 제거하는 방식으로 진행된다. 마지막 2인의 후보를 두고 2/3 이상 득표자가 나올 때까지 선거함으로써 교황을 선출한다. 이 경우, 최다득표자 2인 당사자에게는 선거권이 부여되지 않는다.

투표가 완료되면 진행자에 의해 표 집계와 검표가 이루어진 후 투표용지 소각이 행해진다. 투표 이후 교황이 결정되지 않았음을 외부에 알리기 위해 사용된 투표용지를 소각할 때는 검은 연기가 오르고, 교황이 결정되면 하얀 연기를 오르게 하는데, 그 연기의 색깔은 약품처리를 통해 이루어진다. 모든 과정이 성공적으로 완료되면 투표지와 관련된 일체 기록들은 소각되고, 투표 결과 보고서는 영구 봉인되어 교황청 비밀문서 서고에 보관된다. 이러한 선거 방식 콘클라베를 통해 교황이 선출된다.

바티칸의 명작들

바티칸 성 베드로 대성당 내에는 돔을 비롯하여 성당 내 모세의 조각상이나 피에타(Pieta) 조각상들이 있으며, 베드로 성당 다음으로 사람들이 방문하는 곳은 시스티나 예배당과 사도 궁전으로서 그곳엔 르네상스 대표 예술가 미켈란젤로(Michelangelo Buonarroti Simoni, 1475~1564)와 라파엘로(Raffaello Sanzio, 1483~1520)의 천정화 등이 있다. 시스티나 예배당 내 미켈란젤로의 〈천지창조), 〈예수 그리스도의 생애〉, 〈모세 이야기〉 그리고 〈최후의 심판〉 4부작이나 사도 궁전 내 라파엘로 방의 〈아테네 학당〉과 같은 작품을 직접 관람하게 되는 사람들은 대부분 벅찬 감동과 감흥을 누리게 된다.

제3절 다양한 지방색

이탈리아는 통일되기 전 도시마다 지방색이 뚜렷하고 지역 간의 갈등이 컸던 나라이다. 476년 서로마 제국 몰락 후 9세기까지 프랑크 왕국 하에서 통일을 유지하였으나 프랑크 왕국 분열 이후 1870년 통일국가에 이르기까지 천년 이상 수십 개의 군소 도시국가로 분열되어 운영되었다. 따라서 이탈리아 지방의 역사는 서로 복속되지 않으려 각축했던 이웃 도시 간의 전쟁의 역사였다. 밖으로 프랑스와 오스트리아 등의 외세와 전쟁을 치르면서 내부 도시들끼리도 수많은 전쟁을 치르다가 1870년에 통일 민족 국가를 수립하였기 때문에 지방색이 강하게 나타난다. 그러한 이탈리아인들은 애향심은 강하지만 애국심은 약한 편으로 알려져 있다.

이탈리아는 로마를 기준으로 남부와 북부로 구분되어 지역갈등을 보이는데, 북부인과 남부인들은 외모(눈, 머리, 피부색)에도 차이가 있으며, 식사하는 시간이나 일 처리 속도에도 차이가 난다. 남부로 내려갈수록 식사 시간과 일처리 속도가 다소 느려진다고 평가된다. 북부 사람들은 남부 사람들을 게으른 족속으로 평가하며 경멸하는 경향이고, 때로는 테로니(시골뜨기)라고 조롱하기도 한다.

북부의 불만의 핵심은 이탈리아 인구의 45%에 해당하는 북부인들이 국가 세금의 70% 이상을 감당하며, 남부 사람들은 무임승차한다고 인식하기 때문이다. 반면 남부 사람들은 북부인들이 자신들의 노동력을 착취하면서, 남부인들을 무시한다고 화를 낸다. 이탈리아인들은 다른 나라에 비교해 전반적으로 다혈질의 민족으로 평가되는데, 대화 과정에서 강조하거나 부인할 때 손을 많이 사용하여 의사를 전하는 편이다.

물의 도시 베네치아

로마에서 북쪽으로 526km 떨어진 이탈리아 북동부 베네토 주(州)의 중심도시 베네치아는 영어로 베니스라고 불리는데, 그 뜻은 '베네티의 땅'이라는 즉 베네토 종족이 사는 베네티의 거점이라는 의미이다. 베네치아는 육지에서 약 4km 떨어져 바다 한가운데에 위치하기 때문에 물의 도시로 불리며, 19세기 전반까지도 베네치아로 가려면 반드시 배를 타고서 가야했다. 현재는 두 개의 다리로 연결되어 있는데, 하나는 철도용 다리로서 1846년에 오스트리아가 부설한 다리이고, 다른 하나는 2차대전 이전부터 '자유의 다리'로 불리는 자동차용 다리로서 1933년에 파시스트 정권이 다리를 세웠다.

베네치아는 26~27만여 명의 인구를 지니며 아드리아해에 둘러싸인 118개의 작은 섬들로 구성되어 있으며, 177개의 운하와 409개의 다리가 섬들 사이를 연결하고 4km 다리 하나가 도로와 육지와 섬을 연결하고 있다. 베네치아는 도시 전체가 세계로부터 몰려드는 관광객들의 마음을 사로잡는 곳으로서 전적으로 관광 수입에 의존하는 도시이다. '베네치아와 석호(Venice and its Lagoon)'는 1987년 유네스코 세계 문화유산으로 지정되었다. 그런데 베네치아는 매년 11월 이후부터 해수면이 높아지는 '아쿠아 알타(높은 물)' 현상이 자주 발생하는데, 때로는 연간 4회 이상 일어나 도시가 물에 잠긴다. 2018년 10월 28일에는 이탈리아를 강타한 폭우로 인해 베네치아 전체가 바닷물에 침수되어 유적들이 상당하게 훼손되었다. 그리하여 베네치아 당국은 방문객들로부터 방문세를 받을 수 있도록 정부에게 청원하여 2018년 12월 30일 자로 방문세 부과 승인을 받았다. 그리하여 베네치아 지방정부는 1인당 10유로(2018년 당시, 약 13,000원)의 방문세를 부과할 수 있게 되었다. 사실 베네치아는 연간 2,000만 명이나 되는 방문객(over tourism)을 맞이하고 해마다 겪는 폭우로 인해 베네치아를 관리해야 할 필요 때문에, 베네치아 당국은 베네치아에서 숙박하는 방문객들에게는 체류세를 부과한다. 베네치아의 상황 때문에 피렌체나 다른 예술 도시들은 정부로부터 방문세 부과를 승인받지 못해 많은 불만을 토로하고 있다.

베네치아는 유명한 셰익스피어(William Shakespeare, 1564~1616)의 작품 『베니스의 상인』을 비롯하여 괴테의 소설 『이탈리아 여행』 그리고 독일의 소설가 토마스 만(Thomas Mann, 1875~1955)의 소설 『베네치아에서의 죽음』의 배경이 된 도시이며, 프랑스 낭만파 시인 알프레드 뮈세(Alfred de Musser, 1810~1857)가 연상의 여인(George Sand, 1804~1876)과 사랑에 빠져 사랑의 도피처로 삼았던 곳이다. 재미있는 사실은 윌리엄 셰익스피어가 베네치아를 방문한 적이 없었으며, 단지 사업차 런던에 온 이탈리아 상인들로부터 얻은 정보를 바탕으로 작품을 썼다고 한다.

또 1차 대전 중 북이탈리아에 투입되어 참전하였던 헤밍웨이는 2차 대전 후 베네치아를 방문하여 그 곳에서 평생 잊지 못할 베네치아 여인과 사랑에 빠졌으며 그것을 계기로 그의 소설 『강 건너 숲속으로』를 탈고했다. 그 작품은 대중적 인기를 크게 얻지 못하였지만, 헤밍웨이가 1952년에 발표한 『노인과 바다』는 노벨상 수상작품이 되었다. 이 외에도 철학자 니체는 베네치아를 영감을 주는 '지상에서 유일한 장소'로 논평했고, 니체는 철학자인 자신이 베네치아에서 시인이 되었다고 농담했다.

그 외에도 루소(Jean-Jacques Rousseau, 1712~1778), 스탕달(Stendhal, 1783~1842) 헤르만 헤세(Hermann Karl Hesse, 1877~1962), 마크 트웨인(Mark Twain, 1835~1910), 존 러스킨(John Ruskin, 1819~1900) 등의 수많은 세계의 유명 작가들이 베네치아를 방문한 후 자신들의 작품 속에서 베네치아를 다시 그려냈다. 헤밍웨이는 베네치아 방문 전에 존 러스킨의 작품 『베네치아의 돌』을 먼저 읽어보도록 추천까지 했다. 이 외에도 찰스 디킨스, 알베르트 뒤러, 바이런 경, 몽테뉴, 모차르트, 리처드 바그너 등 셀 수 없이 많은 예술 창작인들이 베네치아를 방문하였다. 베네치아는 그들에게 다양한 방식으로 깊은 영감을 주었던 도시로 평가된다. 베네치아 바나 위 검은색의 곤돌라는 인간의 삶과 죽음을 돌아보게 한다.

세상의 다른 곳을 의미하는 알테르 문디(Alter Mundi)라고 불리우던 베네치아에서의 삶의 방식은 완전히 다른 것이었다. 즉 물 위에 떠다니며 생활하는 환상적인 곳이다. 그곳은 육지와 바다가 만나는 곳이며 동방과 서방이 만나는 곳 즉 중국으로부터 시작된 실크로드의 목적지였으며, 유럽의 물류창고로서 인도의 향료와 중국의 실크, 본차이나가 집산 되는 곳으로서 베네치아의 1층 지상 건물은 대부분 창고로 사용되었다. 베네치아는 북유럽의 문물이 모이고, 비잔틴의 물자가 모여 유럽 전역으로 보급되어갔던 곳이다. 그리하여 물자만큼 다양한 삶의 방식들을 체험한 사람들이 모여들었던 곳이 바로 베네치아였다. 유럽에서 가장 번영했던 무역도시였기 때문에 중세에 흑사병이 창궐하였던 베네치아에서 처음으로 검역을 의미하는 영어 단어 검역(Quaranteen)이 탄생했다. 즉 무역 상선이 베네치아에 입항 후 선원들이 40일간은 무조건 선박에 머물러야 했던 관행에서 40일을 의미하는 라틴어 콰란테나(quarantena)로부터 검역(Quaranteen)이라는 용어가 탄생했다. 전염병의 확산을 막기 위해 40일간의 격리를 의미하는 것으로 베네치아의 관행이 세계 관행이 되었다.

베네치아는 자연 환경적으로 육지에서 가까운 석호에서 생겨난 바다 위 도시로서 중세 롬바르족의 침입을 피하여 바다로 간 이주민들이 세운 도시이다. 즉 늪지대에 물을 빼고 흙과 돌로 메워서 만든 도시이므로 협력하지 않고서는 생존할 수 없는 공동체의 특성을 보유했다. 그리하여 육지의 다른 도시들에 비교해 분열을 경계하므로 베네치아는 협조와 자치의 성격을 지니는 공화국체제를 선택했다. 가면, 유리공예, 직물 염색과 가죽 공예의 발달로 17세기까지 비교적 호황을 누렸지만, 베네치아 당국의 세금 정책과 길드조직의 강한 통제력으로 제한을 받다가 나폴레옹 침공 때 베네치아 공화국이 무너지고 말았다. 그러한 전통이 그대로 계승된 것은 아니지만 무역을 통해 도시번영을 이루었던 베네치아 사람들은 실용적인 성향이 강하며 종교나 윤리에 얽매이지 않는 경향이었다. 오늘날 베네치아의 주요산업은 관광업을 비롯하여 다이아몬드 연마기술, 무역 그리고 조선업과 서비스 산업 분야이다.

베네치아의 대표적인 관광명소는 산마르코 광장, 성 예레미아 성당, 리알토 다리 등이 있다. 베네치아에 산타루치아라는 역(驛)이 있는데, 사실 산타루치아 (Santa Lucia)는 남부 나폴리를 상징하는 이름으로 나폴리에서 독점하였던 용어였으나, 베네치아의 역이름으로 사용된 배경에는 십자군 전쟁 때 베네치아 상인들의 행적과 관계있다. 3세기 경 이교도와의 결혼을 거부하며 동정을 서원했던 성녀 루치아는 눈을 보호해주는 시칠리아의 수호성인이었으나, 11세기 비잔틴 사람들에 의해 유해가 콘스탄티노플로 옮겨졌다가 4차 십자군 전쟁 때 베네치아 상인들이 그 유해를 훔쳐와 베네치아에 보존하게 되었고, 그 성당 자리에 기차 역사(驛舍)가 부설되면서 산타루치아 역명(驛名)이 생겼다.

꽃의 도시 피렌체(Firenze)

수도 로마로부터 273km 떨어진 이탈리아 중부 토스카나 주(州)의 중심도시 피렌체는 B.C. 1세기경 아르노 강 가에 만발하였던 꽃(라틴어 Fiore)을 본 율리우스 카이사르(Julius Caesar, B.C. 100~44)가 '꽃 피는 곳'의 의미로 플로렌티아 (Florentia)라고 명명한 것에서 비롯되었다 한다. 그것이 후대에 내려오면서 피렌체(Firenze)로 정착되었는데, 영어로는 플로렌스(Florence)로 표기된다.

서울시 면적(605.2㎢)의 1/6에 불과한 면적의 피렌체(102.4㎢), 인구 38만여 명의 피렌체에 인류의 막대한 문화유산을 보유하고 있는 곳이 바로 피렌체이다. 아르노 강을 중심으로 1km 반경 내에 대부분의 역사적 문화유산이 집중되어 있는데, 오늘날 우리가 피렌체를 방문하여 만나게 되는 문화유산은 대부분 14~16세기에 피렌체에서 시작되었던 르네상스 시대에 탄생했던 건축과 예술문화이다. 피렌체는 1982년에 유네스코 세계유산으로 선정되어 세계적인 관광지로 자리매김하였는데, 피렌체는 단순한 문화유적지가 아니라 인류문화유산으로서 그 가치를 인정받았다. 즉 피렌체는 니콜로 마키아벨리, 단테, 도나

텔로, 레오나르도 다빈치, 미켈란젤로, 보카치오, 보티첼리, 지오반니 바사리, 필리포 브루넬레스키, 페트라르카 등 오늘날 우리의 지적 세계에 영향을 끼치는 르네상스시기의 천재들이 태어나 활동함으로써 빛나는 문화유산을 남긴 곳으로 기념되는 곳이다.

르네상스 시기 메디치(Medici), 파치(Pazzi), 알비치(Albizzi) 가문의 공화체제로 시정을 운영하던 피렌체는 양모 가공업과 유통 그리고 금융업을 주요 산업으로 삼아 1300년대 초 크게 번영을 누렸다. 40여 개의 은행이 성업 중이었으며, 피렌체에서 주조된 금화 피오리노 도로(Fiorino doro)가 플로린(Florin)이라는 이름으로 유럽 전역에서 유통될 정도로 경제와 문화로 선도했다.

피렌체 전경의 상징인 붉은 색 지붕의 산타 마리아 델 피오레(Santa Maria del Fiore) 대성당과 종탑 그리고 청동 세례당, 로렌초 성당, 우피치 박물관, 시뇨리아 광장의 조각상, 다비드 조각상 등은 메디치 가문이 없었다면 우리는 오늘의 피렌체를 만날 수는 없었을 것이다. 오늘날 피렌체 전경은 메디치 가문의 위대한 로렌쪼(Lorenzo de' MedicI, 1449~1492)가 건축가 브루넬레스키(Filippo Brunelleschi, 1377~1446)와 기베르티(Lorenzo ghiberti, 1378~1455)를 비롯하여 레오나르도 다 빈치(Leonardo da Vinci, 1452~1519)와 미켈란젤로(Michelangelo Buonarroti, 1475~ 1564), 보티첼리(Sandro Botticelli, 1445~1510), 바사리(Giorgio Vasari, 1511~1574)의 활동을 지원하고 경제적으로 후원함으로써 이룬 결과이다.

현재는 화려한 보석상 거리로 변신한 아르노 강 베키오(Ponte Vecchio) 다리는 1177년 건설 당시엔 석조 다리였으나 1333년 대홍수로 유실되었다가, 1345년에 아치 구조의 다리로 보강되었다. 14세기 중엽 당시 베키오 다리는 생선 어물전, 푸줏간, 가죽 공예, 피혁 가게 거리였으므로 썩은 생선 냄새와 가죽 가공에 따른 암모니아수 냄새로 악취 나는 다리였지만 메디치 가문 코지모 1세의 지령으로 보석상의 거리로 변신하게 되었다. 이 때 강 건너 피티 궁과 베키오 궁을 잇는 회랑(공중통로)이 조성되었다.

한편 오늘날 피렌체의 명성을 높이고 있는 것은 패션산업의 명품 브랜드 구찌(Gucci)브랜드와 페라가모(Ferragamo) 기업들이다. 세계적인 불황속에서도 구찌 브랜드 창립 100주년이었던 2021년에 구찌 브랜드 매출은 97억 유로(약 110억 2000만 달러, 13조 2100억 원)의 매출을 올리며 세계 1위를 기록하였으며, 직전 년도 보다 31% 성장기록을 보여주었다. 구찌는 직원수 17,200여 명 (2019년 기준)을 보유한 기업으로 고공행진의 매출을 기록하는 것에 비교해 페라가모는(직원 수 4,000여 명) 2020년 매출은 전년 대비 약 30% 정도 하락으로 고전하고 있다고 전해진다.

피렌체에서는 주얼리 산업으로도 유명한데, 베키오 다리 위 즐비한 보석상 가에서는 주로 핸드메이드 은세공 주얼리와 피혁 제품이 유명하므로, 관광객들의 인기 쇼핑 품목이다. 또 피렌체에는 '키안티(Chianti)'라는 와인이 있는데, 키안티는 이탈리아 와인의 대명사이다. 토스카나 주 일대 피렌체와 시에나 사이의 구릉지대 키안티 클라시코(Chianti Classico) 산(産) 와인은 세계적인 명품 와인으로 인정받는다.

제4절 마피아와 피조

오늘날 세계적인 범죄조직으로 알려진 마피아의 본산지는 이탈리아 최 남단의 섬 시칠리아이다. 영화 〈대부-The Godfather〉의 배경 도시로 유명해 진 그곳이 바로 시칠리아 팔레르모이다. 마리오 푸조의 소설 『대부』를 원작으로 영화사 파라마운트 픽쳐(Paramaunt Pictures)가 제작하여 1972년에 개봉했던 영화 〈대부〉 이후 1974년과 1990년에 그 속편이 상영 되면서 〈대부〉는 대부 1, 2, 3 시리즈 연작 번호가 붙게 되었다. 영화 내용은 이탈리아 시칠리아의 코를레오네(Corleone) 가문이 미국으로 건너가 삼대에 걸쳐 정착하는 과정에서 생업으로 택했던 범죄활동 실화를 바탕으로 한 시칠리아 이민자 가문의 미국 정착기라 할 수 있다. 영화 〈대부〉 이후 시칠리아는 마피아의 본거지로 알려지게 되었다. 그리하여 마피아는 시칠리아와 나폴리의 지방색을 잘 반영하는 상징이 되었다.

　오늘날에는 마피아가 국제적으로 활동하는 범죄조직을 의미하는 일반 명사가 되었지만, 역사 속의 마피아는 다른 기원을 가진다. 마피아(Mafia)는 모든 시칠리아 사람들에게 퍼져있는 정신 상태이자 생활 철학으로서 때로는 사회에 대한 개념이나 도덕적 규약을 의미하기도 하고 때로는 특수한 감수성을 지칭하는 용어이다. 그런데 역사 속 시칠리아는 기원전 8세기부터 외세의 노략질과 착취에 시달렸으므로 무법 상태의 시칠리아에서 자신들의 토지를 지키기 위해 가족과 친지들이 애향 공동체를 만들기도 했으며, 시칠리아 부재지주들이 자신들 토지 관리를 위해 가벨로티(gabelloti)라는 소작인들 중심으로 소규모의 사병조직(mafie)을 만들어 자신들의 이권을 위해 폭력까지 행사했던 것이 바로 마피아였다. 특히 1130년 시칠리아 왕국이 수립된 이후에도 외세의 침공과 지배가 계속되자 기존의 법과 질서에 따르지 않는 집단들이 활동하였고, 그렇게 외세에 저항하며 법을 따르지 않던 그들의 활동은 오히려 마땅한 정의로운 활동으로 간주되었다. 구체적인 사례로 1282년 프랑스 앙주 가문이 시칠리아를 침입하여 지배하였을 때 시칠리아 기사들이 항거하며 앙주 가문에 대해 반란을 일으켰던 '시칠리아의 만종' 사례가 그 대표적 사례이다. 이슬람 세력과 노르만 족 그리고 독일과 프랑스와 스페인의 끊임없는 침공으로부터 지역을 사수하던 애향·애국조직이었던 마피아 조직은 시대를 내려오면서 훨씬 더 복잡한 역할을 하게 되었는데, 1860년대의 근대 이탈리아 통일 정부 출범 이후 마피아는 정치권과 재계 등과 결탁하여 부정적인 모습을 보였으므로 1875년 이후 마피아는 범죄조직 단체로 인식되었다.

　19세기 후반부터 시칠리아를 떠나 미국으로 건너갔던 이주민 가문이 1920~30년대 금주시대를 배경으로 밀주 사업 등을 통해 기업형 범죄조직으로 활동하게 되었다. 원조 시칠리아 마피아 조직이 미국 국내외로 확산되면서 마피아는 세계적인 조직으로 자리매김하였는데, 원조 시칠리아 마피아를 비롯하여 미국 특히 뉴욕과 시카고의 마피아 그리고 러시아의 레드 마피아, 멕시코 마피아, 아일랜드 계 마피아, 베트남 마피아, 유대계 마피아 등 세계적인 존재가 되었다. 특히 시칠리아 마피아 조직의 특성은 영화 대부라는 명칭에서 암시하듯이 가부장적 가족 중심주의의 특징을 보여준다. 이탈리아인들의 삶에서 가장 중요한 요소는 바로 가족이며, 고국을 떠난 이주민들에게도 모든 일의 명분은 바로 가족을 위한 것으로 표현됨으로써 가족 중심주의의 특징을 보인다.

〈대부〉 영화로 인해 시칠리아 마피아 조직 코사 노스트라(Cosa Nostra)가 유명하지만 이탈리아 국내에는 캄파니아와 나폴리를 주무대로 활동하는 마피아 카모라(Camorra)조직과 칼라브리아 지역의 마피아 은드랑게타(Ndrangheta) 그리고 풀리아 지역의 사크라 코로나 우니타(Sacra Corona Unita)와 같은 마피아 조직들이 현재에도 활동 중이다. 이들 조직들은 정치권 세력과 결탁하여 선거에 개입하거나 건설공사 수주 등 각종 이권 사업에 개입하는 범죄 활동을 한다. 특히 나폴리를 주요무대로 하는 카모라의 경우 일반 상인들에게 외부 환경으로부터 점포와 영업을 보호해 준다는 명목으로 보호세 즉 피조(Pizo)를 거두는데, 사실상 상인들이 원치 않는 강제성 상납금이었다. 피조를 내지 않으면 카모라 조직으로부터 보복 행위를 당하였기 때문에 상인들은 국가에 소득을 적게 신고하여 세금을 적게 내더라도 피조를 내야했기 때문에 피조는 상인들의 삶의 일부가 되었다. 피조로 인해 국가가 입는 피해는 상인들의 탈세로 국가 세(稅)수입에 손실이 초래되는 것이었다.

그리하여 2010년부터 나폴리에서는 피조를 거부하는 반피조 운동이 전개되었는데, 피조를 거부했던 한 상인이 마피아 조직의 방화로 점포가 전소 당하는 사건이 발생했다. 그리하여 이탈리아 정부는 범죄와의 전쟁을 선포하며 상인들과 공조하여 마피아 소탕 작전을 강화하고 있지만, 오늘날 마피아 조직은 무기밀수, 마약밀매, 심지어 난민 브로커 활동까지 하면서 채권까지 발행하며 공공연하게 은행을 통해 돈세탁하는 글로벌 범죄 조직으로 성장하고 있으므로 이탈리아 뿐 아니라 각 국마다 그 대처가 쉽지 않은 상황이다.

제5절 이탈리아 명물과 세계적 명품 브랜드

시에스타(Siesta)

우리가 이탈리아를 여행할 때 만나게 되는 시에스타(Siesta, 낮잠 문화)는 실제로는 이탈리아 고유의 문화가 아니라 스페인과 라틴아메리카 그리고 지중해 연안의 기후가 높은 지역들에서 행해지는 공통의 관습이다. 스페인 단어 시에스타의 기원은 라틴어 호라 섹스타(Hora sexta)에서 비롯된 것으로서, 그 의미는 여섯 번째 시간을 의미한다. 스페인에서는 동틀녘인 오전 6시로부터 1시간씩 경과되어 여섯 시간이 지난 정오 12시 즈음이 바로 여섯 번째에 해당하는 시간으로서, 그 시간 점심 식사 후 한 낮의 뜨거운 태양을 피하여 일의 능률을 위해서 2~3시간 정도 낮잠을 즐기며 휴식을 취하는 것이 시에스타이다.

그런데 시에스타의 기원을 아랍 민족에게서 찾는 설명도 있다. 낙타와 말에 짐을 싣고 이동하던 유목 민족들에게 정오부터 오후 2시까지는 사막의 모래가 가장 뜨거운 시간대이며, 사람도 동물도 이동하기 쉽지 않은 시간이었으므로 그 시간대에 쉬었다가 이동하였던 아랍의 관례에서 시에스타가 비롯되었다는 설명이다. 스페인 남부는 실제로 8세기부터 15세기까지 이슬람 민족의 지배를 받았던 국가였으며, 스페인과 포르투갈에서 시작되었던 시에스타는 그리스와 이탈리아 그리고 스페인과 포르투갈의 지배를 받았던 라틴아메리카에서 준행되었다.

오늘날에도 시에스타는 건강한 오후 생활을 위해 인간의 생체 리듬에 부합하는 휴식의 시간으로서 사람들에 필요한 유익한 시간이라 평가하는 견해도 있지만 반대의 견해도 있다. 산업화 이전의 농경 생활이나 조용한 지중해 연안의 생활 환경에서는 시에스타 관행이 무방하지만, 자본주의 비즈니스 사업이 활발한 실내 중심의 사업 환경과 관광객들을 상대로 한 서비스에는 걸림돌이 된다는 견해가 대두되었다. 또 이탈리아로 들어온 외국계 기업의 경우(물론 외국 기업이 적응해야 할 문제) 기업 운영과정에서 시에스타 관행으로 인해 경영상의 어려움을 겪는다는 견해도 나타났기 때문에 시에스타 폐지론이 대두되었다.

시에스타를 즐기는 시간은 나라마다 다소 차이가 있지만 대체로 스페인이나 그리스 등지에서는 12시 식사 이후 1시부터 3~4시까지 혹은 2시부터 4시까지 누리는 것으로 나타난다. 시에스타를 지키는 이탈리아 지역들의 경우는 1시부터 3시 즈음까지 지키는 경향이다. 그런데 2,000년대 중반 스페인에서의 시에스타 폐지 논의가 등장하였으나 2010년대 초반까지도 수용되지 않다가 2016년 이후 로마나 북부 제조 산업 도시들에서는 점차 시에스타 관습이 폐지되는 경향이다.

파스타(Pasta)와 피자(Pizza)

로마제국 몰락 이후 수많은 도시로 분할되어 운영되었으므로 도시 각각의 지방색이 표출될 수 밖에 없는 이탈리아를 하나로 통일시키는 문화매체는 바로 이탈리아의 대표 명물 파스타(Pasta)와 피자(Pizza)이다. 파스타는 밀가루 반죽과 물 그리고 달걀을 이용해서 만드는 국수 요리로서 이탈리아인들의 매일의 식사 메뉴이다.

그럼에도 불구하고 파스타는 면의 상태 즉 건면과 생면 사용에 따라 그리고 파스타와 함께 이용하는 음식 재료와 곁들이는 소스에 따라서 1,300개 이상의 파스타 이름이 전해진다. 이탈리아 이외 세계인들은 대체로 볼로냐 스파게티, 알리오 올리오, 해물 파스타, 로제 파스타, 까르보나라 크림 파스타 등 10여 가지 내외 정도의 파스타 이름을 알 뿐이지만, 이탈리아인들에게 파스타는 1,300개 이상의 이름을 가진 요리이다. 파스타의 형태도 긴 모양, 짧은 모양, 튜브 모양, 납작한 모양, 속이 빈 모양, 속이 찬 모양 등 310여 가지 혹은 350여 가지나 존재하며 소스 또한 북부, 중부, 남부에서 다르게 즐기며 육수나 향신료 사용에서도 계피, 허브가루, 오레가노, 파슬리, 통후추, 바질, 페페론치노, 타임 등 지방마다 차이가 있으므로, 파스타는 이탈리아를 하나로 묶는 이탈리아인들의 영혼의 음식이지만 지역에 따라 사용되는 재료들과 조리 방법에 따라 매우 다양하게 나타난다.

피자의 경우 우리는 피자를 원래부터 이탈리아 음식인 것으로 알고 있다. 그런데 피자의 기원은 그리스의 피타라는 음식에서 비롯되었다는 설이 있다. 오늘날 피자와 비교하면, 빵에 허브와 기름과 치즈를 올려 먹었던 그리스 피타에 비교해 얇은 밀가루 반죽에 치즈와 꿀을 토핑하고 월계수 잎을 향신료로 사용한 로마식 피자가 현재의 피자에 조금 더 가까워 보인다.

오늘날 우리가 먹고 있는 토마토 소스가 들어간 파이는 중세부터 이탈리아 남쪽 나폴리에서 즐기던 파이에서 비롯된 것으로, 나폴리식 토마스 소스 파이에 치즈가 더해진 것은 1889년 이후라고 한다. 그것이 나폴리 피자로 불리게 되었고, 남부 나폴리 음식이 19세기 통일운동 과정에서 사람들을 먹여 살리는 구휼 음식으로서 많이 보급되면서 전국으로 확산되었다.

그런데 나폴리 이외 지역에서도 직사각형 혹은 라운드 등 파이 모양의 차이와 토핑 소스 그리고 피자 두께의 차이가 있었지만, 같은 종류의 파이가 애용되면서 피자로 통칭되었다. 역사적으로 유럽 각국마다 나름의 파이 음식을 보유하였지만, 오늘날 우리에게 알려진 피자는 이탈리아 기원의 피자가 미국의 패스트 푸드(Fastfood) 산업 발전과 유통방식을 통해 세계화된 음식이라 볼 수 있다.

세계적 명품 브랜드

세계적 명품 브랜드로 쌍벽을 이루고 있는 두 나라는 바로 이탈리아와 프랑스이다 그러나 패션과 핸드백 분야에서 더 강한 자존심을 세우는 나라는 이탈리아이다. 이탈리아 사람들의 자긍심은 바로 르네상스 시기 무역으로 번영하였던 메디치 가문의 여인들 까트린느 드 메디치와 마리 드 메디치가 프랑스에 건너가서 이탈리아 기원의 패션과 예술적 취향을 프랑스 귀족들에게 전해주었다 믿는 것에서 비롯한다. 그들은 실크 섬유나 레이스가 없던 프랑스에 메디치 여인들이 직조 장인을 프랑스로 데려감으로써 프랑스 리용 지역에서 실크 산업이 시작되었다고 한다.

세계적으로 사랑받는 이탈리아 명품 브랜드를 열거해 보면, 구찌(Gucci), 프라다(Prada), 발렌티노(Valentino) 조르지오 아르마니(Giorgio Armani), 펜디(Fendi), 페라가모(Feragamo), 베르사체(Versace), 돌체 가바나(Dolce & Gabbana), 모스키노(Moschino) 등이 있으며 이외에도 로베르트 까발리(Roberto Cavalli), 베네통(Ruchiano Benetton), 엘레세 (ellesse), 보테가 베네또(Bottega Veneta) 등의 명품 브랜드가 있다.

○ **구찌(Gucci)** : 구찌 브랜드는 피렌체에서 밀집 모자 제작을 가업으로 하는 집안에서 태어난 구찌오 구찌(Guccio Gucci, 1881~1953)가 젊은 시절 런던의 고급 호텔 사보이 호텔에서 벨보이를 하면서 상류층의 패션과 여행 가방들을 보면서 상류층의 취향을 파악하게 되었던 경험을 토대로 탄생시킨 브랜드이다. 그는 1902년 고향 피렌체로 돌아가 가죽 공방 기술을 배운 후 1921년 마흔 나이 때에 자신의 이름을 걸고 귀족들의 인기 스포츠 승마에 필요한 가죽 승마용품을 제작하여 판매하기 시작했다. 그는 말과 고삐를 연결하는 말 재갈 장식과 등자(발안장)을 컨셉으로 상품을 제작하였는데 그것이 구찌의 트레이드마크가 되었다.

구찌는 피렌체를 중심으로 판매하다가 1938년에 로마와 밀라노로 확장해 갔고 1950년대 런던, 파리, 뉴욕 등지에 해외매장을 두며 인지도를 넓혀갔다. 흥미로운 사실은 2차 대전 전시 중 전범 국가 이탈리아로 자재 수입이 제한되면서 가죽과 금속 재질이 부족했던 위기 속에 프라다 사(社)가 차선책으로 마직 섬유와 대나무를 사용하여 만들었던 핸드백이 대성공을 거두면서 패션계, 영화배우, 정계의 리더 여성들 사이에서 사랑받는 명품이 되었다. 마직(대마, 황마) 섬유 그리고 돼지가죽으로 만든 가방과 일본산 대나무를 수입하여 제작하였던 대나무 손잡이 가방(Bamboo Bag)이 대성공을 거두면서 구찌는 명성을 유지할 수 있었다. 그런데 승승장구하던 구찌 브랜드가 1953년 창립사 구찌오 구찌의 사망 이후 1980~1990년대 그 아들 3형제 간의 경영권 분쟁에 돌입하면서 그 명성과 브랜드 가치가 추락했다. 그러나 1990년대 초, 29세의 젊은 디자이너 톰 포드(Tom Ford)영입이후 변화를 변화를 추구하며 오늘의 입지에 이르렀다.

○ **프라다(Prada)** : 1913년 마리오 프라다(Mario Prada, 1958~현재)와 마르티노 프라다 형제가 창업한 브랜드 프라다는 피렌체 두오모 성당 앞 가죽 제품 판매 가게(프라텔리 프라다)로 시작하였는데, 1978년에 손녀 미우차 프라다(Miuccia Prada, 1949~현재)가 개입하였던 때 프라다 회사는 파산 위기에 직면한 상태였다. 그러나 당시 변화하고 있는 사회상을 재빠르게 파악한 미우차 프라다가 특별한 디자인의 가방을 생산하면서 회사가 부흥하기 시작했다. 당시 사회 활동을 하던 젊은 엄마들이 직장과 유치원을 오갈 때 다수의 짐가방으로 힘겨워할때 미우차는 '여성의 손을 해방시키자'라는 컨셉으로 효율성 높은 어깨에 메는 백백(Back Bag)을 선 보였다. 낙하산을 만드는 튼튼한 섬유 포코노 나일론(오늘날 프라다 천으로 불리우는 프라다의 상징 섬유)으로 제작한 것이 바로 그 어깨에 메는 백이었다. 미우차는 처음 선보이는 디자인이 여성들에게 낯설 것이라는 것까지 예상하여 멋진 스타일의 모델들에게 포코노 재질 백백(Back bag)을 메고 시뇨리아 광장이나 대표 거리를 배회하도록 하는 홍보 전략을 통해 관심을 모으고 선풍적인 인기를 얻게 되었다. 그것이 프라다 회사의 성공 비화이다.

○ **발렌티노(Valentino)** : 발렌티노 가라바니(ValentinoGaravani, 1932~현재)는 이탈리아 북부 롬바르디아 주(州) 태생으로서 프랑스 패션 스쿨에서 유학 후 피렌체로 돌아와 1960년에 패션하우스를 런칭하여 활동 중 케네디 대통령 영부인 재클린 케네디 오나시스(Jacqueline Lee Kennedy Onassis, 1929~1994)가 결혼식 때 발렌티노의 드레스를 착용함으로써 세계인의 주목을 받게 되었다.

이후 발렌티노 브랜드는 1980년대 동안 인기를 얻었는데, 발렌디노의 시그니처 스타일은 발렌티노 레드로 불리는 주홍 빛의 화려한 패션 V-Ring이 대표로그이다.

◦ **조르지오 아르마니(Giorgio Armani)** : 이탈리아 북부 피아젠차 지방 출신 조지오 아르마니(1934~현재)는 부모님의 바램 때문에 밀라노 국립 의대에 입학하였으나, 학업에 적응하지 못하고 2년 만에 학업을 포기하고, 밀라노의 한 백화점 리나센테(La Rinascente)에 들어가 윈도우 디스플레이어로 일을 시작했다. 그는 남성복 구매 담당자로 프리랜스로 활동하다가 1975년에 친구 세르지오 갈레오티(Sergio Galeotti)와 동업으로 조르조 아르마니 브랜드를 창립했다. 그는 1968년 혁명 이후 사회 분위기를 반영하여 사회로 당당하게 진출한 여성들에게 남성처럼 어깨가 강조된 빅룩 정장을 입게 하면서, 아르마니 브랜드는 당당한 여성을 상징하는 옷이 되었고, 1978년부터 1980년대 헐리우드의 수많은 영화배우들을 통해 전성기를 누렸다. 그런데 아르마니 브랜드는 1980년대 문화를 향유한 사람들에게는 여전히 명성을 지니지만, 오늘날 젊은이들에게는 인지도와 수용도에서 차이가 있다.

◦ **베르사체(Versace)** : 지오반니 베르사체(Giovanni Maria Versace, 1946~1997)가 1980년에 형과 동생과 함께 밀라노에서 창립한 브랜드이다. 베르사체는 이탈리아 남부 칼라브리아 주의 도시 레조 칼라브리아 출신으로서 자신의 고향 환경이 원색으로 가득한 꽃들의 환경이었기 때문에, 베르사체는 꽃들의 향연과 같은 원색의 패션을 추구했다. 베르사체의 심볼은 그리스 신화에 나오는 뱀의 머리 메두사로서 그리스 신화를 주제로 하고 원색의 색감을 사용한 베르사체의 패션과 액세서리들은 화려했다. 베르사체는 1997년 마이애미에서 동성애자에 의해 비극적으로 피살되었다.

이탈리아는 모피 제품과 핸드백으로 유명한 펜디(Fendi), 핸드백과 신발 등으로 유명한 살바로테 페라가모(Salbatore Ferragamo), 베르사체(Gianni Versace) 등의 명품 브랜드뿐 아니라 미처 거론하지 못한 수많은 명품 브랜드를 생산하는 나라로 고가의 부가가치 소득을 누리는 나라이다. 그리고 명품 브랜드를 소개하는 이탈리아의 대표 패션 및 액세서리 잡지인 보그 이탈리아(Vogue Italia)도 세계적인 권위를 누린다.

제6절 이탈리아의 문화적 특징

이탈리아는 서양 문화의 한 뿌리인 로마 대제국 후손이라는 자긍심을 지니며 살아간다. 이탈리아인들은 로마 제국의 후손으로서 높은 자긍심과 각별한 애정을 가지고 전통문화를 보존하고자 한다. 그들은 문화유산을 가능한 한 자연상태 그대로 보존하는 방법을 선택하지만 때로는 과거의 문화유산에 새로운 가치를 접목하여 전통문화를 새롭게 재생시키는 노력도 한다.

이탈리아 국민은 르네상스 시대에 태동하였던 인간중심주의를 바탕으로 어느 민족 어느 국가보다 인간적인 사고와 자유를 지향한다. 인간관계와 그 소통을 중요시하는 성향은 북부보다 남부지방에서 더 강하게 나타난다. 이탈리아 사람들은 자신들의 공동체에 이방인이 들어오는 것을 꺼리지만 일단 자신들의 영역에 정착한 사람들에게는 관대한 태도로 인간관계를 유지하는 경향이 있다.

문화 연표

- 1820년   결사조직 카르보나당(Carboneria) 통일운동 전개
- 1831년   마찌니-이탈리아 청년당 통일운동 전개
- 1861년   이탈리아 통일 왕국 시작
- 1870년   이탈리아 반도통일
- 1923년   무솔리니 파시스트 정권 출범
- 1937년   일본 독일과 방공협정 체결

- 1944년   무솔리니 피살
- 1946년   이탈리아 공화국 선포
- 1957년   유럽공동체(EC) 창립 회원국
- 1992년   유럽연합(EU) 초대 회원국
- 2015년   12대 대통령 취임

참고자료

- 단행본   권은중, 『볼로냐, 붉은 길에서 인문학을 만나다』, 메디치, 2021.
　　　　　　 엘레나 코스튜고비치(김희정 옮김), 『왜 이탈리아 사람들은 음식 이야기를 좋아할까?』, 랜덤하
　　　　　　 우스, 2010.
　　　　　　 정태남, 『이탈리아 도시 기행』, 21세기 북스, 2012.
　　　　　　 존 후퍼(노시재 옮김), 『이탈리아 사람들이라서 : 지나치게 매력적이고 엄청나게 혼란스러운』,
　　　　　　 마티, 2017.
　　　　　　 알베르또 몬디·이윤주, 『이탈리아의 사생활』, 틈새책방, 2017.
　　　　　　 최도성, 『일생에 한번은 이탈리아를 만나라』, 21세기 북스, 2011.

- 다큐멘터리   〈걸어서 세계 속으로 - 이탈리아 로마 편〉, KBS, 2017.
　　　　　　 〈걸어서 세계 속으로 - 이탈리아 토스카나 피렌체〉, KBS, 2014.
　　　　　　 〈걸어서 세계속으로 - 이탈리아 시칠리아 모디카 & 시라쿠사〉, KBS, 2020.

- 영화   〈메디치 더 매그니피스센트(Medici The Magnificent)〉(미드), 2018.
　　　　　　 〈베니스의 상인(Merchant of Venice)〉, 마이클 래드포드 감독, 2004.
　　　　　　 〈천사와 악마(Angels & Demons)〉, 론 하워드 감독, 2009.
　　　　　　 〈대부(Mario Puzo's The Godfather)〉, 프란시스 포드 코폴라 감독, 1972.
　　　　　　 〈대부2(Mario Puzo's The Godfather Part II)〉, 프란시스 포드 코폴라 감독, 1974.
　　　　　　 〈대부3(Mario Puzo's The Godfather Part III)〉, 프란시스 포드 코폴라 감독, 1990.

현실화된 유러피안 드림

북유럽

· 문화 키워드

　바이킹, 노르딕, 사우나, 단네브로, 옌틀로운, 탈꼬트

▌스웨덴

· 국기

스베리예 플라가(Sveriges flagga) 스웨덴의 성 에리크(Erik den helige) 국왕이 핀란드 십자군을 위해 출병할 때 푸른 하늘에서 금빛의 십자를 보았다는 전설에서 유래. 파란 바탕은 스웨덴의 푸른 하늘과 영해(領海)를, 노란 십자는 루터교회를 상징.

· 개관

수도	스톡홀름
정치체제	입헌군주제, 내각책임제
언어	스웨덴어
종교	루터교(기타 가톨릭, 이슬람교 등)
면적	450,294㎢
인구	1,035만명(스웨덴통계청, 2020)
화폐	크로나(Krona, SEK)

▎핀란드

・국기

수오멘 리푸(Suomen lippu) 청십자기(Siniristilippu)라고도 함. 파란색은 핀란드의 하늘과 많은 호수들을, 흰색은 눈에 덮인 땅을 의미.

・개관

수도	헬싱키(Helsinki)
정치체제	의원내각제형 이원집정부제
언어	핀란드어(89.33%) 및 스웨덴어(5.34%)
종교	루터교(81.7%), 정교(1.1%), 기타 종교(1.1%), 무종교(14.7%)
면적	338,424㎢(삼림 69%, 호수 10%)
인구	548만명(2015)
화폐	유로(2002년 도입)

▎노르웨이

・국기

1821년에 프레드리크 멜체르(Fredrik Meltzer)가 디자인한 것으로 노르딕 십자가에 붉은색과 파란색은 스웨덴과 덴마크 국기 색깔을 반영. 자유, 평등, 박애를 의미.

・개관

수도	오슬로(Oslo)
정치체제	입헌군주제, 내각책임제
언어	노르웨이어

종교	루터복음교
면적	386,958㎢
인구	521만 명
화폐	크로네(Kr, NOK)

제1절 북유럽의 역사

스웨덴의 역사

6세기 초 고트인이 현 스웨덴 남부의 쇼넨 지방에, 7세기 초 스비아인이 중부의 웁살라 부근에 정착하였으며, 이 두 민족이 융합하여 스웨덴인의 시조가 되었다. 9~11세기에는 이들이 중심이 되어 본격적인 해상활동에 나서게 되었으며, 이를 바이킹(또는 노르만)이라고 했다.

이 지역에서는 11세기 스탠킬 왕가 이후 스베르케르 왕가를 거쳐 13세기 중엽 폴쿵 왕가가 일어났으며, 이때 국가적 통일이 이루어져 스웨덴이라는 통일 국가를 이루었다. 1397년 덴마크 겸 노르웨이 여왕인 마르그레테는 스웨덴 왕을 폐하여 3국을 통합했다. 통합 왕권은 칼마르 동맹(同盟)이라고 부르며, 1523년까지 126년간 지속되었다. 그러나 통합왕권에 대한 스웨덴의 반항은 계속 이어졌으며, 농민군을 거느린 구스타브 바사는 마침내 덴마크 통합 왕권을 추방하고 1523년 의회의 추대를 받아 바사 왕가를 세웠다. 이에 따라 스웨덴은 독립하였으며, 이 바사 왕가시대는 스웨덴이 비약적으로 발전하였던 시기였다.

1809년 프랑스 장군 베르나도테는 칼 요한이라고 칭하면서 황태자가 되었다. 그는 1814년에 덴마크로부터 노르웨이를 얻어내고, 1818년 왕위에 올라 칼 14세가 되었으며, 현 스웨덴 왕조의 시조였다.

스웨덴에서는 20세기에 들어와서 사회주의운동이 일어났으며, 사회보장, 농업공동화 등 온건한 사회민주주의를 표방한 사회민주노동당이 최대 정당으로 발전했다.

현재 사회민주노동당은 복지국가 정책을 유지할 것을 주장하는 반면 보수당은 사회복지 예산의 감축과 경제 활성화를 주장하고 있다. 그러나 사회복지예산의 대폭 삭감을 주장하는 보수당도 증세(增稅)를 통한 경제 활성화를 주장하고 있으며 감세를 주장하지는 않는다.

핀란드의 역사

핀란드어를 사용하는 핀란드 사람은 우랄·볼가를 출발하여 에스토니아를 거쳐 8세기경 지금 핀란드에 정주한 것으로 보고 있다. 13세기 경에는 스웨덴 영토의 일부가 되었으나 어느 정도의 자치는 허용되었다. 18세기 초엽 1721년의 뉘스타트 조약에 따라 제정러시아는 핀란드 남부의 영토인 카렐리야를 탈취하고 뒤이어 1809년 핀란드 전국토를 병합했다. 러시아는 1835년에 핀란드 의회의 입법권을 정지시켰으며, 1902년에는 핀란드군을 러시아군에 편입시켰다. 한편 러시아어를 공용어로 사용하도록 식민정책을 펼치자 핀란드인 사이에는 민족주의 열기가 고조되었으며, 1917년 러시아 혁명이 발발하자 독립을 선언했다. 1918년에는 공화제를 실시하였으며, 1920년에는 러시아도 승인하여 핀란드 공화국이 성립했다.

1939년 유럽에서 제2차 세계대전이 일어나면서 독일 편에 섰던 핀란드는 소련이 독일의 침입을 예방한다는 구실로 공격을 가해오자 이에 대항하면서 소련과 전쟁(제1차 소련·핀란드 전쟁 : 겨울전쟁)을 벌였다. 그러나 전쟁에서 패배하면서 1940년 남동부 지역을 빼앗기고 휴전조약을 체결했다. 1941년 영토를 되찾기 위해 독일에 호응하여 다시 소련과 전쟁을 벌였으나 1944년 소련에 항복하면서 또 다시 추가 영토 할양이 있었으며 전쟁 배상금을 지불해야 했다.

제2차 세계대전 후 핀란드는 전쟁에서 독일 편에 섰기 때문에 생산능력과 자원의 1/10을 잃고 40만 명 이상이 집과 토지를 상실했다. 그러나 1952년까지 소련에 전쟁 배상금을 신속하게 모두 갚고 이후 연평균 5%의 경제성장을 통해 세계의 가장 앞서가는 복지국가로 올라서게 되었다.

그런데 핀란드 무역의 20%를 차지했던 소련이 1991년 붕괴하자 핀란드의 국가 경제는 파산위기에 도달했다. 그러자 1991년 선거에서 성장을 외치던 중도 우파 정권이 승리하여 집권하고 우파정권은 긴축재정과 복지예산 축소, 노사 자율협상 체제 개혁과 임금 동결 등으로 위기를 극복하고자 했다. 그러나 긴축 재정과 복지 축소에 따른 국민들의 고통이 가중되고 빈부격차가 확대되면서 경제 위기가 더욱 악화되는 결과를 빚자 1995년 총선에서 사회민주당이 재집권하게 되었다.

이때부터 핀란드는 위기 탈출을 위해 좌파와 우파의 정치적 색깔과는 상관없이 분배와 성장을 두 축으로 타협 방안을 마련했다. 과학기술에 과감하게 투자하여 성장률을 끌어올리고, 인력 구조조정보다 직종 전환을 통해 산업구조를 재편하고, 무상교육·무상의료와 60%에 이르는 높은 누진 세금을 부과했다. 그 결과 세계경제포럼(World Economic Forum)이 내는 국가경쟁력보고서에서 1위라는 화려한 성적표를 가진 국가가 되었다. 이 사회를 한 구절로 표현하면 '백만장자는 없지만 모두 잘 사는 사회'라고 할 수 있다.

노르웨이의 역사

노르웨이는 세계지도의 가장 북쪽에 있는 나라들 가운데 하나이다. 그러나 남쪽에서 불어오는 멕시코 만류 바람의 영향으로 위치에 비해 기후는 상대적으로 따뜻한 편이다. 노르웨이는 극지방이 가지는 맑은 자연환경과 중위도 지역이 가지고 있는 활동성을 모두 가진 나라이다. 국토의 1/3은 북극권에 속해 있어 1년 가운데 6개월은 해가 지지 않고 6개월은 해가 없이 살아야 한다.

노르웨이인의 조상은 노르드 인으로 8세기 말까지 소국으로 분열되어 있었다. 9세기가 되면서 통일국가가 형성되기 시작하였으며, 해외진출을 시도하기도 했다. 860년에 즉위한 하랄드 1세(Harald Fairhair) 왕이 본격적으로 정복전쟁에 나서서 872년 통일 왕국을 세웠는데, 그것이 노르웨이 왕국의 기원이다.

9세기 노르드 인들은 바이킹으로서 유럽 각 지역에 진출하였으며, 11세기 초에는 이탈리아 남부에 노르만국(國)을 건설하여 비잔틴제국을 습격하기도 했다. 10세기 이후에는 내분으로 덴마크의 지배를 받았다.

14세기 후반 덴마크 출신의 마르그레테 여왕은 덴마크, 노르웨이, 스웨덴 3국간 연합을 이루어내어 이후 연합왕국 시대가 지속되었다. 16세기 스웨덴이 독자적으로 국왕을 선출하면서 3국 연합은 와해되었으나 덴마크 왕에 의한 노르웨이 지배는 19세기까지 지속되었다.

나폴레옹 전쟁 시 덴마크와 함께 나폴레옹 진영에 속했던 노르웨이는 전쟁이 종료되면서 1814년 스웨덴에 속하게 되었다. 노르웨이는 지속적으로 독자성을 주장하여 스웨덴 왕의 군주권은 차츰 유명무실해졌다. 1905년 스웨덴은 노르웨이의 완전한 독립과 연합의 분리를 승인했다.

노르웨이는 1935년 이후 복지국가 건설을 목표로 세금 징수를 늘리고 공공사업을 확대했다. 2차 세계대전 당시 독일에 점령당하였으나 노르웨이 정부와 왕실은 영국에 망명정부를 세우고 독일에 저항했다. 2차 세계대전이 종료된 후 노르웨이는 유엔(UN)의 창설 회원국이 되었으며, 1949년에는 북대서양조약기구(NATO)에 가입했다.

노르웨이는 한국전쟁 기간에 한국에 병원선을 파견하여 의료지원을 했다. 1959년 3월 한국과 외교관계를 수립하였으며, 북한과도 수교하고 있다.

덴마크의 역사

덴마크에 대한 최초의 기록은 바이킹시대인 800년경 프랑크 왕국의 카를 대제(재위 768~814) 때 나타난다. 덴마크의 고드프레드 왕은 카를 대제의 북방 진출을 저지하고, 그의 아들 헤밍 왕은 811년 프랑크 왕국과 조약을 통해 아이더 강(江)을 경계로 삼았으며 이 경계선은 1864년까지 지속되었다.

14세기 덴마크는 노르웨이와 스웨덴을 합병하여 스칸디나비아 3국을 통합하기도 하였으나 1523년 스웨덴이 독립해 나가고 크리스티안 4세(재위 1588~

1648) 시절에는 2차에 걸친 스웨덴과의 전쟁으로 지금 스웨덴 최남단지역을 잃어버렸다.

게다가 나폴레옹 전쟁 당시 나폴레옹 편에 선 덴마크는 영국·러시아·스웨덴의 동맹국에 패배하면서 1814년 노르웨이를 스웨덴에 할양하게 되었다. 당시 덴마크를 지배했던 프레데릭 왕정은 전쟁 패배로 인해 비판의 대상이 되었으며, 1849년 프레데릭 7세의 뒤를 이어 글뤽스부르흐 가(家)의 크리스티안 9세(재위 1863~1906)가 왕위에 오르면서 입헌군주제가 시행되었다.

덴마크는 농목업과 해운업을 바탕으로 경제발전을 이룩하였으며, 20세기 초부터는 사회복지책을 점진적으로 시행하여 복지국가를 건설했다. 원래는 노르웨이령이었으나 덴마크에 속해 있던 아이슬란드는 1944년 6월 따로 독립했다.

제2절 북유럽의 복지

스웨덴의 복지정책

스웨덴의 경우 교육·의료·실업보험·연금·노인복지 등 공공 서비스 분야는 대부분 무료이다. 스웨덴이 살기 좋은 나라라는 것은 사회적 약자에 대한 태도를 보면 알 수 있다. 장애아에 대한 교육제도가 가장 잘 되어 있는 나라이다. 장애아에 대한 교육은 10년 과정의 의무교육으로 이루어진다. 장애아에게는 등하교시 택시가 제공되며, 학교시설도 장애아가 다니기에 불편함이 없도록 잘 정비되어 있다. 교육방식도 혼합교육, 소규모 분리교육 등 여러 다양한 방식을 활용하고 있다.

가장 중요한 것은 장애아에 대한 태도인데, 스웨덴의 경우 장애아에 대한 편견 자체가 낮아 장애아들이 사회생활을 유지하는데 어려움이 상대적으로 적다. 버스도 정류장에서 장애인이나 노인들이 타기 쉽게 첨단 기능을 가지고 있어 정차시 지면에 닿게 설계되어 있다. 물론 유모차를 가지고 타면 무료이다. 그래서 장애아를 가진 서구 부모들 가운데 스웨덴에 놀러왔다가 아예 스웨덴에 정착하기도 한다.

스웨덴의 복지정책은 사회민주주의의 전형적인 모습을 보여준다. 소득에 비례하여 누진과세를 부과하고 징수된 세금은 각 계층에 재분배한다는 원칙을 충실히 지키고 있다. 그런데 스웨덴이 처음부터 복지사회는 아니었다. 스웨덴의 빈민들은 생활고로 1850년부터 1920년 사이에 약 100만 명이 미국으로 이민을 갔다. 이런 차별 사회가 선진 복지국가로 거듭나게 된 것은 스웨덴 사회민주노동당(SAP)이 스웨덴 노총(LO)의 강력한 지지를 바탕으로 장기 집권함으로써 사회경제정책에 일관성과 연속성을 가져왔기 때문이다. 스웨덴은 같은 일을 하면 같은 임금을 받는 연대임금제와 이에 바탕한 완전 고용 정책을 실시함으로써 모두 잘 사는 사회가 되었다. 다만 1980년대를 지나면서 전체 노동자 대표와 전체 사용자 대표가 진행하는 중앙교섭제가 허물어지고 이를 기반으로 한 연대임금제의 근본이 흔들리면서 소득격차가 확대되는 양상을 보이고 있다.

스웨덴의 복지제도는 이미 19세기 말 경에 형성되어 20세기 초반에 본격적으로 도입되기 시작했다. 1913년 국민연금, 1931년 질병수당, 1934년 실업보험이 도입되었다. 1947년 국민기본연금법, 아동수당법이 제정되었으며, 1955년에는 전면적인 의료보험이 도입되었다. 그리하여 1960년대 말에 이르면서 복지국가의 기틀을 완성했다. 1991년 유럽의 경제위기 속에 일부 분야의 복지 수준이 이전보다 떨어지기도 하였으나 1998년 이후에는 다시 이전의 수준을 회복했다.

핀란드의 복지정책

핀란드는 걱정이 없는 나라라고 할 수 있다. 한국은 먹고사는 것이 걱정인 사회이다. 한국에서 있는 사람들은 어떻게 하면 돈을 많이 벌까를 걱정하고,

없는 사람들은 어떻게 하면 양식을 구할까를 걱정한다. 핀란드에서는 태어나서 죽을 때까지 자기가 하고 싶은 것만 하면 되는 사회이다. 그 대신 월급에서 세금이 60%에 달한다. 일종의 세금 폭탄이다. 그러나 실직하거나 퇴직하더라도 먹고 사는 데는 어려움이 없으니 인생을 즐길 수 있는 나라인 셈이다. 풍요로운 나라의 상징적 도시라고 하는 런던이나 뉴욕의 길거리에서 마주치는 구걸자나 노숙자를 보면 '풍요속의 빈곤'을 절실히 느낄 수 있다. 핀란드는 오히려 '가난 속의 풍요'를 느끼게 한다.

핀란드에서는 일단 아이가 생기면 기본 양육비는 국가가 책임을 진다. 핀란드 여자가 핀란드에서 아이를 낳고 아이가 핀란드인으로 살아가는 한 아버지가 누구인지는 중요하지 않다. 그 아이는 핀란드인으로서의 사회복지 서비스를 모두 받게 된다. 사회가 고령화 되어가는 현실에서 마냥 개방하여 이민자를 받아들이기보다 차라리 핀란드에서 태어나 핀란드 언어와 문화를 익힌 사람을 잘 관리하는 것이 더 낫다는 생각에서 나온 결과이다.

태어나서 5세까지는 매달 60만 원 정도가 양육비로 나온다. 부모가 직장을 가졌을 경우 보육원의 보육비는 거의 무료이다. 커서 학교에 다닐 정도가 되면 교육비 부담은 거의 없다. 17세 이하 자녀를 가진 가정에는 자녀수당을 지급하는데 소득 수준에 따라 지급한다. 부모들은 자녀수당을 생활비 개념으로 사용하는 것이 아니라 아이들의 생활비로 사용한다. 즉 핀란드 아이들이 비싸지는 않지만 항상 깨끗하고 단정한 옷을 입고 운동화도 단정하게 신고 있는 것도 자녀수당에서 사용하기 때문이다.

핀란드는 양심사회이다. 국가로부터 아이들의 수당이 나왔을 경우 아이들의 옷가지를 사주거나 각종 운동을 하도록 지원하는 경비로 사용한다. 게다가 잘 사는 부모도 아이들에게는 지급된 자녀수당의 범위를 지키려고 한다. 우리처럼 돈이 있는 사람이 내 자식이므로 내 돈을 가지고 좋은 옷을 사서 입히건 말건 내 마음대로 한다고 생각하지 않는다. 핀란드는 주변 사람들을 배려하지 않는 문화, 내 돈이면 내가 마음대로 할 수 있다는 문화와는 분명 이념적 지향성이 다른 사회이다. 핀란드 사회에서 돈 자랑을 별로 하지 않는 것은 소득에 따라 세금을 내므로 결과적으로 생활에 사용할 수 있는 돈이 비슷하기 때문이기도 하다.

17세 이상이 되면 직접 학생들에게 일정액의 생활비 보조가 주어진다. 학생들은 대부분 공부하면서 나머지 생활비를 직접 벌게 된다. 게다가 직접 번 돈에 대한 소득은 신고하여 세금을 거의 자발적으로 낸다. 학생 장학금에 대해서도 과세한다. 학생들은 아르바이트 수입조차 세금 내는 것을 당연하게 여긴다. 우리나라에서 과외를 하려면 교육청에 신고하고 소득을 신고해야 하는데 실제로 과외하면서 세금 내는 사람이 없으니 법 따로 현실 따로 이다. 핀란드에서는 일찍부터 세금을 내어야 한다는 의식이 확고하게 자리잡혀 있다.

대부분의 학생들은 가난하므로 수수하고 검소하게 생활한다. 옷도 한 두 벌로 1년 내내 지낸다. 직장에 나간다고는 하나 물가가 비싸고 월급도 그리 많지 않으며 그마나 세금으로 다 나가므로 생활은 그리 부유하지 않다. 옷도 캐주얼 복 몇 개가 전부이다. 그러나 부유하지는 않지만 구김이 없고 삶의 걱정이 없이 검소하게 편안하게 살고 일정한 돈을 벌면 세금으로 내는 것을 당연하게 생각하는 문화가 자리잡혀 있다.

핀란드도 빈부격차는 문제가 된다. 그러나 핀란드는 불평등 지수가 아주 낮아서 상대적으로 평등성이 높은 나라에 해당한다. 핀란드가 빈부격차 해소에 노력하는 것은 빈곤층은 아무리 노력하여도 실제로 상층부로 올라설 수 있는 기회가 없으므로 생존 수단으로 범죄를 택할 가능이 있고 그러면 사회통합은 어렵다고 보기 때문이다. 실제로 핀란드의 범죄 발생률은 다른 서구 사회에 비해 몇 백배나 낮다.

그런데 이러한 핀란드 사회의 생활이 옛날부터 그러하였던 것은 아니다. 제2차 세계대전 말까지만 하더라도 전 인구의 50% 이상이 농업에 종사하고 있었으며 상당수의 사람들이 스웨덴이나 노르웨이, 1960년대는 미국이나 캐나다로 이민을 갈 정도였다. 1960년대 본격적으로 북유럽형 사회복지제도를 시행하기 시작했다. 사회복지 재원을 국민 개개인의 세금에서 충당하고 기업들은 생산성을 향상시켜 그 부담을 분담했다. 1970년을 거쳐 1980년대부터 본격적인 완성기에 들면서 사회적인 복지책이 제대로 가동하기 시작했다.

이러한 복지책에 대해 우리나라에서 높은 세금은 근로의욕을 잃게 하고 국가 경쟁력을 떨어뜨린다고 말한다. 그러나 사회복지제도가 높은 강도로 시행되는 북유럽국가들의 최근 성장률은 오히려 다른 유럽국가보다 높다. 복지제도가 강하게 시행된다고 하여 성장률이 떨어지는 것은 아니다. 경쟁을 통해 성공하는 사람만이 질 높은 삶을 사는 방식이 아니라 모두가 비교적 쾌적한 삶을 살 수 있는 상향평준화를 이룬 것이다. 같이 잘 먹고 잘 살아야 한다는 생각이 결과적으로는 이와 같은 선진 복지국가를 만들어 내었다.

핀란드는 복지국가이면서 춥고 긴 겨울이 지속되기 때문에 술주정뱅이가 많은 나라이다. 알코올 중독은 심각한 수준이다. 게다가 청소년들은 일찍부터 독립생활을 하므로 술과 담배를 이른 나이부터 시작하고 지속된다. 국가에서 모든 것을 책임지니 상대적으로 가정에의 귀속감이 떨어져 이혼율도 높다. 노인들의 자살률이 높다. 현실이 어렵고 각박하면 어떻게든 살아남아야 한다는 의식이 있어 오래 살 것인데, 살아도 천국 죽어도 천국이니 또 다른 천국으로 가자는 의미인지도 모른다.

노르웨이의 복지제도

노르웨이는 스웨덴과 더불어 사회보장제도가 잘 갖추어진 나라이다. 사회보장제도는 '개인의 성공여부와 관계없는 생활 안정'을 슬로건으로 하고 있다. 16세 이하의 아이를 양육하는 경우 국가에서 아동지원금을 지급한다. 1946년 제정된 아동지원법은 모친에 대한 재정 지원으로, 아이 수를 기준으로 산정한다.

노르웨이는 세계에서 가장 범죄 발생률이 낮은 나라 가운데 하나이다. 평등주의 원칙에 따라 가진 자와 가지지 못한 자 사이의 간격을 줄여 그 차이가 크지 않기 때문이다. 즉 모두가 중산층인 사회라고 할 수 있다. 또한 노르웨이에서는 사회적 정의와 공정함을 중시 여기기 때문에 적어도 법 앞에서는 평등함을 누릴 수 있기 때문이다. 게다가 부유함을 과시하지 않으려는 사회적 분위기가 있어 빈부격차가 크게 눈에 띠지 않고 있다.

노르웨이에서는 소비하려는 욕망보다 소비를 줄이려는 의식이 강하다. 대학교수들은 대부분 도시락을 싸와서 먹고 출퇴근은 자전거로 한다. 학교 내에 할인식당은 있어도 학교 주위에 외식을 위한 고급 레스토랑은 없다. 개인 소비에서는 이렇게 자리고비이면서도 국내 총생산의 1%를 최빈국의 기아구제와 개발에 쓰고 있다. 서방 선진국의 경우 평균비율이 0.22%에 불과하다. 이렇게 노르웨이인들이 절약하는 것은 소비보다 저축을 장려하는 루터교의 영향과 돈 자랑을 불가능하게 하는 사회민주주의의 제도 덕분이다.

또한 노르웨이 자본주의는 목사를 주축으로 한 관료층, 소도시의 영세상인, 농민출신 중소 기업인에서 출발하였는데 이들은 사치할 형편이 없었으며, 어렵게 자본을 모아 가업을 시작하였으므로 이를 발전시키기 위해 악착같이 노력했다. 또한 각 마을의 빈민은 해당 교구의 유산자들이 의무적으로 도와주었다. 그러므로 외세와 독재정권이 결합하여 나온 제3세계의 부패한 천민적 자본주의와는 출발점에서 달랐다. 따라서 제3세계의 자본주의에서 노르웨이적 자본주의의 얼굴을 찾기는 쉽지 않으며 제3세계에서 진정한 의미의 자본주의가 형성되기에는 아직도 많은 고난과 어려움이 남아 있다.

제3절 북유럽의 교육

스웨덴의 교육

스웨덴은 GDP 대비 교육비 비중이 6.46%로서 덴마크에 이어 최고 수준을 자랑한다. 게다가 스웨덴은 이 돈을 전적으로 공교육에 지급하고 있다. 학생에게 기차는 무료이며, 버스도 할인요금을 적용해준다. 심지어 책과 노트까지 무료로 지급된다. 학교 급식은 뷔페식이며 역시 무료이다. 원하면 누구에게나 제공하는 무상교육이지만 교육의 수준과 질은 매우 높다. 의무교육기간은 7~16세까지이지만 대학교까지 모두 무상교육이다. 의무교육을 두되 그 위의 과정은 개인의 자율적 선택에 따른 것이다. 외국인에게도 마찬가지로 적용된다.

대학에 들어가면 학자금수당을 지급받으며, 이것으로 부족하면 장기대출을 받을 수 있다. 고교 졸업 후 직장을 다니다가 대학에 입학하려는 경우 입학 준비 기간에는 실업 급여가 나오며 과정 중에는 학생 지원금을 받으므로 우리가 말하는 등록금 걱정은 없다. 직장을 다니면서 학업을 계속할 경우에도 직장에서는 장려금을 지급하며 모두 다 격려를 한다. 또 일찍 직장 생활을 시작할 경우 같은 나이의 웬만한 대학졸업자보다 봉급이 많으며 특히 일반기업체의 임금 수준은 대학교수보다 높다.

무상교육과 함께 스웨덴 교육의 특징은 실용교육에 있다. 중학교에는 공통 과목을 주로 배워도 고등학교에는 실용적인 프로그램을 이수하도록 하고 있다. 그래서 고등학교만 졸업해도 2~3개의 외국어를 구사할 수 있으며, 대학교육도 대부분 산업체 수요 위주로 이루어지기 때문에 졸업 후에는 바로 산업 현장으로 들어간다.

스웨덴은 초등학교부터 실용적인 외국어 교육이 이루어져 비영어권 나라 가운데 가장 영어에 능통한 나라가운데 하나이다. 실제 영어 수업 시간은 많지 않아도 잘 하는 것은 언어적 유사성도 있지만 TV를 통해 자연스럽게 영어를 습득할 수 있기 때문이다. 대부분의 외국방송은 원어방송을 원칙으로 하므로 영어를 들을 수 있는 시간이 그 만큼 길다.

대학진학률은 40% 정도에 불과한데 고등학교에 직업훈련과정이 잘 개설되어 있어 고교 졸업 후 바로 취업전선에 뛰어들기 때문이다. 중고등학교에서 배우는 과목은 전체적으로 적고 실생활에 필요한 여러 과목을 정규 수업시간에 배운다. 대학에서는 실험을 하고 프로젝트에 참여하는데 더 많은 비중을 두고 있다. 졸업도 수업 시간의 참여보다 얼마나 많은 논문을 세계적인 잡지에 실었는가에 달려 있다.

최근 스웨덴은 교육에 경쟁 개념을 도입하여 시장 방식을 도입한 기업형 학교를 열기도 했다. 그러나 학벌에 따른 차별이 별로 없는 사회 구조로 인해 사회적 저항감도 적고 한국의 특목고나 자사고가 유발하는 유형의 부작용은 아직 없다.

핀란드의 교육

핀란드에서 교육은 민족적인 결집의 기회를 가지게 하는 원동력으로 이해하고 있다. 부자이건 거지이건 아이들은 평등하게 교육의 기회가 부여되어야 한다고 생각하는 것은 교육을 사회적 통합의 장치로 이해하고 있기 때문이다.

우리는 교육에서 요즘 경쟁력을 이야기 한다. 그런데 경쟁력의 개념이 다른 나라가 핀란드다. 핀란드는 PISA(Programme for International Student Assessment, 경제협력개발기구OECD가 주관하는 국제 학업 성취도 평가)에서 항상 앞자리를 차지했다. 핀란드에서 경쟁력은 다른 사람과 겨루어서 이기는 것을 의미하는 것이 아니라 모두 함께 하여 같이 뛰어 가는 것을 의미한다. 핀란드도 1970년 초까지 수준별 학습을 하였으나 그 폐단을 인식하고 9년제 기초교육과정을 평준화시키고 대신 상향평준화를 이루어 놓았다.

우리나라는 선생님이 강의하고 학생은 그것을 메모했다가 시험을 통해 순위를 결정하는 구조이다. 그러나 핀란드에서는 학생들이 팀별로 프로젝트를 수행하여 보고서를 작성한다. 그 과정을 보면 각자가 의견을 내고 서로 대화하여 합의를 도출한 다음 이견을 좁혀나가는 형식으로 진행한다. 누가 열심히 하였는지는 학생들끼리 평가하도록 하면 어느 정도 공평한 점수 배열이 나온다. 핀란드에서 같은 공동운명체이며 함께 같이 가야할 운명이라고 생각하는 탈꼬트 정신이 가장 잘 발휘되는 것은 이 교육 분야라고 할 수 있다.

이러한 평등한 교육을 받은 아이들은 높게 되거나 낮게 되거나 간에 평등한 사회를 이루자는 집착이 강한 반면에 우리나라는 평등한 교육이라고 하지만 실제로는 불법과 탈법으로 불평등을 심화시켰기 때문에 불법과 탈법에 무감각해지고 그것을 통해서라도 이기면 그만이라는 의식을 가지고 되었다. 또한 삶의 지향성도 달라서 우리가 공부 잘 하면 의대 갈 녀석이지만 핀란드에서 공부 잘 하면 디자이너 될 녀석이다. 우리와 사고방식이나 지향점이 전혀 다른 것이다.

물론 많은 인구와 좁은 국토를 가진 우리나라와 달리 핀란드는 인구가 적어 이러한 합의의 방식이 잘 적용될 수 있는 지도 모른다. 혹독한 기후 아래에서 외세의 지배를 받아 가난하게 살면서 강한 민족정신과 함께 평등의식과 동료의식을 가지게 되었다. 많은 외세의 침략을 겪은 우리가 평등의식은 가졌으나 동료의식이 부족한 것과 대비가 된다. 어릴 때부터 대화와 타협의 정신을 배웠기 때문에 문제의 해결 방식이 우리와는 달라진다. 우리는 나이가 들면 들수록 서로 말이 통하지 않게 되는 구조라면, 핀란드는 나이가 들면 들수록 서로 말이 통하는 구조라고 할 수 있다.

7세부터 17세까지는 균등한 교육기회가 주어진다. 수업에 필요한 일체 경비는 국가에서 지급된다. 인간으로서의 품위유지비인 자녀수당과 함께 국가로부터 교육비 보조가 이루어져 아이들은 큰 부담 없이 학교를 마칠 수 있게 된다.

수업에 뒤처지는 학생을 위해서는 전담특수교사를 두고 있으며, 방과 후 일대일 교육을 통해 개인교습을 해 준다. 고등학교부터는 경쟁체제를 도입하되 탈코트(talkoot : 협동) 정신을 유지하기 위해 학력이 떨어지는 학생을 위해서는 별도의 반편성은 하지 않고 방과 후 소정의 돈을 받고 보충수업을 따로 받도록 한다. 교사들은 학생 수준에 따라 다양한 교육과정을 제시하여 학생으로 하여금 선택토록 한다. 핀란드는 학교의 다양화보다 학습의 다양화를 통해 학생들의 탐구의욕을 북돋운다.

물론 핀란드가 이와 같이 교육을 시행하여도 경쟁이 격심하지 않은 것은 직종이나 학력에 따른 임금 격차가 상대적으로 적고 사회보장이 잘되어 있어 경쟁하지 않아도 어느 정도 삶의 여유를 누릴 수 있는 사회적 기초가 있기 때문이다. 따라서 핀란드 교육이 아무리 좋아도 우리 사회에 그대로 수용하기는 어려운 점이 있다. 좋은 교육은 좋은 사회라는 토양이 있어야만 나올 수 있다. 토양이 척박한데서는 아무리 좋은 산물이 나오기를 빌어도 공염불에 그칠 따름이다.

노르웨이의 교육제도

노르웨이는 영웅 전설인 바이킹의 설화를 가진 나라이지만 현실에서는 탁월한 영웅보다 오히려 사회 전체의 평등을 강조하는 나라이다. 그들의 평등관은 교육제도와 복지제도에서 잘 나타나 있다.

노르웨이의 의무교육에 대한 법제로 1969년 초중등교육법이 제정되었는데, 의무교육은 6~15세까지의 10년간으로 초등학교 7년, 중학교 3년으로 구성되어 있다. 중학교 졸업 후 학생들은 직업훈련과 대학예비교육 중에 하나를 선택한다. 고등학교까지 학교교육은 전액 무료이며, 대학교육도 무료이다.

노르웨이에서 영재를 위한 특별한 혜택은 고려하지 않는다. 학업 성취가 늦은 아이에게는 과외를 붙여 따라오도록 하지만 평균 이상의 아이들에게는 그들만이 가속도를 높여가도록 하지 않는다. 그러나 노르웨이도 교실을 경쟁이 없는 놀이마당으로 생각했던 1970년대 자유주의교육에서 차츰 벗어나 1980년대 중반부터 아이들의 교육에는 방향성과 균형이 필요하다는 각성이 일어나 지적 신체적 결손이 있는 아이들을 양육하는 것과 평균 이상인 아이들의 잠재력을 개발하는 것 사이에 차츰 균형을 모색하고 있다. 그러나 교실현장에서는 여전히 협동과 평등을 중요한 교육 목표로 삼고 있다.

특히 변하지 않는 것은 아이들에 대한 신체적인 체벌을 금지하고 있다는 것이다. 체벌 금지는 학교뿐만 아니라 가정에서도 적용된다. 부모라도 아이를 때리거나 머리를 잡아당길 수 없다. 노르웨이 사람들이 가진 폭력에 대한 반대 정서는 데모에 대한 태도에서도 볼 수 있다. 노르웨이에서 데모는 일상적인 것이며, 학생뿐만 아니라 교수, 노동자, 공무원, 경찰까지 데모를 통해 의사표현을 한다. 데모가 야간에는 횃불 행진으로 이어질 때도 있다. 많은 사람들이 가족단위로 데모에 참가하며 유치원이나 초등학교에서 아이들을 데리고 나올 때도 있다. 이러한 평화적인 시위에는 경찰이 무력을 행사하여 진압하거나 탄압하지 않는다.

제4절 북유럽의 생활문화

스웨덴의 생활문화

스웨덴에서는 고등학교만 졸업하고 정치계에 들어가 이력을 쌓은 후 국회의원이 되거나 공직자가 되는 경우가 많다. 우리처럼 어느 날 갑자기 전문가란 이름으로 스카우트되어 혼탁한 정치판에 뛰어드는 경우는 없다. 대부분 착실하게 정당 활동을 통해 정치인으로 성장한다.

스웨덴의 공직자에게 가장 중요시 되는 덕목은 정직성이다. 스웨덴의 부수상 겸 남녀평등부 장관이면서 차기 총리로 촉망받던 모나 살린은 기관의 공적인 신용카드로 개인 물품을 구입하고서 뒤에 그 돈을 채워 넣었다가 신문에 보도되면서 사임했다. 그녀는 2007년 사민당 여성 당수로 재기에 성공하기까지 12년간을 기다려야만 했다. 스웨덴에서는 지도자의 도덕성과 신뢰성을 가장 중요시한다.

스웨덴 고위 공직자 가운데 장관 개인에게는 관사 및 전용차가 지급되지 않는다. 대부분 지하철이나 버스로 출퇴근한다. 공적 업무 수행시만 관용차를 탄다. 국회의원에게는 3~4명 당 1인의 비서가 주어지기 때문에 본인이 직접 연설원고를 작성하고 보고서를 작성해야 한다. 고위공직자라고 하더라도 매우 검소하게 생활하며 평균 소득이 높아 봉급 수준이 높아도 세금을 떼고 나면 우리나라 일반 직장인보다 실수입은 오히려 적다.

그런데 우리나라 직장인이 이들 고위 공직자에 비해 돈을 많이 번다고 하여 잘 산다고는 할 수 없다. 세금은 많지만 교육과 의료에 대한 부담이 전혀 없고 양육비가 보조되며 일 년에 6~8주는 휴가를 보내고 실직시 정부에서 수당이 나온다. 단순 수입액으로 비교가 되지 않는 것은 모두를 위한 사회적 안전망이 별도로 깔려 있기 때문이다.

핀란드의 생활문화

핀란드에서 돈 거래는 명확 그 자체이다. 공짜로 받는 것도 싫어하고 주는 것도 싫어한다. 기부도 별로 하지 않는 편에 속한다. 그래서 어떻게 보면 인색한 나라로 보일 수도 있다. 이는 일단 세금을 많이 내었으므로 그것으로 국가가 해결하라는 것이다. 모든 빈민구제나 대외원조는 국가가 해야 할 일이라고 생각한다. 길에 있는 노숙자나 거지에게는 동전을 주지 않지만 음악을 연주하거나 노래를 하는 사람에게는 동전을 던져준다. 세금이 높으므로 팁도 별도로 주지 않는 문화이다. 다른 나라와는 사회의 구조적 측면이 다르다는 것을 살펴볼 필요가 있다.

핀란드에서 남녀가 연애하면서 식사를 같이 하였을 때 대개 각자가 먹은 메뉴 가격을 낸다. 만약 남녀가 몇 가지 음식을 시켜서 나누어 먹었다면 절반을 부담하면서 나누어지지 않는 끝자리의 센트 정도는 남자가 낸다. 우리가 만약 이렇게 계산했다면 인정머리 없는 남자이지만, 핀란드에서는 여자가 대단히 고마워한다. 그것은 여자들이 사회적 진출을 활발히 하면서 여자들도 자신의 돈을 직접 챙기는 경우가 많기 때문이다.

그렇다고 하더라도 우리나라에서 연애하면서 여자가 돈을 번다고 하여서 너 먹은 것은 너가 내라고 할 수 있는 강심장을 가진 연애 남은 없다. 이것은 다른 말로 하면 여성의 사회적 지위가 독립적이고 경제 주체로서의 힘을 지니고 있음을 의미하며, 또한 여자들의 사회적 진출이 활발하여 여성인력이 사회 운영의 중추세력이기 때문에 가능하다. 실제로 여성이 남성보다 많은 사회이고 10명 중 9명은 일자리를 가지고 있으며 여성의 92%가 대졸 학력을 가져

오히려 남성보다 높다.

핀란드도 빈부 격차가 있고 상위 10%가 주식 이익금의 대부분을 가져갈 정도로 양극화가 심화되는 양상에 있는 것도 사실이다. 인구가 적어 생필품의 대부분은 수입에 의존하므로 가격이 비싸다. 그러나 교육비와 의료비가 무료이기 때문에 절대 생활 자체는 수준이 낮지 않다. 또 다들 옛날보다 좋아졌다고 이야기하고 있다.

소득순위가 높은 사람들의 정보는 공개원칙에 따라 1년 내내 정보를 공개하며 모든 국민은 소득과 자산변동 내역을 1년에 한 번씩 신고해야 한다. 상위 부자들의 돈이 공개되었을 때 그 액수가 많으면 폭동이 일어나야 할 것인데 자산에 비례하여 세금이 많아지고 세원관리가 철저하고 투명하므로 핀란드에서는 돈이 많다는 것이 문제가 되지 않는다. 또한 자산가들은 소득의 60%를 세금으로 내어도 세금폭탄이라고 말하지 않는다. 게다가 이들은 다른 나라의 부자들처럼 자신들만의 세계를 구축하지 않고 또 자식들도 일반 학교에서 다른 사람과 같이 어울려 성장하도록 한다. 다른 나라에서 기회만 되면 만드는 특권층만을 위한 사립학교가 없다.

핀란드는 이민족인 러시아의 지배를 받은 적이 있으므로 자국의 문화적 발전에 대한 관심이 높은 나라이다. 문화 부흥을 통해 농민이나 노동자에게 독립의식을 심어주었고 나아가 핀란드의 국가적 통합의 구심체가 되도록 했다. 척박한 환경 속에서 오늘날 문화선진국이 된 것은 정부정책과 국민들의 문화에 대한 사랑 때문일 것이다. 국민들이 문화현장을 자주 찾는 것은 학교 교육의 영향도 있다. 무상교육을 시행하면서 예술 문화 부분은 직접 박물관이나 공연장을 찾아가서 보고 오도록 한다. 공연을 직접 보면서 현장의 모습을 일찍부터 보아왔기 때문에 성인이 되어서도 직접 문화 활동에 참여하는 원동력이 되는 것이다.

삶도 돈보다 아름다움 그 자체를 추구한다. 예술을 사랑하고 디자인의 가치를 인정해준다. 그 디자인이 돈을 버는 수단으로서의 디자인이 아니라 아름답게 삶을 유지하는 수단으로서의 디자인이므로 크고 돈을 많이 들인 것을 의미하지 않는다. 풍요롭지는 않지만 집안을 나름대로 예쁘게 꾸미길 좋아한다는 의미이다.

유럽사회에서는 핀란드인들과 상담을 할 때 핀란드인이라는 이유만으로 상담에서 좀 더 높은 신뢰도를 준다. 그것은 핀란드 사회가 정직과 양심을 중시하는 사회이기 때문이다. 전철이나 지하철에서 갑자기 표 검사를 할 경우 단속되는 사람은 대부분 외국인일 정도로 본국인의 부정행위는 거의 없다. 일반 사람들도 정직과 양심을 삶의 지표로 생활화하고 있다. 이는 시민들의 양심을 믿는 신용사회이기 때문에 가능하다.

신용사회는 다른 사람이 신용이 있다 없다고 말하는 데서 이루어지는 것이 아니다. 오히려 개개인이 정직과 신용을 생활화하면 신용사회가 되는 것이다. 핀란드에서는 무인 판매대가 많고 계산이 거의 틀리지 않는다. 사람이 직접 판매하는 것보다 그 시간에 사람은 다른 일을 하고 나중에 판매액만 확인하면 된다는 것이다. 그리고 이 인건비 절약 분을 상품 생산비 절약으로 계산함으로써 생산가격을 낮추고 있는 것이다. 핀란드가 오직 선한 사람들만이 모여 사는 양심사회라서 그렇게 하는 것이 아니라 그렇게 하는 것이 훨씬 더 비용이 싸게 든다는 실용적 판단의 결과 협동과 연대의 복지국가로 간 것이다.

핀란드 사회는 남들에게서 비난과 눈총을 받지 않아야 한다는 의식이 강하다. 따라서 정직과 양심이라고 할 때는 모든 사람들이 같은 조건과 기준에서 바라보고 평가하기 때문에 상황에 따라서 혹은 다른 정파라고 하여 다른 기준을 제시하지는 않는다. 정의와 법치를 말하지만 대상에 따라 다르게 적용되곤 하는 여타 후진국과 구별된다. 예를 들면 정치인이라고 하더라도 조그마한 거짓말 혹은 부정확한 용어조차 용서하지 않는다. 핀란드 첫 여성 총리도 몇 년 전 자신이 한 조그마한 거짓말 한 마디 때문에 물러날 정도이다. 다른 나라의 경우 약간의 과장, 혹은 거짓말을 했다고 하여도 총리직에서 물러나지는 않는다. 그러나 핀란드에서는 그것이 용서되지 않는다.

돈 거래에서도 남에게 빚지는 것을 싫어하고 부정한 돈에는 손을 대지 않는다. 세계에서 가장 부패가 없는 나라 가운데 하나이며 개인 채무비율도 유럽에서 가장 낮다. 이것이 국가의 신뢰도를 높이고 결과적으로 상담할 때도 핀란드인들은 신뢰도가 높게 매겨지게 된다. 과속으로 적발되면 소득에 따라 벌금을 매기는데 만약 교통경찰에게 작년의 경우는 사업이 잘되었으나 올해는 사업이 안 되어 작년 소득의 1/2이 안된다고 하면 벌금액을 반 깎아줄 만큼 개인 간에도 신뢰도가 높은 사회이다.

핀란드 사람들은 세금도 소득에 따라 잘 낸다. 봉급자뿐만 아니라 자영업자들의 소득신고도 실제 소득과 매우 근접하여 95% 이상이 성실한 세금 납부를 한다고 알려져 있다. 세금은 무료교육과 신기술개발과 같은 연구개발에 투자하여 전 국민이 먹고 사는 방법을 개발하는데 집중하기 때문에 반감이 적다.

핀란드가 양심사회인 이유로는 기독교적 윤리정신이 제대로 뿌리를 내려 근면과 절제를 중시하기 때문이다. 그리고 적어도 세금이 평등한 사회를 위한 자금이라는 점을 의심하는 시민이 없고 실제로도 세금을 유용하는 정부가 없었다. 이와 같은 신뢰가 세금을 자발적으로 내도록 하며 이것이 복지국가의 재정적 기초가 된 것이다.

덴마크의 생활 문화

동화작가 안데르센의 나라 덴마크는 2006년 영국 신경제재단과 네덜란드 로테르담의 에라스무스 대학이 뽑은 행복지수 세계 1위의 나라다. 당시 한국은 56위였다. 사람들이 현재에 대단히 만족하면서 살고 있어 현실에 불만을 가지고 전쟁하듯이 사는 우리와는 전혀 다른 사고방식의 나라인 것이다.

덴마크 사람의 정서를 잘 보여주는 '옌틀로운'이라는 말이 있다. 1933년 악셀 산드모스라는 덴마크의 작가가 노르웨이로 이주한 후 '옌트'라는 가상의 덴마크 마을을 설정하여 작품을 썼는데 '옌틀로운'은 바로 '옌트'마을을 다스리는 법칙이다. 십계로 된 법칙의 핵심은 '너가 남보다 잘났다고 믿지 말라'는 것이다. 최근에는 덴마크 인들이 이것을 부정하고 새로운 '옌틀로운'을 주장하는데 그 내용의 핵심은 '모든 사람이 너만큼은 잘한다고 믿어야 한다'는 것이다. 어느 것이나 튀지 않으려는 덴마크 인들의 정서를 단적으로 보여주는 말이다.

덴마크의 산모들은 산전 6주부터 휴가를 얻을 수 있으며, 산후 1년간 유급 휴가를 받을 수 있다. 유급 휴가 때는 평소 월급의 80% 정도 수령하는데 이는 정부가 회사를 대신하여 지불한다. 1년 후 직장에 다시 나갈 경우 아이는 동네의 '보모'나 유아원에 맡긴다. '보모'는 자기 집에서 아이를 돌보는 사람으로, 이 사람의 월급은 구청에서 지급한다. 제도적으로 여성으로 하여금 아이를 낳아 키우고 싶도록 만들어 놓은 것이다.

덴마크에서는 3살부터 5살까지 유치원에 다니고 6살이 되면 초등학교에 입학하여 이후 9년을 다닌다. 초등학교 졸업 후 인문학교, 상업학교, 기술학교 등으로 진학한다.

덴마크 초등학교에서는 8학년에 이르기까지 시험을 쳐서 점수나 등수를 매기지 않는다. 그 이유는 아이마다 타고난 소질과 능력이 다른데 일률적인 시험으로 평가하여서는 안 되며 공부도 여러 능력 가운데 하나일 뿐이라는 것이다. 대신 선생과 학부모가 만나서 아이가 1년동안 해야 할 목표를 설정한 다음 그 달성도에 따라 평가를 한다. 그것은 학교교육의 목표를 단순한 지식의 습득이 아니라 스스로 생각하는 힘을 길러주고 자신의 능력에 따라 실천하는데 두었기 때문이다. 상급 학년을 위한 방과 후 클럽도 학업의 성취가 아니라 취미생활을 위한 활동에 주안점을 두고 있다.

항상 팀별로 문제를 해결하도록 하기 때문에 혼자 잘나서 아무리 빨리 문제를 해결해도 소용이 없다. 팀이 다 완료를 해야 하므로 잘하는 아이는 못 따라오는 아이를 끌어올려 같이 가야만 한다. 따라서 학교에서는 경쟁과 차별보다 협동과 평등을 배운다. 이 개념은 덴마크 사회가 평등한 복지국가를 이룩하는 기초가 되었다.

덴마크에서는 공부할 능력이 없으면 굳이 대학을 갈 필요가 없다. 왜냐하면

직업학교만 나와도 생활이 보장되므로 굳이 대학에서 인생을 낭비할 필요가 없는 것이다. 현실적으로는 60%에 달하는 소득세와 그 위에 25%에 달하는 부가가치세가 부과되는 누진과세가 시행되므로 의사나 변호사를 하며 아무리 돈을 많이 벌어도 결과적으로는 노동자들과 수입면에서 큰 차이가 없게 된다.

또 사람값이 비싸기 때문에 일찍 현장에 뛰어들어 전문 기술을 익힌 사람이 수입면에서 의사보다 더 나은 면도 있다. 예를 들어 전문 건축업자(벽돌공)만 하더라도 수입이나 사회적 인식면에서 의사에 못지않다. 덴마크에서는 자기 분야에서 어느 정도의 전문적인 능력을 가지고 있는가가 중요하지 대학 졸업장의 유무는 전혀 중요하지 않다. 그러니 우리처럼 본인이 가진 능력 이상을 차지하기 위해 과외하고 경쟁하여 대학에 갈 필요는 없는 것이다.

덴마크의 모든 직장인은 연간 6주의 유급 휴가를 누릴 수 있다. 대부분 덴마크 사람들은 여름휴가에 3~4주, 크리스마스 시즌에 2~3주를 사용한다. 그러면 덴마크 사람들은 언제부터 이러한 권리를 누렸을까. 1920년에는 유급 휴가가 3, 4일에 불과했으며, 1938년 2주간의 유급 휴가제를 시행했다. 1953년 3주, 1971년 4주, 1979년 5주의 유급 휴가제도가 확립되었다.

그런데 경제지표면에서는 분배정책으로 성장이 후퇴한 것이 아니라 오히려 꾸준한 성장세를 기록했다. 덴마크는 1950년대 이래 평균 성장률 2.0%를 유지하였으며, 2000년대 중반에는 오히려 3%대를 넘기는 성장세를 보여주고 있다. 2021년 현재 1인당 국민소득은 67,218달러에 달하여, 세계 최상위의 생활수준을 누리고 있다.

우리가 북유럽이라고 하면 스칸디나비아 반도 또는 그 주변의 스웨덴, 노르웨이, 덴마크, 핀란드, 아이슬란드의 노르딕 5국을 가리킨다. 그런데 이들 국가들은 일찍부터 복지정책을 시행하여 세계적인 복지 강국으로 남아 있다. 북유럽 나라들이 공통적으로 강력한 사회복지책을 펼치고 있음에도 불구하고 전 세계적인 여러 차례의 경제 위기 속에서 안정적이고 지속적인 성장을 유지하고 있으며, 오히려 분배가 성장을 이끌어 주고 있다. 그 결과 세계경제포럼의 국가경쟁력 보고서에서 핀란드, 덴마크, 노르웨이, 스웨덴이 상위권에 포진하고 있다. 따라서 분배를 강조하는 사회보장제도가 국가 경쟁력을 약화시킨다는 말은 논리적으로 신빙성이 없다.

20세기 초부터 이미 사회복지책을 지속적으로 개선시켜온 스웨덴, 1990년대 소련 붕괴 후 파산지경에 내몰렸던 핀란드, 40년 전만 하더라도 사회적 서열의식이 극심했던 덴마크와 같은 나라들이 어떻게 하여 국가 경쟁력을 회복하였는지는 우리 사회의 향후 국가발전 방향과 관련하여 중요한 지향점을 보여주고 있다.

선진국가는 의료와 교육이 보장되어 기초적 사회안전망이 구축되고 인간적인 삶을 자유롭게 누릴 수 있는 자유와 인권이 보장된 사회이다. 이러한 선진국가로 가는 방법으로 혁명에 의한 길과 제도개선에 의한 길이 있다면 북유럽국가들은 제도 개선을 통해 피를 흘리지 않고 선진복지국가에 안착한 경우라고 할 수 있다.

문화 연표

- 700년대 말   바이킹 원정
- 862년   루리크(Rurik), 노브고로드에 왕국 건설
- 911년   노르망디 공국(公國) 건설
- 1397년   스웨덴, 덴마크, 노르웨이 칼마르 동맹 결성
- 1477년   스웨덴 웁살라 대학 창설
- 1479년   덴마크 코펜하겐 대학 창립
- 1563~1570년 북유럽 7년 전쟁
- 1780년   제1회 북유럽 무장 동맹
- 1786년   스웨덴 한림원(Svenska akademien) 설립
- 1814년   덴마크 의무 교육 시작
- 1844년   덴마크 최초의 성인 고등학교 설립
- 1879년   노르웨이 입센(Ibsen), 인형의 집 발표
- 1899년   핀란드 시벨리우스(Sibelius), 핀란디아 작곡
- 1913년   스웨덴 국민 기본 연금법 제정
- 1919년   노르웨이 8시간 노동제와 주당 48시간제 확립

- 1936~1976년 스웨덴 사회 민주당 장기 집권
- 1939~1940년 핀란드 소련과 동계 전쟁
- 1952년 핀란드 대소 배상 지불 완료
- 1970년 북유럽 경제 기구(NORDEK) 설치 합의

참고자료

- 단행본 메리 힐슨(주은선·김영미 역), 『노르딕 모델 - 북유럽 복지국가의 꿈과 현실』, 삼천리, 2010.
백명정 외, 『노르웨이의 한국인들이 말하는 나는 복지국가에 산다』, 꾸리에, 2013.
김영희, 『대한민국 엄마들이 꿈꾸는 덴마크식 교육법』, 명진출판사, 2010.
리처드 D. 루이스(박미준 번역), 『미래는 핀란드에 있다』, 살림, 2008.
신필균, 『복지국가 스웨덴 - 국민의 집으로 가는 길』, 후마니타스, 2011.
닐 게이먼(박선령 번역), 『북유럽 신화』, 나무의철학, 2019.
정도상, 『북유럽의 외로운 늑대 핀란드』, 언어과학, 2011.
오연호, 『우리도 행복할 수 있을까』, 오마이북, 2014.
이병문, 『핀란드 들여다보기』, 매경출판, 2003.
파시 살베리(이은진 번역), 『핀란드의 끝없는 도전』, 푸른숲, 2016.
조돈문, 『함께 잘사는 나라 스웨덴』, 사회평론아카데미, 2019.

- 다큐멘터리 〈행복의 조건, 복지국가를 가다〉, EBS 다큐프라임, 2013.
〈복지국가 스웨덴의 비밀〉, 뉴스타파, 2013.
〈힐마 아프 클린트 : 미래를 위한 그림〉, 2019.
〈혁신로드 1부, 위기를 기회로 - 핀란드〉, MBC 다큐프라임, 2019.
〈북유럽 제대로 즐기기 5부작〉, EBS 세계테마기행, 2020.

- 영화 〈정복제 펠레〉, 빌 어거스트 감독, 1987.
〈겨울전쟁: 105일간의 전투〉, 페카 파리카 감독, 1989.
〈탈리-이한탈라 1944〉, 오케 린드만, 사카리 키르야바이넨 감독, 2007.
〈사랑하는 누군가〉, 페르닐레 피셔 크리스텐센 감독, 2014.
〈노스맨〉, 로버트 에거스 감독, 2022.

미국

- **문화 키워드**

  이민자의 나라, 총기, 수정헌법 2조, 월스트리트, 실리콘 밸리, 미 대통령 선거인단,
  승자독식

- **국기**

  성조기 50개 별은 50개 주(州) 상징. 가로 13개 줄무늬는 초기 13개
  식민주 상징.

- **개관**

수도	워싱턴 D.C.
정치체제	민주 공화국
민족구성	백인 57.8%(영국, 아일랜드, 독일, 네덜란드 기타), 히스패닉 18.7%, 흑인 12.4%, 아시아인(6%- 유대인) (2020)
언어	영어
종교	기독교(70%), 무교(23%), 유대교(1%), 이슬람교(1%), 불교(1%), 힌두교 (0.5%)
면적	9,834,000㎢
인구	약 3억 4,181만여 명(2024)
GDP	28.781조 USD(2024)
화폐	달러화($)

제1절 이민자의 나라

유럽에서 온 백인 이민자들

50개 주(州)의 연합으로 구성된 미합중국(The United States of America)은 영국의 탐험가 월터롤리(Sir Walter Raleigh, 1552~1618)가 북아메리카에 상륙하여 처녀 왕 엘리자베스 1세(Elizabth I, 1533~1603)를 기념하며 버지니아라 칭한 후 1607년에 버지니아 회사의 진출로 영국령 식민지 제임스 타운이 시작되었다. 이후 1732년 조지 3세(George III, 1738~1820)에 이르러 영국은 북아메리카 대륙 동부에 13개 주의 식민지를 보유했다. 18세기 중엽까지 북미 13개 식민주는 아프리카나 인도 등지의 영국령 식민지와 달리 본국의 강압적 지배를 받지 않고 자유와 자치를 누렸다. 그러나 1773년 보스턴 차 사건 이후 식민지민들은 자신들의 자유와 자치가 침해당했다고 생각했다. 이들이 본국에 저항하면서 1775년 렉싱턴 전투를 시작으로 독립전쟁이 발발하였고, 1781년 요크 전투를 마지막으로 식민지민이 승리했다. 이후 1783년 파리평화조약으로 신생 국가 미국이 탄생했다.

콜럼버스의 신대륙 상륙 이후 스페인의 예수회 선교사들을 비롯하여 많은 유럽인이 북미 대륙으로 건너갔다. 1620년 종교적인 자유를 찾아 신대륙 매샤추세츠 플리머스에 도착했던 메이플라워(Mayflower)호나 자신들의 식민지로 상업적 진출을 도모했던 네덜란드인들이나 1840년대 혹독한 감자 대기근을 피하여 새 땅과 새 삶을 찾아 떠난 아일랜드인들 그리고 유럽의 가혹한 반유대 정서나 나치를 피하여 피난처를 찾아갔던 유대인들과 독일인들 등 유럽인들이 다양한 이유로 북미 대륙으로 건너갔다.

그리하여 1610년경 200여 명의 백인계 유럽인들의 수가 점차 증대되어 1620년에는 2,500여 명, 1640년에는 28,000여 명, 1650년에는 51,700여 명, 1660년에는 84,800여 명에 불과했으나 1700년경에는 원주민과 식민지 이주민을 합한 인구가 275,000여 명에 달했다. 다양한 국적의 인종이 모여들었던 까닭에 영국 본국은 13개 식민 주를 특허 식민지(버지니아, 매사추세츠), 자치 식민지(코네티컷, 로드아일랜드), 영국 왕령 식민지(뉴욕, 뉴저지, 델라웨어, 메릴랜드, N.캐롤라이나, S.캐롤라이나, 조지아, 펜실바니아), 영국 왕실 직할 식민지(뉴햄프셔)로 구분하여 통치했다. 자치 식민시는 식민지 의회가 추대하는 총독이 영국 여왕의 승인을 받아서 통치했고, 다른 곳들도 영국 여왕에 의해 임명된 총독이 통치했다.

1815년 이후 후발로 건너온 이민자들은 동부의 정착지대를 넘어서 새로운 그들의 땅을 개척해야 했으므로 서쪽으로 진출해 가면서 1830~1840년대 서부 개척의 시대가 열렸으며, 캘리포니아 금맥 소식은 골드 러시(Gold Rush)를 초래하였고, 특별히 멕시코 영토였던 텍사스 지역이 미합중국의 영토로 합병되기까지 상당한 진통이 있었다. 텍사스는 원래 원주민의 땅이었으나 1519년경 스페인 탐험대가 들어오면서 스페인 식민지가 되었다. 그러나 1821년 멕시코가 스페인으로부터 이탈하면서 텍사스는 멕시코의 영토가 되었다. 19세기 초 이래 새 땅을 찾아 멕시코 영내로 유입된 앵글로계 정착민들의 수가 점차 증대되자 멕시코 당국은 불안한 마음으로 유럽 이주민의 유입을 경고했다. 그러나 토지 경작을 계약으로 멕시코에 정착했던 앵글로 이주민들이 그 땅을 떠나지 않으려 했고, 호시탐탐 멕시코 영토를 넘보던 미국 정부의 움직임으로 결국 1835년 텍사스 혁명이 발발하였고, 텍사스는 1837년 독립을 쟁취했다. 이후 1845년에 텍사스 공화국이 미합중국과의 통합에 자발적으로 서명함으로써 텍사스는 미국의 28번째 주로 편입되었다. 북서부 오리건 주(州)는 1846년에 미국에 합병되었다.

한편 신대륙에 네덜란드 이주민들이 유입된 기원은 네덜란드 서인도 회사가 1626년에 원주민 인디언으로부터 단돈 24달러(오늘날 가치)에 맨하튼을 구입하여 네덜란드 상인들의 도시로서 수도 이름을 따 뉴암스테르담을 건설했지만, 1664년 잉글랜드의 공격을 받아 패함으로써 영국에게 넘어갔으며, 요크 대공의 이름을 따 뉴욕으로 정해졌다.

오늘날 미국 인구 중 백인의 비율은 2,000년대 이전보다 약 12%나 감소한 57.8%로 조사되었는데 그 중 영국계, 독일계 다음으로 많은 백인이 아일랜드계 미국인이다. 건국 당시에 압도적으로 차지하였던 이주민들은 영국계 이주민들이었으므로, 도시 이름은 영국 왕과 왕비를 기념하거나(버지니아, 조지아, 메릴랜드), 영국 국왕의 하사품이거나(캐롤라이나), 혹은 영국 도시명이거나(캠브리지, 플리머스), 영국인 총독이나 영국인 종교인의 이름이거나(델라웨어, 펜실바니아), 고향 이름(뉴저지)과 관련되어 있다.

그러나 오늘날에는 영국계보다 독일계 미국인들의 비율이 훨씬 높게 나타난다. 2020년 조사에 따르면, 영국계 이주민은 미국 인구의 13.3%를 차지하고 있다고 하며 독일계 이주민은 2000년대 초(17%, 5,000만 명)보다 다소 줄어든 14.7%(4,640여만 명)이지만 백인 중 가장 압도적인 많은 비율을 차지하는 것으로 조사되었다. 독일 본토 인구가 8,000만여 명인데, 미국에 그 반수에 해당하는 독일 인구가 살고 있다. 독일 이주민들 역시 흉작과 기근 중에 높은 세금 징수를 피하고 종교적 자유를 찾아 미국으로 건너왔다. 45대 트럼프 대통령은 독일계 이민자 후손이다.

한편 아일랜드 이주민은 17~18세기까지 대략 25만여 명 정도였으며, 그들은 대부분 미국으로 건너갈 때 배삯을 제공받았던 대가로 일정 기간 서번트(servant)로서 노동을 제공했다가 계약 기간이 만료되면 자유 신분을 획득했던 계약 이민자들이었다. 아일랜드 이민자들은 특히 19세기 중엽 감자 대기근을 겪으면서 약 200만여 명의 아일랜드 이민자들이 미국으로 건너왔으며, 그들은 운하공사와 철도부설 분야에 종사했다. 오늘날 아일랜드계 미국인 비율은 백인 인구비율의 10.5~11%(3,640여만 명)를 차지하는 것으로 조사되었다. 특별히 아일랜드계 대통령으로서 앤드루 잭슨(Andrew Jackson, 1767~1845), 존 F. 케네디(John F. Kennedy, 1917~1963), 로널드 레이건(Ronald W. Reagan, 1911~ 2004), 버락 오바마(Barack Obama II, 1961~현재) 현 46대 대통령 조 바이든(Joseph R. Biden Jr., 1942~현재)에 이르기까지 미국 역사 속 약 23명의 대통령이 아일랜드 이주민 후손이다.

유대인들

유대인은 미국 인구 중 2.2%에 해당하는 650만 명에 불과한데 오늘날 그들은 뉴욕, 뉴저지, 플로리다, 일리노이, 캘리포니아 주(州) 등 몇 개 주에 밀집되어 있다.

최초로 미국 땅을 밟은 유대인은 1585년 오늘날 버지니아 주(州) 로아노케 (Roanoke)에 잠시 들린 적이 있는 유대인 조아킴 곤스(Joachim Gaunse)로 기록되어 있다. 1656년 7월에는 네덜란드 아시케나지 유대인 제이코브 바르심슨이 뉴암스테르담(오늘날 뉴욕)에 정착했다. 그 후 1840~1885년 기간에는 30여만 명의 독일계 유대인이 이민 왔는데, 그들 중에는 일부는 오늘날 미국 금융기업의 시조들이 되었다. 오늘날에도 금융업을 상징하는 골드만(Goldman), 삭스(Sachs), 리만(Lehman), 쿤(Kuhn) 시프(Schieff) 등이 그들이다.

19세기 후반에 3기 유대인 이민이 250만여 명이 유입되었는데, 그들은 우크라이나, 러시아, 폴란드, 루마니아 등지에서 박해를 피해 온 유대인들이었으며, 4차 이민은 2차 대전 전후로 독일, 오스트리아, 헝가리, 이탈리아, 프랑스 등지에서 건너온 유대인들이었다. 미국에 정착한 유대인들이 미국 발전에 기여했던 부분이 막대하다. 핵무기 개발에 기여했던 독일계 유대인 아이슈타인(Albert Einstein, 1879~1955)과 로버트 오펜하이머(Robert Oppenheimer, 1904~1967) 등의 예에서 보이듯이 유대인들은 과학, 기술 분야에서 크게 기여했다.

또 하버드 대학, 예일대학, 매사츄세츠 공대 등 미국의 아이비리그 명문대의 25~30%를 차지하는 학생들이 바로 유대인 학생들이다. 유대인 고유의 관습과 문화를 고수하며 학업을 마친 후 그들은 정계, 재계, 금융업계, 보석업계 등으로 진출하여 주요 요직에서 미국 사회를 움직여간다. 정계에서는 헨리 키신저 (Henry Alfred Kissinger, 1923~현재) 장관을 비롯하여 최근 트럼프 대통령의 사위 재러드 쿠슈너(Jared Kushner, 1981~현재)와 현 카멀라 해리스(Kamala Harris, 1964~

현재) 부통령 남편이 유대인이다. 또한 이스라엘 본토를 지키기 위한 미국 정책 형성에 막대한 영향을 끼치는 유대인 로비 단체로 AIPAC(American Israel Public Affairs Committee)이 있다. 정계로 진출했던 유대인들은 본토 이스라엘을 보호하는 정책에 관심이 많았으므로, 대중동 정책과 관련하여 보수정치를 지향했던 네오콘(Neocon)도 유대인으로부터 시작되었다고 본다.

한편 미국 여론을 조성하는 언론사들 뉴욕타임스(New York Times), 타임(TIME), 뉴스위크(Newsweek)를 비롯하여 ABC, CBS, NBC 방송사들을 창립한 사람들이 유대인이며, 오늘날 우리가 누리고 있는 많은 생활 용품 유명 브랜드들 즉 IT업계 컴퓨터 브랜드나 구글(Google), 리바이스(Levis), 갭(GAP) 청바지, 캘빈 클라인, 랄프로렌, 베스킨 라빈스 아이스크림, 스타벅스 커피, 던킨 도너츠 브랜드 등이 모두 유대인 창설 브랜드이다.

또 20세기 초 영화산업의 신세계를 열었던 장본인들이 유대인들이었으며, 그들이 21세기 폭스(Fox), 파라마운트(Paramount), 워너 브러더스(Warner Bros), 콜롬비아 픽처스(Columbia Pictures Industries) 등을 운영했다. 저명한 미국 영화 배우 우디 알렌(Woody Allen, 1935~현재), 가수 바브라 스트라이잰드(Barbra Joan Streisand, 1942~현재), 영화감독 스티븐 스필버그(Steven Allan Spielberg, 1946~현재), 코엔 형제(Coen brothers, 1954~현재, 1957~현재)가 유대인들로서 미국의 헐리우드 영화산업 발전에 크게 일조했다. 이처럼 유대인들은 오늘날 미국으로 발전하기까지 미국의 정치, 경제, 사회, 문화 창달에 막대한 영향을 끼쳐왔다.

흑인

미국 인구 중 흑인의 비율은 12.4~13.4% 정도이며, 오늘날 흑인들은 아프리카계, 유럽계, 인디언 계 흑인들이 모두 뒤섞인 혼혈 흑인들이다. 흑인이 최초로 미국 땅을 밟았던 때는 1619년 네덜란드 국적 선박이 버지니아 식민지에 20여 명의 흑인을 내려놓은 날로부터 시작되었다. 그런데 그 당시에는 흑인들이 노예였는지 계약 노동자였는지에 대해서는 분명하지 않으나, 대략 40여

년이 지난 즈음부터 노예제도가 법적세도로 발전된 것으로 추정된다. 버지니아 식민지 법령은 1661년까지 노예제를 인정하지 않았던 것으로 보인다.

그러나 이후 흑인은 미국에서 백인 정착민들의 노예로서 인간 이하 물적 존재로 차별대우 받았다. 1830년 미주리주 타협안으로 인해 미주리 지역을 기준으로 남부는 노예제도를 계속 실시하였고, 북부는 노예제도를 인정하지 않는 것으로 결정되었다가 1850년 헨리 클레이 타협안으로 사우스 캐롤라이나 주(州) 콜럼비아 특별 구에서 노예무역 금지법이 제정되고 캘리포니아에서도 노예제도가 금지되었으나 노예제도는 계속 국가 갈등의 요소가 되어 미국은 남북전쟁(1861~1865)까지 치르게 되었으며, 전쟁 중 노예 해방령을 통해서 흑인은 법적으로 자유인 신분을 누릴 수 있었지만, 실생활에서는 여전히 백인들로부터 차별대우를 받았다.

노예해방 150여 년이 지난 뒤 21세기 들어 마침내 최초 흑인 대통령으로서 제44대 오바마 대통령(Barack Hussein Obama Ⅱ, 1961~현재, 재임 2009~2017)이 선출되기에 이르렀다. 그럼에도 불구하고 미국 사회에는 여전히 흑백갈등이 심각하게 나타나는 경향이 있는데 45대 트럼프(Donald John Trump, 1946~현재, 재임 2017~2021) 대통령 재직 당시 경찰의 과잉 진압으로 흑인이 사망했던 사건 즉 미국 미네소타 주(州)의 아프리카계 흑인 조지 페리 플로이드가 사망했던 사건(2020.5.25.)으로 미국 사회가 떠들썩했다. 흑백의 갈등 문제는 미국이 안고 있는 미해결 과제 가운데 하나이다.

제2절 총기문화와 수정헌법 2조

미국에서는 나이 21세 이상이면 권총을 구입할 수 있으며, 18세 이상이면 장총을 구입할 수 있다. 주(州)마다 신원 조예 기간의 차이는 있으나 자격만 갖추면 누구나 자유롭게 권총을 소지할 수 있으므로 총으로 인한 사건 사고는 빈번하게 발생한다. 뉴욕이나 캘리포니아에서는 총기 규제안이 강한 편이지만, 테네시와 알래스카와 같은 곳에서는 총기 규제안이 다소 느슨하다. 2021년 통계에 따르면, 인구 100명당 121자루의 총기소지, 성인의 44%가 가정 내에 총기를 보유하는 것으로 조사되었고, 관련 사고로 2021년 1월부터 5월까지 8,100명이 총기사고를 당하였으며, 하루 평균 54명이 총기사고로 사망했다. 그리하여 미국 국민의 약 48% 사람들이 총기 소지를 문제 삼지만, 약 46%의 사람들이 총기 소유 규제안에 대해 반대하는 것으로 나타난다.

심지어 미국 도시들에서는 총기 박람회 혹은 총기 쇼(gun show)가 열리기도 한다. 가장 대표적으로 환락의 도시 라스베이거스에서는 1년에 3차례 정도 정기적으로 전시회가 열리기도 하며, 중소 도시들의 대형마트의 총기매장에서도 일반 권총이나 장총을 물론 자동소총이나 최첨단 중화기까지 사람들은 쉽게 총기를 구입할 수 있다. 소총 권총은 500달러 정도(한화 60~70만 원)에 구입 가능하며, 중고품은 더 저렴한 가격에도 구입할 수 있다.

강도, 살인, 강간, 마약범죄 관련 총기사고 발생도 문제이지만, 중고등학교나 대학 캠퍼스에서 총기사고가 발생하면서 총기 소유 문제는 대단히 심각한 문제로 부상했다. 캠퍼스 내 총기사고를 모두 거론할 수는 없지만, 몇 건의 사고를 예로 들면, 1999년 4월 미국 콜로라도 주 콜럼바인 고등학교 총기 사건으로 13명이 사망하고, 24명이 부상당하였으며, 18세 범인 두 명은 자살로 상황이 종결되었다. 2007년 4월 버지니아 공과대 학생(한국계 이민 가정)의 총기 난사로 32명이 사망하고 29명이 부상당한 사건이 발생하였는데, 이 사건은 최악의 총기사고 중 하나로 기록되었다. 이 사건 이후 다음 해 2008년 4월 클리블랜드(Cleveland) 소재 석세스 테크 고등학교(Success Tech School)에서 14세 남학생이 총기 난사를 자행했던 사건이 발생하는 등 최근까지 캠퍼스 발생 총기 사건으로는 고등학교에서 20회, 대학교에서 12회, 심지어 초등학교에서도 3회 등 약 35건의 크고 작은 총기사고가 발생한 것으로 보도되었다.

이처럼 학교 내 총기 사건이 발생할 때마다 총기규제에 대한 여론이 들끓지만, 총기규제 정책이 바뀌지 않은 이유는 총기 소지를 유지 시키려는 단체들의 로비 활동 때문이다. 대표적으로 전미 총기협회(NRA : National Rifle Association)를 들 수 있는데, 이 단체는 1871년 설립되었으며, 처음엔 스포츠나 사냥용 총기 보유를 지지하였으나, 1975년 이래 입법 로비를 위해 공화당과 연대하여 오늘날에 이르렀다. 이 단체는 약 5,500만 명의 회원을 보유하고, 연방정부 및 주 정부에 영향력을 행사하며, 심지어 연방 상하의원 선출과 대통령 선거 때 선거 자금을 지원하며 큰 영향력을 끼치고 있다. 2016년 선거에는 600억 원, 2020년 선거에는 325억 원 이상의 자금을 지원하며 총기 소유 법안이 폐지되지 않도록 로비를 하고 있다.

그렇다면 미국 국민은 어떻게 총기 보유를 합법화하였을까? 그것은 17세기부터 그들에게 허용되었다. 영국의 명예혁명 후 작성된 권리장전에서 총기보유를 합법화하였는데, 바로 그 잉글랜드에서 미국으로 건너온 이민자들은 미지의 낯선 세계로 상륙할 때 그들을 지켜줄 수 있는 수단으로 총기를 소지하였으며, 이후 자유를 침해당한 식민지민들에게 총은 독립전쟁(1775~1783)에서 영국의 정규군에게 맞설 수 있는 주요한 무기였다. 나아가 미국의 내전인 남북전쟁(1861~1865) 동안 참전했던 모든 남성이 총기를 소유하게 되었으며, 전쟁 후 집으로 살아 돌아간 병사의 손에 들려 총기는 집집마다 가정을 지키는 수단이 되었다. 남북전쟁 후 재건시대에 산업혁명이 전개되면서 총기산업은 미국의 주요한 사업이 되었으며, 이후 1차 및 2차 세계대전 동안 미국은 유럽의 전쟁에 총기 및 무기를 공급하면서 채무국 입장에서 채권국으로 급성장했다. 나아가 2차 대전 이후 세계 1대 강국으로 자리매김하는데, 미국의 군수산업이 크게 기여했던 것으로 평가된다. 오늘날 미국은 세계 도처 분쟁지역을 대상으로 세계 무기 수출의 50%를 감당하고 있으며, 우리나라도 미국으로부터 무기를 구매하는 국가에 속한다.

이처럼 미국민의 총기 소유의 합법적 근거는 바로 수정헌법 2조이다. 즉 잘 규율된 민병대는 자유로운 주(州)의 안보에 필요하므로 무기를 소지하고 휴대하는 인민의 권리는 침해될 수 없다는 것이 그 내용으로서 수정헌법 2조는 바로 총기 소유 권리 조항으로 이해된다. 수정헌법 2조는 18~19세기 이민 초기에 광활한 자연환경 속 짐승들 그리고 원주민들과 무법자들 건맨의 활동 등 치안부재 혹은 치안 불안정의 환경에서 탄생했던 조항이었으므로 21세기의 국가와 주정부가 치안을 책임지는 환경에 그대로 적용시키기 어렵고, 오히려 개인의 총기남용이 초래됨으로써 범죄 발생율과 총기 사고율을 증가시켰다. 한편 18~19세기 총기의 화력과 21세기 오늘날 총기의 화력을 비교할 때 화기의 성능이 너무 고성능이고 사건의 규모나 치명성이 막대하므로, 총기사고를 직·간접으로 경험한 국민들을 중심으로 수정헌법 2조가 폐지되어야 한다는 여론이 비등했다.

그럼에도 불구하고 실제로 미국인들은 외부위험으로부터 자신과 가정을 지키는데 총기 소지가 필요하다고 생각하는 사람들이 많다. 총기 산업체들은 그들을 상대로 판매를 도모하며, 국내외 무기판매를 촉진하기 위하여 미국 정부와 정부 각료를 상대로 끊임없이 총기 보유를 유지하도록 정치적인 로비를 하면서 총기소지 규제를 막고 있으므로 사실상 총기 소지 제한은 매우 어렵다.

제3절 월스트리트와 실리콘 밸리

월스트리트(Wallstreet)

월스트리트는 뉴욕시 맨하튼 남부에 위치한 금융가로서 세계에서 가장 영향력 있는 뉴욕 증권거래소의 소재지이다. 월가라는 명칭은 1640년대 미국 이민 초기 네덜란드 이주민들이 자신들이 정착한 곳을 뉴암스테르담(New Amsterdam)이라 지칭하며, 아메리카 원주민과 잉글랜드가 자신들의 영역으로 침공하는 것을 막기 위해 나무를 세워 벽(Wall)을 조성하였는데, 그 벽을 그들 활동의 북부 경계선으로 삼았다. 그런데 그 이후에 영국군이 들어오면서 1699년에 그 벽을 제거하였으나 사람들은 그 벽이 있는 위치를 월스트리트라고 칭하기 시작했다. 동쪽으로는 허드슨강 지류인 이스트강, 서쪽으로는 150년의 역사를 자랑하는 트리니티 성당에 이르는 500m 남짓 되는 짧은 거리이지만 이곳엔 증권거래소를 비롯해 뉴욕 연방은행, 시티뱅크, 어음 교환소, 체이스 맨해튼, 모건스탠리 등 세계적으로 유명한 금융기관들이 모였다. 그 시작은 1783년 파리조약에 의해 미국이 하나의 독립 국가로 인정된 이래 약 10여 년 뒤인 1792년에 뉴욕의 증권거래소가 생기기 시작했다. 미국의 골드러쉬와 서부 개척의 시대를 배경으로 철도부설 붐이 일면서 철도 주식 거래로 인해 주식 시장이 호황을 누렸다. 특히 1850년 영국-프랑스 사이의 해저 케이블 부설 때보다, 1866년 대서양 횡단 해저 케이블이 부설되면서 미국과 런던의 무역통신 관계가 더욱 긴밀해지자 주식 시장은 더욱 활발해졌다.

세계 도처에서 발생하는 정치, 경제 및 사회 갖가지 사건 사고 소식들이 수많은 펀드 매니저들과 딜러 혹은 브로커들을 통해 차별화된 경제적 가치로 전환되는 주식 시장은 수많은 수퍼 리치(Super-rich)가 탄생되고 또 수많은 투자 실패자들이 몰락해가는 치열한 자본주의 사회의 대명사이다.

뉴욕의 증권거래소(New York Stock Exchange)는 달러 시가 총액 기준으로 세계에서 가장 큰 거래소이나 거래소의 주가 총액은 1990년대 이후 미국의 장외주식 거래시장 나스닥(Nasdaq Stock Market, 전미 증권업자협회 자동 주식시세의 줄인 말)에게 추월당했다. 이 뉴욕 증권거래소 트레이딩 룸(trading room)이 월가 11번가에 있다. 본관은 월스트리트와 브로드 스트리트 18번가에 있다.

뉴욕 증권거래소는 구매자와 판매자가 상장된(public trading에 등록된) 기업의 주식을 거래할 수 있도록 방안을 제공하는데, 뉴욕증권거래소는 가능한 한 구매자 판매자 모두를 위한 합리적인 가격을 제공하고자 한다. 증권거래의 시작은 월요일부터 금요일까지 동부 표준시 9:30~16:00까지 거래가 이루어진다 (1985년 9월 30일 이래).

실리콘 밸리(Silicon Valley)

미국 서부 캘리포니아주 샌프란시스코 남쪽 특히 산호세(San Jose)로부터 북쪽으로 레드우드 시티(Redwood city)까지의 도시들을 포함하는 곳으로서 실리콘밸리라는 명칭은 초기에 반도체에 사용되는 실리콘(Silicon, 규소)을 생산하는 기업들이 많이 집산해 있었던 것을 배경으로 붙여진 명칭이었으나 현재는 첨단기술 산업과 IT산업을 도모하는 벤처기업들이 새로운 기술을 개발해내는 전 세계 기술 혁신의 산실을 상징하는 명칭이 되었다.

사실 실리콘 밸리의 태동을 알린 그 선구자는 미국의 개인용 컴퓨터 제조 및 판매 회사로서 세계적으로 잘 알려진 HP(Hewlett & Packard)이다. HP는 창업자 윌리엄 휼렛(William Hewlett, 1913~2001)과 데이비드 패커드(David Packard, 1912~1996) 두 사람의 스탠퍼드 대학 동창이 의기투합으로 1939년 1월에 설립한 회사이다. 차고에서 시작된 그들의 작업은 1939년 창업 이후 1950년에는 직원 146명, 1960년에는 직원 3,000명, 1970년에는 직원 16,000명으로 급성장하다가 2015년 11월에 컴퓨터와 프린터 부문을 분리하여 HP Inc와 HPE(Hewlett Packard Enterprise)라는 두 회사로 분리되었다.

캘리포니아 주(州) 정부는 역사적으로 기념할 만한 건물과 장소들을 역사적 랜드마크로 선정하는데 오늘날 그 수가 1,000개 이상에 이른다. HP가 창사 50주년을 맞던 1989년에 윌리엄과 데이비드가 창업한 차고(Garage)는 '실리콘 밸리'가 태어난 곳(Birthplace of Silicon Valley)이라는 명칭과 함께 캘리포니아 주의 역사적인 랜드마크 제 976호로 지정되었다. 또 HP는 실리콘밸리라는 지역사회에 많은 공헌을 한 것으로 알려져 있는데, 그곳에 어린이 병원도 설립하고, 해양 생물 연구 거점인 아쿠아리움도 건설하며 스탠퍼드 대학에 거액의 연구 자금도 지원했다.

실리콘밸리라는 표현은 1971년 1월 11일 〈일렉트로닉 뉴스(Electronic News)〉라는 샌타클래라 밸리의 한 주간지의 기사에서 처음 등장했다. 칼럼니스트 돈 호플러(Don Hoefler)가 3부작의 기획 기사 중 1편에 1960년대 샌타클래라 밸리에서 급성장했던 반도체 산업을 다루면서 그때 반도체의 핵심 소재인 실리콘을 거명하였고, 그러한 실리콘 반도체를 생산하는 기업이 많은 그 지역에 대한 애칭으로 실리콘 밸리라는 호칭을 사용하였던 것이 그 계기가 되었지만, 그 명칭은 돈 호플러가 처음 쓴 것이 아니라고 한다.

오늘날 그곳에는 세계적인 명성의 기업들 어도비(Adobe), 인텔, 어플라이드 머티어리얼즈(Applied Materials), 퀄컴 등의 반도체 및 IT 계통 기업들이 샌타클래라에 모여있으며 그리고 쿠퍼티노의 애플(Apple), 마운틴 뷰의 구글, 멘로파크의 페이스북 등의 인터넷 기업들이 추가되면서 실리콘밸리의 영역은 점차 확장되어 오늘날에는 샌프란시스코와 더불어 베이 에어리어(Bay Area) 지역을 통틀어 실리콘 밸리라 칭한다.

실리콘 밸리에 자리 잡은 수많은 기업은 첨단 기술혁신을 통해 세상을 변화시키려 노력하고 있으며, 전설과 신화를 이룬 성공한 그들 대표는 혁신적인 기술의 내용을 실리콘 밖의 세상 사람들과 잘 소통함으로 인해 성공을 거두었다고 볼 수 있다. 실리콘밸리에서 성공을 한 사람들의 특징은 빌 게이츠(William Henry 'Bill' Gates III, 1955~현재)나 스티브 잡스(Steven Paul 'Steve' Jobs, 1955~2011) 일론 머스크(Elon Reeve Musk, 1971~현재)처럼 자퇴 혹은 중퇴의 학력으로 보통 사람들이 생각할 수 없는 생각을 하는 천재성을 지닌 인물들이었다. 그들은 끊임없이 실패하면서도 굴복하지 않고 실패로부터 자유로웠으며, "오히려 더 잘하기 위한 실패"에 의미를 부여하며 마침내 성공을 끌어내었던 특징을 보인다.

한편 실리콘밸리에서 기술혁신으로 성공한 기업들은 바로 주식 거래 상장기업으로 월스트리트로 진출하여 기업의 가치를 인정받으며 부를 축적하게 되며, 향후 지속적인 성공 혹은 몰락에 따라 기업의 가치도 변동되므로 실리콘밸리의 기업들은 월스트리트와 긴밀한 관계가 있다.

다른 한편, 실리콘밸리 기술혁신의 산실로 스탠퍼드 대학이 거론되는데, 1세대 실리콘밸리를 대표하는 휼렛 패커드 사(社)를 비롯하여 1982년에 창업된

썬 마이크로시스템즈(Sun Microsystems) 그리고 대표 인터넷 검색 기업 야후 (Yahoo)와 구글 등 많은 실리콘 밸리 기업들이 스탠퍼드 대학에서 잉태되었다. 스탠퍼드의 대학 수업시간 중에 만든 프로그램이나 대학원생들의 실험 아이디어를 기반으로 기업이 탄생되었고 또 그렇게 탄생된 기업들이 부를 축적하여 스탠퍼드 대학 연구실을 지원하는 것으로 상부상조의 길을 걸어왔기 때문이다. 스탠퍼드 대학은 샌프란시스코의 도시 팰로앨토에 위치하였는데, 이 도시는 캘리포니아 주지사 릴런드 스탠퍼드(Amasa Leland Stanford, 1824~1893)가 스탠퍼드 대학을 설립한 후 스탠퍼드 대학을 위해 만든 도시라고 한다. 초기의 이 도시 이름은 유니버시티 파크(University Park)였다.

제4절 미국 대통령 선출방법

미국 대통령 선출의 역사는 1789년 선거인단 만장일치로 선출되었던 조지 워싱턴(George Washington, 1732~1799) 대통령을 최초 대통령으로 시작하여 현재 46대 조 바이든(Joseph Robinette Biden Jr., 1942~현재, 임기 2021.1.~2025.1.) 대통령에 이르렀다. 50개 연방 주로 구성된 미국을 통치하는 지도자를 선출하는 대통령 선거는 그 방식이 다소 복잡하다.

미국의 대통령 선거는 4년마다 실시되며, 국민이 직접 대통령을 선출하는 것이 아니라 각주의 국민이 뽑은 선거인단이 대통령을 선출하는 간접선거이다. 선거인단 수는 하원 의원(총 435명)과 상원의원(총 100명)을 합친 535명에 워싱턴 주 대표 선거인단 3명을 더한 538명이다. 대통령 후보자는 538명 중 과반수인 270표를 득표하면 대통령으로 당선된다. 이때 미국만의 독특한 표결 방식이 적용되는데, 그것은 승자독식제도(winner-takes-all)로서 주(州)의 다수 득표자가 상대가 얻은 득표수를 모두 독식하는 제도이다. 그런데 50개 주 중에서 2개 주(메인 주와 네브라스카 주)는 승자독식제도가 아닌 비례배분 방식을 채택하고 있으며, 다른 48개 주에서는 승자독식제도로 득표수를 표결한다.

　미국의 대통령 선거는 크게 민주, 공화 양당의 예비선거와 본 선거로 구분된다. 예비선거는 각 주에서 각 정당의 대통령 후보 선출을 위한 대의원(선거인단)을 뽑는 과정이다. 예비선거는 주(state)의 전통에 따라 코커스(Caucus)나 프라이머리(Primary)로 진행되는데, 코커스란 당원대회에서 정식 당원(party member)만 참석하여 각 당의 대선 후보를 선출할 대의원(선거인단)을 선출하는 과정이며, 프라이머리는 당원뿐만 아니라 비당원에게도 대의원을 선출할 투표권이 주어지는 절차이다. 선거인단은 대통령 후보가 속한 정당의 당원으로서 정규 선거인단 538명과 예비 선거인단 62명을 합하여 총 600명의 선거인단이 확보되어야 한다. 예비 선거인단은 정규 선거인단에게 불가피한 사유가 발생할 경우 대체되는 선거인단이다.

　대통령 선거가 수행되는 구체적인 일정과 절차를 살펴보면, 2~6월까지 각 당은 프라이머리 혹은 코커스를 통해 전당대회를 개최하여 대통령 후보를 선출할 대의원을 먼저 선출한다. 그 후 7~8월 중에 선출된 대의원들이 전당대회에 참석하여 대통령 후보를 선출하여, 그때 후보가 결정되면 이후부터 선거운동이 시작된다. 그리고 대통령 본 선거일은 11월 첫째 월요일이 속한 주의 화요일에 선거인단이 대통령 선거 투표에 참여하여 그 선거에서 승리한 후보자가 사실상 차기 대통령으로 결정된다. 이후 12월 둘째 주 수요일 다음에 오는 월요일에 각주 수도에 선거인단이 11월의 투표결과를 확인하는 차원에서 다시 대통령과 부통령에 대한 투표실시 후 투표함은 당일 개봉되지 않고 워싱턴에 옮겨졌다가 다음 해 1월 6일 상하원 앞에서 개표가 이루어지고 그 결과가 공표되며, 당선된 대통령과 부통령은 1월 20일에 취임하게 된다.

제5절 미국의 정신문화의 특징

21세기 여전히 수퍼 강대국의 입지를 구축하고 있는 미국을 대표하는 정신들은 미국의 건국과정 즉 1776년 7월 4일 독립을 선포한 이래 250여 년 동안의 역사발전 과정에서 함양되었다. 다양한 인종과 민족의 혼합국가인 미국의 정신들은 긍정적인 정신과 부정적 특징이 함께 배태되었는데, 긍정적인 정신으로는 먼저 자유와 독립정신을 들 수 있다. 자유와 독립정신은 18세기 중엽 종교적 자유를 찾아 대서양을 건넌 청교도들이 신대륙에 정착한 이후 자치적인 식민도시로 운영되었으나 본국의 일방적인 과세정책에 저항하면서 독립전쟁을 치르는 과정에서 함양되었다. 다양한 민족들로 구성된 신대륙 식민지민들은 국가적 위기에 직면하여 자신들의 거주지를 지키기 위해 하나의 깃발 아래 대동단결함으로써 독립을 쟁취하였는데 그 과정에서 애국심이 함양되었다. 한편 19세기 들어 미대륙 서부에서 캘리포니아 금광 발굴에 따른 골드러쉬(Gold Rush)로 인해 서부 개척이 이루어지면서 변두리 지역을 개척하는 개척정신이 함양되어 17세기에는 대서양 연안의 폭포 선을 넘고, 18세기에는 앨리게니 산맥을 넘고, 드디어 19세기 초반에 미시시피강 유역을 건너, 19세기 중엽에는 태평양 연안에 도달하였고, 19세기 후반에는 동서로부터 미시시피강과 로키산맥 중간지대까지 진출했다. 물론 개척의 이면에는 원주민들의 피의 희생이 동반되었다는 점은 간과될 수 없다.

다른 한편 미국은 원주민을 비롯하여 살길을 찾아 자발적으로 새로운 땅으로 온 이민들과 강제로 끌려 온 노예까지 포함하여 다양한 이민족으로 건설된 나라이므로 단일 민족의식은 없으나 국가적 귀속의식이 강조되었다. 따라서 미국은 국가적 귀속과 통합을 위해서 국민에게 평등하게 기회가 개방된 기회의 나라라는 이미지가 중요하였으므로 국민 상호관계에 있어서 근본적으로 모든 미국인은 평등한 가치를 지향하고자 했다. 다인종 다민족으로 이루어진 국가에서 평등을 실현시키는 수단은 바로 법적 장치였으므로 미국민들은 상이한 관습이나 제도를 뛰어넘어 법을 수호하고 법을 준수하며 엄격히 법을 집행하고자 했다. 그러나 미국민에게 무엇보다 중요한 정신은 바로 개인주의 (Individualism) 정신이다. 미국인들은 어렸을 때부터 그들 각자가 자신의 인생과 운명에 대하여 책임이 있다고 생각하며 자신의 행복과 권리를 추구하는 방향으로 교육되었다. 그리고 미국인들은 자신들의 미래가 현재보다 밝을 것이라고 기대하므로, 특별히 성공한 미국인은 시간을 철저히 관리하는 경향이 있다. 위에서 언급한 이러한 정신들은 건국 이래 함양된 미국의 긍정적인 정신이라 할 수 있다.

그러나 대표적인 민주주의 국가이자 평등지향적인 국가인 미국 사회에도 부정적인 문제들이 많이 나타나고 있다. 부정적인 문제로는 난무하는 범죄환경에서 자신들을 합법적으로 보호한다는 명분으로 총기문화가 보장되면서 해마다 수많은 총기사고와 사상자들이 발생한다는 점이 지적된다. 또 미국은 평등한 민주사회를 표방하면서 백인과 흑인에게 자유와 평등이 다르게 적용됨으로써 여전히 인종차별이 심하게 나타나고 있다. 그리고 미국은 피고용인보다 고용인의 권리가 더욱 보장됨으로써 신자유주의 경제원리가 강하게 적용됨에 따라 노동자들의 실직과 이직이 빈번하다는 문제를 안고 있다. 또 50개 주 (state)마다 다른 재정 상태로 인해 국민적인 교육 혜택마저 빈익빈 부익부의 현상을 반영한다는 점과 미국 사회가 주는 심한 스트레스로 인해 국민들 다수가 비만에 노출되는 사회문제를 안고 있다. 그럼에도 불구하고 미국은 21세기 세계 제 1의 슈퍼 강대국으로서 건재하게 자리매김하고 있다.

문화 연표

- 1620년   필그림파더스 메이플라워호 플리머스에 도착
- 1773년   보스턴 차 사건
- 1775년   렉싱턴, 콩코드 전투, 독립전쟁 발발
- 1783년   파리평화조약 조인, 미국 독립 국제적 승인

- 1861~1865년   남북전쟁
- 1917년   1차 세계대전 참전
- 1929년   대공황 발발–NewDeal 정책 착수(~1945)
- 1941년   진주만 전투, 2차 대전 참전
- 1945년   2차 대전 종전 승전국
- 1963년   존 F. 케네디 대통령 피살
- 1992년   제 42대 빌 클린턴 대통령 취임
- 2001년   제 43대 조지 워커 부시 대통령 취임
- 2009년   제 44대 오바마 대통령 취임
- 2017년   제 45대 트럼프 대통령 취임
- 2021년   제 46대 조지 바이든 대통령 취임

참고자료

- 단행본   김형인, 『미국의 정체성: 10가지 코드로 미국을 말한다』, 살림지식총서, 2003.
라윤도, 『대통령문화와 민주주의』, 좋은땅, 2021.
박수지, 『미국 속의 또 다른 미국』, ㈜ 넥서스, 2016.
박재선, 『세계를 지배하는 유대인 파워』, 해누리, 2010.
손영호, 『미국의 총기문화』, 살림지식총서, 2009.
윤용희, 『미국의 대통령선거』, 살림지식총서, 2008.
애드리언 도브(이동수 옮김), 도서출판 『실리콘밸리, 유토피아 & 디스토피아』, 팡세, 2021.
- 다큐멘터리   〈다시 보는 미국 4부작〉, EBS 다큐 10, 2009.
〈미국 월 스트리트 5부 : 실리콘 밸리 방정식〉, CCTV, 2010.
- 영화   〈포카혼타스(Pocahontas)〉, 마이크 가브리엘·에릭 골드버그 감독, 1995.
〈미스 슬로운(Miss Sloane)〉, 존 매든 감독, 2016.

혼돈과 다양성의 끝

남미

· 문화 키워드

마야, 잉카, 인디오, 시몬 볼리바르, 산 마르틴, 카스트로, 체 게바라

▌브라질

· 국기

아 아우리베르지(A Auriverde Verde e amarela) 초록색은 브라질의 자연을, 노란색은 광물을, 둥근 원의 파란색은 브라질의 하늘을 상징. 원 안에 있는 별자리 그림은 수도 브라질리아와 브라질의 주를 의미. 하얀 띠에는 포르투갈어로 '질서와 진보'(ORDEM E PROGRESSO)라는 문구가 있음.

· 개관

수도	브라질리아(Brasília), 1960년 리우데자네이로에서 천도
정치체제	대통령 중심제(임기 4년, 1차에 한해 연임 가능)
민족구성	백인(48%), 혼혈(43%), 흑인(8%), 아시아계 및 인디오(1%)
언어	포르투갈어
종교	가톨릭(50%), 개신교(31%), 무교(10%), 기타 종교(9%)
화폐	Real(헤알, R$)

▌칠레

• 국기

라 에스트레야 솔리타리아(La Estrella Solitaria) '외로운 별'이라는 뜻. 흰 오각형 별은 진보와 명예를, 푸른색은 하늘을, 흰색은 안데스 산맥, 붉은색은 독립을 위해 흘린 피를 의미.

• 개관

수도	산띠아고(Santiago)
정치체제	대통령 중심제(4년 단임제, 연임 금지, 중임 가능)
민족구성	메스티소(61%), 백인계(29%), 원주민(10%)
언어	스페인어
종교	카톨릭(59%), 신교(12%), 소수종교(4%), 무종교(12%)
화폐	페소(CLP)

▌아르헨티나

• 국기

하늘색과 하얀색에 태양 문장이 있는데 하늘색은 하늘과 땅을 의미. 가운데 태양 문장은 5월의 태양(Sol de Mayo)이라 불리는 문장으로 "최후의 승리를 거둔 날에 하늘이 개고 태양이 우리에게 축복을 주셨다"는 뜻.

• 개관

수도	부에노스아이레스
정치체제	공화제. 대통령제. 연방체제. 이원제(二院制), 양원제 의회
행정구역	23개 주 및 1개 연방수도로 구성
민족구성	유럽계 백인 97%(대부분 이태리계 및 스페인계), 원주민계 및 기타 3%

언어	가스떼샤노(스페인어)
종교	카톨릭(92%), 기독교(2%), 유태교(2%), 기타(4%)
화폐	아르헨티나 페소

제1절 남미의 역사

라틴 아메리카의 역사

라틴 아메리카는 멕시코로부터 칠레에 이르기까지 중앙·남아메리카에 있는 국가들을 포함하는 개념이다. 우리는 이를 '중남미'라고도 부른다. 대다수 국민들은 가톨릭 신자이며, 스페인어와 포르투갈어를 사용한다. 이곳에는 원주민인 인디언이 살고 있었으나 1492년 유럽인들이 이곳에 도착하면서 수탈과 유린의 저주받은 날이 시작되었다. 콜럼버스가 범선을 타고 항해를 한 끝에 한 섬에 도착하자 그는 이곳을 산 살바도르(구세주)라 이름하고 성채를 구축했다. 콜럼버스는 자신이 다녀온 곳을 동방의 인도라고 믿었다.

콜럼버스에 의한 신대륙의 개척은 스페인과 포르투칼이 중남미의 부를 바탕으로 세계 강대국으로 등장할 수 있는 물적 토대를 제공해주었다. 신대륙에서 수탈된 상품은 대륙으로 보내졌는데 처음 백여 년에 걸친 금과 은을 비롯한 지하자원 수탈이 끝나자, 18~19세기에는 농작물의 대규모 경작에 따른 착취의 형태로 남미의 부를 수탈했다. 오늘날도 이 지역이 세계적인 후진 국가로 남은 것은 이러한 식민통치의 유산 때문이다.

남미 사람들

남미에는 원래 거주하였던 원주민인 인디오가 있었으며, 이어 백인과 흑인 등의 다양한 인종이 들어와 인종 간의 혼합이 활발하게 진행되었다. 그래서 백인과 인디오의 혼혈인인 메스티소, 백인과 흑인의 혼혈인인 물라토, 흑인과 인디오의 혼혈인인 잠보 등이 나타났다. 이들 가운데 백인은 중남미 인구의

1/3에 불과하나 실질적으로는 모든 국가에서 정치적 권력과 경제적 부를 장악하고 있다.

원주민이었던 인디오 사회는 정복자들의 학살, 노동력 착취, 거주지 소개로 인한 기아뿐만 아니라 결정적으로는 백인들이 가져온 각종 질병 때문에 철저하게 파괴되었다. 최근 이들은 자신들의 권리 보장을 요구하면서 세력화하고 있으며, 페루의 똘레도나 볼리비아의 모랄레스에서 볼 수 있듯이 선거에 의한 정권 교체를 이루어내어 차츰 정치 세력화를 모색하고 있다. 기득권이라는 벽을 뛰어넘기에는 버거운 것도 현실이지만 원주민의 정치 세력화는 폭력과 무장이 아닌 사회적 갈등의 평화적 해결을 위한 중요한 진전이다.

흑인들은 처음 금과 은을 채굴하기 위한 노동력으로 수입되었으나 농장이 번성하면서 농장 노동자로서 수입되기도 했다. 이들은 자신들이 살았던 아프리카와 기후 조건이 비슷한 서인도 제도와 대륙의 동쪽 해안을 따라 거주했다.

금은보화를 찾아 나섰던 백인들은 한 재산을 모아 다시 모국으로 돌아가는 것이 목표였다. 이들에게 남미는 착취와 수탈의 대상이 되었을 뿐이며 정착을 통하여 새로운 인생을 개척할 의지가 없었다. 인디오 처녀들도 오로지 성적 욕구를 해소하는 대상이었을 뿐이었다. 따라서 인디오 처녀와의 사이에서 태어난 메스티소에 대해 조금도 관심을 기울이지 않았다.

제2절 남미의 독재정권

아르헨티나 군부정권

아르헨티나는 20세기 중반까지만 하더라도 세계 5대 부국에 해당했다. 수도인 부에노스아이레스를 관통하는 '7월 9일 대로'는 세계에서 가장 넓은 길이라고 불렸다. 유럽의 곡물창고였던 비옥한 평원과 풍부한 자연자원을 가졌던 아르헨티나는 계속 이어진 군부 쿠데타로 국부가 무너지게 되었다.

1943년 노동자와 원주민에 호의적이었던 후안 페론이 쿠데타로 정권을 잡은 후 1946년 대통령에 당선되었으며, 1955년까지 집권했다. 그 이후 1955년, 1962년, 1966년 군부 쿠데타가 계속 이어졌으며, 1973년 후안 페론이 3번째로 권좌에 올랐다가 1974년 사망했다. 페론의 집권 시기는 국민총생산이 127%나 성장하고 소득 분배를 통해 두터운 중산층이 형성되었으며, 농업국가에서 공업국가로 발전했다. 그러나 기간산업의 국유화, 교회 세금 부과 등으로 유한층, 군부, 교회의 반발을 가져왔으며, 이들에 의해 페론주의는 포퓰리즘의 대명사로 알려지게 되었다.

1974년 페론 사망 후 부통령이었던 그의 아내 이사벨 페론이 국정을 맡았으나 발레리나 출신으로 정치에 무능하였던 그가 대통령직을 승계하면서 정국은 통제 불능으로 치달았다. 이러한 위기 상황에서 1976년 3월에는 호르헤 비델라를 중심으로 한 우파 군부가 중심이 되어 군정을 실시했다. 비델라는 이전의 쿠데타 세력과는 달리 잔혹한 통치를 펼쳤다. 각 군 참모총장으로 구성된 군사통치위원회는 의회를 해산하고 국가 재건이라는 미명 하에 정치적 혼란과 경제적 침체를 종식시킬 것이라고 공언했다. 그러나 이들은 자신이 정한 기준에 따라 수많은 사람들을 납치 살해하는 '추악한 전쟁'을 벌였다. 1976~1979년은 가장 억압적인 시절로 전례 없이 가혹한 방법으로 '국가전복을 꾀하는 불순 세력'을 탄압했다. 군부는 과도하게 수용된 정치범들을 줄이기 위해 정치범들의 발목에 벽돌을 달아 비행기에 태워 강물에 던지는 야만적 행위를 자행했다.

게다가 경제에 무식하고 비전이 없던 군정은 IMF주도하의 신자유주의 정책을 받아들이면서 자원 부국 아르헨티나를 재기 불능의 빈국으로 만들었다. 무분별한 외자 도입은 국내 투자보다 해외 자본 도피용으로 쓰였다. 군부의 정치 자금줄 노릇을 하였던 외국 자본의 금리가 군정 말기 급상승하자 외자는 엄청난 외채가 되었다.

군정 지도자들은 1833년 이래 영국이 점령하고 있던 말비나스(포클랜드) 섬에 1982년 상륙하여 영국과 전쟁을 벌였다. 이는 그해 4월의 경제 위기와 점증하는 민주화 요구에 대한 돌파구를 마련하기 위한 시도에 불과했다. 이 전쟁에서 패배함으로써 권력을 상실하고 1983년 민정으로 이양했다. 1983년 12월 인권변호사 출신인 라울 알폰신이 대통령에 취임하면서 민선 정부가 들어섰다.

칠레의 피노체트 정권

칠레는 세계 최초로 자유 투표에 의해 사회주의 정권을 탄생시킨 나라이다. 1970년 선거에서 공산당과 사회당의 연합인 인민연합 후보 살바도르 아옌데가 당선되면서 구리, 석탄, 철강 회사를 국유화하고, 농장 국유화를 실행하는 등 사회주의 실험이 시작되었으나 1973년 아우구스토 피노체트의 군부 쿠데타로 붕괴했다. 아옌데는 공군 전투기의 폭격 속에서도 쿠데타군에 대항하여 모네다 대통령궁에서 끝까지 저항했다. 그는 망명 제안을 받았으나 "나는 공화국 대통령으로서 어떻게 의무를 수행해야 하는 지를 알고 있다"고 말하고 자살했다.

피노체트는 쿠데타를 성공시키고 바로 '국가 재건'을 선언하면서 군사평의회를 조직했다. 의회를 해산하고 헌법을 중단시키었다. 권력을 장악하였던 피노체트는 1990년 아일원 대통령이 집권할 때까지 17년 동안 칠레를 공포로 몰아넣었다. 피노체트는 아옌데의 사회주의 정권으로부터 칠레를 구하고 국가적 통합을 이룩했다고 하나 선거로 집권한 정부를 쿠데타로 전복하고 반대세력을 탄압한 야만의 시기였다.

이 시기 동안 피노체트는 국가정보국(DINA)를 창설하여 정보정치를 단행하였으며, '죽음의 순례단'이라는 살인부대를 운용하여 살인과 납치를 자행했다. 그는 자신의 정적들을 암살하고 망명한 전 정부의 각료까지 살해했다. 또한 좌파라고 의심이 가면 합법적인 절차나 재판도 없이 연행해 구속하거나 살해했다. 1980년에는 국민투표를 통해 재집권했다. 1986년 피노체트 암살계획이 있었을 때 대대적인 체포와 납치를 통해 혁명적 좌파세력을 물리쳤다.

칠레는 남미 최악의 유혈 쿠데타를 통해 집권하였으며, 남미 최장기의 군부 집권을 유지하였으나 남미병은 크지 않는 독특한 역사를 지니고 있다. 피노체트는 국유화된 기업을 민영화하고, 포도와 연어 양식을 장려해 농업에 획기적인 발전을 가져왔으며, 각종 사회간접자본 투자에도 적지 않는 노력을 기울였다. 게다가 시카고대에서 자유경제 이론을 배운 일군의 학자들이 시장 개혁과 개방을 위주로 한 '칠레를 위한 프로젝트'를 만들어 피노체트에게 제시하였으며, 피노체트는 이를 채택하면서 남미의 다른 나라와는 달리 경제적으로 성장하고 정치적으로 안정된 국가가 되었다.

오늘날 독재정치의 후유증을 앓고 있는 칠레에서는 피네체트 시기의 개발시기를 오히려 희구하고 좋았던 시기라고 말하는 이들이 생겨날 지경이다. 사실 이러한 피노체트 시기의 경제성장은 피노체트의 공이라기보다 1960년대 프레이 정부 시절 토지개혁을 통해 다른 남미국가들과는 달리 지주세력이 현저하게 약화되어 있었으며, 아옌데 시기의 구리산업 국유화는 피노체트 집권기 재정수입의 근간을 이루어 지속적인 시장개혁정책을 펼치는 재원으로 작동했기 때문이다. 그러나 광산물 수출 비중이 높은 칠레가 개발독재시대에 비교 우위에 있는 1차 산업에 과도한 투자를 한 결과 오늘날 칠레 경제 쇠퇴의 구조적 원인을 제공하기도 한다. 피노체트 시기의 산업개발은 토양오염, 산림파괴를 수반할 수밖에 없어 지속가능한 발전 모델과는 일정하게 거리가 있었다.

페루의 후지모리 정권

잉카제국의 중심부였던 페루는 1821년 독립 이후 군사 쿠데타가 빈발하였으며, 1985년 겨우 가르시아 민주정부를 출범시켰다. 가르시아의 실정으로 1990년 알베르토 후지모리가 대통령에 당선되었으나 후지모리는 10년 재임 기간 동안 블리디모로 몬테시노스 정보고문을 통한 야당 탄압과 부정부패로 국제적인 비웃음거리가 되었다.

후지모리는 1992년 군부와 결탁하여 친위쿠데타를 통해 국회를 해산하고 몬테시노스의 국가정보국에 의한 정치를 폈다. 몬테시노스는 1970년대 군장교 시절 미정보국과 연결된 추문으로 불명예 제대하였던 인물이었다. 몬테시노스는 후지모리와 군부 실력자를 연결해주는 연결고리 역할을 하면서 후지모리의 신임을 획득하여 후지모리의 2인자 노릇을 했다. 몬테시노스는 '라꼴리나'라는 이름의 암살단을 비밀리에 운영했다.

후지모리는 게릴라와의 전쟁이라는 이름으로 민간-군부 권위주의 체제를 확립했다. 군부는 게릴라 퇴치라는 이름으로 수많은 인권 침해를 기록하였음에도 불구하고 민간 정부로부터 면책 특권을 누리게 되었다. 게릴라와의 전쟁 과정에서 후지모리는 정당정치에 의한 민주주의를 부정하고 민중지배라는 이름으로 신독재를 해나갔다.

대통령 3선 출마로 대통령 선거에 나섰으나 야당 매수와 부정선거로 정치 지형도를 난장판으로 만들고서 나서 2000년 11월 쿠알라룸푸르에게 개최된 아태경제협력체 정상회의 참석 후 일본으로 망명했다. 이후 2001년 원주민 출신의 똘레도 후보가 당선되어 후지모리의 독재정치는 끝이 났다.

제3절 좌파정권의 등장

쿠바의 카스트로 혁명

카리브 연안의 쿠바는 19세기 말 호세 마르티에 의한 독립운동에도 불구하고 여전히 스페인의 식민지로 남아있었다. 1898년 미국의 전함 메인호가 아바나 항에서 폭발하자 이를 구실로 미국은 스페인과 식민지 쟁탈전쟁을 벌여 쿠바, 푸에르토리코, 필리핀 등을 미국이 차지하게 되었다. 미국은 1902년 쿠바를 철수하면서도 플랫트법을 통해 군사기지 설치와 내정에 간섭할 권리를 보장받았다. 이 법에 의해 미국은 1903년 관타나모 일대를 미 해군기지로 개발하고서 불평등한 영구임대 계약을 맺었는데, 계약조건은 미국이 2000년까지 해마다 금화 2천개(1개당 2달러 수준)를 지불한다는 것이다. 그런데 계약 쌍방이 함께 계약을 끝내기로 서로 합의하는 경우에 기지를 돌려받을 수 있다는 독소 조항을 넣어 두었기 때문에 쿠바의 반환 요구에도 불구하고 미국은 동의하지 않고 임대가로 매년 달러 수표를 보내는 행동을 취한다.

미국은 1930년대 중남미에 대한 선린정책의 일환으로 플랫트법을 무효화했으나 그 이후에도 쿠바 내 대부분의 생산시설을 소유하여 실질적으로는 식민지배와 다를 바가 없었다. 게다가 1933년 미국의 지원으로 정권을 장악한 바티스타 독재정권은 쿠바 인민들의 염원을 배반하고 쿠바를 외국인들의 돈세탁 장소로 만들었다.

카스트로는 1953년 산티아고에서 무장봉기를 일으켰다가 실패하고 멕시코로 망명했다가 1956년 81명의 동지와 함께 쿠바로 잠입했다. 초기 실패에도 불구하고 열정적인 투쟁과 대민 선전 활동으로 현대판 로빈후드로 알려지게 되었다. 1958년 11월 아바나에서 일어난 시민봉기와 맞물려 1959년 부패한 바티스타 정권을 무너뜨리고 권력을 장악했다. 카스트로는 쿠바 최고사령관의 자격으로 아바나에 입성하여, 그 해 2월 13일 수상에 지명되어 1976년까지 재직했다. 이후 지난 쿠바의 역사는 카스트로에 의해 이루어졌다고 하여도 과언이 아니며, 카스트로는 쿠바를 사회주의 국가로 바꾸었다. 그리고 쿠바의 사회주의 혁명은 이후 중남미 국가의 사회주의화에 큰 영향을 미쳤다. 1910년 멕시코 혁명, 1979년 니카라과의 산디니스타 혁명과 함께 1959년 카스트로 쿠바 혁명은 20세기 중남미의 3대 혁명이라고 불린다.

카스트로는 정권을 잡고서 미국계 기업과 대지주의 토지를 몰수했다. 소련을 위시한 사회주의 국가들의 지원 속에서 집단농장 운영을 통해 농업생산을 장려하고 집단교육 제도에 따라 문맹퇴치운동을 벌여나갔다. 특히 보건과 복지 분야에서는 중남미에서 최고의 의료 서비스와 복지정책을 추구했다. 특히 당뇨병과 안과 시술 등에서는 세계 최고의 수준을 자랑한다. 쿠바의 사회주의화는 미국으로 하여금 1961년 발전동맹을 창설하여 중남미 지역에 대대적인 지원을 시행케 하는 계기가 되기도 했다.

1960년대 초부터 미국은 쿠바의 카스트로 정권을 전복시키기 위해 봉쇄정책을 취해왔다. 이로 인해 지난 40여 년 동안 쿠바는 지속적으로 경제적 어려움을 겪어왔다. 게다가 동구권이 무너지고 1989년 소련이 붕괴하면서 소련으로부터의 특혜 무역이 중지되자 쿠바 경제는 1993년까지 최악의 붕괴 위기를 겪기도 했다. 이 기간 동안 쿠바의 국민총생산은 1/3로 감소했다. 게다가 미국에서 매파가 우세를 보이는 공화당 정부가 들어설 때마다 경제봉쇄를 더욱 강화하여 카스트로 체제를 붕괴시키고자 했다. 이때마다 미국에서는 이제 쿠바는 끝났으며 민중 봉기가 카스트로를 기다릴 것이라고 하였으나 아직도 쿠바에서는 카스트로에 대한 믿음에 균열이 생긴 것 같지는 않다.

카스트로는 경제위기를 각종 개혁정책으로 맞섰다. 1993년 이후 쿠바체제를 시장경제와 접목한 일련의 개혁조치를 지속적으로 취했다. 이러한 조치로 쿠바경제는 최근 차츰 높은 성장세를 보이면서 회복세를 보이고 있다. 게다가 쿠바는 어려운 경제위기를 어느 정도 극복하면서 농업혁명을 통한 식량 자급자족과 다양한 유기농업의 새로운 모델을 만들어내고 있다.

체 게바라의 통합라틴아메리카 운동

쿠바의 카스트로 혁명과 관련하여 기억해야 할 인물은 아르헨티나 출신의 체 게바라(1928~1967)이다. 게바라는 남미에서 1960년대의 혁명의 시대를 열었던 인물이다. 그는 라틴아메리카의 여러 곳을 여행하면서 빈곤에 시달리는 하류층들의 생활을 실제로 목도하고서 폭력 혁명에 대한 신념을 키워나갔다. 1953년 의과대학을 졸업한 그는 과테말라를 거쳐 멕시코로 갔다가 그곳에서 카스트로 형제를 만났다. 카스트로 형제는 쿠바의 풀겐시오 바티스타 정권을 전복시키기 위해 군사적인 공격을 준비하고 있었다.

게바라는 동료 81명과 함께 1956년 11월 그란마 호를 타고 쿠바로 향하였으나 12월 바티스타 정부군에게 발각되어 거의 전멸하기에 이르렀다. 그러나 생존자들은 시에라 마에스트라 산에 게릴라군의 중심지를 만들었다. 이곳을 거점으로 혁명군은 바티스타 정부군으로부터 무기를 빼앗고, 주민들을 모아 차츰 세력을 키워나갔다.

1959년 1월 카스트로 군대가 수도 아바나에 진군하면서 혁명정부를 수립했다. 그는 쿠바를 대표하여 중동, 인도 등을 방문했다. 그리고 쿠바 정부에서는 국립은행 총재, 산업부 장관 등을 역임했다. 그는 경제사절단을 이끌거나 외교 사절 자격으로 여러 차례 세계 곳곳을 방문했다. 1964년에는 국제연합 총회에서 격렬한 반식민주의 연설을 했다.

제국주의와 싸우기 위한 또 다른 투쟁을 위해 공직을 사퇴한 그는 1965년 4월 이후 쿠바의 전사들과 함께 콩고로 가서 미 CIA가 부추긴 군사 쿠데타의 주역인 모부투 세코에 대항하는 로레트 카빌라의 반군을 지원했다. 1966년에는 볼리비아로 잠입하여 낭카와수 강변에 근거지를 마련하여 혁명운동을 벌여나가다 1967년 10월 볼리비아 특수부대에 의해 사로잡힌 후 미군 군사 고문들이 지켜보는 가운데 볼리비아 정부군에 의해 총살당했다. 진중에 남긴 일기와 함께 게바라의 사체 일부가 쿠바에 보내지자 전 세계는 경악했다. 게바라의 유해는 1997년 쿠바와 아르헨티나 공동 조사팀의 노력으로 다른 동료와 함께 발굴되어 쿠바의 산타클라라 혁명기념관에 안장되었다.

1967년 게바라가 처형당한 것은 이후 전개된 남미에서의 좌파운동의 비극적인 결말을 예고하는 것이었다. 그런데 혁명의 시대는 갔으나 게바라의 정신은 더 나은 세상을 꿈꾸는 이들에게는 여전히 맹위를 떨치고 있다. 많은 젊은 이들은 시가를 문 게바라의 얼굴이 새겨진 티셔츠를 입고 있으며, 게바라의 평전이 베스트셀러가 되었다. 미국의 〈타임〉지는 20세기를 움직인 100인 가운데 한 명으로 게바라를 들고 있다.

한편 볼리비아에서 체 게바라가 혁명을 꿈꾸다가 살해당한 뒤 좌파세력은 오래 동안 침묵을 지켜야만 했다. 그러나 콜롬비아에서 실험하고 있는 가비오 따스라는 생태공동체, 브라질에 존재하는 도시혁명의 실험 모델인 꾸리찌바

등은 비록 체 게바라적 혁명은 아닐지라도 그 혁명정신의 계승자라고 할 수 있을 것이다.

칠레의 아옌데 사회주의 연합 정권

칠레의 사회주의 실험은 쿠바와 그 경로가 달랐다. 칠레의 아옌데 정권은 1959년 쿠바 혁명으로부터 많은 영향을 받았으나 칠레의 좌파운동은 쿠바와 역사적인 진행 과정이 달랐다. 칠레에서는 1930년대 이미 사회당과 공산당이 창당되어 있었으며 정당정치 체제가 마련되어 있었다. 게다가 이미 1940년대에 좌파의 인민전선(1939~1949) 경험이 있었다. 1960년대에는 사회의 많은 변화 요구를 수용하여 개혁 조치가 계속 이루어졌다. 1967년에는 정부와 가톨릭이 힘을 합쳐 토지개혁을 이루었는데 이를 통해 칠레의 과두 지주층이 상당수 몰락했다.

사회주의 연합의 아옌데 정권(1970~1973)은 이러한 사회개혁의 분위기 속에서 탄생한 것이다. 게다가 아옌데 정권은 레닌식의 폭력혁명이 아니라 세계 최초로 투표를 통하여 사회주의 정권을 수립했다는 점에서 당시로서는 새로운 실험이었다. 피노체트에 의해 탈취 당하였던 사회주의 실험은 2000년 좌파 연합출신인 리카르도 라고스가 대통령에 취임하면서 새로운 단계로 진입했다. 그러나 칠레는 이후 좌파와 우파가 번갈아 가면서 대통령에 당선되면서 정치적 불안이 현실 문제로 여전히 남아 있다.

제4절 남미의 과거사 청산

아르헨티나의 과거사 청산

아르헨티나 군부의 '국가 재건 과정'에서 많은 실종자가 발생했다. 1977년 4월 정부청사가 보이는 '마요(오월) 광장' 앞에 어머니들이 모였다. 14명의 어머니들은 비델라 대통령에게 아이들의 행방을 묻는 서신을 전달하려고 했다. 이들은 머리에 흰 손수건을 두르고 아이 사진을 담은 패를 걸고 매주 목요일 광장에 모이기로 했다. 이로부터 '오월광장 어머니회'의 고단한 행진은 시작되었다. 아르헨티나는 1978년 월드컵 축구대회를 유치하여 군부 통치의 정당성을 보이려 하였으나 어머니회의 '반애국적 캠페인'으로 군정의 인권 탄압이 전 세계에 알려졌다.

말비나스(포클랜드) 전쟁에서 패배한 후 아르헨티나 군사통치위원회는 해체 위기에 몰렸다. 1982년 비요네 장군의 과도정부에서는 자동사면법을 제정하여 1973~1982년 사이의 '추악한 전쟁' 기간 동안 발생한 국가 폭력 행위를 일괄 사면하려고 했다.

1983년 12월 들어선 알폰신 민선정부는 우선 자동사면법을 폐기하고 '실종자 진상조사 국가위원회'를 설치했다. 이 위원회가 1984년 9월 제출한 진상조사 보고서가 '눈까 마스'(다시는 안돼)였다. 여기서는 실종자 명단, 비밀 수용소 위치와 운영, 수감자에게 가해진 고문과 상태 등을 정리했다. 『눈까 마스』에 따르면 사회혁명 세력뿐만 아니라 사회주의에 관심을 가진 자, 임금 인상을 요구한 노조 지도자, 비판적인 언론인, 빈민운동에 관심 가진 성직자, 페론주의자, 인권단체 활동가들은 모두 적이었다. 아르헨티나의 인권 유린 가운데 가장 악랄한 것은 '좌익'의 불온한 가정환경에서 벗어나게 한다는 이름하에 수감된 이의 영아나 유아들을 강제로 빼앗아 다른 가정에 입양시킨 사례이다.

그러나 알폰신 정부에서는 경제 위기를 빌미로 1986년 고위직의 책임 있는 지휘관들에 대한 '기소최종중지법'과 1987년 하급 장교를 대상으로 한 강제 명령에 따른 '정당복종면책법'을 잇달아 통과시켰다. 군부는 범죄를 인정하기보다 "국가와 기독교, 그리고 서구사회의 가치를 구현했다"고 하면서 오히려 고문을 정당화했다. 게다가 청산의지가 박약하였던 메넴 대통령은 국민 화합을 이유로 1989년과 1991년 대대적인 사면을 통해 '더러운 전쟁'과 특수부대원 중심의 카라핀타다의 반란 관련자, 페론주의 무장단체인 몬토네로스 지도자들을 석방했다. 그러나 2003년 키르츠네르 대통령 취임 이후 과거사 규명작업이 재개되었으며, 2003년 8월 의회는 알폰신과 메넴 정부 하에 제정된 사면법의 폐기를 결의했다.

칠레의 과거사 청산

군부의 쿠데타를 통해 집권한 피노체트의 17년에 대한 기억은 현재 칠레에서 가장 대립되는 모습으로 남아 있다. 한편에서는 이때를 공산주의로부터 국가를 지켜내고 경제발전을 이룩한 시기라고 말하는가 하면 한편에서는 선거로 집권한 합법 정부를 전복하고 반대세력을 무자비하게 탄압한 시기라고 말하고 있다.

피노체트의 망령이 아직도 사라지지 않고 있는 것은 피노체트 시기동안 경제를 발전시키고 부정부패 척결에 엄격하였던 덕분에 상대적으로 이 시기에 대한 기억들이 나쁘지 않다는 점과 경제적 성취에 따른 수혜 층인 정치인, 기업인, 직능인, 군부 세력들이 사회의 지도층에 그대로 남아 있기 때문이다.

그러나 피노체트 집권기 동안 사망과 실종이 3,000여 건, 고문 피해가 35,000여 건에 달할 정도로 인권 침해가 극심했다. 피노체트가 물러난 다음 이에 대한 조사와 책임자 처벌 요구가 일어나는 것은 당연했다. 1988년 피노체트 임기 연장안에 대해 국민들은 부결표를 던졌으며, 1989년 아일윈은 자유선거를 통해 대통령으로 선출되었다. 아일윈은 1990년 '진실과 화해를 위한 국가위원회'를 설치하고 위원장의 이름을 딴 '레틱보고서'를 1991년 발간했다. 그러나 이 보고서는 가해자를 거론하지도 않고, 연행 실종자의 사례를 다루지 않아 시민단체의 과거사 조사 요구와는 거리가 멀었다.

그러나 1998년 런던에서 의료 검진을 받던 피노체트가 스페인 사법 당국의 요구에 의해 외국인 영국에서 체포됨으로써 1978년 사면법, 종신제 상원의원으로서의 면책권 등 그 동안 칠레에서 피노체트를 보호하였던 보호막이 제거되기 시작했다. 언론 조작으로 칠레 국민들은 피노체트의 만행을 믿지 않고 있다가 런던에서 체포됨으로써 진실을 알기 시작했다. 친피노체트 세력조차도 과거와 단절하려고 하였으며, 군부도 새로운 위상 정립을 위해 피노체트와는 일정하게 거리를 두려고 했다.

아옌데 정부 전복 이후 30년만인 2000년 1월 사회당 연립정부의 대통령으로 취임한 리카르도 라고스는 군정 잔재의 청산과 민주주의 회복을 중심 과제로 설정했다. 사회당의 라고스 정부가 출범한 것은 칠레 국민들도 과거 청산에 차츰 힘을 실어주고 있다는 것을 의미하기도 한다.

2000년 3월 피노체트가 영국에서 칠레로 돌아오자 피노체트 처리는 칠레의 뜨거운 감자가 되었다. 2000년 6월 칠레 대법원은 쿠데타 이후 '죽음의 순례단'이 행한 반인륜범죄는 1978년 사면법의 적용을 받지 않는다고 결정하면서 피노체트에 대한 사법적 심판의 가능성을 열어 놓았다. 이후 칠레 사법부는 반체제 인사를 납치 살해한 '콘도르 작전'으로 9명을 납치해 1명을 살해한 사건의 책임자로 피노체트를 지목하여 재판에 회부했다. 피노체트는 이 사건에 대한 면책권을 박탈당하고 2000년 12월 29일 가택연금 하에 들어갔으며, 2006년 12월 10일 사망했다.

한편 2000년 6월 라고스 정부는 '정치구금 및 고문에 관한 국가위원회'를 설치하여 정치 구금 및 고문 관련 진상 조사를 실시하고 구체적인 보상을 위한 법안을 통과시켰다. 그리고 군부정권 시절 자행된 인권유린 행위에 대한 진상 조사를 발표 등 과거 청산에 부단히 노력했다. 2005년 9월에는 여야 합의로 1980년 군부우위의 헌법을 문민우위의 민주적 헌법으로 개정했다.

문화 연표

• B.C. 24,000~21,000 경 멕시코 지역에서 원주민 출현
• B.C. 7,000~5,000 경 유목민과 정착민의 발생
• B.C. 3,500 경 부족별 정착 생활
• B.C. 1,000 경 지역별 문화권 형성

- 1492년 10월   콜럼버스 바하마 군도의 과나아니(Guanahaní) 섬에 도착
- 1493년 3월   스페인으로 귀환, 이후 서구 열강의 남아메리카 정복
- 1503년   스페인 식민지 통치 기구로 세비야에 무역관(Casa de Contratación) 설치
- 1548년   포르투칼 바이아에 총독청 설치
- 1810년대   스페인 식민지에서 독립 운동 전개
- 1841년   스페인, 라틴아메리카에서 최초로 멕시코의 독립 정부 승인
- 1854년   베네수엘라에서 노예 제도 폐지
- 1889년   브라질에서 쿠데타로 왕정 폐지 및 공화국 선포
- 1914년   파나마 운하 개통
- 1930년   브라질 제툴리우 바르가스의 혁명 정부 출범
- 1930년대   남미 전역에서 국가별로 쿠데타 발생
- 1946년   아르헨티나에서 도밍고 페론 집권
- 1959년   쿠바 피델 카스트로 집권
- 1973년   칠레 아우구스토 피노체트 쿠데타 집권
- 1976년   아르헨티나에서 라파엘 비델라 쿠데타 집권
- 1982년   아르헨티나와 영국 말비나스 전쟁 발발
- 1991년   메르코수르 남아메리카 경제 공동체 결성
- 2016년   브라질 리우데자네이루 남아메리카 올림픽 개최
- 2010년대   남아메리카 전역 사회적 혼란 가중

참고자료

- 단행본   하영식, 『남미 인권 기행』, 레디앙, 2009.
　　　　　　이미숙·김원호, 『남미가 확 보인다』, 학민사, 2001.
　　　　　　김영길, 『남미를 말하다』, 프레시안북, 2009.
　　　　　　카를로스 푸엔테스(서성철 역), 『라틴 아메리카의 역사』, 까치, 1997.
　　　　　　이성형, 『라틴아메리카의 문화적 민족주의』, 길, 2009.
　　　　　　존 비어호스트(서울대학교 라틴아메리카연구소 번역), 『라틴아메리카의 신화, 전설, 민담』, 서울
　　　　　　대학교출판문화원, 2018.
　　　　　　클로드 보데(김미선 옮김), 『마야 : 잃어버린 도시들』, 시공사, 1995.
　　　　　　우석균, 『바람의 노래 혁명의 노래』, 해나무, 2005.
　　　　　　이성형, 『배를 타고 아바나를 떠날 때』, 창작과비평사, 2001.
　　　　　　박정훈, 『역설과 반전의 대륙』, 개마고원, 2017.
　　　　　　백진원, 『올라 브라질』, 서해문집, 2013.
　　　　　　카르망 베르낭(장동현 옮김), 『잉카 : 태양신의 후예들』, 시공사, 1996.
　　　　　　장 코르미에(김미선 역), 『체 게바라 평전』, 실천문학사, 2000.
　　　　　　이성형, 『콜럼버스가 서쪽으로 간 까닭은』, 까치, 2014.

송기도, 『콜럼버스에서 룰라까지』, 개마고원, 2003.

・다큐멘터리　〈안데스 6부작〉, EBS 다큐프라임, 2008.
　　　　　　〈대자연, 안데스 3부작〉, EBS, 2020.

・영화　　　〈오피셜 스토리〉, 루이스 푸엔소 감독, 1985.
　　　　　　〈미션〉, 롤랑 조페 감독, 1986.
　　　　　　〈에비타〉, 알란 파커 감독, 1996.
　　　　　　〈모터사이클 다이어리〉, 월터 살레스 감독, 2004.
　　　　　　〈체〉, 스티븐 소더버그 감독, 2008.

세계문화의 제문제

제1절 세계문화가 직면한 문제

중앙정부의 성장

현대 사회에서 전 세계적으로 정부가 행사하는 권력이 점점 증대되고 있다. 빈민층이나 하층 계급에 대한 국가 책임의 확대와 행정 권력의 확대로 인해 정부 차원의 관리나 통제가 강화되는 경향을 보이고 있다. 또한 변화하는 국제 관계 속에서 자국의 국가적 지위를 높이려는 노력은 집권적인 중앙 정부의 성장을 가져왔다. 그런데 중앙 정부는 전문 지식을 가지고 있는 집단에 의해 운영되며 전문가들은 자신들의 생각과 행동이 항상 옳다는 신념을 가지고 정책을 추진하게 된다.

그 결과 중앙 정부는 강한 힘과 통제력을 보유하게 되었다. 그런데 이러한 정부가 문화 간의 충돌을 부추길 경우 제어하는 역할을 담당하여야 할 사회세력은 점차 미약해지고 있다. 게다가 정부는 관료층이 중심이 되어 상층 신분의 이익에 봉사하는 방향으로 정책을 결정하곤 한다. 이처럼 중앙 권력이 건전한 사회세력으로부터 통제와 책임에서 벗어나 있음으로써 서로 간의 오해와 맹목적인 부추김에 의해 문화 간의 충돌이 예상될 경우 중앙 정부는 일차적인 희생자가 될 사회적 보호층보다 사회 상층부의 이익을 대변할 가능성이 있다. 그 결과 서로 다른 문화 간의 충돌이 예상될 경우 이를 해소하기보다 오히려 특정 세력의 이익을 위해 갈등을 부추길 가능성도 있다.

사회 민권 의식의 성장

오늘날 중앙 정부의 성장에 대해 시민 세력이 차츰 목소리를 높이고 있다. 특히 1960~1970년대 전 세계적인 시민운동은 단순한 정치적 민주화를 넘어서서 흑인, 청년, 여성의 평등권을 주장하는 사회 운동으로 나아갔다. 이들은 자신들의 권리를 찾으려는 소극적인 권리의식에서 더 나아가 자신들을 그러한 환경으로 몰아넣은 사회구조에 대해 새롭게 의문을 제기했다.

이러한 권리의식이 제대로 제도권에서 수렴되지 않자 급진적인 테러리즘과 결합하여 나타나기도 하였으며, 일부에서는 근본주의적 종교운동으로 나타났다. 이들은 사회에서 벗어나 공동체 속에서 제한된 생활을 택함으로써 사회적 반란을 꿈꾸기도 했다. 그러나 이러한 권리의식은 대부분 오래가지 못하였으며, 대부분 기성세대에 편입되었다. 왜냐하면 기존의 가치에 대한 거부가 깊이 있는 철학적 바탕 위에 전개되지 못하고 사실상 불철저한 신념에서 출발하였기 때문이다. 그리고 사회의 구조적 문제에 대한 해결 의지도 빈약했다.

그러나 이러한 권리의식과 사회적 요구는 많은 사람에게 약소 층에 대한 관심을 환기해 주었다. 이러한 약소 층을 어떻게 사회에서 수렴하여 우리가 꿈꾸는 공동체적인 이상을 달성하는가는 우리 시대가 직면하고 있는 가장 크고 중요한 해결해야 할 과제이다. 충돌 없이 사회적 통합을 이룩하기 위해서는 이 부분이 먼저 해결되어야 한다.

세계 환경과 생태계의 위기

생태계의 위기는 쓰레기, 도시화, 폐기물, 집단 취락 문제 등 인간 생활이 가져다준 위협뿐만 아니라 댐의 건설, 살충제의 사용, 수로의 건설 등 인간이 자연의 균형을 파괴함으로써 나타나는 결과를 포함한다. 예를 들면 해충을 없애기 위해 DDT를 살포하였더니 다른 이로운 벌레까지 중독되고 이 벌레를 먹은 동물이 중독되고, 이를 다시 인간이 먹어 죽음의 연쇄 반응을 야기하기도 한다.

또한 의학의 발전에 따라 인간의 건강과 수명이 연장되면서 인구가 폭증하게 되었다. 이는 결과적으로 환경 오염의 원천을 증가시키는 결과를 빚기도 했다. 지구 스스로가 감당하기 어려운 인구 과잉은 후진국뿐만 아니라 선진국에서도 많은 문제를 발생시킨다. 대규모 도시에서는 오존 과잉이나 스모그 현상으로 전반적인 생존 환경이 나빠졌다. 가난한 나라에서는 인구의 증가가 폭발적으로 늘어나면서 내부적으로는 사회 계급 간의 충돌, 외부적으로는 다른 문화와의 맹목적인 대결을 가져왔다.

과학 기술의 성과와 한계

오늘날 세계가 직면하고 있는 심각한 문제 때문에 사상가들은 인류 문명의 발전과 장래에 대해 비관적인 전망을 한다. 인류 문명은 과학 기술의 과도한 발전으로 결국 멸망의 길로 간다는 것이다. 그러나 오히려 과학 기술의 발전에 인류 미래의 희망을 거는 사람들도 있다. 이들은 과학자나 기술자들이 과학 기술의 발전으로 인해 야기되는 부정적 결과에 대처할 수 있는 새로운 방안을 제시할 수 있다고 믿고 있다.

문제는 과학과 기술이 세계의 각 문화가 직면하고 있는 여러 문제를 해결하기 위한 만병통치약은 아니라는 점이다. 과학 기술의 발전이 낳는 부정적 결과를 해결하기 위해 인간들이 나서야 한다. 미래 세계의 변화를 예감할 수 있는 인간들이 이러한 부정적 결과를 해결할 수 있는 새로운 방안을 마련해야 하며 이러한 노력이 결국 한 나라의 운명과 문화의 흥망을 결정지을 수 있을 것이다.

과거의 예를 통해 보면 인류의 오랜 역사 동안 세계사적인 문화의 흥망이 있었다. 그 흥망의 원리를 살펴보면 과학과 기술의 발전에 따라 일정한 고지점에 이르게 되나, 새로운 문제에 대한 인식과 개발이 없을 경우에 그 고지점의 문화나 문명은 사라져 버린다. 특히 군사비와 같은 비효율적인 분야에 많은 비용을 허비할 경우 곧바로 붕괴의 길로 들어가 버린다.

그러한 관점에서 본다면 과학 기술을 전공하고 있는 학생들이 인류사의 변화와 장래를 책임지고 있다고 하겠다. 과학 기술이 가지는 효용성과 인류 문화와의 상관관계를 잘 인지하고 또한 세계 역사의 흥망을 좌우하는 흐름을 과학자들이 알아야 할 필요성이 여기에 있는 것이다.

제2절 세계문화의 해결 과제

인간들은 앞으로 다양한 각 문화와의 교류 속에서 서로 배우고 공부하여 공존하는 정신을 마련해야 한다. 이를 통해 각 문화와 그 속에서의 삶을 풍요롭게 할 수 있는 방법을 배워야 한다. 그렇지 않으면 비좁은 지구 속에서 서로 갈등하고 충돌하여 결국 공멸의 길로 갈 수밖에 없을 것이다. 따라서 평화와 공존을 위해서 가장 중요한 것 가운데 하나는 각 사회의 문화 주체들이 상호 이해하고 협력함으로써 전 사회의 분위기를 상호 이해와 협력의 길로 들어서게 해야 한다는 것이다.

문화를 결합하는 요인은 이제 민족, 종교, 이념을 뛰어넘어서 다원·다극화되어 있다. 따라서 문화 간의 충돌은 그만큼 다양한 측면에서 일어날 것으로 보여 예측하기가 쉽지 않다. 또한 문화 간의 대립과 충돌 시에는 서로 간의 결합이 매우 다양한 양상으로 나타나므로 충돌의 결과도 그만큼 예측이 허용되지 않는다. 따라서 다가오는 세계에서 문화 간의 충돌은 그만큼 세계 평화와 지구적 문화의 위협 수단이 된다.

그러므로 각 문화 간의 상호 이해를 통해 공존과 공동체 의식에 바탕을 둔 새로운 질서를 확립하는 것만이 전 세계적인 공멸을 막는 최후 수단이 될 것이다.

참고자료

• 단행본
이매뉴얼 월러스틴(백영경 번역), 『유토피스틱스』, 창작과비평사, 1999.
모리스 버만(심현식 번역), 『미국 문화의 몰락』, 황금가지, 2002.
재레드 다이아몬드(김진준 번역), 『총 균 쇠』, 문학사상, 2005.
하워드 진·데이비드 바사미언(강주헌 번역), 『하워드 진, 세상을 어떻게 통찰할 것인가』, 랜덤하우스코리아(주), 2008.
제레미 리프킨(이원기 번역), 『유러피언 드림』, 민음사, 2009.
엘스워스 헌팅턴(한국지역지리학회 번역), 『문명과 기후』, 민속원, 2013.
새뮤얼 헌팅턴(이희재 번역), 『문명의 충돌』, 김영사, 2016.

찾아보기

ㅇ

집필진 소개

∥김건우(金建佑)

경북대학교 사학과를 졸업하고 독일 프라이프르그 대학교에서 박사학위를 받았다. 독일현대사를 전공했다. 현재 경북대학교에 출강하고 있다. 박사학위논문으로 『Um die Koreanische Wiedervereinigung – die Sonnenscheinpolitik Kim Dae Jungs im Vergleich mit der Ostpolitik Willy Brandts』(2007)가 있으며, 논문으로는 「바덴의 NSDAP」, 「21세기를 향한 새로운 도시의 창조」 등이 있다.

∥김필영(金必英)

경북대학교 사학과를 졸업하고 독일 튀빙겐대학에서 박사학위를 받았다. 독일근대사를 전공했다. 현재 금오공과대학교와 경북대학에 출강하고 있다. 저서로는 『Ein deutsches Reich auf katholischem Fundament. Einstellungen zur deutschen Nation in der strengkirchlichen katholischen Presse 1848-1850』(Frankfurt am Main: Peter Lang, 2010)이 있으며, 논문으로는 「독일 3월 혁명 시기의 슐레스비히-홀스타인 문제 인식」과 「3월 혁명기 가톨릭 보수 언론의 독일 통일국가 안(案)」이 있다.

∥박인호(朴仁鎬)

경북대학교 사학과를 졸업하고 한국학중앙연구원 한국학대학원에서 박사학위를 받았다. 조선시대사와 사학사를 전공했다. 현재 금오공과대학교 교양학부 교수로 재직하고 있다. 저서로는 『한국사학사대요』, 『조선후기 역사지리학 연구』, 『조선시기 역사가와 역사지리인식』, 『제천지역사연구』, 『구미지역사연구』 등이 있으며, 공저로는 『21세기 역사학 길잡이』 등이 있다.

∥손재현(孫在賢)

경북대학교 사학과를 졸업하고 동대학원에서 박사학위를 받았다. 중국 근현대사를 전공했다. 현재 경북대학교 한중교류연구소 연구교수이고, 금오공과대학교에 출강하고 있다. 박사학위논문으로 『20세기 초 천진의 도시성장』(2004)이 있으며, 공저로는 『중국 동북 연구』가 있다. 논문으로는 「학습을 통해 본 중화인민공화국 건국 초기 신민주주의에 대한 인식」, 「중화인민공화국 성립시기 경제건설과 천진에서의 권력기반 확립 노력」 등이 있다.

▌오준석(吳峻錫)

경북대학교 사학과를 졸업하고 동대학원에서 박사학위를 받았다. 중국 고대사를 전공했다. 현재 경북대학교 인문학술원 HK교수이다. 박사학위논문으로 『진한대 문서행정체계 연구』(2013)이 있으며, 논문으로는 「악록진간(嶽麓秦簡)을 통해 본 간독 문서의 형태와 규격」, 「진대 '사인(舍人)'의 존재 형태와 인적 네트워크」 등이 있다.

▌최윤정(崔允精)

경북대학교 사학과를 졸업하고 중국 남경대학에서 박사학위를 받았다. 중국 원대 및 몽골제국사를 전공했다. 현재 경북대학교 교수로 재직하고 있다. 박사학위논문으로 『원대진휼제도(元代賑恤制度)』(2003)가 있으며, 논문으로는 「원대 구황제도의 운영방식과 그 실태」, 「원대 동북지배와 요양행성」, 「몽골의 요동·고려 경략 재검토(1211~1259)」 등이 있다.

▌최현미(崔賢美)

경북대학교 사학과를 졸업하고 동대학원에서 박사학위를 받았다. 영국 근대사를 전공했다. 현재 경북대학교에 출강하고 있다. 박사학위논문으로 『리처드 콥던의 자유주의 개혁운동』(2004)이 있으며, 논문으로는 「19세기 런던의 길거리음식과 노동자층의 식생활」(2019), 「19세기 퀘이커교도의 비즈니스 성공요인과 그 윤리」(2021) 등이 있다.

키워드로 본 세계의 문화

2022년 11월 30일 초판 1쇄 펴냄
2024년 8월 30일 초판 2쇄 펴냄

지은이 김건우, 김필영, 박인호, 손재현, 오준석, 최윤정, 최현미
펴낸이 김흥국
펴낸곳 도서출판 보고사

책임편집 이경민
표지디자인 김규범

등록 1990년 12월 13일 제6-0429호
주소 경기도 파주시 회동길 337-15 보고사
전화 031-955-9797
팩스 02-922-6990
메일 kanapub3@naver.com / bogosabooks@naver.com
http://www.bogosabooks.co.kr

ISBN 979-11-6587-379-0 93900
ⓒ 김건우, 김필영, 박인호, 손재현, 오준석, 최윤정, 최현미